**송악산과
고려 본궐 회경전터**

송악산은 개경의 주산主山으로 백두대간에서 비롯한 임진북예성남정맥에 속한다. 개경 본궐은 송악산 남쪽에 자리하였다.

오관산과 영통사

개성지역에 정착한 고려 태조의 선조들은 송악산 남쪽으로 이주하기 전까지 오관산 남쪽에 살았다. 이후 이곳에는 왕실의 원찰인 영통사가 창건되었다.

조강祖江과
예성강 하구

조강은 임진강과 만나서 서쪽으로 흐르는 한강 하류를 가리키는 이름이다.
강화도 북쪽에 있는 평화전망대에서 찍었다.

임진나루터

임진나루는 고려와 조선시기에 임진강을 건너는 중요한 교통시설이었다.

남대가의 현재 모습

남대가는 고려시기 시전 행랑이 있던 개경의 중심도로였다.
남대문 문루에서 2007년 9월 7일에 찍었다.

배천白川과 민속여관

배천은 개성 북쪽에서 남대가 옆을 따라 남쪽으로 흐르는 물줄기이다.
현재 이곳에는 민속여관이 자리하고 있다.

철원의 태봉도성
고려 태조는 918년 6월 이곳에서 고려를 건국하고 919년 1월 개경으로 수도를 옮겼다. 철원 평화전망대에서 찍었다.

나성羅城 성벽
나성은 개경이 고려의 도읍이 된 후 110년이 지난 1029년^{현종 20}에 쌓은 도성이다. 나성은 사방의 산 능선에 쌓았다.

_국사편찬위원회, 2018『개성의 역사와 유적』48쪽

**고려 궁궐터
서부건축군**

서부건축군은 고려 초부터 본궐이 있었던 곳으로, 2007년부터 2018년까지
남북공동으로 발굴조사를 하였다. 2015년 10월 15일에 찍었다.

회경전터

회경전은 서부건축군의 동쪽인 중심건축군에 있던 고려 본궐의 정전이다.
현종 이후에 용례가 보이는 것으로 보아 중심건축군은 서부건축군보다 늦게
조성된 것으로 보고 있다.

**개성 성균관
대성전 앞 돌용** 동쪽

본궐터인 만월대에서 출토된 것으로 알려져 있다.

**개성 성균관
대성전 앞 돌용** 서쪽

이궁인 수창궁에서 출토된 것으로 알려져 있지만
수창궁 근처에 있던 민천사에 있던 유물이란 의견도 있다.

**개성 성균관
명륜당**

고려 말인 1367년공민왕 16 중건된 성균관의 교육공간이다.
지금의 성균관 건물은 임진왜란 후에 다시 지은 것이다.

**개성 성균관
대성전**

공자의 사당이었던 개성 성균관의 대성전은 서울 성균관과 달리
명륜당 뒤에 있다. 지금은 고려박물관의 전시공간으로 이용하고 있다.

태조 왕건 현릉顯陵

북한 국보유적 제179호. 개성특별시 해선리. 태조가 죽은 해인 943년에
만들어졌다. 현재의 능은 1992년 북한에서 발굴한 후에 새로 만든 것이다.

**뒤에서 바라본
현릉**

2005년 11월 20일에 찍었다.

공민왕릉 전경
북한 국보유적 제123호. 개성특별시 해선리. 왼쪽이 공민왕릉인 현릉玄陵이고, 오른쪽이 왕비릉인 정릉正陵이다.

공민왕릉 돌양
우리나라 왕릉제도에서 왕릉을 지키는 동물로 돌양과 돌호랑이가 나타나는 것은 공민왕릉에서 처음 확인된다.

고려고종사적비 인천광역시 강화군 송해면 당산리 고려천도공원. 1232년^{고종 19} 고려가 개경에서 강화로 천도할 때 국왕인 고종 일행이 강화로 들어온 곳으로 추정된다.

강화읍 전경 강화도 천도 시절 고려의 궁궐은 이곳에 있었다. 강화읍성 남문에서 2018년 9월 27일에 찍었다.

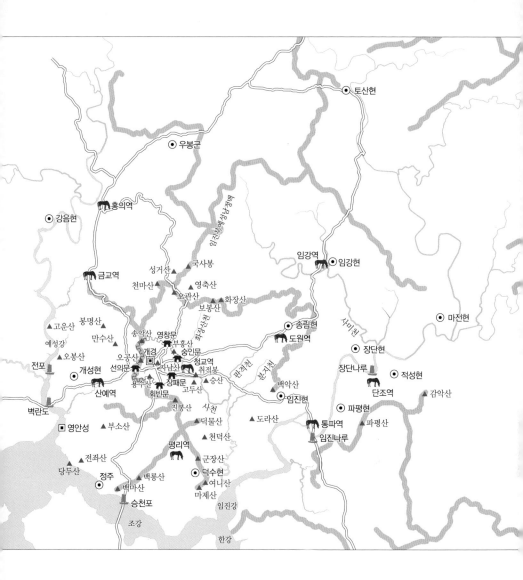

토산현

우봉군

강음현

흥의역

금교역

성거산   국사봉

천마산   영축산

오관산   화장산

보봉산

봉명산
고운산   송림현

예성강   송악산 영창문   도원역

전포   오봉산 오공산 개경

개성현 선의문 숭인문 정패역

벽란도   용수산 장패문 승산   취적봉

산예역   회반문   고두산   백악산

영안성   부소산   진봉산   임진현

평리역   덕물산   파평현

전좌산   천덕산   파평산

당두산   정주   군장산   통파역

백룡산   덕수현   임진나루

백마산   여니산

승천포   마제산

조강   임진강

한강

임강역 임강현

마전현

사미천

장단현

장단나루 적성현

단조역 감악산

도라산

개경 성외 지도

범례

◉ 개경   🐎 역참   ▲ 산   ═══ 도로
◉ 군현   ⬦ 포구   🏯 성문   — 하천
◉ 성   ∿∿ 성곽   ▨ 산줄기

0   5km

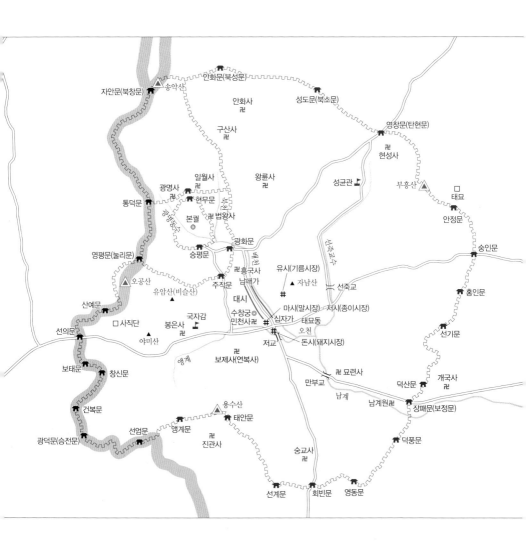

안화문(북성문)

자안문(북창문)　송악산

안화사
권

성도문(북소문)

영창문(탄현문)

구산사
권

현성사
권

일월사
권

왕륜사
권

성균관

부흥산　태묘

광명사
권

통덕문

현무문

법왕사
권

본궐
◎

성균관

안정문

영평문(눌리문)

광화문

승평문

흥국사
권

남매가

유시(기름시장)

자남산 ▲　선죽교

선죽교

숭인문

홍인문

오공산

유암산(비슬산) ▲

주작문

대시

마시(말시장)　저시(종이시장)

산예문

수창궁 ◎
민천사 권

십자가

태묘동

선기문

선의문

사직단 □

국자감

봉은사
권

야미산 ▲

저교

오천

돈시(돼지시장)

보태문

창신문

앵계

보제사(연복사)
권

묘련사
권

덕산문

개국사
권

건복문

만부교

남계

남계원 권

장패문(보정문)

광덕문(승전문)

선엄문

용수산

태안문

앵계문

진관사
권

숭교사
권

덕풍문

선계문

회빈문

영동문

개경 성내 지도

범례	┼ 시장	□ 제사	권 사찰	═ 도로
	◎ 궁궐	)(다리	▲ 산	하천
	교육	성문	성곽	산줄기

0　　550m

개경開京

고려왕조의 수도

박종진

1956년 4월 서울에서 태어나 서울대학교 국사학과를 졸업하고(1980년 학사, 1983년 석사, 1993년 박사), 울산대학교 사학과와 숙명여자대학교 역사문화학과에서 근무하였고, 지금은 숙명여자대학교 명예교수이다. 한국역사연구회, 한국중세사연구회, 남북역사학자협의회에서 활동하였다. 그동안 고려사를 공부하여 개인 저서로 『고려시기 재정운영과 조세제도』(2000, 서울대학교출판부), 『고려시기 지방제도 연구』(2017, 서울대학교출판문화원), 『박종진 선생님과 함께하는 두근두근 개성 답사』(2018, 청년사)를 펴냈고, 1996부터 한국역사연구회 개경사연구반에 참여하여 『고려의 황도 개경』(2002, 창비), 『고려 500년 서울 개경의 생활사』(2007, 휴머니스트), 『역주 조선시대 개성유람기』(2021, 혜안)를 공동으로 출판하였다.

개경
고려왕조의 수도

초판 1쇄 인쇄일	2022년 1월 14일
초판 1쇄 발행일	2022년 1월 26일

지은이	박종진

펴낸이	김효형
펴낸곳	(주)눌와
등록번호	1999.7.26. 제10-1795호
주소	서울시 마포구 월드컵북로16길 51, 2층
전화	02-3143-4633
팩스	02-3143-4631
페이스북	www.facebook.com/nulwabook
블로그	blog.naver.com/nulwa
전자우편	nulwa@naver.com
편집	김선미, 김지수, 임준호

책임 편집	김지수
본문 디자인	이현주
표지 디자인	글자와기록사이
지도 구성	박선영
지도 제작	김경진

제작 진행	공간
인쇄	현대문예
제본	장항피앤비

ⓒ박종진, 2022
ISBN 979-11-89074-46-3 (03910)

개경

開京 — 고려왕조의
수도

박종진

눌와

서울에서 직선거리로 60km도 채 떨어지지 않은 곳에 개성이 있다. 가깝고도 먼 도시 개성은 고려왕조의 수도 개경開京이 있던 곳이다. 개경은 400년이 넘는 동안 고려왕조의 수도였다. 개성은 조선 건국 후에도 중요한 지방도시로서 위상을 지켰으며, 지금은 분단의 현장이자 남북교류의 상징이다.

고려 건국 다음 해인 919년 개경은 고려왕조의 수도가 되었고, 1232년부터 1270년까지 강도江都로 수도를 옮겼던 30여 년을 제외하고는 줄곧 수도의 위상을 지켰다. 도읍이 된 후 110년이 지난 1029년(현종 20)에 나성羅城이 축성되면서 개경은 완성된 도성의 모습을 갖게 되었다. 그렇지만 그동안 일관된 계획이나 방향을 가지고 개경이 형성된 것은 아니었다. 고려는 중국 고대 도성과 고구려·태봉 도성의 영향을 받으면서도 그와는 다른 고려만의 도성 개경을 만들었다. 특히 사방의 산 능선에 쌓은 도성은 본격적인 도성으로서는 개경에서 처음이고, 개경의 방리제에서는 중국 장안성에서 보이는 폐쇄적인 방리제의 흔적이 보이지 않는다. 또한 개경은 불교도시라고 할 만큼 절이 많은 도시였다. 개경의 절은 종교적인 기능만을 하는 장소가 아니라 정치·경제·사회·문화 등에서도 중요한 곳이었다. 고려의 도성 개경의 특징 일부는 조선의 도성에 영향을 주었다. 즉 사방의 산 능선을 따라 쌓은 성곽, 개방적으로 운영된 방리제 등은 큰 틀에서 조선의 도성으로 이어졌다.

해방 직후에 고유섭의 책이 출간된 후 지금까지 개경에 대한 많은 연구성과가 축적되었다. 남한 학계에서 개경 연구가 활발하게 이루어지기 시작한 것은 1990년대이다. 그 이전에는 남북 분단으로 개경 연구가 거의 이루어지지 못하였다. 반면 그동안 북한에서는 부분적으로나마 개성의 궁궐터·성곽·절터 등에 대한 발굴과 조사가 꾸준하게 이루어졌다. 1990년 이후 개경 연구가 활발하게 전개된 배경에는 고려사 연구의 진전을 들 수 있다. 고려사 연구자들의 관심이 자연스럽게 수도 개경으로 확대되었기 때문이다. 또한 1990년대 중반 '한양정도 600주년 기념사업'이 진행되면서 고려사 연구자들도 고려왕조의 수도 개경 연구에 더 관심을 가지게 되었고, 2000년 이후 남북교류가 확대되면서 개경 연구가 더욱 활발해졌다.

　필자는 1996년 여름 고려사 연구자 몇 분과 함께 한국역사연구회 중세1분과에 개경사연구반을 만들면서 개경 공부를 시작하였다. 개경사연구반에는 관심을 가진 연구자들이 모여들어 지금까지 초심을 잃지 않고 연구 활동을 하고 있다. 그동안 개경사연구반은 연구사를 정리하였고, 몇 차례의 공동연구발표회를 하였을 뿐 아니라, 『고려의 황도 개경』(2002, 창비), 『고려 500년 서울 개경의 생활사』(2007, 휴머니스트), 『역주 조선시대 개성유람기』(2021, 혜안) 등 책을 공동으로 출판하여 거의 불모지에 가까웠던 개경 연구의 터를 닦았고, 필자 역시 그 틈에 끼어서 즐겁게 개경 공부를 하였다.

최근 개경 연구가 활발하게 이루어지고 있고 그에 따라 적지 않은 연구성과가 쌓이고 있지만, 개경 연구는 경주나 서울 연구와 비교하면 양과 질, 모든 면에서 부족하다. 개경 연구의 현재 수준은 관련 기초자료를 정리하고 그를 바탕으로 개경의 구조에 대한 큰 그림을 그리는 초보 단계이다. 최근 필자가 중심이 되어 개경 연구의 기초자료를 '개경기초자료', '개성역사기초용어사전', '고려개경지리정보' 등으로 정리하였지만 개경 역사 전체를 정리한 개설서는 아쉽게도 아직 세상에 나오지 않았다.

이 책은 지금까지의 개경 연구성과를 토대로 고려왕조의 수도 개경 전반에 대해서 정리한 것이다. 따라서 이 책에는 개경 전체를 이해하는 데 필요한 주요 주제를 모두 포함하였다. 아울러 책 내용의 이해에 도움이 될 만한 사진, 그림, 표, 지도를 많이 실었다. 이 책이 개경 연구의 발전에 토대가 되고, 더 나아가서 고려사와 개경에 관심을 가진 독자에게도 조금이나마 도움이 되었으면 좋겠다. 그렇지만 이 책에는 개경 연구의 주요 주제 중 빠진 부분이나 잘못 서술한 부분도 적지 않을 것이다. 앞으로 보완되기를 바란다.

이 책을 마무리하면서 지금까지 개경 연구에 헌신한 모든 분께 감사드린다. 그분들 덕분에 개경 연구가 지금 단계까지 올 수 있었고, 더불어 이 책이 나올 수 있었다. 그중에서도 25년 동안 필자와 개경 연구를 함께

한 개경사연구반의 동료들께 특별히 감사드린다. 그들은 필자가 이 책을 쓰는 동안에도 필자의 거친 원고를 여러 번 고쳐주고 다듬어주었다. 이 책이 이 정도의 모양새를 갖춘 것은 모두 개경사연구반의 동료들 덕분이다. 또한 훌륭한 지도를 그려서 이 책의 품격을 높여준 박선영 선생님께도 감사 인사를 드린다. 편안하게 학교생활을 마칠 수 있게 배려해 준 동료 교수들과 어려울 때마다 힘과 기쁨을 주었던 학생들에게도 고마운 마음을 전한다. 늘 함께인 아내 김성재와 든든한 응원군인 두 딸 부부에게 이 책이 좋은 선물이 되었으면 좋겠다. 끝으로 정리가 덜 된 원고를 예쁜 책으로 만들어 준 눌와의 여러분께도 감사한다.

2005년 11월 처음 개성 땅을 밟은 것이 엊그제 같은데, 벌써 15년이 지났다. 하루빨리 개성으로 가는 길이 다시 열리기를 바란다.

2021년 8월 31일
서울에서 개성을 생각하면서

박종진

차 례　　　　책을 내면서　　　　　　　　　　　　004

1　　개성의 자연
　　　개성 주변의 산과 산줄기　　　　　　　　013
　　　개성 주변의 강과 물줄기　　　　　　　　015
　　　「고려세계」에 보이는 개성 주변의 자연　　018

2　　고려 건국과 개경 천도
　　　고려 건국의 기반, 송악군　　　　　　　　029
　　　개경 천도의 배경과 의미　　　　　　　　032

3　　성곽
　　　개성의 성곽들　　　　　　　　　　　　　039
　　　나성: 고려의 도성　　　　　　　　　　　042
　　　황성: 황제의 성을 의미하였나?　　　　　057
　　　내성: 조선시기의 성　　　　　　　　　　063
　　　대흥산성: 고려 때부터 있었나?　　　　　066

4　　궁궐
　　　고려 궁궐 연구의 어려움　　　　　　　　071
　　　고려시기 궁궐의 운영과 변화　　　　　　073
　　　송악산 남쪽의 고려 본궐　　　　　　　　087
　　　개경의 대표 이궁, 수창궁과 연경궁　　　101

5　　정치제도의 운영과 개경의 관청
　　　정치제도 운영의 특징　　　　　　　　　109
　　　주요 관청의 위치　　　　　　　　　　　115

6　　태묘와 사직
　　　태묘와 사직의 설치와 변화　　　　　　　123
　　　태묘의 구성과 운영　　　　　　　　　　134
　　　사직단의 구조와 사직 제례　　　　　　　141

7   국자감과 성균관

고려 전기 국자감의 설치와 정비　　　　　　145

고려 후기 국자감의 변화와 유교 교육의 진흥　　150

고려 말 성균관의 중영과 구조　　　　　　　153

8   경제제도 운영과 개경

경제운영의 특징과 재정관서　　　　　　　163

조세제도의 운영과 개경　　　　　　　　　167

구휼제도의 운영과 개경　　　　　　　　　176

9   시장

시장의 설치와 관리　　　　　　　　　　　185

시장의 종류　　　　　　　　　　　　　　189

시장의 위치와 형태　　　　　　　　　　　193

10   도시문제와 주거

주거　　　　　　　　　　　　　　　　　　199

물　　　　　　　　　　　　　　　　　　　207

화재　　　　　　　　　　　　　　　　　　219

치안　　　　　　　　　　　　　　　　　　222

11   절

개경 절의 기능　　　　　　　　　　　　　235

개경 절의 창건과 위치　　　　　　　　　　244

불교문화재　　　　　　　　　　　　　　　254

12   왕릉

고려왕릉의 위치와 구조　　　　　　　　　259

고려왕릉의 관리와 조사　　　　　　　　　264

고려왕릉의 현황　　　　　　　　　　　　276

13   고려의 경기, 개성부의 설치와 변화

왕도 개경을 지원하는 특별구역, 경기(개성부)   283
919년(태조 2) 개주의 설치와 범위   284
995년(성종 14) 개성부의 설치와 적현·기현   285
1018년(현종 9) 경기의 성립과 특징   287
1062년(문종 16) 지개성부사의 설치   290
1308년(충선왕 복위) 개성부의 개편과 의미   293
경기(개성부) 설치의 명분과 현실   295

14   개경의 지리적 범위와 행정체제

개경의 지리적 범위(경기·4교·개경)   301
5부방리제의 시행과 운영   303
4교의 범위와 기능   315

15   강화 천도와 개경

강화 천도 논의와 천도 과정   323
강화 천도 시기의 개경   326
개경 환도 과정과 환도 후의 개경   330

16   고려 말 조선 초 개경의 위상

고려 말 천도의 추진과 의미   339
고려 말 경기의 확대   344
조선 건국과 개경 위상의 변화   348

17   개경의 특징과 위상

개경의 조영 과정과 그 특징   359
개경의 특징과 위상   361

개성 관련 주요 자료   367
참고문헌   373
연표로 읽는 개성의 역사   383

1

개성의
자연

▪ 개성 주변의 산과 산줄기
▪ 개성 주변의 강과 물줄기
▪ 「고려세계」에 보이는 개성 주변의 자연

개성 주변의 산과 산줄기

개성의 자연을 생각하면 고려의 궁궐터인 만월대滿月臺에서 바라본 송악산松嶽山(488m)[1]이 가장 먼저 떠오른다. 송악산은 개성의 주산主山이자 진산鎭山이다. 신라 후기에 이곳에 송악군이라는 고을이 있었고 고려시기 이후 이곳이 송도松都, 송경松京으로 불렸던 것도 송악산과 관련이 있다. 고려 궁궐터인 만월대 뒤에 우뚝 솟은 송악산의 자태는 보는 이의 마음을 설레게 한다. 송악산을 생각하면서 개성 주변의 산세를 정리해 보자.

개성 주변의 산세는 조선 후기의 책 『산경표山經表』에 따르면 예성강과 임진강 중간을 지나는 '임진북예성남정맥臨津北禮成南正脈'에 속한다. 즉 개성은 백두대간에서 비롯한 임진북예성남정맥에 있는 송악산 남쪽에 자리하고 있다. 송악산은 북쪽으로는 대흥산성大興山城이 있는 천마산天磨山(762m)과 성거산聖居山으로 연결되고 아래로는 개성의 서쪽 산인 오공산蜈蚣山(204m)을 지나 남쪽의 용수산龍岫山(178m)으로 이어진다. 개성은 풍수지리에서 말하는 '명당'의 기본 요소인 사신사四神沙를 갖춘 곳으로 알려져 있다. 사신사란 풍수의 대상이 되는 땅의 동서남북에 있는 산을 말한다. 동양에서는 사방을 지키는 동물을 청룡(동), 백호(서), 주작(남), 현무(북)라고 생각하였기 때문에 동서남북의 산을 청룡, 백호, 주작, 현무라고도 한다. 보통 개성 서쪽의 오공산, 남쪽의 용수산, 동쪽의 부흥산富興山(156m)을 북쪽의 송악산과 함께 개성의 사신사라고 한다. 이 중 송악산과 오공산, 용수산은 임진북예성남정맥에 속하거나 이어져 있다. 반면 동쪽의 부흥산은 동서로 길게 뻗은 송악산의 동쪽 끝에서 이어진 낮은 산이며, 그 남쪽으로 그보다 더 낮은 덕암봉으로 연결된다. 개성의 사신사 중 송악산만 험준한

---

1) 송악산의 한자 표기는 『고려사』를 포함한 옛 문헌에서 松嶽山과 松岳山이 구분되지 않는다. 이후 이 책에서는 한글 송악산으로 쓰겠다.

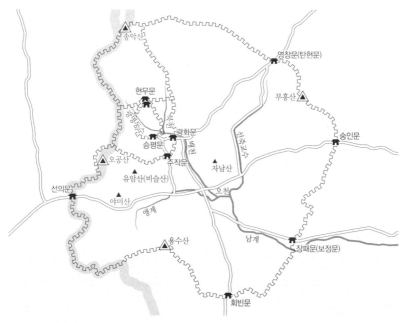

지도1-1 개성의 사신사와 물줄기

바위산이고, 오공산과 용수산은 송악산에 비하면 훨씬 부드럽다.

  개성은 높고 낮은 산으로 둘러싸인 분지형의 지형인데, 송악산이 있는 북쪽을 비롯해서 서쪽과 남쪽의 산세는 험하고 높지만 동쪽은 상대적으로 약하다. 특히 용수산의 동쪽, 부흥산과 덕암봉의 남쪽이 되는 개성의 동남쪽은 개성에서 제일 낮은 지대이기 때문에 이곳으로 개성 안의 물줄기가 모여서 흘러나간다. 송악산 북쪽으로는 천마산, 성거산 등 높고 험준한 바위산이 이어지지만 용수산 남쪽으로는 비교적 부드럽고 낮은 산들이 한강 하류인 조강祖江까지 이어진다. 개성의 조산朝山 격인 진봉산進鳳山(310m)은 중심 산줄기에서 조금 동북쪽으로 빠져나와 있고, 진봉산 남동쪽에 있는 덕물산德物山과 천덕산天德山 역시 임진북예성남정맥에서 뻗어 나온 산이다. 한편 개성 북쪽의 천마산과 성거산으로 이어지는 산줄기에서 동쪽으로 험한 산줄기가 뻗어 나왔는데, 이 산줄기에는 오관산, 영축산靈鷲山, 화장산華藏山 등이 이어진다.

송악산의 서남쪽 오공산의 서북쪽에는 만수산이 있고, 만수산의 서북쪽에는 봉명산이 있는데, 이들 산 역시 임진북예성남정맥과 연결된다. 만수산 남쪽에는 고려 태조의 현릉顯陵이 있고, 봉명산의 남쪽에는 고려 공민왕의 현릉玄陵과 공민왕비의 정릉正陵이 있다. 또 임진북예성남정맥은 진봉산, 덕물산 남쪽에서 두 줄기로 갈라지는데, 서남쪽으로 뻗은 주맥은 조강 북쪽의 백마산白馬山까지 이어지고, 동남쪽으로 뻗은 산줄기는 사천이 임진강과 만나는 근처의 여니산如尼山까지 이어진다. 백마산 서쪽에 있던 고을이 정주貞州(승천부昇天府)이고, 여니산 서쪽에 덕수현德水縣이 있었다. 송악산 남쪽 기슭에서 이어진 구릉에 개경의 궁궐터인 만월대가 있다. 이곳은 개성 전체에서 보면 서북쪽이다. 그 앞쪽에는 주작현朱雀峴에 해당하는 낮은 언덕이 있고, 동쪽에는 개성 중심부에 우뚝 솟은 자남산子男山이 있다. 고려 궁궐터가 자리한 개성의 내국內局은 송악산(북), 오공산(서), 주작현(남), 자남산(동)으로 둘러싸여 있다.

개성 주변의 강과 물줄기

산에서 발원한 물줄기는 산과 산 사이를 굽이굽이 흘러 천川이 되고, 천은 모여서 강을 이루어 바다로 들어간다. 이렇게 물줄기는 산세에 따라 형성된다. 개성을 둘러싸고 있는 송악산, 오공산, 용수산에서 발원한 물줄기는 개성의 중심부에서 만나 동남쪽으로 흘러 개성을 빠져나가 사천沙川을 이루어 임진강臨津江으로 흘러 들어간다. 이 형상은 백악산, 인왕산, 남산에서 발원한 물줄기가 서울 중심에서 만나 청계천을 이루어 동쪽으로

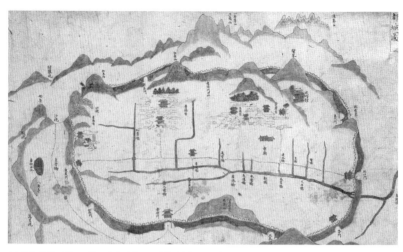

도판1-1 「도성도」 (『조선강역총도』 서울대학교 규장각한국학연구원 소장)
서울의 물줄기는 백악산, 인왕산, 남산에서 발원하여 서울 중심에서 만나 청계천을 이루어 동쪽
으로 흘러 중랑천에 합류하여 한강으로 들어간다.

흘러 중랑천에 합류하여 한강으로 흘러 들어가는 것과 비슷하다. 이것은
개성을 둘러싼 산세가 서울과 비슷하기 때문이다.

개성 서쪽에는 예성강禮成江, 동남쪽에는 임진강, 남쪽에는 임진강과
한강이 합류하여 이룬 조강이 서해로 흘러 들어간다. 이 큰 강들은 조세를
운반하고 외국과 교역하는 중요한 수상 교통로가 되었다. 특히 고려시기
수도 개경에서는 서쪽의 예성강을 통하여 서해로 쉽게 나아갈 수 있어 일
찍부터 벽란도碧瀾渡 같은 항구(포구)가 발달했다. 아울러 예성강 하구의 서
강西江은 임진강 하구의 동강東江과 함께 조운을 통해 운반된 세곡이 집결
했던 곳이다. 따라서 고려시기 개경의 위치는 서해를 통해서 국외로 나가
거나 남쪽의 세곡을 운반할 때에는 조선의 한양보다 유리하였다. 반면에
개성은 평양이나 서울과 같이 큰 강을 직접 끼고 있지는 않다. 개성은 임
진강과 한강을 국토의 동쪽과 남쪽으로 가는 교통로로 이용하였지만, 내

류 수운의 경우 한강을 직접 끼고 있는 서울보다 상대적으로 불리하였다.

　개성 내부와 주변의 작은 물줄기는 크게 북쪽의 송악산에서 흘러내려 오는 물줄기인 배천白川과 서쪽의 오공산과 남쪽의 용수산에서 발원하여 동쪽으로 흘러내려 오는 물줄기인 앵계鶯溪(개성 중심부에서 이름이 오천烏川으로 바뀐다)가 있다. 앵계는 개성 중심부인 십자가十字街의 동남쪽에서 배천과 만나서 동남쪽으로 흐르다가 개성의 동북쪽 부흥산 자락에서 남쪽으로 흐르는 물줄기인 선죽교수善竹橋水와 합하여 개성 나성羅城의 동남쪽 문인 장패문長霸門(보정문保定門)의 수구문水口門을 빠져나간다. 이 물줄기는 개성의 동남쪽으로 흘러내려 가다가 다시 나성 밖 동북쪽의 오관산, 용암산 등지에서 남쪽으로 흘러내려 오는 물줄기와 나성 밖 남쪽의 부소산, 진봉산에서 동쪽으로 흘러내려 오는 물줄기인 웅천熊川과 만난다. 이렇게 합쳐진 물줄기가 바로 사천인데, 사천은 계속 동남쪽으로 흘러서 장단의 보봉산에서 흘러내려 오는 분지천分地川(판적천板積川)과 만나서 임진강으로 흘러 들어 간다.

　개성 내부의 물줄기를 보면, 송악산 남쪽 광명동에서 고려 궁궐터인 만월대의 서쪽으로 흘러내려 오는 광명동수(서천)와 송악산 자하동에서 남쪽으로 내려오는 물줄기(조암동천, 북천)가 고려 때 성곽인 황성의 정문(동문)인 광화문 남쪽에서 합쳐진 물줄기인 배천은 남대가를 따라 남쪽으로 흘러서 십자가 근처에서 앵계(오천)과 만난다. 이처럼 개성 내부에는 큰 강은 없는 대신 작고 좁은 물줄기가 지형상 동남쪽으로 몰려 내려가게 되어 있다. 특히 내부의 물은 구불구불 흐르지 않고 거의 일직선으로 흐른다. 이러한 지세 때문에 개성은 일찍부터 수덕水德이 불순하다는 말이 있었다. 따라서 개성 내부에서는 상대적으로 물이 귀했지만 비가 많이 오면 그 물이 한 방향으로 쏟아져 내려와 수해로 연결될 가능성이 컸다. 그 때문에 일제강점기에는 수해를 막기 위해서 배천과 선죽교수 상류를 연결하였고, 그때 바뀐 물줄기가 지금까지 이어지고 있다.

정리하면, 개성은 예성강과 임진강 중간을 지나는 임진북예성남정맥에 있는 송악산 남쪽에 자리하고 있다. 이는 개성 동쪽과 서쪽에 임진강과 예성강이 흐른다는 의미이다. 실제로 개성 서쪽에 있는 예성강은 북에서 남으로 흐르고, 임진강은 개성 동북쪽에서 흘러와서 개성 동남쪽에서 한강과 합류하여 서쪽으로 흘러 서해로 나가는데, 이 강을 조강이라고 한다. '개성지역'은 예성강과 임진강, 넓게는 한강을 끼고 있는 지역으로 우리 국토의 중심부에 해당하는 곳으로, 오래전부터 중요하게 여기던 곳이다.

「고려세계」에 보이는 개성 주변의 자연

「고려세계」에 보이는 개성 주변의 산

『고려사高麗史』맨 앞에 실린「고려세계高麗世系」는 고려 태조의 선조들이 개성에 정착한 후의 행적과 활동을 설화 형식으로 기록한 것으로 그 주 내용은 고려 의종 때 김관의金寬毅가 쓴『편년통록編年通錄』이다. 김관의는 이자겸李資謙의 난과 묘청妙淸의 난으로 땅에 떨어진 고려왕실의 권위를 회복하기 위해서『편년통록』을 편찬하였다. 의종 때에는 왕실의 족보인「왕대종록王代宗錄」도 편찬되었다.

「고려세계」에는 개성에 처음 정착한 태조의 6대조인 호경虎景부터, 강충康忠, 보육寶育, 진의辰義, 작제건作帝建, 왕륭王隆에 이르기까지 이들의 행적과 활동이 서술되어 있는데, 그 내용에는 송악산, 오관산, 평나산平那山(구룡산九龍山, 성거산) 등 개성 주변의 주요 산들이 자주 등장한다. 왕건의 선조들이 개성에 정착하는 과정을 산과 연관하여 서술한 데에는 이들이 정착하고 활동한 개성 주변이 풍수지리적으로 명당이고 더 나아가서 이곳이 고려를 건국하고 왕실을 번성하게 하는 기틀이 되었다는 인식이 깔려 있다.

「고려세계」에 제일 많이 보이는 산이 송악산이다. 고려 태조의 6대조로 「고려세계」에 처음 등장하는 호경이 백두산白頭山에서부터 여기저기 돌아다니다가 정착한 곳이 부소산扶蘇山의 왼쪽 골짜기였다. 부소산은 송악산의 옛 이름이니, 고려 태조의 선조가 처음 정착한 곳이 송악산 기슭인 셈이다. 송악산과 관련된 중요한 이야기는 호경의 아들 강충과 연관되어 나온다. 강충은 서강 영안촌永安村의 부잣집 딸인 구치의具置義를 아내로 맞아 오관산五冠山 아래 마하갑摩訶岬에서 살았다. 강충은 풍수에 밝았던 신라의 감간監干 팔원八元의 조언에 따라 부소산(송악산) 북쪽에 있던 부소군扶蘇郡을 산 남쪽으로 옮기고 산에 소나무를 심었으며, 고을 이름을 송악군松嶽郡으로 고쳤다.[2] 이것은 강충 때에 송악군의 중심이 오관산 남쪽에서 송악산 남쪽으로 이동하였다는 것을 의미하는데, 이때 산 이름도 부소산에서 송악산으로 바뀌었을 것이다. 여기에서 팔원이 부소군에 이르러 고을이 부소산 북쪽에 있을 뿐 아니라 산의 형세는 빼어나지만 산에 나무가 없는 것을 보고는 강충에게 '만약 고을을 산의 남쪽으로 옮기고 소나무를 심어 암석이 드러나지 않도록 하면 삼한三韓을 통합할 인물이 태어날 것이오'라고 권유한 내용이 흥미롭다.

　이 설화는 송악산에서의 식목과 치수의 중요성을 강조한 것으로 해석할 수 있다. 하나는 산의 형세는 좋았지만, 나무가 없어서 치수가 어려웠던 부소산(송악산)에 나무를 심어서 물 문제를 해결함으로써 송악산 남쪽은 명실상부한 명당이 되었다는 것이다. 또 이곳에 강충이 거주하게 되면서 결과적으로 삼한을 통일할 수 있는 사람이 날 수 있는 송악 명당에 왕건의 선조들이 거주할 수 있게 되었다고도 해석할 수 있다. 그 후 강충은 고을의 상사찬上沙粲이 되었고 오관산 마하갑의 집을 영업지永業地로 삼고서

---

2) 군(郡)의 이름을 바꾸는 것은 지방세력이 단독으로 할 수 있는 일은 아니다. 『고려사』 지리지에는 송악군(松嶽郡)은 고구려 때 부소갑(扶蘇岬)이었는데, 신라 때 송악군으로 고쳤다고만 기록되어 있다. 『편년통록』에서 부소군이 송악군으로 이름을 고친 배경을 강충의 활동과 연관하여 기록한 것은 그의 활동을 강조하기 위한 서술로 보인다.

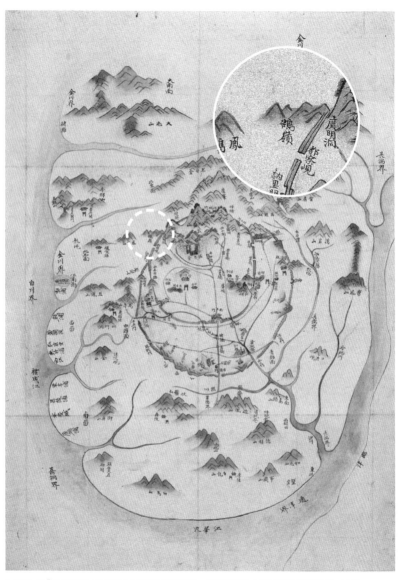

도판1-2 「개성전도」(1872 조선후기 지방지도, 서울대학교 규장각한국학연구원 소장)
송악산 서쪽 고개가 곡령으로 표시되어 있다.

왕래하였다고 하니 이것은 송악산뿐 아니라 오관산 역시 태조 세력의 성장과 밀접한 중요한 산으로 인식하고 있기 때문일 것이다.

강충의 둘째 아들 보육(초명 손호술)은 송악산 근처에서 살았다는 내용은 없지만 (송악산) 곡령鵠嶺에 올라가 남쪽을 향해 오줌 누자 삼한의 산천이 오줌에 잠겨 은빛 바다로 변하는 꿈을 꾼 후 그 형인 이제건伊帝建의 딸 덕주를 아내로 삼았다는 이야기가 「고려세계」에 실려 있다. 오줌 꿈 이야기를 들은 이제건이 '너는 반드시 하늘을 떠받칠 기둥을 낳게 될 것이다'라고 한 것에서 송악산(곡령) 남쪽이 가진 의미를 상징하고 있다. 또 (「고려세계」에 인용된) 『편년통록』에 고려 태조의 증조부로 나오는 당 숙종이 송악군에 이르러 곡령에 올라가 남쪽을 바라보고, '이 땅은 반드시 도읍이 될 것이다'라고 한 것도 송악산과 그 남쪽 땅이 장차 도읍이 될 만한 명당이라는 것을 암시하고 있다. 이렇게 「고려세계」에 인용된 『편년통록』에는 송악산 남쪽은 장차 도읍이 될 만한 명당으로 묘사되고 있다.

또 송악산 남쪽은 태조 조상들의 집터이기도 하였다. 「고려세계」에는 태조의 할아버지 작제건이 서해 용왕의 딸과 결혼한 후 돌아올 때 데리고 온 돼지가 1년 후 다시 자리 잡아준 집터가 송악 남쪽 기슭이었는데, 이곳은 바로 태조의 5대조 강충의 옛 집터였다고 기록하고 있다. 태조는 즉위 후 이곳에 광명사廣明寺를 창건하였다. 또 「고려세계」에는 작제건이 이곳에서 영안성永安城을 오가며 30여 년 동안 산 것으로 기록되어 있다. 작제건의 아들이자 태조의 아버지인 왕륭은 그곳에서 몇 년 살다가 그 남쪽에 새집을 지었는데, 그곳이 연경궁延慶宮 봉원전奉元殿 터였다고 한다.3) 이때 당나라에 가서 일행一行의 지리법地理法을 배우고 돌아온 도선道詵의 조언에

---

3) 「고려세계」에 인용된 『편년통록』에는 연경궁을 고려 본궐로 보고 있지만 연경궁은 본궐 동쪽에 있던 이궁(離宮)이었다는 것을 생각하면 조선 초 『고려사』를 편찬할 때 「고려세계」에 『편년통록』을 인용하면서 『편년통록』의 내용 일부를 수정하였을 가능성도 엿보인다. 조선 초의 기록에는 연경궁을 고려 본궐로 잘못 인식한 것이 많기 때문이다.

따라 집을 다시 지은 후 태조 왕건이 탄생하였다고 한다.

지금까지 살펴본 것처럼 「고려세계」에 묘사된 송악산 남쪽은 고려 태조를 잉태한 좋은 집터인 동시에 장차 한 나라의 도읍이 될 명당이었다.

송악산 동북쪽에 있는 산 오관산은 임진북예성남정맥 주 능선인 천마산과 성거산으로 이어지는 산줄기에서 동쪽으로 갈라진 산줄기에 있는 산으로 그 아래 영통동靈通洞에는 지금 영통사靈通寺가 있다. 오관산은 「고려세계」에 몇 번 등장한다. 호경의 아들 강충은 서강 영안촌永安村의 부잣집 딸인 구치의具置義를 아내로 맞아 오관산 아래 마하갑에서 살았다. 그런데 앞에서 소개한 대로 신라의 감간 팔원의 말을 듣고 부소군을 부소산, 곧 송악산 남쪽으로 옮기게 되는데, 그때 강충도 집을 오관산 남쪽에서 송악산 남쪽으로 옮겼다.

그 후 강충의 아들 보육은 출가하여 지리산智異山에 들어가 도를 닦고 평나산(성거산) 북쪽에 돌아와서 살기도 했지만, 다시 오관산 마하갑으로 옮겼고, 곡령에 올라가 오줌 누는 꿈을 꾼 후 그의 형 이제건의 딸 덕주를 아내로 삼은 후 마하갑에 나무를 엮어 암자를 짓고 살았다. 그때 어떤 신라의 술사術士가 그것을 보고 '이곳에서 살고 있으면 반드시 대당大唐의 천자가 와서 사위가 되리라'라고 예언하였다. 이후 보육의 둘째 딸 진의가 언니의 오줌 꿈을 사고, 이어서 진의가 당 숙종과 만나는 이야기가 이어진다. 그런데 진의의 언니가 꿈에 오줌을 눈 곳이 오관산 꼭대기인 것이 흥미롭다. 결국 보육이 오관산 마하갑에 살았고, 그 큰딸이 오관산에서 오줌 누는 꿈을 꾸었으며, 그 꿈을 산 둘째 딸 진의가 중국 당나라 인물과 연결되는 계기로 보았다는 점에서 오관산은 송악산 못지않게 왕건 선조들의 성장에 매우 중요한 산으로 인식되고 있다.

지금 영통사가 자리 잡고 있는 오관산 남쪽 영통동은 산으로 둘러싸여 있고 앞에 내가 흐르는 명당이지만 그 터는 도읍이 들어설 만큼 크지 않다. 그렇기 때문에 태조의 선조들은 오관산의 남쪽에서 송악산 남쪽으로 중심지를 옮긴 것으로 생각된다. 「고려세계」에 실린 관련 설화들은 그 과정을 풍수지리라는 이론으로 수식하고 정당화한 과정이었다고 할 수 있다.

한편 「고려세계」에는 평나산이 두 차례 등장한다. 평나산은 곧 성거산 인데, 성거산은 오관산의 서북쪽, 천마산의 동쪽에 있는 산이다. 「고려세계」에 성거산은 두 번밖에 등장하지 않지만, 태조의 6대조 호경이 사냥을 하다가 산신이 된 곳이다. 호경이 산신이 된 후 옛 부인과 교합하여 태어난 사람이 5대조 강충이니, 태조의 선조들은 성거산의 정기를 받은 사람들이 된다. 또 강충의 아들 보육이 출가하여 지리산에 들어가 도를 닦고 돌아와서 처음 거주한 곳이 평나산의 북갑北岬이었다. 조선 후기에 성거산과 천마산 능선에 대흥산성을 쌓았는데, 대흥산성의 북쪽 수문이 박연폭포이다. 성거산과 천마산의 골짜기 안에는 관음굴觀音窟, 대흥사大興寺 등이 있다.

한편 「고려세계」에는 송악산, 오관산, 평나산(성거산) 등 개성 주변의 산뿐 아니라 백두산, 지리산, 속리산 등 우리 국토의 주요 산이 언급되고 있다. 백두산은 조선 후기의 『산경표』에서 우리 국토의 중심 산줄기로 정리된 백두대간의 시작 산이고 지리산은 백두대간의 마지막 산이다. 속리산역시 백두대간에 포함된 산이다.

「고려세계」에 백두산은 두 번 나온다. 하나는 「고려세계」에 처음 등장하는 인물인 호경이 백두산에서부터 두루 돌아다니다가 부소산의 왼쪽 골짜기에 이르러 정착했다는 기록이고, 다른 하나는 동리산파桐裏山派의 조사祖師 도선이 당나라에 들어가 지리법을 배우고 돌아온 후 백두산에 올랐다가 곡령에 이르렀다는 기록이다. 이 두 기록에는 개성의 진산 송악산이 백두산과 연결되었다는 인식과 함께 백두산이 우리 산의 중심이라는 생각이 깔려 있다. 또 「고려세계」에는 백두대간에 속한 지리산과 속리산俗離山의 용례도 한 번씩 나온다. 태조의 4대조인 보육이 출가하여 지리산에 들어가 도를 닦았다는 기록과 태조의 할아버지 작제건이 만년에 속리산의 장갑사長岬寺에 살며 늘 불교 경전을 읽다가 죽었다는 기록이 있다. 두 산 모두 태조 선조들의 불교 활동과 연관되었다는 특징이 있다. 「고려세계」에 등장하는 산의 용례를 보면, 백두대간과 정맥이라는 개념은 조선후기에 정립되었지만, 백두대간을 비롯한 산줄기에 대한 인식은 고려시기에 형성되었음을 확인할 수 있다.

「고려세계」에 보이는 물과 관련된 이야기

개성 서쪽에는 예성강, 동남쪽에는 임진강, 남쪽에는 임진강과 한강이 합류하여 이룬 조강이 서쪽으로 흐르다가 예성강 하류와 만나서 서해로 흘러 들어간다. 또 개성 내부에서 동남쪽으로 흐르는 사천과 임진강이 만나는 지점을 동강이라 하였고, 예성강 하류 지점을 서강이라고 하였다. 개성 주변을 흐르는 강 중 「고려세계」에 보이는 태조 선조들의 행적과 관련하여 등장하는 것은 예성강뿐이다. 태조 선조들의 행적과 관련해서 등장하는 예성강의 사례를 살펴보고 그 의미를 간단히 생각해 보자. 제일 처음 보이는 사례가 태조의 5대조 강충이 서강 영안촌의 부잣집 딸인 구치의를 아내로 맞아 오관산 아래 마하갑에서 살았다는 것이다. 이것은 송악산, 오관산을 배경으로 하는 강충 세력과 예성강 하류의 세력의 결합을 의미한다. 다음 사례는 태조의 4대조로 나오는 당 숙종이 바다를 건너 패강浿江(예성강)의 포구로 개성에 들어온 것이다. 그때 강가에 개펄이 많아서 배 안의 돈을 뿌리고 언덕을 올라왔다고 해서 그 곳을 전포錢浦라고 했다고 한다. 여기서 예성강은 서쪽에서 온 귀인과 태조 선조들을 결합시켜 주는 가교 역할을 했다고 볼 수 있다. 이렇게 예성강은 송악산, 오관산을 중심으로 활동하던 태조 선조들의 세력을 보완하는 데 일정한 기능을 한 강으로 묘사되었다. 반면 이들의 행적에 임진강이 보이지 않는 것은 임진강은 그들의 주 활동무대가 아니었기 때문일 것이다.

작제건이 아버지를 만나기 위해서 상선을 타고 서해로 나갔다가 서해 용왕의 어려움을 해결해 주고 용왕의 딸과 결혼하여 돌아온 사례 역시 예성강과 일정하게 연관되어 있다. 「고려세계」에 따르면 작제건이 용녀와 함께 배를 타고 도착한 곳이 창릉굴昌陵窟 앞의 강가였다고 했는데, 그곳이 바로 예성강의 하류를 가리키는 서강이고, 창릉은 태조의 아버지 왕릉의 능이다. 작제건이 서해 용녀와 결혼하여 돌아오자 배주정조白州正朝 유상희劉相晞 등이 개주開州·정주貞州·염주鹽州·배주白州 4주와 강화현江華縣·교동현喬桐縣·하음현河陰縣 3현의 백성들을 거느리고 와서 영안성을 쌓고 궁실을 지어주었다고 했는데, 영안성을 쌓은 곳 역시 같은 곳이다. 작제건이 서해 용왕의 딸과 혼인하여 돌아왔다는 설화는 그대로 믿을 수는 없지만, 대체로 이때 송악산을 중심으로 하던 태조 선조의 세력들이 서해 용왕으로 상징되는 해상세력과 결합하였다고 볼 수 있다. 아울러 이때 개주·정주·염주·배주와 강화현·교동현·하음현 등 예성강과 한강 하류의 세력들이 작제건을 중심으로 결집되었다고 볼 수 있다. 또한 여기에서 예성강 하류인 영안성이 이들 세력의 새로운 거점으로 거듭났다는 것을 알 수 있다. 이로써 작제건 이후에는 송악산 남쪽으로 대표되는 이전부터 있었던 세력과 영안성으로 대표되는 새로운 세력이 결합하였고, 작제건과 그의 아들 왕륭은 두 곳을 왕래하면서 활동하였다. 작제건이 귀국 1년 후 송악산 아래 강충의 옛 집터에 새로 집을 지은 후 영안성을 오가며 30년 동안 살았다는 이야기와 그의 아들 왕륭이 송악에서 영안성으로 가다가 한 여인을 만나서 혼인하였다는 이야기는 송악산 남쪽과 예성강 하류, 곧 영안성이 당시 이들 세력의 두 개의 중요한 축이었음을 말해준다. 그렇지만 세조가 송악산 아래 새로운 집을 짓고 태조를 낳았다는 이야기에서 두 축 중 중심축은 송악산 남쪽이었음을 말하고 있다.

한편 「고려세계」에 보이는 작제건의 아내 용녀의 행적에는 우물과 관련된 것이 있다. 우선 용녀는 오자마자 개주의 동북 산록에 가서 은그릇으로 땅을 파서 물을 길어 썼는데, 이곳이 바로 개성의 큰 우물(개성대정開城大井)이라고 한다. 용녀는 송악에 오자마자 우물을 판 셈인데, 이것은 이전부터 이곳에서는 물이 매우 귀하고 중요하였기 때문일 것이다. 얼마 후 용녀는 예전에 강충이 살던 송악산 남록에 새 집을 짓고 살았는데, 용녀는 침실 창밖에 우물을 파고 그곳으로 용궁을 드나들었다고 한다. 이곳이 개경 궁궐터 서북쪽의 광명사 우물인데, 이 우물은 한동안 고려왕실에서 어수로 이용하였다. 결국 서해의 해상세력을 상징하는 용녀는 고려왕실, 더 나아가서 이 지역에 식수를 공급해 준 상징적인 인물로도 인식된 셈이다. 즉 물을 확보하고 공급할 수 있는 세력을 상징하는 용녀가 작제건의 아내가 됨으로써 왕건 선조들은 예성강·한강 일대의 해상교통권을 확보하였을 뿐 아니라 이곳의 식수 문제도 어느 정도 해결할 수 있게 되었음을 의미한다. 『편년통록』에는 작제건이 우물을 드나드는 용녀를 엿보자 용녀는 (용이 되어 우물에 들어가서) 다시 돌아오지 않았다는 이야기가 이어지는데, 이는 두 세력이 해체되는 상황을 상징한다고 생각한다.

2

고려 건국과
개경 천도

- 고려 건국의 기반, 송악군
- 개경 천도의 배경과 의미

고려 건국의 기반, 송악군

태조는 건국한 다음 해인 919년 수도를 철원鐵圓에서 송악으로 옮기면서 개주開州를 설치하였는데, 이때 개주는 6개의 단위군현인 송악군松嶽郡·강음현江陰縣·송림현松林縣·개성군開城郡·덕수현德水縣·임진현臨津縣으로 구성되었으며, 그 기본 구조는 송악군이 개주의 중심, 곧 개경이 되고 나머지 5개 군현이 개주의 영현領縣이 되는 구조였다. 태조가 천도하면서 설치한 개주의 중심이었던 송악군은 지금 개성시에 있던 신라의 지방행정구역 이름이다. 이곳은 당시 신라의 수도 경주에서 멀리 떨어진 북쪽 변방이었다. 『삼국사기三國史記』에 따르면 송악군은 본래 고구려의 부소갑扶蘇岬이었고, 694년(효소왕 3)에 성을 쌓았다고 한다.

앞에서 살펴본 대로 『고려사』 앞에 실린 「고려세계」에는 고려 태조 왕건의 선조들이 '개성지역'에 정착한 후 지방세력으로 성장하는 과정이 설화 형식으로 기록되어 있다.

왕건의 6대조 호경이 개성지역에 정착한 이후 왕건의 선조들은 예성강과 송악산 일대의 지방세력으로 성장하였고, 특히 태조의 할아버지 작제건은 이 지역의 유력자가 되었다. 이때 작제건 세력의 중심은 송악군과 그 서쪽의 개성현, 예성강 하구인 영안성으로 추정된다. 그렇지만 이때까지 송악군 지역은 신라의 중심에서 아주 멀리 떨어진 지방에 불과하였고, 작제건은 지방의 유력자였을 뿐이었다.

이 지역이 우리 역사의 무대 전면에 나서게 된 것은 898년 궁예弓裔가 송악군을 도읍으로 삼으면서부터이다. 당시 송악군의 사찬沙粲이라는 지위를 가졌던 왕건의 아버지 왕륭은 896년 궁예에게 귀부하면서 그에게 송악군을 바쳤다. 궁예가 왕륭을 금성태수金城太守로 삼자, 왕륭이 궁예에게 말하기를 "대왕께서 만일 조선朝鮮·숙신肅愼·변한卞韓의 땅에서 왕이 되고자 하신다면 먼저 송악에 성을 쌓고 저의 장남을 그 성주城主로 삼는 것

도판2-1「대동여지도」중 개성 부분(서울대학교 규장각한국학연구원 소장)
개성 동북쪽에 옛 송악군 위치가 표시되어 있다.

만한 게 없습니다"라고 하자, 궁예는 이를 따라 왕건에게 발어참성勃禦斬城
을 쌓게 하고 성주로 임명하였다고 한다.

　궁예는 왕건에게 송악군에 발어참성을 쌓게 하고 898년 이곳을 수도
로 삼았다. 이후 송악군은 한 나라의 수도로서 국가운영에 필요한 성곽·
궁궐·관청·도로 등 시설들을 갖추게 되었다. 905년 궁예가 수도를 철원鐵
圓으로 옮기면서 송악은 수도의 위상을 오래 유지하지 못했지만, 이때에
만들어진 기반시설은 고려 건국 후 개경으로 이어졌다.

　896년 왕릉이 궁예에 귀부한 후 왕건은 궁예의 신임을 받으면서 성장
하였다. 왕건은 896년에 발어참성 성주가 된 이후 898년 정기대감精騎大監,
900년 아찬阿湌, 903년 알찬閼粲, 913년 파진찬波珍湌 시중侍中에 올랐고, 나

주羅州를 정벌할 때에는 909년 해군대장군海軍大將軍, 914년 백선장군百船將軍의 지위를 가졌다. 이렇게 왕건은 궁예 밑에서 정치적 기반을 쌓아나갔고, 이를 기반으로 918년 6월 태봉泰封의 수도 철원에서 궁예를 내몰고 고려를 건국하였다.

건국 당시 왕건의 지역적 기반의 핵심은 송악군과 그 주변의 개성군(정주 포함)이었고, 나주 또한 왕건의 중요한 지역 기반이었다. 그렇지만 왕건은 이외에도 태봉의 수도인 철원을 포함하여 전국에 어느 정도의 지역적 기반이 있었고, 그 지역들은 대체로 왕건의 군사 활동과 관련된 지역이었다. 고려 건국 당시 왕건이 자신의 기반을 바탕으로 여러 사람의 추대에 의해서 궁예를 내몰고 고려를 건국했지만, 건국 당시 왕건의 세력은 궁예 세력을 압도했다고 보기는 어렵다. 그것은 건국 직후부터 이어진 반란과 '중폐비사重幣卑辭(선물을 후하게 주고, 자신을 낮추어 겸양한다)'로 대표되는 건국 직후의 지방세력에 대한 정책에서 엿볼 수 있다.

또 건국 당시 왕건을 해상세력으로 단정하기는 어렵다. 지금까지는 작제건과 서해 해상세력을 상징하는 용왕(용녀)의 결합을 토대로 왕건의 선조들을 해상세력으로 규정하였고, 또 나주를 중심으로 한 왕건의 수군 활동도 선조들의 기반과 연관시켜 왕건의 기반에서 해상세력의 비중을 지나치게 높게 평가하였다. 나주에서의 수군 활동이 왕건의 중요한 기반이 되었던 것은 분명하지만 건국 당시 왕건을 해상세력이었다고 단정할 수는 없다. 이러한 논의는 더 나아가서 고려왕조의 성격을 해양활동이 활발하였던 해상왕국적인 요소를 가진 국가로 규정하기도 한다. 고려는 삼면이 바다라는 점에서 해상활동이 활발하였고, 해상활동이 조세 운반 등 국가운영에서 매우 중요했던 것은 말할 필요가 없다. 그러나 이러한 점은 태조와 그 선조들이 해상세력이 아니었더라도 마찬가지였을 것이다. 고려시기의 해상활동이 조선시기에 비해서 상대적으로 활발하였던 것은 분명하지만 그 비중을 지나치게 높게 평가하는 것은 객관적 사실이 아닐 수 있다. 고려시기 국가재정이 토지에서 생산되는 현물세로 운영된 것에서도 고려시기 해상활동의 위상을 평가할 수 있다.

개경 천도의 배경과 의미

918년 철원에서 고려를 세운 태조가 건국 다음 해인 919년 수도를 송악으로 옮기면서 송악은 다시 역사의 중심 무대가 되었다. 918년 6월 철원에서 고려를 건국한 태조는 7개월만인 919년 1월 송악군, 곧 개경으로 수도를 옮겼다. 수도를 옮기는 것은 쉬운 일이 아니다. 노동력 징발 등 경제적 부담도 많고 이전 수도에 터를 잡고 사는 세력의 반대도 크다. 그렇지만 태조는 건국 후 바로 수도를 옮겼다. 그 배경은 어디에 있을까? 여기에서는 두 단계로 나누어 살펴보겠다. 왜 건국 직후에 수도를 옮겼을까? 또 왜 개경으로 수도로 옮겼을까?

우선 고려 태조는 정치적 안정을 위해서 천도가 필요했다. 특히 이전 왕조의 수도에서 일종의 쿠데타를 통해서 왕조를 세운 경우 자연스럽게 천도가 고려되었다. 우리 역사에서는 고려와 조선의 건국이 이 경우이다. 개경 수창궁壽昌宮에서 왕위에 오른 이성계는 즉위 후 천도 의지를 나타냈다. 조선 태조는 비록 여러 사람의 추대로 왕위에 올랐지만, 개경에는 여전히 조선 건국에 우호적이지 않은 세력들이 많이 있었기 때문일 것이다. 철원에서 고려를 건국한 왕건 역시 마찬가지 상황에 있었다. 태봉의 궁예 밑에서 성장한 왕건이 많은 사람들의 추대와 지지를 받고 궁예를 내몰고 왕위에 올라 고려를 건국하였지만, 태봉의 수도였던 철원에는 왕건에 우호적인 세력만 존재하지는 않았고, 당연히 왕건의 역성혁명에 반대하는 궁예의 지지 세력도 있었다. 따라서 건국 직후에는 크고 작은 반란이 이어졌다. 태조가 왕위에 오른 지 4일 만에 마군장군馬軍將軍 환선길桓宣吉이 반란을 일으켰다가 역모로 처형되었고, 이어서 마군대장군馬軍大將軍 이흔암伊昕巖 역시 반역으로 처형되었다. 또 석 달 후인 9월에는 순군리巡軍吏 임춘길林春吉이 반역으로 처형되었다. 이렇듯 건국 직후 수도인 철원에서 크고 작은 반란이 이어졌을 뿐 아니라 지방에서도 왕건에 반기를 든 사건이 일어났다. 그 대표적인 것이 그해 10월 청주淸州에서 일어난 사건이다. 『고려사』에 따르면 그때 청주의 파진찬 진선陳瑄과 그 동생 선장宣長이 반역을 일으켰다가 처형되었다. 이러한 건국 직후의 불안정한 정세 속에서 태조는 정치적 안정을 위해서 철원에서 도읍을 옮기려고 하였을 것이다. 태조는 건국 직후부터 조세를 감면하고 사면령을 내리면서 민심 수습에 힘썼을 뿐 아니라 지방세력(호족)을 끌어들이기 위해서 많은 노력을 기울였지만, 건국 직후의 정국은 안정되지 않았다. 이러한 어수선한 건국 직후의 정국을 돌파하기 위해서 건국 7개월 만에 개경으로 수도를 옮겼다.

고려 건국 직후 왜 개경으로 수도를 옮겼을까? 당시 천도 대상지로 떠오른 곳은 개경뿐이었을까? 고려 초 태조가 서경西京과 관련해서 취한 행보를 보면 태조는 평양平壤, 곧 서경을 개경보다 먼저 천도 대상으로 생각하였던 것 같다. 나라 이름을 고려로 정한 태조가 즉위한 지 3개월 만인 918년 9월 서경을 옛 수도라고 한 것에서 태조가 서경에 대하여 가졌던 생각을 짐작할 수 있다. 이때 서경을 대도호부大都護府로 삼고, 당제堂弟 왕식렴王式廉과 광평시랑廣評侍郎 열평列評을 보내어 수비하게 하였는데, 이후 4개월이 지난 919년(태조 2) 1월 수도를 개경으로 옮겼다. 이후 태조의 서경에 대한 행적을 보면 태조가 서경에 대한 미련이 상당히 컸다는 것을 알 수 있다. 태조는 919년 10월 서경에 성을 쌓았고, 921년(태조 4)부터 931년(태조 14) 11월까지 10년 동안 일곱 차례 서경을 방문하였으며, 특히 930년(태조 13)에는 두 차례나 서경을 찾았다. 그러다가 932년(태조 15) 4월 서경 사람 장견張堅의 집에서 암탉이 수탉으로 변하고, 5월 서경에 바람이 크게 불어 관청 건물이 무너지고 지붕의 기와가 모두 날아가는 일이 일어나자 태조는 그러한 일들을 하늘의 견책으로 여겼다. 그는 신하들에게 "근래에 서경을 보수하고 백성을 옮겨 그곳을 채운 것은 땅의 기운을 빌려 삼한을 평정하고 장차 그곳에 도읍을 정하고 싶었기 때문이다"라고 고백하면서 당시 건국 초기의 많은 일 때문에 백성들의 부담이 많아도 세금을 줄여줄 수 없는 상황에서 "분수에 맞지 않는 마음을 품었기 때문에 이러한 변고가 있게 된 것이 아닌지 염려된다"라고 하였다. 이 유시는 태조가 건국 초부터 추진하던 서경 천도를 포기하는 선언이다. 그런데, 여기서 태조가 이때까지 서경 천도에 미련이 있었다는 것을 짐작할 수 있다.

앞에서 정리한 내용을 보면 건국 직후 태조는 평양, 곧 서경을 제일 먼저 천도 대상지로 고려하였던 것 같다. 그런데 왜 개경으로 수도를 옮겼을까? 서경은 태조가 수도로 삼고 싶은 곳이었다면 개경은 수도로 삼을 수 있는 곳이었다. 즉 서경은 이상이고 개경은 현실이었다. 당시 태조가 현실적으로 개경을 선택한 첫째 이유는 개경이 왕건 세력의 근거지여서 익숙한 곳일 뿐 아니라 주변에 도움을 받을 곳이 많았을 것이기 때문이다. 반면에 서경은 고구려의 옛 수도였고 건국 직후 주변 군현의 백성들을 옮기고 왕식렴을 보내어 시설을 정비하였다고는 하지만 그곳에는 왕식렴을 빼고는 기댈 수 있는 세력이 거의 없었다. 건국 직후 불안정한 정세를 극복하기 위해서 천도를 결정한 태조에게 서경은 낯선 곳이어서 당시에는 가고는 싶지만 아직은 쉽게 발걸음을 옮길 수 있는 곳이 아니었다. 개경을 수도로 정한 둘째 이유는 개경이 궁예 시절 한때 수도였기 때문에 그때 만들어진 성곽이나 주요 시설들을 이용할 수 있었기 때문이다. 건국 직후 어려운 국가 살림살이를 생각할 때 서경에 새로운 수도를 건설하는 것은 거의 불가능한 일이었다. 특히 10여 년 전 궁예가 송악에서 철원으로 수도를 옮길 때 나타났던 많은 폐단을 직접 보았던 태조로서는 어느 정도 기반 시설이 있는 개경을 수도로 정할 수밖에 없었다.

개경은 우리 역사에서 풍수지리적 요인이 본격적으로 적용된 도시로 알려져 있다. 그것은 이때 풍수지리설이 우리 역사에 들어와서 본격적으로 영향을 미치기 시작했기 때문이다. 그에 따라 오래전부터 개경의 풍수지리에 대해서 연구하여 왔고, 그 결과 개경은 풍수지리적 측면에서 수도로 삼을 만한 명당, 더 나아가서 사신사가 갖추어진 '장풍국藏風局'의 명당으로 평가되고 있다. 그러면 태조는 개경이 풍수지리적으로 명당이어서 천도하였을까? 이때는 우리 역사에서 풍수지리가 유행하기 시작한 때였고, 또『편년통록』에 보이는 왕건의 행적을 보면 그가 고려 건국 후 개경의 풍수지리적 형국에 관심을 가졌을 것이라는 점은 충분히 짐작할 수 있다. 그렇지만 태조가 개경이 명당이었기 때문에 천도했다고 보기는 어렵다. 태조가 개경의 풍수지리적 형국에 관심을 가지면서도 개경을 최고의 명당으로 생각하지는 않았다고 볼 수 있는 몇 가지 사례가 있다. 우선 앞에서 서술한 태조의 서경에 대한 인식과 행보에서 태조가 서경의 지세를 개경보다 더 중요하게 여겼다는 것을 짐작할 수 있다. 또 개경 천도를 전후하여 절이나 탑을 세워서 개경을 비보裨補하거나 고려 태조가 풍수설을 활용한 사례들을 확인할 수 있는데, 이것은 현실적으로 개경을 수도로 선택할 수밖에 없는 현실에서 개경의 풍수를 보완하기 위해서였다.

태조는 개경을 풍수상 최고의 '명당'으로 여기지 않았지만, 개경으로 수도를 정했다. 그렇지만 태조는 풍수지리를 매우 중요하게 여겼기 때문에 한동안 서경 천도 의지가 있었고, 다양한 형태로 개경의 풍수를 비보하였다. 즉 태조가 건국 다음 해에 송악으로 천도한 것은 그곳이 풍수적으로 최고의 명당이어서가 아니었다. 풍수지리는 개경 천도의 직접적인 배경이 아니라 천도 이후 수도 개경의 지위를 정당화하는 과정에서 강조되었다. 즉 고려가 개경에 정착한 이후에 개경은 풍수지리적 명당이라는 논리가 더 정교해졌다고 보는 것이 맞을 것이다. 흔히 개경은 사신사를 갖춘 장풍국의 명당이라고 하지만 사신사에 해당하는 산 능선을 따라 성곽(나성)을 쌓고 도성을 완성한 것은 개경 천도 후 110년이 지난 1029년(현종 20)이었다. 개경은 천도하면서 짧은 시간에 만들어진 도시가 아니라 이후 시간의 흐름에 따라 단계적으로 건설된 도시였다. 그 과정은 궁궐, 도성, 종묘·사직, 시장, 도로 등 주요 시설을 갖추어가는 과정이기도 하였고, 그것은 동시에 개경이 풍수지리적으로 명당이라는 논리에 맞게 도성을 만들어가는 과정이기도 하였다.

919년 고려 태조가 송악으로 천도하면서 이후 개경은 고려왕조의 수도가 되었고, 1232년부터 1270년까지 강도江都, 곧 강화도로 수도를 옮겼던 30여 년을 제외하고 400년이 넘는 동안 고려왕조 수도의 지위를 유지하였다. 그동안 개경은 고려 국가운영의 중심, 곧 고려시기 정치·경제·사회·문화 등의 중심이었다. 또 개경 천도 후 얼마 되지 않은 시기에 고려가 후삼국을 통일하면서 고려의 영토는 남쪽으로 지금의 경상도·전라도 지역까지 확대되었고 고려 초기 이후의 북방 진출로 북쪽 영토가 확대되면서 수도 개경은 대체로 고려 국토의 중심지에 위치하게 되었다. 이에 따라 이전 왕조 때보다 국가를 더 효율적으로 운영할 수 있게 되었고, 이러한 개경의 위상은 조선 건국 후 대체로 한양으로 이어졌다. 조선 건국 후 조선 태조는 수도를 개경에서 한양으로 옮겼지만, 개경의 동남쪽에 위치한 한양 역시 크게 보면 국토의 중심에 해당한다. 조선 건국 후 교통로를 비롯한 국정운영의 틀이 한양을 중심으로 다시 짜였지만, 큰 틀은 크게 변하지 않았다. 특히 조세 운반을 위한 조운로는 고려 때 것을 거의 그대로 이어받았다.

3

성곽

▪ 개성의 성곽들
▪ 나성: 고려의 도성
▪ 황성: 황제의 성을 의미하였나?
▪ 내성: 조선시기의 성
▪ 대흥산성: 고려 때부터 있었나?

개성의 성곽들

　성곽城廓은 성의 안과 밖을 구분하여 외적이나 자연재해로부터 성안의 인명과 재산을 보호하기 위해 흙이나 돌로 쌓은 시설이다. 성을 성곽이라고 하는 것은 보통 성을 내성(성)과 외성(곽)으로 쌓았기 때문이다. 도성都城은 수도를 둘러싼 성곽을 가리키기도 하지만 수도 자체를 의미하기도 한다. 개성과 그 주변에서 확인할 수 있는 성곽으로는 나성羅城, 내성內城, 황성皇城, 궁성宮城, 대흥산성大興山城, 영안성永安城이 있다. 이 중 고려시기 개경의 운영과 방어에 관련된 성곽이 궁성, 황성, 나성이다. 궁성은 고려 본궐을 둘러싸고 있는 성이고(궁성에 대한 서술은 제4장에서 한다), 나성은 1029년(현종 20)에 완성한 개경의 도성이며, 황성은 나성이 축성되기 전 도성의 기능을 했던 성이다. 개성 중심에 있는 내성은 조선 초에 완성된 것이고, 개성 북쪽의 천마산과 성거산 능선에 쌓은 대흥산성도 조선 후기에 쌓은 조선시기의 성이다. 또 개성 서남쪽 예성강 하류에는 태조 왕건의 할아버지인 작제건 때 쌓았다는 영안성이 있다.

　고려 건국 이전에 개성에 성을 쌓은 기록으로는 694년(효소왕 3) "송악松岳에 성을 쌓았다"(『삼국사기』 권8 신라본기8; 권35, 잡지4, 지리2, 송악군), 713년(성덕왕 12) "개성에 성을 쌓았다"(『삼국사기』 권8 신라본기), 898년 "왕건이 궁예의 명으로 발어참성을 쌓았다"(『고려사』 권1 태조 총서)가 있다. 이 중 발어참성은 왕건의 아버지 왕륭이 궁예에게 귀부한 후 궁예의 명에 따라 왕건이 쌓은 성이다. 이 성은 고려 초 개경에 도성을 만들 때 활용되었다. 전룡철은 송악산 남쪽의 남북으로 긴 성곽을 발어참성으로 보았다.

　개성성에 대한 연구성과는 충분하지 않다. 이는 관련 자료가 충분하지 않을뿐더러 직접 가서 조사할 기회가 없었기 때문이다. 개성성에 대한 대표적인 연구성과는 북한학자 전룡철이 발표한 것이다. 전룡철은 개성의 성터를 직접 조사하여 개성의 대표적인 성곽인 나성, 황성, 궁성, 내성의

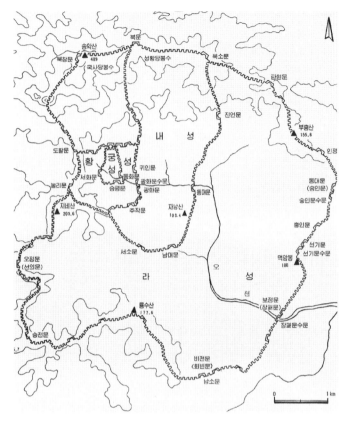

도판3-1 개성의 성곽(2000『북한의 문화재와 문화유적』4, 서울대학교출판부)
전룡철의 논문에 실린 지도를 북한에서 다시 그린 지도이다. 전룡철은 송악산 남
쪽의 남북으로 긴 성곽을 발어참성으로 보았다.

성벽과 성문 등 기초적인 사실뿐 아니라 나성의 옹성, 치, 여장, 장대 등도
조사하였다. 전룡철의 연구는 이후 이루어진 개경 성곽 연구 대부분의 토
대가 되고 있다는 점에서 매우 중요하다. 최근 개경 성곽에 대한 연구들은
개경 성곽과 관련된 문헌자료를 정리하여 전룡철의 연구를 보완하면서
동시에 전룡철의 연구를 토대로 나성과 황성 문의 위치를 비정하는 데 중

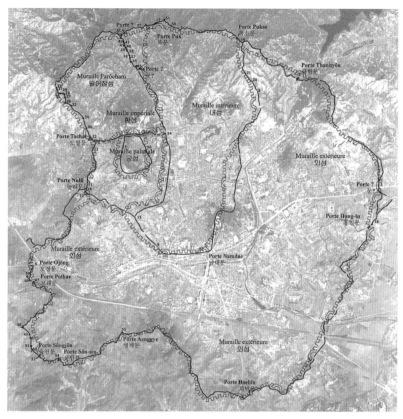

도판3-2 개성성 지도(2014 『조선-프랑스 개성성 공동조사 발굴전시회』)
2011년부터 2014년까지 두 나라가 공동 발굴조사한 후 이전 개성성 지도를 수정하였다. 실선이
수정한 성곽이다.

점이 두어졌다. 그렇지만 자료가 부족하고 명확하지 않기 때문에 기록에
보이는 모든 성문의 위치를 정확하게 비정하는 것은 한계가 있을 수밖에
없다. 2014년에 북한과 프랑스국립극동연구원이 공동으로 성곽을 발굴조
사하고 그 결과를 전시한 도록이 소개되었는데, 그에 따르면 최근의 조사
를 통하여 전룡철의 연구 결과를 보완하였다고 한다.(〈도판3-2〉 참고)

나성: 고려의 도성

나성羅城은 1029년(현종 20)에 완성한 개경의 도성이다. 이때는 개경으로 천도한 지 110년이 지난 후이다. 나성은 개경을 둘러싼 산 능선을 따라 쌓았는데, 이때 나성이 완성되면서 수도 개경의 공간 범위의 기준도 마련되었다. 『고려사』에는 1009년(현종 즉위) 3월 개경에 나성 쌓는 것을 의논하였다는 기록과 1029년(현종 20) 8월에 개경 나성이 21년 만에 완성되었다는 기록이 있다. 『고려사』에서는 현종 즉위 후 나성 쌓는 것이 논의된 후 바로 일을 시작하여 1029년에 완성한 것으로 이해하였지만, 실제로 개경에서 나성을 본격적으로 쌓기 시작한 것은 1020년(현종 11) 이후였다. 『고려사』 강감찬 열전에 따르면 1020년 강감찬이 경도京都, 곧 개경에 성곽이 없으니 나성을 쌓자고 청하자 왕이 이를 따라서 왕가도王可道에게 성을 쌓으라고 했다고 한다. 나성을 쌓기 시작한 1020년은 거란과의 전쟁이 끝난 다음 해이다. 전쟁이 끝나자마자 본격적으로 나성을 쌓기 시작한 것은 거란과의 전쟁을 치르면서 개경을 보호할 성곽이 필요하다는 생각이 더 절실해졌기 때문일 수도 있다. 1011년(현종 2) 8월 송악성을 증수增修했다는 기록이 있지만, 이는 현종 초에 나성 축조가 시작되지 않았다는 의미일 수 있다. 이렇게 나성 축조가 늦어진 것은 1010년(현종 1)과 1018년(현종 9) 두 차례 있었던 거란의 침입과 전쟁, 궁궐의 파괴와 복구 등으로 대규모 토목사업인 나성 축조를 시작할 여유가 없었기 때문일 것이다.

나성 축성 기간과 관련해서는 위의 『고려사』의 기록을 토대로 거란과의 전쟁이 끝난 후인 1020년 본격적으로 축성이 시작되어 1029년에 완성한 것으로 보는 것이 일반적이다. 다만 최근에는 이와 다른 의견도 제시되었다. 즉 1009년(현종 즉위)에 축성이 시작되었다가 거란 침입으로 중단되었고, 1020년(현종 11)에서 1024년(현종 15) 사이에 왕명을 받은 왕가도가 축성을 시작하여 1029년(현종 20)에 완성하였다고 본 연구도 있고, 실제 나성은 1029년 8월부터 11월까지 50일 동안 축조되었다고 본 견해도 있다.

나성 축조의 실무는 나성조성도감羅城造成都監에서 하였는데, 그 일은 왕명에 따라 왕가도가 주도하였다. 왕가도의 열전에 의하면 그는 1029년 (현종 20) 상서좌복야尙書左僕射 이응보異膺甫, 어사대부御史大夫 황보유의皇甫兪義, 상서좌승尙書左丞 황주량黃周亮 등과 함께 개경의 나성을 쌓았다. 그때 왕가도는 사람들에게 일산曰傘을 들고 둘러서게 한 후에 높은 곳에 올라가 앞으로 나아가게 하거나 뒤로 물러나게 하면서 그 넓고 좁은 것을 고르게 하여 성터를 정하였다고 한다.(『고려사』권94)

나성을 쌓는 데 동원된 인원과 규모 등에 대해서는 『고려사』 지리지地理志 왕경개성부王京開城府에 서로 다른 두 개의 기록이 있다. 하나는 현종이 즉위하여 정부丁夫 304,400명을 징발하여 쌓아서 1029년(현종 20)에 완성하였고, 성 둘레[城周]는 29,700보步, 나각羅閣은 13,000칸[間]이고, 대문 4개, 중문 8개, 소문 13개가 있다고 기록하였다. 이어서 25개의 문 이름을 기록한 후에 작은 글씨[細註]로 앞과 다른 내용의 기록도 소개하고 있다. 세주에는 동원된 정부가 238,938명, 공장工匠이 8,450명, 성 둘레는 10,660보, 높이 27척尺, 폭[厚]은 12척이고, 낭옥廊屋이 4,910칸이라고 기록되어 있어 앞의 기록과 큰 차이가 있다. 현재 두 기록 중 어느 것이 올바른지는 판단할 수 없다. 『고려사절요高麗史節要』에는 후자를 선택하여 정리하였는데, 이후 조선 초기의 지리지와 조선 후기 개성읍지에서도 특별한 언급 없이 『고려사』 기록과 『고려사절요』 기록을 소개하고 있다. 따라서 현재 남아 있는 문헌 기록을 통하여 나성의 규모와 시설을 정확하게 밝히는 것은 불가능한 상황이다.

나성이 완성된 1029년 12월 나성조성도감 관원들에게 관직 1급을 내리는 포상을 한 데 이어서 그다음 해 6월에는 나성을 쌓는 데 동원된 원리員吏·승속僧俗·공장에게 포상하고 역에 동원된 사람들에게는 조調·포布를 감면하였다. 이것으로 나성 축성과 관련된 일이 마무리되었다.

나성의 구조와 규모

　　나성의 구조에 대한 기록은 앞에서 인용한『고려사』의 기록을 빼고는 거의 없다. 다행히 나성을 비롯한 개성의 성곽에 대해서는 북한학자 전룡철의 연구가 있다. 이를 바탕으로 나성의 기본 구조와 규모에 대해서 정리하자.

성벽의 둘레　　　　　전룡철의 연구에 따르면 나성의 둘레는 23km이고, 동서 길이는 5,200m, 남북 길이는 6,000m라고 하였다. 참고로 나성의 둘레에 대한 옛 기록들을 정리하고, 그것으로 계산된 나성의 둘레와 전룡철이 조사한 것과 비교해 보자. 앞에서 정리한 대로『고려사』지리지에는 나성의 둘레가 29,700보라는 기록과 10,660보라는 2개의 자료가 수록되었다.『신증동국여지승람新增東國輿地勝覽』에서는 전자를 수록하였고,『고려사절요』에서는 후자를 선택하였다.『세종실록世宗實錄』지리지에서는 나성의 둘레를 16,060보로 기록하였는데, 그것은 10,660보의 오류로 보인다. 또『고려도경高麗圖經』에서는 나성의 둘레를 60리로 기록하였다. 북한의 연구성과인 만월대 서북건축군 제1문화층에서 사용한 1척의 길이를 35.3cm로 보고, 이를 대입하여『고려사』에 보이는 나성의 둘레를 계산하여 보면 29,700보는 62.9km, 10,660보는 22.58km가 된다. 또『고려도경』에서 보이는 나성의 둘레를 당시 송나라에서 사용하였던 1리=300보, 1보=5척, 송의 기준척=31.6cm를 대입하여 계산하면 28.44km가 된다.[4] 이 수치 중 전룡철이

---

4) 만월대 서북건축군 제1문화층에 기준 자 1보 6척(1척=35.3cm)을 적용하면 다음과 같은 수치가 나온다. 29,700보는 29,700×6×0.353=6,290,460m=62.9km가 되고, 10,660보는 10,660×6척×0.353=22,450m=22.58km가 된다. 또 60리는 기준척(1리=300보, 1보=5척, 송나라 기준척 1척=31.6cm)을 적용하면 60리×300보×5척×0.316=28,440m=28.44km가 된다.(이종봉, 2001『한국중세도량형제연구』혜안; 장상렬, 1988「고려왕궁-만월대 건축에 쓴 척도 기준」『고고민속론문집』11, 참고)

표3-1 개성성의 규모(전룡철, 1980「고려의 수도 개성성에 대한 연구」『력사과학』)

성 이름	둘레(m)	동서 길이(m)	남북 길이(m)	넓이(m²)
황성	4,700	1,150	1,150	1,250,000
궁성	2,170	375	725	250,000
외성	23,000	5,200	6,000	24,700,000
내성	11,200	1,300	3,700	4,680,000

실측한 나성의 둘레 23km와 비슷한 것은 『고려사절요』에서 선택한 10,660보이다. 다만 나성은 현종 20년 신축한 후 여러 차례 다시 쌓았기 때문에 처음 쌓았을 때의 성벽 길이와 현재 확인할 수 있는 것과는 차이가 있을 수 있다. 또 당시 나성 축조에 사용하였던 1척의 길이 역시 단정할 수 없다. 이 책에서는 나성의 둘레를 전룡철의 조사 결과에 따라 23km로 서술하였다.

성벽의 재료,　　　　　전룡철에 따르면 나성의 대부분은 토성이고, 돌
토성인가? 석성인가?　로 쌓은 곳은 북쪽 송악산 마루의 성벽으로부터
　　　　　　　　　　　　서쪽 눌리문訥里門(영평문永平門) 근처까지의 구간으
로 그 길이는 5.5km라고 하였다. 또 북성문北城門(안화문安和門)과 북창문北昌門(자안문紫安門) 사이, 북창문과 눌리문 사이 성벽은 발어참성 때의 성벽을 그대로 이용한 것으로 보았다. 이러한 견해는 나성의 모체를 신라 후기에 쌓은 송악성과 발어참성으로 보는 것과 연관되어 있다. 나성 서북쪽의 석성 부분은 나성 이전에 쌓은 송악성 혹은 발어참성의 성벽과도 겹치는 구간이지만 동시에 조선 초에 완성한 내성과도 겹치는 구간이다. 전룡철은 고려 말 조선 초 내성을 쌓을 때 내성과 나성이 겹치는 구간은 새로 쌓지 않은 것으로 판단하였지만, 나성 서북쪽의 석성 구간이 신라 후기에 쌓은

것인지 아니면 고려 말 조선 초 성을 쌓을 때 보수한 것인지에 대해서는 앞으로 정밀 조사가 필요하다. 나성의 서북쪽 석성 구간은 전룡철의 견해와 달리 조선 초 내성을 쌓을 때 보수한 구간일 가능성도 크기 때문이다.

나성의 재료와 축성방식에 대해서는 전룡철이 발표한 내용을 소개한다. 그에 따르면 나성의 토성 구간의 경우 주요 재료는 돌, 진흙, 석비레^{(풍}화된 돌흙), 자갈 등이었고, 석성에 주로 사용된 돌은 개성 지방에 풍부한 화강석이었다. 또 석성에 사용된 돌은 대부분 사각형 모양인데, 성 돌이 밀려 내려오지 않게 하려고 부분적으로 사각 추 모양의 돌을 배합하였다. 그것에는 꼬리 부분이 짧은 것(36cm×28cm×46cm)과 긴 것(35cmcm×28cm×80cm) 두 가지가 있다. 석성 부분의 기초 쌓기에는 두 방식이 확인되었는데, 하나는 송악마루 성벽으로 이곳은 암반을 기초로 이용하였다. 그 밖의 대부분 석성이 있는 도차리 고개(도찰현), 북소문(성도문), 눌리문 구간은 석비레층을 2~3m 파고, 그 바닥에 잔돌을 석비레·진흙과 섞어 넣고 다진 다음 큰 돌을 놓아 기초를 만들었다.

성문과 시설　　　　　나성의 시설과 성문에 대한 기록으로는 앞에서 인용한 『고려사』 지리지에 실린 서로 다른 2개의 자료가 있다. 먼저 성의 규모와 시설에 대해서 본문에는 성 둘레[城周]는 29,700보, 나각羅閣은 13,000칸이고, 대문 4개, 중문 8개, 소문 13개가 있다고 기록하였고, 세주에는 성 둘레는 10,660보, 높이 27척, 폭은 12척이고, 낭옥이 4,910칸이라고 소개되어 있다. 이 두 기록에는 큰 차이가 있을 뿐 아니라 어느 것이 사실에 가까운 기록인지도 확인할 수 없다. 다만 나성의 둘레에 대해서는 후자의 내용이 전룡철의 실측에 가깝다는 연구 결과가 있을 뿐이다.

나성의 성문에 대한 자료를 정리한 것이 〈표3-2〉이다. 기본 자료는 『고려사』 지리지 왕경개성부의 것으로 그 자료(자료①)에는 자안문紫安門·안화문安和門·성도문成道門·영창문靈昌門·안정문安定門·숭인문崇仁門·홍인문弘仁門·선기문宣旗門·덕산문德山門·장패문長霸門·덕풍문德豐門·영동문永同門·회빈문會賓門·선계문仙溪門·태안문泰安門·앵계문鸎溪門·선엄문仙嚴門·광덕문光德門·건복문乾福門·창신문昌信門·보태문保泰門·선의문宣義門·산예문狻猊門·영평문永平門·통덕문通德門 등 모두 25개의 성문을 기록하고 있다.

또 『고려사』 병지兵志에도 위숙군이 파견된 성문 25개가 기록되어 있는데(자료②), 여기에 기록된 성문 25개 가운데 22개는 자료①과 같다. 자료②에는 자료①의 성문 중 덕풍문·건복문·통덕문이 빠진 대신 풍덕문豐德門·건양문乾陽門·연양문延陽門이 포함되어 있고 자료①에 없는 숭인문 수구, 선기문 수구, 장패문 수구도 포함되어 있다. 자료①과 자료②는 위와 같은 차이가 있지만, 중요한 성문을 포함한 대부분의 성문 이름이 같다는 점에서 이 두 자료는 기본적으로 같은 성격의 자료이고, 이 성문 이름들은 고려시기의 나성 성문을 나타낸 것으로 생각한다.

또 『고려도경』 국성(자료③)에 기록된 12개의 성문 중 안정문·숭인문·선기문·장패문·회빈문·태안문·광덕문·선의문·산예문 등 9개의 성문 이름이 앞 두 자료의 것과 같다. 『고려도경』에는 북쪽의 북창문北昌門, 동쪽의 선인문宣仁門, 남쪽의 선화문宣華門도 기록되어 있는데, 북창문은 앞 두 자료에 있는 자안문과 같은 문으로 보고 있다.

조선 중기의 자료인 『신증동국여지승람』(자료④)에 기록된 22개의 나성 성문 중 16개의 이름이 자료①과 자료②와 같고, 달리 기록된 성문 중 북창문은 자안문, 보정문保定門은 장패문의 다른 이름이다. 『고려사』의 장패문의 용례는 자료①과 자료②뿐이고 고려 중기 이후에는 보정문의 용례만 있고 조선시기 이후 자료에는 모두 보정문으로 기록한 것으로 보아 고려 중기 이후 장패문의 이름이 보정문으로 바뀐 것으로 생각한다.

조선 후기에 편찬된 개성읍지에 첨부된 성내도城內圖에도 나성의 성문이 표시되어 있다. 정창순이 편찬한 『송도지松都誌』에 첨부된 「송도성내도

표3-2 나성 성문의 이름

번호	① 『고려사』 권56, 지리지1 왕경개성부	② 『고려사』 권83, 병지3 위숙군	③ 『고려도경』 권3, 국성(國城)	④ 『신증동국여지 승람』 권4, 개성부 상 성곽	⑤ 『중경지』 「중경성내도 (中京城內圖)」5)	별칭, 속칭, 조선시기 이후 명칭
1	자안문(紫安門)	자안문(紫安門)	북창문(北昌門)	북창문(北昌門)		북창문(北昌門)
2	안화문(安和門)	안화문(安和門)		안화문(安和門)	북성문(北城門)	북성문(北城門)
3	성도문(成道門)	성도문(成道門)		성도문(成道門)	북소문(北小門)	북소문(北小門)
4	영창문(靈昌門)	영창문(靈昌門)			탄현문(炭峴門)	탄현문(炭峴門)
5	안정문(安定門)	안정문(安定門)	안정문(安定門)	안정문(安定門)		수훌문(須恤門)6)
6	숭인문(崇仁門)	숭인문(崇仁門)	숭인문(崇仁門)	숭인문(崇仁門)	숭인문(崇仁門)	
7	홍인문(弘仁門)	홍인문(弘仁門)		홍인문(弘仁門)		
8	선기문(宣旗門)	선기문(宣旗門)	선기문(宣旗門)	선기문(宣祺門)		금교문(金郊門)7)
9	덕산문(德山門)	덕산문(德山門)		덕산문(德山門)		
10	장패문(長覇門)	장패문(長覇門)	장패문(長覇門)	보정문(保定門)	보정문(保定門)	보정문(保定門)
11	덕풍문(德豐門)	풍덕문(豐德門)8)				
12	영동문(永同門)	영동문(永同門)				
13	회빈문(會賓門)	회빈문(會賓門)	회빈문(會賓門)	회빈문(會賓門)	고남문(古南門)	고남문(古南門)
14	선계문(仙溪門)	선계문(仙溪門)		선계문(仙溪門)		
15	태안문(泰安門)	태안문(泰安門)	태안문(泰安門)	태안문(泰安門)		
16	앵계문(鸎溪門)	앵계문(鸎溪門)				
17	선엄문(仙嚴門)	선엄문(仙嚴門)				
18	광덕문(光德門)	광덕문(光德門)	광덕문(光德門)	광덕문(光德門)	승전문(勝戰門)	승전문(勝戰門)
19	건복문(乾福門)					
20	창신문(昌信門)	창신문(昌信門)		창신문(彰信門)		
21	보태문(保泰門)	보태문(保泰門)		보태문(保泰門)		
22	선의문(宣義門)	선의문(宣義門)	선의문(宣義門)	선의문(宣義門)	오정문(吾正門)	오정문(吾正門)
23	산예문(狻猊門)	산예문(狻猊門)	산예문(狻猊門)	산예문(狻猊門)		

번호	①『고려사』 권56, 지리지1 왕경개성부	②『고려사』 권83, 병지3 위숙군	③『고려도경』 권3, 국성(國城)	④『신증동국여지승람』 권4, 개성부 상 성곽	⑤『중경지』 「중경성내도(中京城內圖)」5)	별칭, 속칭, 조선시기 이후 명칭
24	영평문(永平門)	영평문(永平門)			영평문(永平門)	눌리문(訥里門)9)	눌리문(訥里門)
25	통덕문(通德門)					도찰문(都察門)10)	
		연양문(延陽門) 건양문(乾陽門) 숭인문 수구 장패문 수구 선기문 수구	동:선인문(宣仁門)11) 남:선화문(宣華門)	건덕문(乾德門) 선암문(仙巖門) 영양문(迎陽門) 회창문(會昌門)	수구문(水口門)12)	
계	25개	25개+3개	12개	22개		

松都城內圖」, 서희순이 간행한 『중경지中京誌』의 「중경성내도中京城內圖」, 임효헌이 편찬한 『송경광고松京廣攷』의 「송경성내도松京城內圖」의 내용은 대체로 비슷하지만 나성 성문의 경우 「중경성내도」가 「송도성내도」보다 더 사실에 가깝게 표시되었다. 「중경성내도」에 표시된 나성 성문(자료⑤)에는 북성문·북소문北小門·탄현문炭峴門·숭인문·보정문·고남문古南門·승전문勝戰門·오정문午正門·눌리문·수구문(보정문) 등 10개가 있는데, 이중 눌리문은 나성과 조선시기의 성곽인 내성의 성벽이 겹치는 곳에 있는 성문이다. 이 문의 위치를 보면 북성문은 자료①의 안화문, 북소문은 성도문, 탄현문은 영창문, 보정문은 장패문, 고남문은 회빈문, 승전문은 광덕문, 오정문은 선의문,

5) 조선 후기 개성읍지에 첨부된 성내도들의 내용은 대체로 비슷하지만 「중경성내도」가 「송도성내도」보다 더 사실에 가깝게 표시되어 있다.
6) 『고려도경』
7) 『고려도경』
8) 덕풍문과 같은 문으로 보았다.
9) 내성과 성벽이 겹치는 곳에 있는 성문
10) 도찰현에 있는 성문이라는 의미
11) 황성문
12) 장패문의 수구문

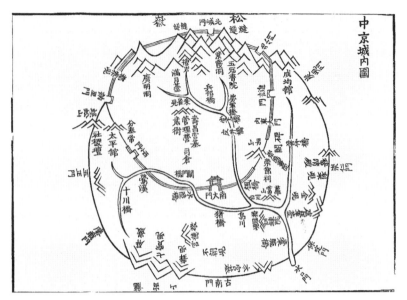

도판3-3 「중경성내도」(서희순, 1830 『중경지』 서울대학교 규장각한국학연구원 소장)
이전의 「송도성내도」와 대체로 비슷하지만 눌리문의 위치를 사실과 가깝게 수정하였다.

눌리문은 영평문과 같은 문이라는 것을 알 수 있다. 「중경성내도」에 표기된 성문의 이름들은 고려 중기 이후 변하여 조선 후기에 정착된 것이다.

이같이 나성의 성문에 대해서는 서로 다른 여러 개의 자료가 있기 때문에 나성 성문의 위치를 비정하는 데 어려움이 많다. 다행히 전룡철이 나성의 성벽뿐 아니라 성문 자리와 대표적인 성문의 위치 비정을 하였기 때문에(40쪽 〈도판3-1〉 참고), 이후 이를 토대로 나성의 성문에 대한 연구가 이어졌다. 전룡철의 연구 이후 나성 연구의 중심은 성문의 위치를 비정하는 것이었으며, 그 방법은 전룡철의 연구성과에 『고려사』 지리지 왕경개성부의 나성 성문 25개를 연결하는 것이었다. 이전의 연구성과를 토대로 호소노 쇼細野涉, 신안식, 김창현은 나성의 성문 비정을 다시 시도하였다. 여기선 선행연구를 종합하여 나성의 주요 성문을 비정하여 지도에 표시하였다.

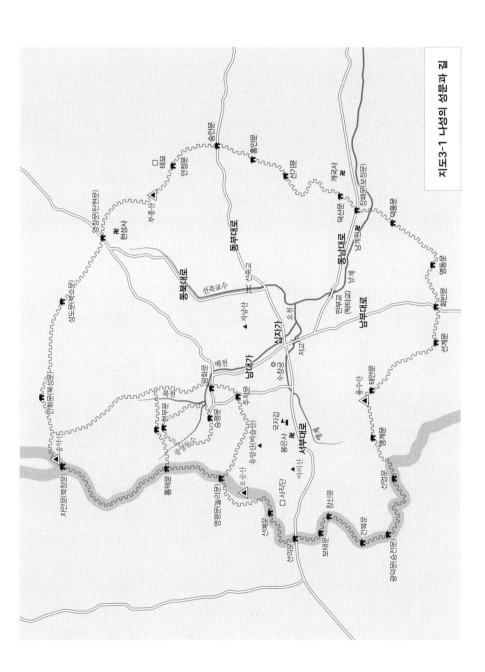

나성의 특징

　1029년 나성이 완성되면서 개경은 비로소 온전한 도성을 갖추게 되었다. 개경으로 천도한 지 110년이 지난 후이다. 이것은 한양으로 천도하면서 바로 한양도성을 쌓은 조선 초와 다른 점이다. 또 나성은 개경을 사방에서 둘러싸고 있는 송악산(북)·부흥산(동)·용수산(남)·오공산(서)의 능선을 따라 쌓아서 형태가 원형에 가깝다. 이것은 장안성長安城으로 대표되는, 평지에 직사각형 모양으로 쌓은 중국 고대의 전형적인 성곽과 다른 점이다. 따라서 나성에는 장안성이나 장안성의 영향을 받은 발해 상경성上京城에서 보이는 폐쇄적인 방리제의 흔적이 보이지 않는다. 사방을 둘러싸고 있는 산 능선을 따라 도성을 쌓는 전통은 조선의 한양도성으로 이어졌다. 나성은 일부 구간을 빼고는 흙으로 쌓은 토성인데, 이것은 모두 돌로 쌓은 한양도성과 다르다. 나성의 성벽 둘레 23km는 18km 정도인 한양도성보다 길다. 또 나성에는 모두 25개의 성문이 있었는데, 이것 역시 8개인 한양도성보다 많다. 한양에 비해서 나성에 성문이 많은 것은 개경이라는 도시 건설과 나성이라는 도성 건설이 동시에 이루어지지 않았기 때문이다. 나성은 개경이 수도가 된 후 110년이 지나서 완성되었다. 개경의 모습은 그동안 주요 시설들이 갖추어지고 도로가 만들어지면서 천도 직후와 많이 달라졌다. 개경이라는 도시가 어느 정도 완성된 후 나성을 쌓으면서 그때까지 사용하던 도로를 고려하여 성문을 만들었기 때문에 나성의 성문이 많아진 것이다. 또 선의문, 숭인문 등 성문 이름에 유교의 오행五行의 원리가 포함된 것도 나성 성문이 가진 특징이다. 이런 특징은 조선시기 한양도성의 성문에도 그대로 적용되었다.

　1029년에 나성이 완성되면서 개경은 비로소 온전한 도성을 갖추게 되었을 뿐 아니라 그 공간 범위도 나성을 기준으로 정해졌다. 물론 나성 축조 이전에도 개경의 공간 범위는 나성 축조 이후와 크게 다르지는 않았을 것이다. 신라 후기 군현제가 실시된 이래 군현의 지리적 경계는 대체로 산줄기 등 자연지리에 의해서 이루어졌고, 따라서 고려의 수도가 되기 이전의 송악군의 지리적 경계 역시 송악산·오공산·용수산·부흥산으로 이어진 산 능선이었을 것이기 때문이다. 다만 나성 축조는 수도 개경의 안과 밖을 분명히 정한 의미가 있다. 이후 나성 안은 개경, 나성 밖은 4교四郊로 정해져 서로 다른 위상과 기능을 가지게 되었다.

나성은 수도 개경의 공간 범위를 규정하는 행정적인 기능을 했을 뿐만 아니라 외적으로부터 수도 개경을 지키는 방어시설이기도 하였다. 따라서 나성 축조에는 수도 개경의 방어시설이 갖추어졌다는 의미도 있었다. 『고려사』 악지樂志에는 현종 때 거란이 개경에 침입하여 궁궐이 불에 탔는데 현종이 개경을 수복하고 나성을 쌓자 나라 사람들이 기뻐서 '금강성金剛城'이라는 노래를 불렀다는 사실이 소개되어 있다. 금강성은 곧 나성을 말하는데, 그 성이 견고하기가 쇠와 같다는 의미이다.[13] 이렇게 당시 사람들이 나성을 개경의 든든한 방어시설로 인식하였다.

개경 안팎의 주요 도로

고려시기의 모든 길은 개경으로 통하였고, 개경의 주요 도로는 궁궐로 향했다. 또 개경의 주요 도로는 궁궐·관청·시전 등 중요한 시설과 성곽의 성문을 연결하였다. 개경의 주요 도로를 개경의 중심인 십자가에서부터 따라가 보자.

개경의 중심 십자가는 나성의 서문인 선의문과 동문인 숭인문으로 이어진 동서대로와 나성의 남문인 회빈문과 황성의 정문이자 동문인 광화문廣化門으로 이어진 남북대로가 만나는 거리이다. 거리의 모습이 십十 자

---

13) 『고려사』 권71, 樂 2, 俗樂, 金剛城. 契丹聖宗, 侵入開京, 焚燒宮闕. 顯宗收復開京, 築羅城, 國人喜而歌之. 或曰, "避蒙兵, 入都江華, 復還開京, 作是歌也. 金剛城, 言其城堅如金之剛也.

와 같아서 십자가十字街라 불렸다. 조선 초에 만들어진 개성 남대문南大門이 있는 이곳은 지금도 개성시의 중심거리이다. 십자가 서북쪽에는 대표 이궁離宮인 수창궁이 있었다.

십자가에서 북쪽으로 이어진 길이 남대가이다. 남대가는 광화문 동쪽에 조성된 관도官道 끝에서 십자가까지 이어진 길로 고려시기 개경에서 가장 중요하고 번화한 길이었다. 이 길은 궁궐 및 주요 관청과 연결되었고, 길 양옆에는 시전 대시大市의 행랑行廊이 설치된 경제의 중심지였다. 남대가 동쪽으로는 송악산에서 발원한 배천이 따라 흘렀고 그 동쪽에는 풍광이 좋은 자남산이 솟아 있었다.

십자가에서 서쪽으로 선의문까지 이어진 서부대로는 국제항구인 벽란도와 고려 제2의 도시 서경으로 가는 길과 연결되었다. 서부대로 남쪽으로는 용수산과 오공산에서 발원한 앵계가 동쪽으로 흘러서 십자가 동남쪽에서 배천과 합류하였다. 앵계 상류는 십천이라 부르기도 하였다. 서부대로 북쪽에는 사직, 국자감, 봉은사奉恩寺 등이 있었다. 선의문 밖이 서교西郊(황교黃郊)이다. 선의문 서쪽으로 난 길을 따라가면 국청사國淸寺와 개성현을 지나 예성강가의 벽란도까지 갈 수 있었다. 벽란도는 큰 항구이자 나루여서 이곳에서 배를 타고 서해로 나아갈 수도 있고 나루를 건너 서해도西海道(지금의 황해남북도의 대부분) 해주海州 쪽으로도 갈 수 있었다.

선의문 밖 서교에서 북쪽으로 난 길이 개경-서경-의주를 잇는 고려 제1의 간선로인 금교도金郊道였다. 왕이 서경에 갈 때 이 길을 이용하였고 요나라·금나라·원나라·명나라와의 교류도 이 길을 통하여 이루어졌으며, 거란군·몽골군·홍건적도 이 길로 개경까지 왔다. 개경 서북쪽에 있었던 금교역金郊驛은 이 길의 출발역으로 이 길을 이용하는 공적인 이동을 지원하였다. 개경에서 서쪽으로 나갈 때에는 선의문만을 이용한 것은 아니었다. 선의문 이외에도 산예문, 영평문, 통덕문 등 여러 성문을 통해서 서교 방면으로 왕래할 수 있었다.

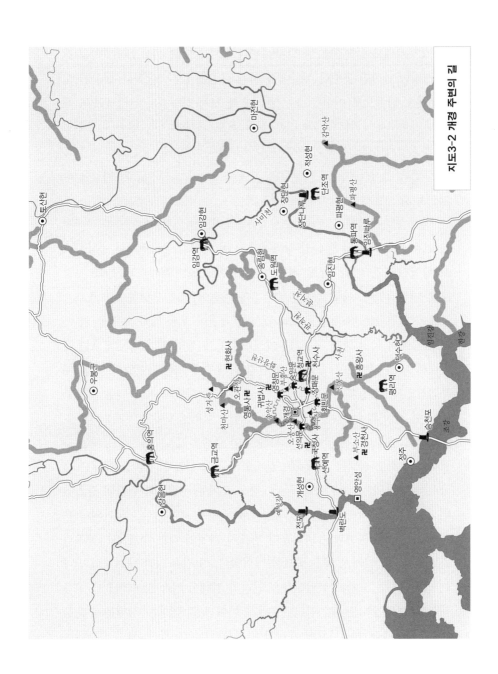

십자가에서 남쪽으로 난 남부대로는 십자가 남쪽에서 오천(앵계)을 건너 개경의 남산인 용수산 동쪽에 위치한 회빈문까지 이어졌다. 남문인 회빈문에서 남쪽으로 이어진 길은 승천포를 거쳐 강화까지 연결되었다. 개경과 강화현을 이어주는 이 길은 강화 천도 시기에 가장 많이 이용되었다. 강화로 천도할 때 최이崔怡(개명 전 이름 최우崔瑀) 일가는 승천포昇天浦 서북쪽에 있던 경천사敬天寺에 머물렀다. 승천포 동북쪽에는 이궁의 역할을 하기도 하였던 흥왕사興王寺가 있었다.

남부대로 북쪽에서 동남쪽으로 난 동남대로는 만부교萬夫橋(탁타교橐駝橋)를 건너 나성의 동남쪽 문인 장패문까지 이어졌다. 장패문에서 동남쪽으로 이어진 길은 임진나루를 거쳐 남경南京(한양, 지금의 서울)과 그 남쪽 지방으로 연결되었다. 만부교는 앵계(오천)와 배천이 만나 동남쪽으로 흐르는 물줄기를 건너는 다리이다. 고려 태조가 거란이 보낸 낙타 50필을 이 다리 아래에서 굶겨 죽였다는 기록이 『고려사』에 실려 있다. 동남대로는 개경에서 남부 지방으로 가는 길과 연결된 매우 중요한 길이었다. 명종 때 무인집권자인 이의민이 만부교로부터 저교猪橋 사이에 신도新道를 개통한 것은 이 길이 많은 사람과 물자가 이동하는 중요한 길이었기 때문이었다. 동남대로 남쪽으로는 만부교 밑을 통과한 물줄기인 남계南溪가 장패문 수구까지 흘렀고 장패문 근처에는 남계원南溪院이 있었다. 장패문 밖에는 개국사開國寺가 있었고 더 동쪽에는 개경을 오가는 사람들의 만남의 장소였던 천수사天壽寺가 있었다. 개경 동남쪽에 있던 청교역靑郊驛은 국가의 공문서나 외방으로 파견되는 관리들이 반드시 거쳐야 하는 곳으로 서북쪽의 금교역과 마찬가지로 매우 중요한 역이었다. 이 길을 따라 내려가서 만나는 임진나루는 고려시기 임진강을 건너기 위해서 가장 많이 이용된 교통시설이었다. 장패문에서 임진나루까지 이어진 길 옆에는 장패문 수문을 빠져 나온 물줄기인 사천이 흘러서 임진강으로 들어갔다. 사천 하구에는 고려시기 조운의 도착지였던 동강이 있었다.

십자가에서 동쪽으로 난 동부대로는 십자가 동쪽에서 배천을 건너 동문인 숭인문까지 이어졌다. 길 서북쪽에는 자남산이 있는데, 자남산 동쪽에는 선죽교가 있다. 숭인문 밖 멀지 않은 곳에 태묘가 있었고, 숭인문에서 동쪽으로 난 길을 계속 따라가면 개경 동쪽 관문이었던 도원역桃源驛을 만난다. 도원역은 개경을 출발하여 동주東州(지금의 강원도 철원군)와 교주交州를 지나 철령을 넘어서 동계 방면으로 향하는 길목이었다. 또 도원역에서 동남쪽으로 가면 장단현을 지나 장단나루로 임진강을 건널 수 있었다. 아울러 숭인문을 나와 바로 남쪽으로 내려오면 청교역을 거쳐 임진나루로 갈 수도 있었다.

선죽교를 지나서 동북쪽으로 난 동북대로는 영창문(탄현문)까지 이어졌다. 고려 말에 성균관이 세워지는 순천관順天館으로 갈 때에는 이 길을 이용하였다. 탄현문 밖으로 연결된 길은 우봉현牛峰縣(지금의 황해북도 금천군)·토산현兎山縣(지금의 황해북도 토산군) 등 개경의 동북쪽에 위치한 고을들과 연결되었지만, 탄현문 동북쪽과 북쪽이 산지여서 대로로 인정되지 않았다. 이 길은 오관산·천마산·성거산 등 산, 귀법사歸法寺·영통사·현화사玄化寺 등 절, 박연폭포를 갈 때 이용하였다. 황성의 동문인 광화문 동쪽으로 이어진 관도 동쪽 끝에서 동북문인 영창문(탄현문)으로 이어진 길도 중요한 길이었다. 왕을 비롯한 관리들이 동북쪽으로 갈 때는 이 길로 갔을 것으로 생각한다.

황성: 황제의 성을 의미하였나?

황성皇城은 궁성 밖을 싸고 있는 성이다. 『고려사』에서 확인할 수 있는 황성의 용례가 아주 적어서 전룡철의 연구 이전까지 황성은 거의 주목받지 못하였다. 사실 이때까지는 황성만이 아니라 개경 자체가 본격적인 연구대상으로 주목되지 않았다. 전룡철은 궁성 밖의 성곽을 황성으로 규정하고 성곽의 범위와 성문의 위치 등을 표시하였다. 전룡철은 나성의 서북쪽의 남북으로 긴 성곽을 왕건이 송악산 남쪽에 쌓은 발어참성으로 보고, 황성은 919년 개경으로 천도하면서 발어참성을 토대로 쌓은 성으로 정리하였다. 특히 전룡철은 개경으로 천도하면서 발어참성을 남북으로 나누어 남쪽을 황성으로 만들고 그 안에 궁성을 쌓은 것으로 보았다. 따라서 고려 초 황성은 수도 개경의 도성 기능을 하였고, 현종 때 나성이 축조되어 나성이 도성, 곧 외성이 되면서 황성은 내성이 되었다. 『고려도경』에서 왕성王城이라 한 것이 나성이고, 왕부王府 혹은 내성이라 한 것이 바로 황성이다. 서긍徐兢이 개경을 방문했던 인종 초 황성은 내성의 위상을 가졌다는 것을 짐작할 수 있다. 다만 현재 개성에는 고려 말에서 조선 초에 쌓은 내성이 있기 때문에 그것과 구별하기 위해 내성이라는 명칭은 쓰지 않는다.

현종 때 쌓은 나성과 고려 말 조선 초에 쌓은 내성의 경우 축성 기록이 있는 것과 달리 황성과 궁성은 축성 기록이 없다. 그것은 궁성과 황성의 경우 건국 직후 개경으로 천도할 때 궁예 때의 성곽을 토대로 축성되었기 때문이 아닐까?

전룡철의 연구 이후 황성에 대한 연구의 쟁점은 황성의 영역 및 성문의 위치 등이었다. 전룡철의 연구를 받아들여 황성의 영역을 발어참성의 하반부로 이해하는 것이 일반적이지만, 황성을 발어참성 전체를 수축·보완한 성으로 보아 발어참성 전체를 황성의 영역으로 파악한 견해도 있다. 황성이 나성이 완성될 때까지 110여 년 동안 개경의 외성 역할을 했다는 점을 강조한 것이다. 황성의 영역에 대한 의견 차이는 황성 성문의 위치 비정의 차이로도 이어진다(황성문의 위치 비정에 대해서는 뒤에 정리하였다).

황성의 용례

『고려사』에 황성의 용례가 아주 적기 때문에 황성이 언제 축성되었고, 언제 황성이라는 이름을 가졌으며, 고려시기에 황성이 어떤 위상을 가졌는지는 분명하지 않다. 『고려사』 지리지 왕경개성부에서 나성을 서술하면서 황성의 둘레와 문 20개의 이름을 기록한 것을 제외하면 『고려사』에서 황성의 용례는 단 3개뿐이다. 3개의 용례는 1034년(덕종 3) 6월 기축에 "황성 주작문朱雀門 낭옥이 벼락을 맞았다", 1035년(정종靖宗 1) 9월 계사에 "황성 서북쪽 산의 돌이 무너졌다", 1052년(문종 6) 2월 신사에 "황성 안 서쪽에 사직단社稷壇을 새로 지었다"이다. 3개의 용례도 아주 단편적인 내용이어서 이를 통해서 확인할 수 있는 것은 1034년 이전에 황성이라는 이름을 가진 성곽이 있었고, 1052년 이후에는 황성의 용례가 없다는 사실이다. 현재 우리 학계에는 고려 전기에는 고려가 내부적으로 황제국 체제로 국가를 운영하였다는 견해가 있고, 이 견해를 가진 학자들은 황성 역시 황제의 성이라는 의미로 인식하고 있다. 아울러 960년(광종 11) 3월 개경의 명칭을 '황도皇都'로 바꾸었을 때 황성이라는 명칭이 생겼을 것으로 추론하는 것이 일반적이다. 즉 개경의 명칭을 황도로 바꾼 다음 해인 961년(광종 12) 왕이 정광正匡 왕육王育의 집으로 이어하면서 대대적으로 궁궐을 수리하였고, 이때 황도로 바꾼 개경의 위상에 걸맞게 성곽과 궁궐 수리가 이루어지면서 도성도 황성으로 부르게 되었다는 것이다.

그렇지만 과연 고려시기 황성이 황제의 성을 의미하였을까? 필자는 황성이 황제의 성이라는 의미로 사용되었다고 보기 어렵다고 생각한다. 만일 고려 초에 도성을 황제의 성으로 인식하여 황성이라 했다면 현종 때 나성을 축조한 후에는 나성을 황성으로 불렀어야 하지만 그런 용례는 없다. 앞에 인용한 『고려사』의 1034년(덕종 3) 기록 중 '황성 주작문'이라는 용례에서 이를 확인할 수 있다. 주작문은 나성 축성 전에 도성 기능을 하였던 황성의 성문 이름이기 때문이다. 다만 1052년(문종 6) 2월 황성 안 서쪽에 사직단을 새로 지었다는 용례를 보면 이 기록에 보이는 사직단의 위치에 따라 한때 나성을 황성으로 불렀을 가능성도 있다. 또 황성의 용례가 1034년, 1035년, 1052년의 기록에만 있는 것으로 보아 고려시기에 황성이라는 이름은 아주 짧은 시기에만 사용되었을 가능성이 높다.

장안성으로 대표되는 중국 고대 도성에서 황성은 황제의 공간인 궁성 남쪽에 있는 성을 말한다. 장안성 등에서 황성은 주요 관청을 둘러싼 성곽이다. 고려가 중국 당나라의 제도를 많이 수용하여 국가를 운영하였던 것을 고려한다면 개경의 황성이라는 이름도 중국 장안성에서 가져왔을 가능성이 높다. 고려시기 황성의 남문 이름이 장안성의 황성 남문 이름인 주작문인 것도 이런 추론에 힘을 싣는다. 그러면 이전 도성이 황성으로 불리게 된 것은 언제일까? 광종 때 황성이라는 이름이 붙었을 거라고 보는 의견이 있다는 것은 앞에서 말한 대로이다. 그렇지만 필자는 황성이라는 명칭은 광종 때보다는 나성이 축조된 현종 때에 등장하였을 가능성이 더 크다고 생각한다. 나성이 완성되고 얼마 되지 않은 1034년(덕종 3)에 황성의 용례가 처음 보이는 것은 우연한 일이 아니다. 1029년(현종 20) 새로운 도성인 나성이 완성되면서 이전 도성 기능을 하였던 궁성 바깥 성곽을 중국 당나라 장안성의 황성을 참고하여 황성이라고 이름 지었다고 생각한다. 개경의 황성은 장안성의 황성이 중요한 관청이 밀집된 궁성 남쪽의 성곽인 것과 비슷한 점이 있다. 개경의 황성이 궁성을 둘러싸고 있는 성곽이면서 동시에 그 남쪽과 동쪽에 주요한 관청이 배치되어 있었던 것은 『고려도경』의 묘사를 통하여 확인할 수 있다. 다만 앞에서 인용한 황성의 용례를 보면 고려시기에 황성이라는 이름은 아주 짧은 시기에만 사용하였을 가능성이 높다.

표3-3 황성 성문의 이름

번호	① 『고려사』 권56, 지리지10 왕경개성부	② 『고려사』 권83, 병지3 위숙군
1	광화문(廣化門)	광화문(廣化門)
2	통양문(通陽門)	통양문(通陽門)
3	주작문(朱雀門)	주작문(朱雀門)
4	남훈문(南薰門)	
5	안상문(安祥門)	안상문(安祥門)
6	귀인문(歸仁門)	
7	영추문(迎秋門)	연추문(延秋門)
8	선의문(宣義門)	
9	장평문(長平門)	
10	통덕문(通德門)	통덕문(通德門)
11	건화문(乾化門)	
12	금요문(金耀門)	금요문(金曜門)
13	태화문(泰和門)	태화문(太和門)
14	상동문(上東門)	상동문(上東門)
15	화평문(和平門)	
16	조종문(朝宗門)	조종문(朝宗門)
17	선인문(宣仁門)	
18	청양문(靑陽門)	청양문(靑陽門)
19	현무문(玄武門)	현무문(玄武門)
20	북소문(北小門)	
계	20개	12개

황성의 구조와 성문

황성의 규모는 『고려사』 지리지 왕경개성부에 2,600칸이라고 하였는데, 전룡철의 조사에 따르면 둘레 4,700m, 동서 길이 1,150m, 남북 길이 1,150m, 넓이 1,250,000m²이다.(45쪽 〈표3-1〉 참고)

황성의 성문에 대한 자료를 정리한 것이 〈표3-3〉이다. 기본 자료는 『고려사』 지리지 왕경개성부의 것으로 그 자료(자료①)에는 광화문廣化門·통양문通陽門·주작문朱雀門·남훈문南薰門·안상문安祥門·귀인문歸仁門·영추문迎秋門·선의문宣義門·장평문長平門·통덕문通德門·건화문乾化門·금요문金曜門·태화문泰和門·상동문上東門·화평문和平門·조종문朝宗門·선인문宣仁門·청양문靑陽門·현무문玄武門·북소문北小門 등 모두 20개의 성문을 기록하고 있다. 이중 통덕문은 나성의 문 이름과 같다. 통덕문은 나성과 황성 성벽이 겹치는 곳에 있는 성문으로 나성의 통덕문과 같은 문으로 보인다. 또 『고려사』 병지에도 광화문廣化門·통양문通陽門·주작문朱雀門·안상문安祥門·연추문延秋門·통덕문通德門·현무문玄武門·금요문金曜門·태화문太和門·상동문上東門·조종문朝宗門·청양문靑陽門 등 위숙군이 파견된 12개의 성문이 기록되어 있다. 자료①의 영추문이 연추문으로 기록된 것을 제외하면 병지에 기록된 황성의 성문 이름은 모두 자료①과 같다.

황성의 성문 위치 비정은 나성의 성문 위치 비정과 마찬가지로 전룡철이 확인한 성문 자리에 문헌자료에 보이는 성문 이름을 비정하는 방식으로 이루어졌다. 따라서 황성 성문의 위치 비정은 황성의 범위를 어떻게 보느냐에 따라 차이가 날 수밖에 없다. 즉 황성의 영역을 발어참성 전체로 본 연구는 자료①에 있는 20개의 성문의 위치를 비정한 반면, 황성의 영역을 발어참성의 하반부로 본 연구에서는 『고려사』 병지 위숙군의 성문 자료(자료②)의 성문의 위치를 발어참성 하반부의 성문 자리에 비정하였다. 이 연구에서는 자료①에 있는 성문 중 자료②에 없는 것은 명칭이 바뀐 성문으로 보았다. 즉 황성에는 동시에 20개의 성문이 존재하지 않았다

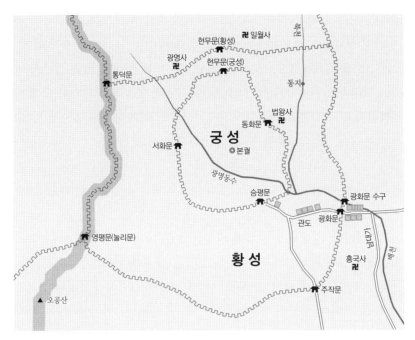

지도3-3 황성의 구조

고 보았다. 이렇게 황성 성문의 위치 비정에 대한 연구성과가 크게 갈리기 때문에 황성 성문의 위치 비정은 나성의 성문 비정보다 훨씬 어렵다. 따라서 이 책에서는 선행연구들의 의견이 일치하는 광화문, 광화문 수구문, 주작문, 현무문만 〈지도3-3〉에 표시하였다.

내성: 조선시기의 성

내성內城은 고려 말에 쌓기 시작하여 조선 초에 완성한 조선시기 개성부의 성곽이다. 내성을 쌓자는 논의는 왜구의 침입으로 개경의 방어에 고심하던 고려 말에 시작되었다. 왜구의 침입으로 수도 개경이 위협을 받게 되자 철원으로 천도하자는 주장이 등장하였는데, 1377년(우왕 3) 최영崔瑩은 천도를 반대하였고, 아울러 "경성京城은 너무 넓어서 비록 십만의 병력이 있더라도 지키기가 쉽지 않습니다. 내성을 축조하여 뜻밖의 일에 대비하십시오"라고 하였다.(『고려사』 권113, 최영 열전) 이와 관련된 것으로 『고려사』에는 같은 해 개성부에서 내·외성 등의 수축과 신축을 건의한 기록이 있다.[14] 두 기록의 관계는 확인할 수 없지만 두 기록이 같은 해에 나온 거의 같은 내용이라는 점에서 개성부의 축성 주장은 최영의 내성 축조 주장을 동조하거나 보완하기 위해서 이루어진 듯하다. 1377년 내성의 축조가 논의되었지만 실제 내성을 쌓기 시작한 것은 10여 년 후인 1391년(공양왕 3)이었다. 그해 8월 경기·교주·서해도의 민정民丁과 여러 도의 승려를 징발하여 내성을 쌓게 하고 판삼사사判三司事 배극렴裴克廉에게 명하여 감독하게 하였다. 이때 시작한 공사는 그해 10월 중단되었다가 이후 다시 시작되어 조선 건국 후인 1393년(조선 태조 2)에 완성되었다.

전룡철에 따르면(45쪽 〈표3-1〉 참고) 내성의 둘레는 11,200m, 동서 길이 1,300m, 남북 길이 3,700m, 넓이 4,680,000m²이다. 내성에서 돌로 쌓은 부분은 서남쪽 벽, 남쪽 벽의 전체와 동남쪽 벽, 동북쪽 벽의 일부 그리고 외성벽을 그대로 이용한 북쪽 벽과 발어참성의 성벽을 그대로 이용한 발어참성 동북벽의 일부 구간으로서 모두 5.4km이고, 나머지 5.8km에 해당하는 구간은 토성으로 되었다고 하였다. 『신증동국여지승람』에 따르면, 성곽의 둘레가 20리 40보이며, 성문으로는 동대문東大門, 남대문南大門, 동소문東小門, 서소문西小門, 북소문北小門, 눌리문訥里門, 진언문進言門 등을 확인할 수 있다. 현재 개성시 중심지에 있는 남대문은 조선 초에 완성한 내성

---

14) 『고려사』 권133, 辛禑三年 開城府狀曰, "其二, 內城新築事. 則曰惟事事, 乃必有備, 有備則無患矣. 今也, 倭寇橫行肆毒, 京內之民, 如有急難, 無所依據, 誠可畏也. 願令堅築內城."

도판3-4 내성 성벽
고려박물관으로 사용되고 있는 개성 성균관에서 2008년 8월 19일에 찍었다.

도판3-5 개성 남대문
북한 국보유적 제124호. 개성특별시 북안동. 개성 남대문은 조선 건국 후에 완성된 조선시기 개
성부의 성곽인 내성의 남쪽문이다. 2007년 9월 7일에 찍었다.

의 남쪽 성문이다. 또 고려박물관으로 사용되고 있는 개성 성균관에서도 멀리 내성의 동쪽 성벽을 볼 수 있다.

고려 말 내성 축조 주장에서 알 수 있듯이 내성은 나성이라는 도성의 기능 중 군사적인 면이 강조된 성이다. 또 조선 초 한때 조선왕조의 도성 기능을 하기도 하였지만 기본적으로 내성은 조선시기 개성부의 성곽이다. 내성의 축조기법과 관련해서 중요한 논점 중의 하나는 내성이 벽돌성인지 여부이다. 『신증동국여지승람』에서는 벽돌로 내성을 쌓았다고 하였고,[15] 1493년(조선 성종 24) 7월 병조판서 한치형韓致亨이 의주義州 읍성邑城을 벽돌성으로 쌓자는 논의 중에도 개성부의 성곽도 모두 벽돌을 사용하였다는 주장을 하였다.[16] 위와 같이 조선 초 개성부의 내성을 벽돌로 쌓았다는 기록은 있지만, 아직 내성의 벽돌 유물이 확인되지 않았다. 앞으로 확인할 부분이다. 만일 조선 초 축조된 내성이 벽돌성으로 확인된다면 그것은 우리 역사에서 최초의 벽돌성이 된다는 점에서 매우 중요한 역사적 사실이 된다.

대흥산성: 고려 때부터 있었나?

대흥산성大興山城은 개성 북쪽에 있는 천마산과 성거산의 여러 봉우리들을 연결하여 쌓은 조선시기의 산성이다. 천마산과 성거산 사이의 골짜기가 대흥동大興洞이어서 대흥산성이라는 이름이 붙었는데, 대흥성大興城 또는 천마산성天磨山城, 성거산성聖居山城이라고도 한다. 1236년(고종 23) 12월

---

15) 『신증동국여지승람』 권4, 개성부 상, 성곽 내성, "我太祖開國二年癸酉, 以甓築內城, 周二十里四十步, 有東大·南大·東小·西小·北小等門"
16) 『성종실록』 권280, 성종 24년 7월, 戊申, 兵曹判書韓致亨來啓曰: "我國開城府亦皆用磚, 請燒磚築之。"

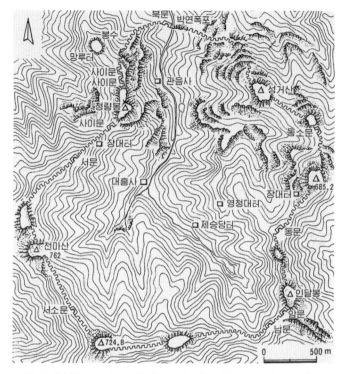

도판3-6 대흥산성 지도(2000 『북한의 문화재와 문화유적』 4, 서울대학교출판부)

몽골군이 대흥성을 공격하였다는 기록을 토대로 대흥산성이 고려시기부
터 있었다는 견해도 있지만, 그 기록의 대흥성은 개성 북쪽의 대흥산성이
아니라 당시 홍주의 속현이었던 대흥군(지금의 충청남도 예산군 대흥면)의 성이
었다.

　지금의 산성은 조선 후기인 1676년(조선 숙종 2)에 쌓은 것이다. 대흥산
성의 축성이 마무리된 1676년 4월 기록에 의하면 체찰사體察使 허적許積과
훈련대장訓鍊大將 유혁연柳赫然이 주도하여 3월 5일부터 역사를 시작하여

50일 만에 공사를 마쳤다고 한다. 이때 동원된 군정은 훈국訓局의 별대別隊 5,000여 명과 각색 공장各色工匠 1,100명이었고, 사용된 군량은 강화江華 쌀 6,000여 석이었다.(『숙종실록』 권5, 숙종 2년 4월 정축) 1477년(조선 성종 8) 봄에 유호인兪好仁이 쓴 「유송도록遊松都錄」을 비롯해서 조선 초기의 개성유람기에 이곳의 성벽에 대한 기록이 없는 것으로 보아 최소한 조선 초에는 이곳에 성곽이 없었다.

조선 후기에 편찬된 『송도지』에 따르면, 당시에는 둘레가 5,997보이고, 성첩城堞이 1,530개였다. 북한의 연구성과에 의하면 대흥산성의 크기는 동서 길이 약 2.3km, 남북 길이 약 3km이고, 성안의 넓이는 약 5,800,000m²이다. 성벽 길이가 10.1km인 큰 성인데, 그중 돌로 쌓은 것이 7.8km이고, 나머지는 절벽을 그대로 이용하였다. 화강암으로 쌓은 성벽의 높이는 평균 3~5m인데, 높은 곳은 6~8m 정도이고, 성벽 너비는 아랫부분이 5~6m, 윗부분이 3~4m이다. 성문으로는 동문·서문·남문·북문·동소문·서소문 등 6개와 암문 4개가 있었다. 현재 북문 문루와 주변 성벽이 남아 있다. 또 배수구에 해당하는 수문이 4개 있는데, 북문의 수문 역할을 하는 것이 박연폭포이다. 또 성에는 10개의 치, 3개의 장대터, 제승당터, 식량창고터, 무기고터, 화약창고터 등이 있으며, 성안에 관음사觀音寺와 대흥사 등이 있다.

4

궁궐

▪ 고려 궁궐 연구의 어려움
▪ 고려시기 궁궐의 운영과 변화
▪ 송악산 남쪽의 고려 본궐
▪ 개경의 대표 이궁, 수창궁과 연경궁

고려 궁궐 연구의 어려움

왕조시대 궁궐은 도성의 핵심공간이었다. 궁궐은 국왕의 정치공간이자 생활공간이었고, 또 의례공간이기도 하였다. 고려시기 개경의 본궐本闕17)은 송악산 남쪽에 있었다. 고려 말 이후 전각은 사라지고 터만 남은 고려 본궐터인 만월대의 경관은 조선의 법궁인 경복궁의 경관과 사뭇 다르다. 그 터를 보는 것만으로도 고려시기 개경 궁궐의 모습이 그려지는 것 같다. 그렇지만 쉽게 갈 수 없는 곳이어서 안타깝다.

고려 궁궐에 대한 이해에는 여러 어려움이 있다. 우선 송악산 남쪽의 본궐은 이름도 없다. 본래 이름이 없었는지 아니면 본래는 이름이 있었는데 지금 전해지지 않는지도 정확히 모른다. 더욱이 고려의 궁궐은 전쟁과 정변 속에서 소실과 중건이 반복되었고, 몽골과의 전쟁 중 본궐의 중요한 전각이 사라졌지만 개경 환도 후에 이전 모습을 완전히 회복하지 못하였다. 고려 후기 이후 본궐의 주요 전각 중에서는 강안전康安殿만 운영되었는데, 그것도 고려 말에 파괴되어 고려 본궐의 흔적은 조선 초에 이미 풀숲에 묻혀 있었다. 또 개경과 주변에 많은 이궁이 있었다. 고려의 왕들은 본궐을 사용하지 않고 이궁에 머문 경우가 많았고 그 이유도 다양했다. 단순히 화재로 본궐이 불에 타서 중건을 위해서 이궁에 머물기도 했지만, 이외에도 도참사상, 왕의 연회나 밀회, 또는 정치적 목적 때문에 이궁에 행차하기도 하였다. 그렇지만 그 위치를 확인할 수 있는 이궁은 드물다.

이렇듯 개경의 궁궐은 이름과 위치는 물론 주요 전각이 거의 남아 있는 조선왕조의 궁궐과는 다르다. 고려왕조의 궁궐에 대해서 정리하기 전에 궁궐 연구의 흐름과 특징을 간단히 정리하겠다.

---

17) 앞으로 이 책에서는 본궐, 본대궐, 궁성 등은 같은 의미로 사용하고, 이와 상대되는 개념으로는 이궁(離宮)을 사용한다. 곧 이궁은 송악산 남쪽 본궐 밖에 있는 궁궐을 말한다.

도판4-1 만월대 전경(남북역사학자협의회, 개성 만월대 남북공동발굴 디지털기록관)
만월대는 조선시기 이후 고려 본궐터를 가리키는 용어로 정착하였다. 고려의 본궐은 919년 이래
계속 송악산 남쪽 이 자리에 있었다.

개경 궁궐에 대한 본격적인 연구는 최근의 일이지만 고려 궁궐에 대한 관심은 조선 초 개성지역에서부터 나타나기 시작하였다. 개성이 조선의 지방도시로 정착된 후 개성지역에서는 옛 왕조의 수도였던 개성의 핵심공간인 궁궐을 만월대 혹은 본대궐本大闕 등으로 지칭하면서 관심을 가졌다. 이러한 조선 초 고려 궁궐터에 대한 개성지역의 인식이 국가편찬물인『동국여지승람東國輿地勝覽』등에 반영되면서 구도舊都 개성에 대해 체계적으로 정리하는 계기가 되었다. 물론 조선 초기 지리지 등에서는 이궁인 연경궁을 본궐로 잘못 이해하기도 하였고, 그것이 조선 후기까지 이어지기도 하였다.

지금까지 이루어진 개경 궁궐 연구의 대부분은『고려도경』의 기록을 토대로 궁궐 내부 구조의 복원을 시도한 것이다. 역사학자뿐 아니라 건축사학자도 참여한 이 연구들은 해방 후 북한의 발굴조사 보고에 상당 부분 의지하였다. 한편으로는 『고려사』와 『고려도경』 등 문헌자료를 정리하여 고려 궁궐의 구조와 기능을 밝히는 연구도 병행되면서 개경 궁궐에 대한 기초 연구는 어느 정도 진행되었다. 그 결과 궁성 안의 본궐을 회경전을 중심으로 하는 '중심건축군'과 '서부건축군', '동부건축군'으로 구분하여 이해하게 되었고, 또 중심건축군의 전각 배치에 대해서는 대부분의 연구자들이 동의하게 되었다. 그렇지만 본궐 중심건축군의 전각 배치를 제외한 궁궐 공간의 구조와 전각 배치에 대해서는 많은 의견 차이가 있다. 2007년부터 2018년까지 진행된 고려 본궐의 서부건축군에 대한 남북공동발굴조사의 결과가 보고되면서 그 내용을 반영한 고려 궁궐 연구성과가 나오고 있다.

고려시기 궁궐의 운영과 변화

고려 초(태조~성종): 궁궐의 조영과 정비

918년 6월 철원에서 고려를 건국한 태조는 그다음 해인 919년 1월 개경으로 천도하였다. 『고려사』 지리지에 태조 2년(919) 봄 1월 송악의 남쪽에 도읍을 정하여 개주開州라 하고 궁궐을 창건하였으며, 시전市廛을 세우고, 방리坊里를 구분하여 5부五部를 나누었다고 기록하였듯이 송악산 아래 고려의 본궐은 이때 처음 들어섰다. 태조가 건국한 지 7개월 만에 송악산 아래 궁궐을 짓고 천도할 수 있었던 것은 898년부터 905년까지 이곳에 궁예의 도성이 있었기 때문이다. 919년 3월 도내都內에 10개의 절을 짓는 등 천도 이후 개경(개주)에서는 계속해서 성곽, 관청, 민가의 조영이 이어졌을 것이다. 그렇지만 궁궐은 건국 초기 후백제와 경쟁하고 있던 당시 상황에서 궁궐다운 모습을 제대로 갖추지는 못했을 가능성이 높다. 고려 초기 개경 궁궐의 전각으로는 태조 때에 천덕전天德殿과 신덕전神德殿이 확인되고 혜종 때에 상정전詳政殿과 중광전重光殿이 확인된다. 이 4개의 전각은 태조 때부터 있었을 것으로 보인다. 이 중 천덕전을 정전正殿, 상정전과 중광전을 편전便殿, 신덕전을 침전寢殿으로 보는 것이 일반적이다. 또 천덕전은 성종 때 건덕전乾德殿으로 이름이 바뀌어 중광전과 함께 고려 초 개경 궁궐의 중심 전각으로 기능하였고, 인종 때 전각 명칭을 바꿀 때 건덕전은 대관전으로, 중광전은 강안전으로 바뀌어 이후 개경 궁궐의 중요한 전각으로 기능하였다. 아울러 태조 때의 궁궐시설로 구정毬庭과 위봉루威鳳樓가 확인된다. 관련된 기록으로 태조가 개경으로 천도하기 전인 918년 11월 철원 도성에서 팔관회를 열고 위봉루에서 구경하였다고 한 기록이 있다. 여기에서 태조가 개경의 도성과 궁궐을 조영할 때 철원 도성의 궁궐 구조를 많이 참고하였다는 것을 짐작할 수 있다.

919년 송악산 아래 자리 잡은 고려 본궐을 중수한 것은 광종이 즉위한 후이다. 서경 천도를 추진하다 죽은 정종定宗을 이어 즉위한 광종은 왕권의 안정을 위해서 노력한 왕으로 잘 알려져 있다. 광종은 960년(광종 11) 3월 개경을 황도皇都로, 서경을 서도西都로 이름을 바꾸어 개경의 위상을 높였는데, 그다음 해 수영궁궐도감修營宮闕都監을 설치하여 궁궐을 중수하였다. 그때 광종이 궁궐 중수를 위해 왕육王育의 집으로 거처를 옮겼다가 963년(광종 14) 6월 궁궐로 돌아왔다는 기록이 있는 것으로 보아 이때의 궁궐 중수는 2년 정도 걸린 대대적인 공사였다. 이때 고려 초기 궁궐의 경관이 어느 정도 정비되었을 것이다.

성종은 개경에 관청, 제사시설(종묘와 사직), 교육시설(국자감) 등을 정비하여 개경을 유교적 통치공간으로 정비하였는데, 이에 따라 개경 본궐 안팎에 주요한 관청이 들어서게 되었다. 성종 때 궁궐 전각으로는 이전부터 있었던 천덕전과 상정전 외에 사현전思賢殿이 확인된다.

현종: 회경전의 설치와 궁궐 운영의 변화

고려의 궁궐은 고려 초기부터 전쟁과 화재 등으로 궁궐이 손실되었다가 중건되는 일이 반복되었다. 제일 먼저 확인되는 궁궐의 피해는 거란의 2차 침입 때인 1011년(현종 2) 1월이다. 1011년 1월 1일 거란 침입으로 태묘와 궁궐을 비롯한 개경의 주요 시설이 불에 타버렸는데, 며칠 전 난을 피해 개경을 떠났던 왕은 그날 광주廣州에 도착하였으며 이어서 나주까지 내려갔다. 거란군을 피해서 나주까지 갔던 현종은 1월 11일 거란군이 돌아가자 전주, 청주를 거쳐서 2월 하순에 개경으로 돌아왔다. 개경에 돌아온 현종은 본 궁궐에 들어가지 못하고 이궁인 수창궁으로 들어갔다.

이후 현종은 두 번 궁궐 공사를 하였다. 첫 번째 공사는 현종이 개경에 돌아온 해인 1011년 10월에 시작하여 1014년(현종 5) 1월에 끝났다. 그런데 이때의 궁궐 공사가 미흡했던지 현종은 1020년(현종 11) 8월부터 궁궐 공사를 다시 시작하였다. 이 공사는 1023년(현종 14) 8월까지 3년 정도 이어졌다. 이 기간 중인 1022년(현종 13) 2월에 발생한 화재도 공사 기간이 길어진 이유 중 하나일 것이다. 이때의 궁궐 공사는 단순한 수리 차원의 공사는 아니었다. 우선 이와 관련해서 그다음 해 1월, 3월, 7월 세 차례에 걸쳐서 궁궐의 전각과 문 이름을 고쳤다. 즉 1021년(현종 12) 1월에는 자신전紫宸殿을 경덕전景德殿으로, 토양궁土陽宮을 정양궁正陽宮으로, 좌우조천문左右朝天門을 조종문朝宗門으로, 유원문柔遠門을 숭복문崇福門으로 이름을 고쳤다. 3월에는 문공전文功殿을 문덕전文德殿으로 이름을 고쳤으며, 7월에는 명경전明慶殿을 선정전宣政殿으로, 영은전靈恩殿을 명경전明慶殿으로, 경덕전景德殿을 연영전延英殿으로 이름을 고쳤다. 이때의 공사가 상당수의 궁궐의 전각 이름과 문 이름을 고칠 정도의 궁궐 재건 사업이었다는 것을 알 수 있다. 또 2차 궁궐 공사가 끝난 후인 1029년 4월 회경전會慶殿에서 장경도량藏經道場을 개최한 기록이 확인된다. 여기서 회경전이라는 전각 이름이 『고려사』에 처음 등장한다. 회경전은 서긍이 『고려도경』에서 고려 궁궐에서 가

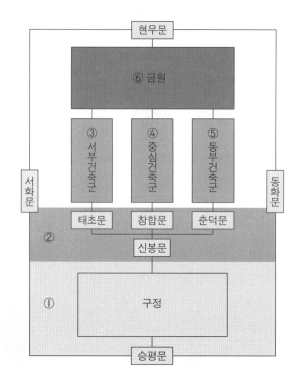

도판4-2 고려 전기 본궐의 구조

장 웅장한 전각으로 묘사한 고려 전기 궁궐의 제1정전이다. 회경전의 창
건 시기는 확인되지 않지만 현종의 2차 궁궐 재건 사업 때 이전 궁궐 구역
(서부건축군: 〈도판4-2〉의 ③)의 동쪽(중심건축군: 〈도판4-2〉의 ④)에 창건한 것으로 보
는 것이 일반적이다. 이때 회경전이 창건되면서 회경전은 이전 시기부터
있었던 건덕전과 국가의 주요 행사와 의례를 분담하게 되었고, 이때부터
고려 본궐은 (서부건축군의) 건덕전과 (중심건축군의) 회경전이라는 2개
의 정전 체제를 갖추게 되었다.

1020년(현종 11) 8월부터 1023년(현종 14) 8월까지 이루어진 궁궐의 중건 사업은 궁궐의 제2의 창건이라고 할 정도로 큰 공사였다. 이때 이전 시기부터 있었던 서쪽 구역(서부건축군) 동쪽에 회경전 등의 전각(중심건축군)이 축조되었을 뿐 아니라 회경전 동쪽에 동궁(동부건축군: 〈도판4-2〉의 ⑤)도 창건 혹은 확장되었을 것으로 여겨진다. 이 기간 중인 1022년(현종 13) 6월에 동궁의 관속이 배치되었기 때문이다. 1023년 8월에 마무리된 궁궐 중건 사업으로 고려 전기 본궐의 기본 틀이 완성되었다. 한편 현종 때에는 궁궐이 중건되었을 뿐 아니라 도성인 나성이 완성되었고 더 나아가서 고려의 지방제도도 완성되는 등 국가체제가 재정비되었다. 이때 중건된 궁궐은 대체로 인종 초까지 유지되었다. 따라서 인종 초 고려에 온 송나라 사신 서긍이 『고려도경』에서 묘사한 것은 현종 때 완성된 고려 궁궐의 경관이다.

인종: 궁궐의 중수와 전각 명칭의 개편

현종 때 완성된 고려 전기 궁궐은 1126년(인종 4) 2월 이자겸의 난으로 불에 탔다. 이후 인종은 이궁인 연경궁과 수창궁, 후비궁后妃宮인 연덕궁延德宮에서 주로 활동하였다. 이자겸의 난으로 파괴된 본 궁궐은 10여 년이 지난 1138년(인종 16) 10월에 복구되어 왕이 새 궁궐로 돌아왔다. 이렇게 복구공사가 늦어진 것은 이자겸의 난 이후에 있었던 서경 천도 추진과 연관되어 서경에 신궁을 건설하게 되면서 궁궐 복구공사가 1132년(인종 10) 1월에 시작되었기 때문이다. 이때 궁궐 공사와 관련해서 주목되는 것은 완공 다섯 달 전인 1138년 5월 궁궐의 전각 이름과 문 이름 전체를 고친 것이다.(78쪽 〈표4-1〉 참고) 대표적인 전각인 회경전은 선경전宣慶殿으로, 건덕전은 대관전大觀殿으로, 선정전은 선인전宣仁殿으로, 중광전은 강안전康安殿으로 이름을 고쳤는데, 경령전慶寧殿과 비서각秘書閣만은 이름을 바꾸지 않았다. 인종 때 궁궐 중수 이후에도 인종과 의종은 이궁, 절, 개인 집으로

표4-1 1138년(인종 16) **개칭된 궁궐 전각과 문**

이전 이름	고친 이름	이전 이름	고친 이름
회경전(會慶殿)	선경전(宣慶殿)	오성전(伍星殿)	영헌전(靈憲殿)
건덕전(乾德殿)	대관전(大觀殿)	정양전(正陽殿)	숙화전(肅和殿)
문덕전(文德殿)	수문전(修文殿)	수춘궁(壽春宮)	여정궁(麗正宮)
연영전(延英殿)	집현전(集賢殿)	망운루(望雲樓)	관상루(觀祥樓)
선정전(宣政殿)	훈인전(薰仁殿)	선춘루(宜春樓)	소휘루(韶暉樓)
응건전(膺乾殿)	건시전(乾始殿)	창합문(閶闔門)	운룡문(雲龍門)
장령전(長齡殿)	봉원전(奉元殿)	신봉문(神鳳門)	의봉문(儀鳳門)
선명전(宣明殿)	목청전(穆淸殿)	춘덕문(春德門)	체통문(棣通門)
함원전(含元殿)	정덕전(靜德殿)	태초문(太初門)	태정문(泰定門)
만수전(萬壽殿)	영수전(永壽殿)	회동문(會同門)	이빈문(利賓門)
중광전(重光殿)	강안전(康安殿)	창덕문(昌德門)	흥례문(興禮門)
건명전(乾明殿)	저상전(儲祥殿)	좌우승천문(左右承天門)	통가문(通嘉門)
연친전(宴親殿)	목친전(穆親殿)	연수문(延壽門)	돈화문(敦化門)
현덕전(玄德殿)	만보전(萬寶殿)	장녕문(長寧門)	조인문(朝仁門)
명경전(明慶殿)	금명전(金明殿)	선화문(宣化門)	통선문(通仙門)
자화전(慈和殿)	집희전(集禧殿)	개경문(開慶門)	황극문(皇極門)
경양문(景陽門)	양화문(陽和門)	백복문(百福門)	보화문(保和門)
금마문(金馬門)	연명문(延明門)	통경문(通慶門)	성덕문(成德門)
천우문(天祐門)	자신문(紫宸門)	동화문(東華門)	여경문(麗景門)
통천문(通天門)	영통문(永通門)	서화문(西華門)	향성문(向成門)
안우문(安祐門)	순우문(純祐門)	영안문(永安門)	흥안문(興安門)
흥태문(興泰門)	분방문(芬芳門)	대청문(大淸門)	청녕문(淸寧門)
양춘문(陽春門)	광양문(廣陽門)	좌우선경문(左右宣慶門)	부우문(敷祐門)
태평문(大平門)	중명문(重明門)	좌우연우문(左右延祐門)	봉명문(奉明門)

자주 이어하였다.

인종 때 새로 고친 본 궁궐은 무인정변이 일어난 지 얼마 되지 않은 1171년(명종 1) 10월 화재로 모두 타버렸다. 그해 10월 11일 밤에 궁궐에 불이 나자 여러 절의 승려들과 군인들이 궁궐로 가서 불을 끄려 하였다. 그때 무인정변의 주역이었던 정중부鄭仲夫와 이준의李俊儀 등은 궁궐 안에서 입직入直하고 있었는데, 이의방李義方 형제는 변란이 일어날까 두려워하여 안으로 달려 들어가 자성문紫城門을 폐쇄하고 불을 끄러 온 이들을 안으로 들이지 않았다. 그래서 건물이 모두 불에 타버렸다. 이에 왕은 산호정山呼亭에 나와 통곡하였다. 그런데 이후 대관전(이전의 건덕전) 등에서 사신 접대 등이 계속 이루어진 것으로 보아 이때 궁궐 전체가 모두 소실된 것은 아니었다. 이후 명종은 이전 왕들처럼 수창궁, 대명궁大明宮, 연경궁 등 여러 이궁을 이용하였다.

명종이 본 궁궐을 수리하기 시작한 것은 화재가 난 지 7년이 넘은 1179년(명종 9) 3월이었다. 이렇게 명종이 본 궁궐 복구를 늦게 시작한 것은 궁궐을 복구하는 대신 개경 주변의 삼소三蘇에 이궁을 지어서 지기쇠왕설에 의지해 개경의 지덕을 되살려 국가의 기반을 연장하려고 하였기 때문이다. 명종은 1174년(명종 4) 제를 내려 좌소左蘇 백악산白岳山, 우소右蘇 백마산白馬山, 북소北蘇 기달산箕達山 3곳에 이궁을 설치하기 위해서 연기궁궐조성관延基宮闕造成官을 두었다. 이렇게 늦게 시작한 궁궐 복구도 순조롭게 진행되지 않아서 복구가 시작된 지 두 달 만에 중단되었다가 그다음 해 2월 다시 복구가 시작되었다. 그뿐 아니라 명종은 본 궁궐 완성 후에도 새 궁궐에 들어가려고 하지 않았다. 1196년(명종 26) 새로운 권력자로 등장한 최충헌崔忠獻이 올린 「봉사십조封事十條」의 첫 조항에서 최충헌은 명종이 새 궁궐에 들어갈 것을 요청하였다. 최충헌은 명종이 꺼리는 말[拘忌之說]을 믿고 새로 지은 궁궐에 들어가지 않는 것을 비판하면서 길일을 택하여 새 궁궐에 들어가라고 하였다. 명종이 최충헌의 요구를 일시적으로나마 받아들였는지는 확인할 수 없다. 명종은 1197년(명종 27) 9월 폐위될 때까지 주로 이궁인 연경궁과 수창궁에 머물렀고, 안화사安和寺와 봉은사 등 절에서도 머물렀다. 명종은 폐위된 후에는 창락궁昌樂宮에 유폐되었다가 11월 그곳에서 죽었다.

강화 천도 시기의 개경 궁궐

개경의 본 궁궐은 1232년(고종 19) 수도를 강도로 옮기면서 다시 수난을 당하게 되었다. 그해 6월 16일 천도가 결정되었고 고종은 7월 6일 개경을 출발하여 승천부에서 하루 머문 후 7월 7일 강화 객관에 들어갔고, 세조와 태조의 재궁梓宮(관)을 강화로 옮기면서 강화 천도가 이루어졌다. 이후 궁궐을 비롯한 개경의 시설은 몽골군의 점령으로 많이 파괴되었고, 또 개경의 주요한 시설과 재물들이 강도로 옮겨가게 되면서 개경의 시설들은 제대로 관리가 되지 않았을 뿐 아니라 천도 직후 개경에서 반란까지 일어나면서 본 궁궐 역시 많이 훼손되었다. 강화로 천도하기 전까지 개경 궁궐의 운영은 선경전(이전의 회경전), 대관전(이전의 건덕전), 강안전(이전의 중광전) 등으로 구성된 본궐과 수창궁·연경궁 등의 이궁을 중심으로 이루어졌다. 그런데 강화 천도 이후 본궐의 대표적인 전각이었던 선경전과 대관전의 이용 사례가 『고려사』에서 확인되지 않는다. 이것은 이 두 전각이 몽골과의 전쟁 중에 완전히 파괴되거나 사용하지 못할 정도로 훼손되었기 때문일 것이다. 그리고 이러한 상태는 1270년(원종 11) 개경으로 환도할 때까지 이어졌을 것이다.

그렇지만 강화 천도 시기에도 개경의 궁궐은 어느 정도 보존되고 관리되었던 것으로 볼 수 있는 자료들이 있다. 1235년(고종 22) 2월에는 고종이 왕의 옷을 3월부터 5월까지는 남경 궁궐에, 7월부터 10월까지는 구경舊京 강안전에 안치한 기록이 확인된다. 이 기록에서 구경 강안전(이전의 중광전)이라는 표현은 개경에 있는 강안전을 의미한다. 천도한 후 강도를 건설할 때 개경의 경관을 거의 그대로 재현했기 때문에 당시에는 강도에도 강안전이 있었다. 강도의 강안전과 개경의 강안전을 구별하기 위해서 구경 강안전이라 기록했을 것이다. 또 1259년(원종 즉위) 12월 25일에 몽골 병사가 송도에 들어와 강안전을 약탈하자 지키던 별장 대금취大金就가 추격하여 포로를 빼앗아 돌아왔다는 기록이 있다. 당시 본궐의 전각인 강안전이 건재할 뿐 아니라 강안전을 지키는 군사가 있었다는 것을 알 수 있다. 아울러 천도 초기 기록이기는 하지만 1232년(고종 19) 11월 태조의 초상을 이궁인 개경 수창궁에 두었다는 기록도 확인된다. 이렇듯 강화 천도 시기에도 개경 본궐 안의 강안전과 대표적인 이궁인 수창궁이 어느 정도 유지되고 있었다. 충렬왕과 충선왕이 고려 전기 대부분의 왕들과 마찬가지로 강안전에서 즉위한 것은 강화 천도 시기를 거치면서도 강안전의 상태가 양호하였기 때문일 것이다.

원 간섭기 개경 궁궐 운영의 특징

1270년(원종 11) 5월 개경으로 환도하면서 개경은 수도의 지위를 되찾았다. 환도를 전후하여 개경 복구 작업이 이루어졌고 궁궐에 대한 복구도 진행되었지만, 강화 천도 이전의 경관을 완전하게 회복하지 못하였다.

먼저 환도 이후 개경 본궐의 모습이 어떠했는지 정리하여 보자. 강화로 천도하기 이전 개경 본궐에는 선경전, 대관전, 강안전을 비롯해서 많은 전각들이 있었다. 특히 『고려도경』에 소개된 전각의 수도 적지 않다. 그런데 개경 환도 이후인 고려 후기의 기록에서 확인되는 시설은 강안전, 경령전, 의봉루(이전의 신봉루), 구정 정도이다. 이전 정전 기능을 하였던 선경전과 대관전의 용례는 거의 확인되지 않는다. 이 두 전각은 몽골과의 전쟁을 겪으면서 파괴되거나 사용하기 어려울 정도로 훼손되었기 때문일 것이다.

고려 후기 본궐의 대표적인 전각이 강안전인데, 고려 후기 강안전에서는 이전 시기와 마찬가지로 많은 왕들이 즉위를 하였을 뿐 아니라 다양한 의례가 거행되었다. 고려 전기 선경전이나 대관전에서 하던 불교행사와 각종 의례들도 고려 후기에는 강안전에서 이루어졌다. 이것은 전기의 중요 전각 중 강안전만 건재하면서 강안전이 고려 전기 정전이었던 선경전과 대관전의 기능을 흡수하였기 때문이다. 또 고려 후기에는 본궐의 시설로 왕실의 사당인 경령전을 비롯해서 궁성의 대표적인 문루인 의봉루와 구정 등만 확인된다. 물론 고려 후기에도 본궐 안에는 왕의 침전을 비롯해서 많은 건물들이 있었겠지만 기록에서는 확인되지 않는다.

이제 원 간섭기 궁궐의 경영과 성격에 대해서 정리하여 보자. 우선 1270년(원종 11) 개경으로 돌아온 원종은 사판궁沙坂宮으로 이어하였다가, 다음 해 남산궁南山宮으로 이어하였고, 제상궁堤上宮에서 행사를 한 기록이 있다. 이 궁들은 환도한 직후의 비상사태에서 본궐 근처에 임시로 마련하여 운영한 궁으로 궁궐의 모습을 제대로 갖추지 못하였을 것으로 보인다. 본궐과 관련해서는 전각 명칭 없이 본궐에 행차하여 초제醮祭를 지내고 비를 빌었다는 기록만 보이는 것으로 보아 당시 본궐의 전각은 제대로 복구되지 못하였고, 원종 역시 본궐 안에서 기거하지 않은 듯하다.

1274년 8월 강안전에서 즉위한 충렬왕은 원종이 쓰던 궁궐 중 사판궁은 일시적이나마 이용한 용례가 있지만, 원종의 빈전이었던 제상궁은 철거하여 오대사五大寺를 수축하고 대신 제국대장공주의 주도로 죽판궁竹坂宮을 건설하였다. 죽판궁 건설은 관료들 반대로 중단되었다가 1280년(충렬왕 6) 6월에 완성되었는데, 1284년(충렬왕 10)부터 수녕궁壽寧宮으로 나타난다. 이외에도 충렬왕은 자주 사냥을 나가던 동교東郊 마제산馬堤山에 수강궁壽康宮을 건설하였는데, 수강궁은 충렬왕 사후에도 용례가 확인된다. 이렇듯 충렬왕은 본궐의 강안전을 의례공간으로 이용하면서 새로 건설한 수녕궁과 수강궁을 중심 궁궐로 운영하였다. 또 복위 후인 1304년(충렬왕 30)에는 이현梨峴에 신궁을 건설하기도 하였다.

1298년 강안전에서 즉위한 충선왕은 수녕궁에 이어한 기록이 있지만 그해 8월, 7개월 만에 폐위되어 재위기간이 짧았기 때문에 독자적인 궁궐 운영을 하기는 어려웠다. 다만 즉위 직전인 1297년(충렬왕 23) 윤12월 부지밀직사사副知密直司事 최충소崔冲紹에 명하여 수창궁터에 공사를 크게 일으켜 장차 자신의 왕비가 되는 원나라 공주의 궁려穹廬를 설치하려고 하였다. 이 기록을 통하여 1232년까지 개경에 있던 수창궁이 이때 이미 터만 남은 것을 알 수 있다.

1308년 복위한 충선왕은 1309년(충선왕 복위 1) 모후인 제국대장공주의 궁이었던 수녕궁에서 즉위식을 가졌다. 이후 충선왕은 모후의 궁궐이었던 수녕궁은 민천사旻天寺로 바꾸어 왕실의 원당으로 삼았다. 또 충렬왕이 새로 건설하였던 이현 신궁을 헐어버리고 그 대신 1309년에 연경궁을 중수하였다. 이때 강안전도 중수하려고 하였지만 제대로 이루어지지 않아서 다음 왕인 충숙왕 때인 1314년(충숙왕 1)에 중수가 이루어졌다. 충선왕 때에도 마제산의 수강궁은 유지되었다.

충선왕 때의 궁궐 운영은 충렬왕 때와 비슷한 면이 있다. 우선 본궐의 강안전을 주요 전각으로 운영한 것은 같다. 또 전왕의 궁궐을 헐거나 절로 만들고 자신의 궁을 새로 마련한 것도 비슷하다. 충렬왕이 원종의 제상궁을 헐어서 오대사를 만든 것과 마찬가지로 충선왕은 충렬왕이 새로 지은 이현 신궁은 헐어버리고 수녕궁은 민천사로 만들었다. 그 대신 이전부터 중요한 이궁 기능을 하였던 연경궁을 중수하였다. 이것은 충렬왕 때 공주 주도로 수녕궁을 건설한 것과 비슷하다.

1313년 원나라에서 귀국한 충숙왕은 그해 6월 충선왕 때 중건한 연경궁에서 즉위하였다. 그해 9월 연경궁은 상왕궁, 연덕궁은 공주궁, 현덕궁玄德宮은 왕궁으로 정하였다. 본궐 밖 이궁의 소속을 정한 것이 특이한데 이것은 당시 실권을 가졌던 상왕, 즉 충선왕의 존재 때문으로 보인다. 그런데 이후 기록에서는 왕궁으로 정한 현덕궁의 용례는 보이지 않는다. 또 공주궁인 연덕궁이 영안궁으로 이름이 바뀌게 되면서 충숙왕 때 주로 등장하는 궁궐은 본궐 전각인 강안전과 이궁인 연경궁·영안궁이다. 왕궁으로 정한 현덕궁의 용례가 보이지 않는 것은 연경궁의 주인인 상왕(충선왕)이 원으로 간 이후 연경궁이 왕궁으로 기능하였기 때문일 것이다. 따라서 충숙왕 때 궁궐의 운영은 본궐의 강안전과 왕의 이궁인 연경궁, 공주궁인 영안궁을 중심으로 이루어졌다고 할 수 있다. 그중에서도 연경궁이 가장 중요한 이궁으로 기능하였고, 그것은 이후에도 계속되었다. 이외에 충렬왕이 마제산에 만든 수강궁 역시 필요에 따라 이용되었다.

1331년(충혜왕 1) 원나라 공주와 함께 귀국한 충혜왕은 연경궁에 들어갔다가 강안전에서 즉위하였다. 충혜왕 때에도 기본적인 궁궐 운영은 충숙왕 때와 같았다. 본궐의 강안전과 이궁인 연경궁·영안궁·수강궁이 주요한 궁궐로 기능하였다. 다만 충혜왕 때에는 다른 특징도 보인다. 1343년(충혜왕 후 4) 3월 삼현三峴에 신궁 공사를 시작하여 5월에 신궁이 완성되자 그곳으로 거처를 옮긴 것이다. 이때 충혜왕이 삼현에 세운 신궁은 창고만 100칸이라는 특이한 구조를 가졌는데, 이 신궁은 충혜왕이 외국에 팔 옷감을 생산하기 위해 만든 궁으로 평가받을 정도이다. 이 궁이 가진 구체적인 성격에 대해서는 논란이 있다 하더라도 충혜왕이 자기만의 궁궐을 만들었다는 것은 주목된다. 충혜왕이 세운 신궁은 충혜왕을 이어서 즉위한 충목왕 때 헐리고 그 자리에 숭문관崇文館이 세워졌다. 이렇듯 전왕이 세운 신궁을 허무는 것은 전왕의 정치 운영을 부정하는 원 간섭기 정치 운영의 특징과 연관되는 문제이기도 하다.

충목왕 때의 궁궐 운영과 관련해서는 앞에서 언급한 충목왕이 즉위하여 충혜왕이 새로 만든 신궁을 혁파하고 숭문관을 세운 것 외에는 큰 특징을 찾기 어렵다. 용례로는 강안전, 경령전, 의봉루 등 본궐 안의 시설들만 확인되지만, 이전 시기에 주요 이궁으로 기능하였던 연경궁 등은 그대로 운영되었을 것이다. 그것은 그다음 왕인 충정왕 때 강안전과 함께 연경궁의 용례가 보이는 것에서 확인할 수 있다.

고려 말(공민왕 후반 이후) 궁궐 운영

공민왕 초에도 본궐의 강안전과 이궁인 연경궁을 축으로 하는 궁궐 운영은 유지되었다. 강안전에서 즉위한 공민왕은 즉위 후 강안전에서 자주 불교행사를 거행하였고, 연경궁의 용례도 계속 나타난다. 그런데 원 간섭기 이후 공민왕 전기까지 운영되던 궁궐 운영의 틀은 1361년(공민왕 10) 홍건적의 침입으로 개경이 함락되고 주요한 궁궐이 불에 타면서 변하게 되었다.

우선 고려 후기 대표적인 이궁이었던 연경궁의 용례는 1356년(공민왕 5) 4월 공민왕이 그곳에서 보우普愚를 초빙한 사례 이후 보이지 않는다. 홍건적의 2차 침입 때 연경궁이 소실된 것으로 보인다. 반면에 본궐의 강안전, 구정, 경령전은 어느 정도 유지되었다. 홍건적의 2차 침입때 복주福州(지금의 경상북도 안동시)로 피난을 하였던 공민왕은 1363년(공민왕 12) 1월 개경으로 돌아오다가 개경 남쪽 흥왕사에서 강안전의 수리를 기다렸다. 이때 강안전이 수리되었을 것으로 보인다. 그렇지만 그로부터 20여 년이 지난 1385년(우왕 11), 1386년(우왕 12)에야 강안전과 구정의 용례가 다시 나타나는 것으로 보아 그 이후 강안전 등 본궐은 궁궐로서 기능을 제대로 못 한 것 같다. 흔히 홍건적의 2차 침입 때 고려 본궐이 파괴된 것으로 알려져 있지만 그때 완전히 소실된 것은 본궐의 강안전 등이 아니라 본궐 동쪽의 연경궁이었다. 앞에서 서술하였듯이 본궐의 중심 전각인 선경전과 대관전 등이 소실된 것은 공민왕 때가 아니라 그보다 앞선 몽골과의 전쟁 중이었다. 원 간섭기 동안 중심 궁궐로 활용되었던 강안전은 우왕 후반까지 용례가 확인된다. 다만 그 이후에는 용례가 확인되지 않는다. 1392년(공양왕 4)

표4-2 개경 중심 궁궐(전각)의 변천

구분		고려 초기 태조~성종	고려 전기 현종~인종18)	강화 천도기	원 간섭기	고려 말기 공민왕 초	1361년 (공민왕 10) 이후
본궐	서부 건축군	천덕전	건덕전(대관전)	이 기간에 파괴 추정	이후 사용 용례 보이지 않음		
		중광전	중광전(강안전), 선정전	강안전	강안전	강안전	강안전
		상정전, 신덕전	보문각, 청연각, 임천각				
		경령전			경령전	경령전	경령전
	중심 건축군	회경전(선경전)		이 기간에 파괴 추정	이후 사용 용례 보이지 않음		
	동부 건축군 (동궁)	좌춘궁			동궁	동궁	동궁
	기타	구정	구정		구정	구정	구정
이궁			수창궁 (1011년)	수창궁		수창궁	수창궁
			연경궁 (1022년)		연경궁(충선왕, 충혜왕, 충목왕)	연경궁	파괴
					수녕궁(충렬왕)		
							화원

3월에 본궐터에 몰래 시신을 매장한 사건이 발생한 것으로 보아 이때에는 본궐에서 강안전도 소실된 듯하다.

공민왕 후반기 이후 궁궐 운영과 관련하여 주목되는 곳은 수창궁과 화원花園이다. 고려 초부터 중요한 이궁 중의 하나였던 수창궁은 몽골과의

---

18) 이 열에서 괄호 안의 명칭은 1138년(인종 16) 이후의 명칭이다. 고려 전기 주요 전각 이름을 1138년(인종 16)을 기준으로 나눈 것은 이때 전각 이름이 바뀌었기 때문이다.

전쟁 중에 소실된 것으로 보인다. 1370년(공민왕 19) 공민왕은 수창궁터에 행차하여 조영을 명령한 적이 있는데, 이때 공민왕은 훼손된 본궐 강안전과 연경궁 대신 수창궁을 중건하여 사용하려고 한 것으로 보인다. 다만 수창궁은 공민왕 때에는 완성되지 못하였고 1384년(우왕 10) 윤9월 낙성되어 그 후 중요한 궁궐로 기능하였다. 수창궁에서 공양왕과 조선 태조가 즉위한 것은 고려 말 수창궁의 위상을 보여준다. 또 충혜왕 때부터 보이던 화원은 1373년(공민왕 22) 6월 2층 팔각전八角殿을 건설한 후 우왕 때 주요한 궁궐 공간이 되었다. 1388년(우왕 14) 이성계가 위화도에서 회군하여 개경을 압박하자 수세에 몰렸던 우왕과 최영이 머문 곳이 화원이었는데, 그것은 당시 화원이 우왕에게 가장 중요한 공간이었기 때문이다.

송악산 남쪽의 고려 본궐

본궐의 명칭

송악산 남쪽의 본궐本闕은 이름도 없다. 『고려사』에서 고려의 정궁은 본궐, 대궐大闕, 대내大內, 금중禁中, 자성紫城, 금성禁城 등 다양한 명칭으로 나타나는데, 그중에서 본궐의 용례가 가장 많다. 그렇지만 이 명칭들은 일반 명사로 고려 정궁을 특정하는 이름, 곧 경복궁 같은 고유명사는 아니다. 조선 초 개성 사람들은 고려 본궐 정전 앞 계단 또는 본궐터 전체를 만월대滿月臺 혹은 본대궐本大闕이라고 불렀다. 그중에서 만월대는 지금까지 고려 궁궐터를 가리키는 대표 용어이다. 만월대는 『고려사』와 『고려사절요』에서는 용례를 찾을 수 없지만, 조선 초부터 문인들의 글에서부터 보이기 시작한다. 대표적인 것이 1477년(조선 성종 8) 봄 개성 유람을 다녀온 채수蔡壽와 유호인이 각각 남긴 「유송도록」이다. 유호인은 만월대라는 용어가 당시 개성 사람들이 고려 궁궐터를 부르는 이름이라고 하였다.

만월대는 15세기 후반 편찬된 『동국여지승람』에 처음 등장하는데, 이후 16세기에 편찬된 증보판인 『신증동국여지승람』 만월대 항목에는 만월대를 읊은 시들이 수록되어 내용이 더 풍부해졌다. 『동국여지승람』을 비롯한 많은 책에서 만월대는 고려 궁궐터를 가리키는 용어로 등장하였다. 이후 만월대는 『조선왕조실록』, 『승정원일기』 등 연대기와 개인의 시문에서도 고려 본궐터를 가리키는 용어로 정착하였다. 현재 북한에서는 고려 본궐터의 정식 문화재 명칭으로 만월대를 사용하고 있으며, 2013년 개성역사유적지구가 세계유산에 등재될 때에도 고려 본궐터는 만월대로 등록되었다.

만월대라는 이름은 어디서 유래하였을까? 망월대(望月臺)에서 유래하였다고도 하기도 하고 조선 초 폐허가 된 고려 궁궐터의 모습에서 유래하였다고도 하지만 분명하지 않다. 망월대의 용례는 『고려사』와 『고려사절요』에서 하나 찾을 수 있다. 유일한 기록은 1285년(충렬왕 11) 8월 15일 충렬왕이 선조들이 망월대에서 노는 꿈을 꾸고 망월대에서 음악을 연주하게 한 내용이다. 이를 보면 궁궐 안에 달을 구경할 수 있는 높은 지대, 일종의 전망대가 있었다는 것을 알 수 있다. 조선 초 폐허가 된 고려 궁궐터의 모습이 보름달 같다고 해서 붙여진 만월대와 망월대를 직접 연결하여 생각하기는 어렵지만 두 용어 모두 달을 볼 수 있는 높은 지대를 의미하기도 한다. 만월대라는 이름이 조선 초 개성사람들이 부르던 이름에서 유래하였다는 데서, 폐허가 되어 풀 속에 묻힌 고려 궁궐터에서 보름달을 바라보는 조선 초 개성사람들의 쓸쓸한 마음이 만월대라는 용어에 투영된 것은 아닐지 상상해 본다.

한편 『세종실록』 지리지와 『신증동국여지승람』을 포함하여 조선 전기에 편찬된 지리서에는 본궐 동쪽에 있던 이궁인 연경궁을 고려의 본궐로 잘못 인식하고 기록하였다. 즉 고려 정궁(법궁)의 이름이 연경궁(延慶宮)이며 정전은 건덕전(乾德殿)이라고 잘못 기록하였다. 이런 인식은 후대 지리서에서 『신증동국여지승람』의 기록을 그대로 수록하면서 조선 후기까지 크게 변화하지 않다가, 19세기 이후에야 연경궁을 고려의 법궁이 아닌 이궁으로 수정·서술하였다. 조선 초에 연경궁을 고려 법궁으로 오해한 것은 고려 법궁을 본궐, 본대궐, 대내 등 일반 명칭으로 지칭한 데에서 비롯된 것이며, 충선왕 대 이후 연경궁이 활발하게 활용되었기 때문으로 보인다. 아울러 연경궁이 본궐 가까이에 있었던 것도 연경궁을 본궐로 오인한 이유의 하나였다.

궁성의 규모와 구성

궁성은 궁궐을 둘러싼 성곽으로, 금성禁城이라고도 불렀다. 송악산 남쪽에 자리 잡은 고려 본궐의 궁성은 919년 철원에서 개경으로 천도하면서 건설되었다. 그때 고려 태조는 신라 말인 896년 자신이 궁예의 명에 따라 송악산 아래 쌓았던 발어참성을 이용하여 황성, 곧 도성을 쌓았는데 궁성도 이때 도성(황성) 안에 자리 잡았다.

전룡철의 연구에 따르면 고려의 궁성은 송악산을 주산으로 남쪽의 해발 약 40~60m의 얕은 구릉에 둘레 2,170m, 넓이 250,000m²로 축조되었다.(45쪽 〈표3-1〉과 40쪽 〈지도3-1〉 참고) 궁성은 토성으로 쌓았는데 성벽의 길이는 북벽 220m, 남벽 450m, 동벽 755m, 서벽 745m, 면적은 250,000m²로, 약 430,000m²인 경복궁보다 좁다. 또 궁성은 북쪽이 높고 남쪽이 낮다. 따라서 동서벽의 지표면은 남으로 오면서 점점 낮아진다. 고려 궁성의 형태는 남쪽이 북쪽보다 넓은 사다리꼴 모양으로 직사각형인 경복궁과 다르다. 또 송악산 남쪽의 구릉에 성벽을 쌓은 것도 백악산에서 흘러내려 온 구릉을 평탄하게 깎아서 평지를 만든 후 돌로 쌓은 조선시기의 경복궁의 담(성)과 다르다. 다만 919년 개경 천도할 때 처음 쌓았던 궁성의 형태와 범위가 현재 조사된 궁성과 같은지는 분명하지 않다. 전룡철의 연구에서 궁성의 성벽 중 축성 형태가 다른 성벽 등에 대해서 특별한 언급을 하지 않은 것으로 보아 고려 궁성의 형태와 크기는 크게 변하지 않았을 가능성이 높다. 궁성에는 동화문東華門(동), 서화문西華門(서), 승평문昇平門(남), 현무문玄武門(북) 등 4개의 문이 있었다. 또 전룡철의 조사에 따르면 북쪽의 현무문 북쪽 10여 미터 떨어진 곳에 황성의 북문이 있었다고 한다.

궁성의 내부, 곧 본궐은 〈도판4-2〉와 같이 6개의 공간으로 나눌 수 있다. ①은 궁성의 남문인 승평문에서 신봉문까지의 공간으로, 이곳의 중심은 구정이다. 구정 북쪽 부분에서 서쪽에서 동쪽으로 흐르는 광명천이 본궐의 금천禁川이다. ②는 신봉문-창합문-회경전 축으로 이어지는 중심건축군(④)의 진입공간이면서 동시에 서부건축군(③)과 동부건축군(⑤)의 진입공간이기도 하다. ③은 본궐의 서부건축군이다. 서부건축군은 태조 때 천도하면서 궁궐로 자리 잡은 공간으로 그 지형은 북동쪽에서 남동쪽으로 낮아지는 형세이다. 최근 진행된 남북공동발굴을 통하여 서부건축군은 경사진 구릉지이기 때문에 이 한계를 극복하기 위해서 몇 개의 크고 작은 축대를 쌓아 평탄면을 만들어 전각을 배치하였다는 것을 확인하였다. ④는 중심건축군으로 서부건축군과 동부건축군보다 지형이 높고, 길고 높은 축대로 ③과 ⑤와 구분되어 있다. ④는 ③보다 늦은 시기인 현종 때 조성된 공간으로 남쪽에서 북쪽으로 회경전-장화전-원덕전이 배치되어 있다. 중심건축군은 남북공동발굴 이전에 북한에서 발굴조사한 공간이다. 서부건축군, 동부건축군과는 커다란 2개의 계단과 문으로 연결되었다. ⑤는 좌춘궁(수춘궁壽春宮), 곧 동궁이 있던 공간으로 높은 축대로 ④와 구분되었다. 이곳은 중심건축군이 축조된 현종 때 정비된 공간으로 아직 제대로 된 조사가 이루어지지 않은 공간이다. 다만 ⑤의 동쪽에 있던 연못인 동지東池는 1985년에 북한에서 발굴하였다. ⑥은 금원으로 궁성에서 가장 지대가 높은 공간이다.

본궐의 모습 찾기

『송경광고』부터
남북공동발굴까지

고려 궁궐에 대한 연구의 상당 부분은 서긍이 『고려도경』에 묘사한 내용을 토대로 궁성 안의 본대궐의 구조를 탐구한 것이었다. 그 이유는 고려 인종 때 개경 궁궐을 직접 방문한 서긍이 궁궐 전각의 모습과 위치 등을 비교적 구체적으로 묘사하였기 때문이다. 물론 그림 자료가 사라진 현재 『고려도경』의 내용은 서긍의 주관적인 묘사에 바탕을 둔 자료이기 때문에 여기에 의지해서 개경 본궐의 구조를 연구하는 것은 한계가 분명하다. 그럼에도 불구하고 오랫동안 개경 궁궐 연구가 『고려도경』에 의지하여 온 것은 개경 본궐 전각 대부분이 고려 후기 이후 사라지고 궁궐터만 남아 있어서 개경 궁궐의 구조를 분명히 밝힐 수 있는 자료가 없기 때문이다. 2007년부터 고려 궁궐터인 만월대 서쪽 지구, 곧 서부건축군에 대한 남북공동발굴이 진행되면서 이전까지 『고려도경』에 의지하였던 고려 궁궐에 대한 연구가 더욱 활기를 띠고 있다.

먼저 현재까지 이루어진 본궐 전각 배치에 대한 연구성과를 간단히 살펴보겠다. 지금 남아 있는 고려 궁궐 전각의 배치를 그린 그림 중 가장 오래된 것은 『송경광고松京廣攷』에 실린 「고려궁궐도략高麗宮闕圖略」이다. 『송경광고』는 19세기 초 임효헌林孝憲이 편찬한 개성읍지이다. 서울대학교 규장각한국학연구원에 소장된 『송경광고』에는 1825년에 쓴 임효헌의 서문이 있으나, 실제 책에는 1832년(조선 순조 32)의 기록까지 포함되어 있다. 이 책은 김육金堉의 『송도지』 이후 개성에서 편찬된 개성읍지를 종합하였을 뿐 아니라 이전 자료가 가진 오류들도 교정하였다는 평가를 받고 있다. 임효헌이 『고려도경』과 『고려사』 예지禮志를 토대로 바로 잡았다고 한 「고려궁궐도략」은 대체로 『고려도경』의 궁궐 전각의 배치를 따르고 있지만, 중심건축군의 회경전 뒤의 장화전과 원덕전이 현재의 도면과 마찬가

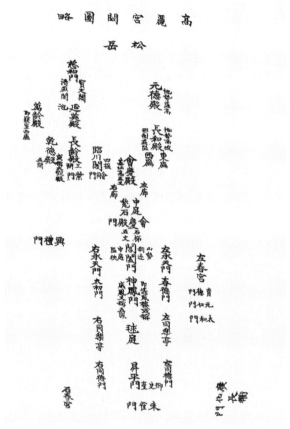

도판4-3 「고려궁궐도략」 (임효헌, 1830 이후, 『송경광고』 서울대학교 규장각한국학연구원 소장)

지로 회경전과 조금 다른 축으로 배치된 것에서 임효헌이 문헌자료를 참고했을 뿐 아니라 현지답사도 충분히 하고 이 그림을 그렸다는 것을 짐작할 수 있다. 『고려도경』에는 이 부분이 정확하게 묘사되어 있지 않기 때문이다. 이후 일본 학자인 마에마 교사쿠前間恭作는 고려 초 개경 궁궐의 문헌자료를 정리하면서 간략한 배치도를 그렸고, 일제강점기 개성박물관에서 근무하였던 고유섭은 문헌자료와 궁궐 유구를 토대로 「만월대배치도급회경전평면도滿月臺配置圖及會慶殿平面圖」(『한국건축미술사초고』)를 그렸다. 이 그림은 서부건축군을 간략하게 처리한 한계는 있지만 회경전을 중심으로 하는 중심건축군 부분은 이후 북한의 발굴조사 도면과 일치하고 있을 뿐 아니라 회경전 일대의 문 위치, 장화전과 원덕전의 관계 등 북한의 발굴조사 도면에서 확인되지 않는 내용도 포함하고 있어 개경 본궐의 배치를 이해하는 데 크게 참고가 된다.

한편 해방 후 북한에서 이루어진 개경 궁궐터에 대한 발굴조사와 그를 토대로 한 연구는 남한의 개경 궁궐 연구에 커다란 활력이 되었다. 궁성에 대한 북한의 최초의 발굴조사 기록은 1954년 회경전 전문殿門 주변에 대해 이루어진 것이다. 이때의 조사는 중심건축군 주변에 대한 정비작업 과정에서 이루어진 것으로 그 결과는 북한의 개설서인 『조선기술발전사 3 고려편』에 간단히 소개되었다. 이후 북한에서는 1973년과 1974년 사이에 회경전과 그 서쪽 일대를 발굴조사하였고, 이어서 회경전을 비롯한 중심건축군과 서북건축군에 대한 발굴조사를 진행하였으며 그것을 토대로 몇 편의 연구성과를 발표하였다.[19] 이때에 비록 회경전 서쪽의 서부건축군에 대한 구체적인 조사는 이루어지지 않았지만, 금원과 내전 일대를 비롯한 회경전 서북쪽 일대의 건물지에 대한 광범위한 기초조사가 이루어졌다. 이 구역의 개별 건물에 대한 상세한 발굴조사 도면과 배치도가 『조선 유적유물도감 10』에 실리면서 개경 궁궐터에 대한 기본 구조가 드러났다. 『조선 유적유물도감 10』에 실린 개경 궁궐 배치도는 1980년 전룡철의 개성성(궁성)에 대한 연구와 함께 이후 개경 궁궐 연구의 기초자료가

---

19) 장상렬, 1986.4 「만월대 장화전 건축군의 배치와 거기에 쓴 자에 대하여」『조선고고연구』
장상렬, 1988 「고려왕조 - 만월대 건축에 쓴 측도 기준」『고고민속론문집』11
장상렬, 1989.3 「만월대 회경전 건축군에 쓴 자에 대하여」『조선고고연구』
개성발굴조, 1986 「개성 만월대의 못과 지하하수도시설물에 대한 조사발굴보고」『조선고고연구』3
정찬영, 1989 「만월대 유적에 대하여 (Ⅰ)」『조선고고연구』1989-1호

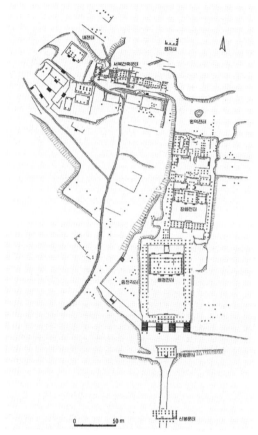

도판4-4 개경 궁궐 배치도(1992 『조선 유적유물도감 10』)

되었을 뿐 아니라 남북공동발굴의 기준자료가 되었다는 점에서도 매우 중요한 연구성과이다.

1990년 이후 남한에서 개경 연구가 시작되면서 궁궐 연구와 함께 개경 궁성의 구조(전각 배치)를 밝히려는 시도가 이어졌다. 북한의 조사에 따라 중심건축군의 전각 배치가 『고려도경』의 묘사와 일치하게 되면서 관심

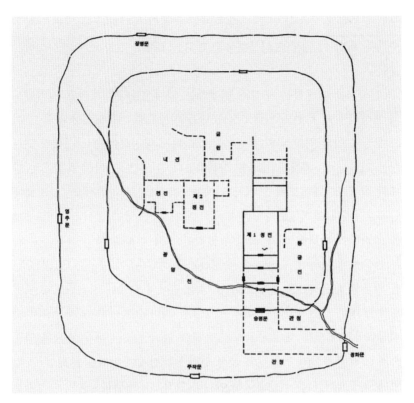

도판4-5 「회경전 및 건덕전 일대 배치 추정도」(김동욱, 1997)

은 서부건축군과 중심건축군과의 관계, 더 나아가서 서부건축군의 구체적
인 전각 배치에 관심이 집중되었다. 그중 개경 궁성 안 궁궐 전각 구조와
관련해서 주목되는 것이 김동욱과 우성훈·이상해의 연구이다. 건축사를
연구하는 김동욱은 11, 12세기 고려 정궁의 건물 구성과 배치 그리고 영
역 구분에 대한 고찰을 시도하여 고려 정궁의 공간을 '제1정전'과 '제2정
전' 구간으로 구분하고 그를 토대로 「회경전 및 건덕전 일대 배치 추정도」
를 발표하였다. 회경전을 제1정전으로 보고 그 서쪽의 건덕전을 제2정전으로 구분한 김동욱의 연구는 이후 개경 궁궐의 공간 연구에 많은 영향을 주었다. 다만 이 연구는 서부건축군 안의 구체적인 건물 배치는 시도하지 않았다.

건축사를 연구하는 우성훈·이상해는 일제강점기에 제작된 지적원도와 개성지형도, 북한의 발굴조사 도면을 바탕으로 기본도면을 만들고 여기에 궁성 안의 전각 위치를 전면적으로 다시 비정하여 「11, 12세기 고려 정궁 건물 기본 배치개념도」를 작성하였다. 이 지도는 이전 북한에서 발표한 발굴조사배치도에 드러난 건축유구를 토대로 하면서도 그 자료에 일제강점기의 지적원도와 지형도에서 확인할 수 있는 궁성의 지형 특성을 고려하여 회경전 서쪽 지역에 있었던 전각 건물을 추정 복원하고 일부 건물지에 한하여 그 명칭을 추정하기도 하였다. 이 연구는 『고려도경』을 비롯한 문헌자료를 중심으로 한 궁궐 연구의 한계를 지적원도와 지형도를 토대로 보완하였다는 점에서 중요한 의미를 지닌다. 일제강점기 지적원도와 지형도를 토대로 궁성의 윤곽을 확인한 것은 매우 중요한 업적으로 이전 북한학자 전룡철의 궁성 성벽에 대한 연구성과를 보완할 수 있었다. 최근 남창근은 선행연구뿐 아니라 현지조사와 남북공동발굴 성과를 반영하여 고려 본궐의 전각 배치를 시도하여 본궐의 배치도를 제시하였다. 이 연구 역시 『고려도경』에 묘사된 전각을 중심으로 본궐의 배치를 시도한 한계는 있지만 현지조사와 최근의 발굴성과를 종합한 연구라는 점에서 주목된다. 또 최근에 북한과 프랑스국립극동연구원이 공동으로 개성의 성곽을 공동조사하고 그 결과를 전시하면서 작성한 도록이 공개되었는데, 여기에 수록된 궁성의 윤곽도 전룡철의 연구성과와 약간의 차이가 있다. 앞으로 정밀한 검토가 필요하다고 생각한다.

남북공동발굴의 성과와 과제　　고려 궁성(본궐)의 구조에 대한 연구는 2007년부터 2018년까지 고려 궁궐터인 만월대에 대한 남

표4-3 만월대 남북공동발굴 경과(남북역사학자협의회)

차수	기간	성격	내용	성과
1차	2007.5.~7.	시굴	'서부건축군' 시굴조사	건물지 40여 동 확인 축대 및 배수로 등 확인
2차	2007.9.~11.	발굴	제1건물지군 발굴조사	건물지 5동 발굴
3차	2008.11.~12.	발굴	제2·3건물지군 발굴조사	건물지 10동 발굴
4차	2010.3.~5.	발굴	'추정 건덕전 구역' 발굴조사	건물지 5동 발굴
복구 조사	2011.11.~12.	복구	'서부건축군' 복구조사	
6차	2014.7.~8.	발굴	제5건물지군 발굴조사	대형 계단 및 배수로 발굴
7차	2015.6.~11.	발굴	제6·7·8건물지군 발굴조사	건물지 20여 동 발굴
8차	2018.10.22. ~12.10.	발굴	회경전 서북쪽 발굴조사	회경전 서북쪽 대형 계단 등 발굴

북공동발굴이 진행되고 그 결과가 부분적으로나마 보고되면서 새로운 국면을 맞고 있다. 2005년 남과 북이 공동조사하기로 합의하면서 시작된 만월대 남북공동발굴은 2007년부터 2018년까지 모두 8차례 이루어졌으며, 본래 공동조사하기로 하였던 만월대 서부건축군 33,000m²의 60%의 조사가 진행되었다. 그동안의 남북공동발굴을 통하여 40여 동의 건물지와 4개의 축대, 2개의 대형 계단 등을 확인하였고, 금속활자를 포함하여 14,000여 유물을 수습하였다. 그 결과 고려 궁성의 지형과 터잡기 공정을 이해할 수 있게 되었다. 특히 등고선에 따라 적절하게 축대를 쌓아서 평탄지를 조성하고 건물을 배치하였다는 점과 궁궐터에 여러 개의 축이 형성된 것을 확인하였다. 아울러 경령전 등의 위치를 특정하였다. 발굴 진행에 따라 서부건축군의 전각 배치를 포함하여 개경 궁성(본궐)의 구조 연구가 활발해지기를 기대한다.

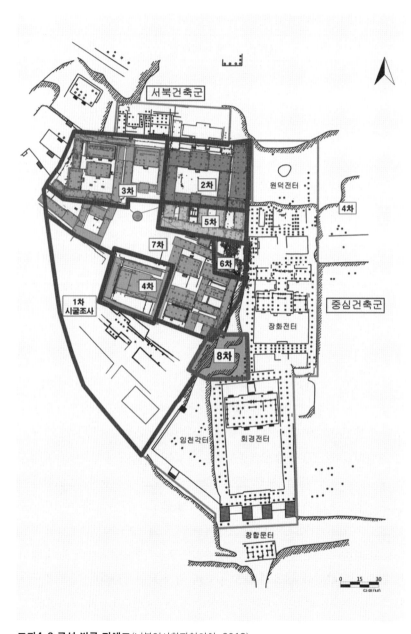

도판4-6 궁성 발굴 진행도(남북역사학자협의회, 2018)

그러나 현재까지의 발굴 결과를 토대로 정확한 고려 본궐 구조(전각의 배치)를 확인하는 것은 현실적으로 어렵다. 우선 현재 일부 지역을 제외하면 최상층 평면조사를 하였는데, 일부 유구는 중첩이 심한 상태여서 특정 시기의 건물지를 확정하기 어려운 상태이기 때문이다. 또한 현재의 발굴 결과와 『고려도경』 내용을 직접 연결하여 전각 배치를 추정하는 것은 한계가 크다. 우선 발굴 결과와 『고려도경』 내용의 시차도 개경 궁궐 구조를 파악하는 데 어려움을 주고 있다. 『고려도경』의 내용이 고려 중기의 것이라면 현재 발굴 결과는 고려 말의 상황일 가능성이 크다. 경령전 같이 고려 말까지 있었던 전각의 위치는 특정할 수 있지만 고려 후기 이후 기록에서 보이지 않는 건덕전(대관전) 같은 건물을 확인하기는 어렵다. 더구나 고려시기 궁성 안에는 『고려도경』에서 묘사하지 않은 전각과 관청들이 더 많이 있었다. 따라서 발굴조사 결과를 고려 궁궐 구조를 연구하는 데에 전면적으로 이용할 수 있기까지는 많은 시간이 필요할 것이다.

남북공동발굴이 실질적으로 고려 궁궐 구조 연구에 도움이 되기 위해서는 우선 안정적인 조사 환경이 만들어질 필요가 있다. 지금까지의 공동발굴조사는 남북관계의 정치적 변화에 따라 중단되기 일쑤였다. 남북공동발굴이 고려 궁궐 연구에 실질적으로 도움이 되기 위해서는 남북관계에 영향을 받지 않고 지속적으로 조사할 수 있는 여건이 마련되어야 한다. 최근 남북관계가 나빠지면서 중단된 공동발굴이 언제 다시 시작될지도 모르는 현재, 이 문제는 더욱 절실하게 다가오고 있다. 아울러 공동발굴조사의 안정적인 환경이 만들어진다면 공동발굴조사의 범위를 궁성 전체, 더 나아가서 황성까지 확대하여야 한다고 생각한다.

본궐의 구조
(전각 배치 추정도)

앞에서 살펴본 대로 개경 궁궐에 대한 연구의 상당 부분은 서긍이 『고려도경』에 묘사한 내용을 토대로 궁성 안의 본궐의 구조를 탐구한 것이었

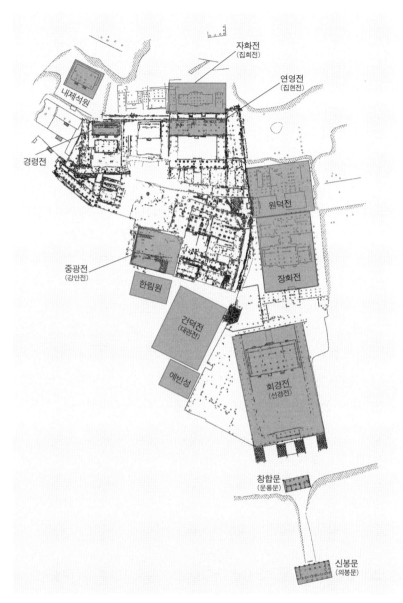

자화전
(집회전)

연영전
(집현전)

내제석원

경령전

원덕전

중광전
(강안전)

한림원

장화전

건덕전
(대광전)

회경전
(선경전)

예빈성

창합문
(운룡문)

신봉문
(의봉문)

도판4-7 본궐 전각 배치도(원도「고려궁성 만월대 유구도면」(남북역사학자협의회))
괄호 안의 이름은 1138년(인종 16) 이후의 명칭이다.

다. 궁궐 안의 전각 배치를 확인하는 것은 가장 기본적이고 중요한 일이다. 그렇지만『고려도경』의 내용을 토대로 본궐 안의 전각 배치를 시도하는 것은 한계가 분명하다. 최근 발굴이 진행된 서부건축군에는『고려도경』에서 묘사한 전각과 관청을 제외하고도 많은 건물이 있었기 때문이다. 따라서 최근 발굴 결과를『고려도경』의 내용과 직접 연결하여 전각 배치를 추정하는 것도 같은 한계를 가진다.

〈도판4-7〉은「고려궁성 만월대 유구도면」(남북역사학자협의회)을 이용하여 그렸다. 중심건축군(〈도판4-2〉의 공간④)의 전각 배치는 〈도판4-4〉를 그대로 따랐고, 서부건축군(공간③)의 경우, 건덕전(대관전), 중광전(강안전), 경령전, 자화전(집희전), 연영전(집현전), 예빈성, 한림원, 내제석원 등 위치를 특정할 가능성이 큰 전각만 표시하였다.

개경의 대표 이궁, 수창궁과 연경궁

이궁離宮은 본궐 밖에 있으면서 본궐의 기능을 대신하거나 보완한 궁궐을 말한다. 고려시기 개경에는 송악산 남쪽 궁성 안에 자리 잡은 본궐 말고도 여러 곳에 이궁들이 많았고, 이들은 시기에 따라 왕에 따라 성격도 다양하였다. 이궁이 언제부터 건설되었는지는 확인할 수 없지만 고려 초기 광종이 본궐을 중수하면서 왕육의 집으로 이어한 것을 보면 그때까지는 본궐을 대신할 만한 이궁이 없었다는 것을 짐작할 수 있다.

고려시기 개경의 많은 이궁 중 가장 대표적인 것이 수창궁과 연경궁이다. 고려 전기에는 수창궁과 연경궁이 모두 존재하면서 본궐을 보완하거나 대신하는 기능을 하였지만 몽골과의 전쟁과 강화 천도 시기를 거치면서 수창궁과 연경궁의 위상에 변화가 나타났다. 관련한 내용을 수창궁과 연경궁으로 나누어 정리하였다.

수창궁

수창궁壽昌宮은 고려시기 본궐의 기능을 대신했던 대표적인 이궁 중 하나이다. 『고려사』에서 수창궁의 용례는 1011년(현종 2) 2월에 처음 보인다. 거란의 침입으로 개경을 버리고 전주까지 피난했던 국왕 현종은 개경에 돌아와서 수창궁으로 들어갔다. 거란의 침입 때 본궐이 불에 타버렸기 때문이다. 수창궁이 언제 건설되었는지 확인할 수 있는 기록은 없지만, 성종에서 목종 사이에 만들어졌을 가능성이 크다. 1014년(현종 5) 1월 현종은 2년 3개월 정도 걸려 복구된 본궐에 들어갔지만, 그 이후에도 수창궁에 자주 드나들었고, 1020년(현종 11) 8월에 다시 본궐을 중수하면서 이때도 수창궁으로 들어갔다. 현종은 본궐에만 머무르지 않고 자주 수창궁으로 이어하였으며, 과거 시험, 격구, 송나라와 금나라의 사신 접견, 연회, 법회와 초제 등 다양한 행사를 수창궁에서 거행하였다. 이렇게 현종 때부터 수창궁은 본궐의 기능을 대신하는 대표적인 보조 궁궐로 자리 잡았다.

이자겸의 난으로 본궁이 소실된 후 인종이 여러 이궁을 옮겨 다닐 때에도 수창궁은 인덕궁仁德宮(연경궁)과 함께 주요 이궁의 역할을 하였으며, 의종과 명종도 자주 이어하였다. 1234년(고종 21)에 개경 수창궁에 태조의 신어神御를 봉안했다고 한 것으로 보아 강화 천도 직후에도 개경에는 수창궁이 건재하였다. 물론 강화 천도 후 강도에도 개경과 거의 같은 시설을 건설하였기 때문에 강도에도 수창궁을 건설하고 왕은 개경에서와 마찬가지로 수창궁에 때때로 이어하거나 몽골 사신을 접대하였다. 따라서 강도 시절 초기에는 개경과 강도에 모두 수창궁이 있었다.

강화 천도 직후까지 남아 있던 개경의 수창궁은 몽골과의 전쟁 기간에 파괴된 것으로 보인다. 1297년(충렬왕 23) 윤12월 당시 세자였던 충선왕이 수창궁터에 공주(충선왕과 혼인한 계국대장공주)를 위해서 궁려를 설치하라고 명한 것은 그 전에 수창궁이 터만 남고 사라졌기 때문이다. 이때 역사役事의 책임을 맡았던 **최충소**·정가신鄭可臣·이지저李之氐·**최유엄**崔有渰·박의朴義

등이 공사를 매우 급하게 추진하여 백성이 고통스러워하였다고 한다.[20] 이 이후 1370년(공민왕 19)에 공민왕이 직접 수창궁에 가서 옛터를 둘러보고 궁을 조영하라고 명령할 때까지 수창궁의 용례는 확인되지 않는다. 1370년 공민왕이 수창궁 재건을 추진하였지만 이때 수창궁이 복원되지는 않았다. 수창궁 복구공사가 시작된 것은 그보다 10여 년이 지난 1381년(우왕 7)이었고, 완성된 것은 1384년(우왕 10)이었다. 이때 최영은 이성림李成林·이자송李子松·염흥방廉興邦 등과 함께 조성도감판사造成都監判事가 되어 수창궁 조영의 책임을 맡아서 수창궁 복구를 완성하였다. 수창궁은 창왕昌王 즉위 후 왕의 이름에 쓰인 '창昌'을 피해서[避諱] 수녕궁壽寧宮으로 이름을 고친 적이 있었으나, 창왕 폐위 후 바로 원래 이름으로 바꾼 것으로 보인다. 우왕 때 중수된 이후로 수창궁은 명나라 사신의 접대나 왕의 생일축하 연회 장소로 이용되는 등 중요 궁궐로 활용되었다. 또 이때 재건된 수창궁에서 공양왕이 즉위하였고, 이후 조선 태조와 태종도 수창궁에서 즉위하였다. 수창궁은 1400년(조선 태종 즉위) 12월에 불이 났으나 바로 중수되었으며, 1418년(태종 18) 태종이 개성에 행차했을 때 이곳에 임어臨御하기도 하였다. 그러나 『세종실록』 지리지에서는 이미 옛터로 나오고 있어서 세종 때를 지나며 원래 모습을 잃은 것으로 추정된다.

수창궁은 십자가의 서북쪽에 있었다.(40쪽 〈지도3-1〉 참고) 고려 전기의 수창궁에는 동서남북의 문과 함복문咸福門, 화평전和平殿, 관인전寬仁殿, 명인전明仁殿, 북원北苑, 만수정萬壽亭, 무고武庫 등이 있었고, 우왕 때 중수된 수창궁에도 북원과 그 안에 청심정淸心亭, 서정西亭 등이 있었다. 『신증동국여지승람』에서는 관인전, 명인전 등을 공민왕 때 중수된 화원 안에 있었던 전각이라고 하였으나 『고려사』 기록에 비추어볼 때 이들 전각은 수창궁에 있

---

20) 이 내용은 『고려사』 세가에는 1297년, 정가신 열전(권105)에는 1296년의 일로 기록되어 있다.

었다고 보는 것이 맞다. 현종 때 수창궁은 궁정宮庭이 낮고 좁아 상참관常參官도 왕을 5일에 한 번씩 만났다고 할 정도였다. 또 조선 태종 때 기록에는 조회 의례를 충실히 치르기 힘들 정도로 전정殿庭이 좁아서 태종이 중문中門으로 나와서 행례하였다는 내용이 있다. 고려 말 중수된 수창궁도 중심 궁궐이 되기에는 충분한 규모를 갖추지는 못하였던 것으로 보인다.

연경궁

연경궁延慶宮은 수창궁과 함께 고려시기 대표적인 이궁이었다. 연경궁은 본래 현종의 비였던 원성태후元成太后의 궁이었다. 원성태후는 김은부의 딸인데 연경원주延慶院主로 있던 중 정종靖宗을 낳았고, 이때 연경원延慶院은 연경궁으로 승격되었다. 왕비로 책봉되었던 원성태후가 1028년(현종 19) 죽자 왕비의 궁이었던 연경궁은 덕종 때 왕의 누이 연경궁장공주延慶宮長公主에게 지급되어 공주궁으로 바뀌었다. 1098년(숙종 3) 숙종이 태자를 세우고 첨사부를 설치하면서 좌춘방左春坊과 연경궁사延慶宮司의 관원과 조예皂隸·채읍采邑을 모두 첨사부에 이속시켰는데, 이후 연경궁은 공주궁에서 왕의 이궁이 된 것으로 보인다.

이자겸의 난으로 본궐에 불이 난 후 인종이 연경궁으로 이어하였고, 이자겸의 난이 진행되는 동안 인종이 연경궁에서 생활하게 되면서 연경궁은 본궐을 대신하는 이궁의 위상을 가지게 되었다. 이자겸의 난을 진압한 후인 1127년(인종 5) 8월 연경궁을 인덕궁仁德宮으로, 천복전天福殿을 천성전天成殿으로 이름을 고쳤다. 이것은 이자겸의 난 이후의 정치상황에서 인종이 계속 연경궁에 머물게 되면서 이루어진 것으로 보인다. 그런데 인덕궁은 얼마 후 다시 연경궁으로 이름을 바꾸었다. 연경궁은 명종 때 본궐의 화재 이후 이궁의 기능을 충실하게 수행하였다.

연경궁의 위상이 다시 높아진 때는 1309년(충선왕 1) 3월 충선왕이 연경궁을 중수하여 자신의 궁궐로 삼은 이후이다. 그때 충선왕은 본궐의 강안 전과 연경궁 중수를 추진하였다. 이때 강안전 중수는 이루어지지 않았지 만, 연경궁은 매우 큰 규모로 화려하게 건설되었다. 당시 공사를 담당하였 던 배정裴挺과 강융姜融 등이 연경궁 중수를 위해 지방에서 역부를 많이 동 원하였고, 관리들에게는 관품에 따라 품종品從을 징발하였다. 품종은 과렴 科斂의 일종으로 관리들에게 노동력을 가진 역부를 징발하는 것이다(과렴과 품종에 대해서는 174쪽을 참고). 이때는 이외에도 개성에 있었던 기인其人도 역부 로 동원하였다. 연경궁 상량 당시에는 원의 제도를 모방하여 백관들이 모 두 은과 비단, 저포를 선물로 올려 하례하였으며, 6품 이상에게 잔치를 베 풀었다. 완성된 연경궁의 규모는 전각과 회랑의 기둥[楹]이 410개에 이를 정도로 컸다고 한다.

충선왕 때 연경궁이 중수되고, 이어서 1314년(충숙왕 1)에 본궐 전각인 강안전이 중수되면서 이후 궁궐의 운영은 본궐의 강안전과 이궁인 연경 궁을 축으로 운영되었다. 이후 강안전에서는 대부분의 즉위식, 연등회와 팔관회, 각종 도량 및 초제 등이 열렸고, 연경궁에서는 연회와 비정례적인 반승飯僧 등이 행해졌다. 이러한 궁궐 운영의 틀은 대체로 공민왕 초까지 이어졌다. 연경궁의 용례는 1356년(공민왕 5) 4月에 연경궁으로 보우를 맞 아들인 것을 끝으로 확인되지 않는다. 1361년(공민왕 10)에서 1362년(공민왕 11) 사이 홍건적의 2차 침입으로 개경이 함락되었을 때 불에 타 사라진 것 으로 여겨진다.

앞에서 서술한 대로 조선 초기 지리지 등에서는 이궁인 연경궁을 본 궐로 잘못 이해하기도 하였다. 그것은 고려 후기 이래 연경궁이 중요한 궁 궐로 활용되었기 때문일 것이다. 연경궁은 본궐 동쪽에서 멀지 않은 곳에 있었을 것으로 추정되지만 정확한 위치는 알려지지 않고 있다. 연경궁에 는 궁을 관리하는 관원으로 문종 때 연경궁 사使 1명, 부사副使 1명, 녹사錄 事 2명(병과권무丙科權務)이 있었다. 충선왕이 연경궁을 중수한 이후인 1312년

(충선왕 4)에 연경궁 제거사提擧司를 설치하고, 제거提擧 1명(정7품), 부제거副提擧 2명(정7품), 제공提控 2명, 사륜司綸 8명(정8품), 사연司涓 8명(정9품)을 두었다. 충선왕이 연경궁에 제거사를 설치하고 관원을 많이 늘린 것은 자신의 궁으로 삼은 연경궁의 위상을 높이려는 의도였다.

5

정치제도의
운영과
개경의 관청

- 정치제도 운영의 특징
- 주요 관청의 위치

정치제도 운영의 특징

정치제도의 구성

고려의 중앙 정치제도는 성종 때 신라 말 고려 초의 사회 변동을 거치면서 골품제의 제약을 받으며 운영되던 신라의 정치제도가 가진 한계를 극복하면서 성립되었다. 고려는 건국 후에 광평성廣評省, 내봉성內奉省, 순군부徇軍部, 병부兵部 등 태봉의 제도를 중심으로 정치를 운영하다가 성종 때 중국 당나라 제도인 3성 6부제를 받아들여 중앙 정치제도의 틀을 갖추었고, 이후 보완을 거쳐 문종 때 중앙 정치제도를 완성하였다.

『고려사』 백관지 개관

백관지百官志에는 고려시기 정치제도를 운영하였던 관청이 정리되어 있는데, 그 내용은 각 관청이 했던 일(기능), 관청 이름의 변천(연혁)과 그에 따른 소속 관직의 변화이다. 백관지에 정리된 고려시기의 중앙 관청은 정규 관청과 임시 관청으로 나눌 수 있는데, 정규 관청은 관청의 우두머리의 관품이 2품 이상인 상위 관청, 3품인 중위 관청, 5품 이하인 하위 관청으로 나눌 수 있다.

중서문하성中書門下省과 상서성尙書省을 비롯해서 이부吏部·병부兵部·호부戶部·형부刑部·예부禮部·공부工部 등 6부, 중추원中樞院, 삼사三司가 대표적인 상위 관청이었다. 장관인 판사判事를 2품 이상인 재신宰臣이 겸직하였던 6부와 달리 판사가 3품인 관청을 중위 관청이라고 할 수 있는데,『고려사』 백관지에 정리된 중위 관청에는 유학 교육을 맡았던 국자감國子監, 천문과 기후 관측 등을 맡았던 사천대司天臺, 의약과 치료를 맡았던 태의감太醫監, 감찰기구였던 어사대御史臺 등 10여 개의 관청이 있었다.[21] 관청의 우두머리인 영令이 5품 이하인 관청을 하위 관청이라 할 수 있는데, 하위 관청에는 태묘를 지키고 태묘에서의 제사를 맡았던 태묘서太廟署, 왕릉을 지키고 관리했던 제릉서諸陵署, 왕실의 음식을 맡았던 상식국尚食局을 비롯해서 20여 개의 관청이 있었다.[22] 이외에 왕의 측근인 내시內侍가 별감別監을 맡은 좌창左倉·우창右倉 등 창고가 있었다. 위에서 정리한 정식 관청 말고도 고려시기에는 필요에 따라서 임시로 설치했다가 일이 끝나면 폐지하는 임시 기구가 있었고, 이를 도감都監이라고 하였다. 『고려사』백관지 제사도감각색諸司都監各色에 정리된 고려시기의 임시 관청은 도병마사都兵馬使와 식목도감式目都監을 비롯해서 109개이다. 이들 기구 중에는 도병마사와 식목도감처럼 항상 설치되어 정규 관청과 같이 운영되는 경우도 있었다.

3성과 6부

고려시기 최고의 관청은 중서성中書省·문하성門下省·상서성尚書省 3성이다. 본래 당나라 제도에서 중서성(내사성內史省)에서는 조칙詔勅을 작성하였고, 문하성에서는 중서성이 만든 조칙을 심의하였고, 상서성에서는 확정된 조칙을 집행하였다. 이렇듯 중국 제도에서 3성은 각각 독립된 관청이었던 것과 달리 고려시기에는 중서성과 문하성이 중서문하성으로 통합되어 하나의 관청으로 운영되었다고 보는 것이 보통이다. 중서문하성의 관원은 2품 이상의 재신과 그 이하의 낭사郎舍(간관諫官, 성랑省郎)로 구분되었는데, 재신은 국정 전반에 대해서 논의하여 국왕에게 건의하거나 국왕의 자문을 받아 회의함으로써 국왕의 최종 결정권을 보좌하였고, 낭사는 문한관文翰官인 지제고知制誥를 겸하여 왕명 찬술에 참여하면서 동시에 국왕의

---

21) 『고려사』백관지에 기록된 중위 관청으로는 通禮門(朝會儀禮), 大常府(祭祀贈諡), 司宰寺(漁梁川澤), 衛尉寺(儀物器械), 大僕寺(輿馬廄牧), 大府寺(財貨廩藏), 秘書省(經籍祝疏), 小府監(工技寶藏), 軍器監(營造兵器), 將作監(土木營繕), 太醫監(醫藥療治), 國子監(儒學敎誨), 史天臺(天文曆數), 御史臺 등이 있다.

22) 『고려사』백관지에 정리된 하위 관청에는 종5품 관청으로 大廟署, 諸陵署, 정6품 관청으로 尙食局, 尙藥局, 尙衣局, 尙舍局, 尙乘局, 中尙書, 정7품 관청으로 京市署, 종7품 관청으로 大樂署, 大官署, 掌冶署, 內園署, 供驛署, 典廐署, 大倉署, 大盈署, 정8품 관청으로 良醞署, 都染署, 雜織署, 司儀署, 守宮署, 典獄署, 종8품 관청으로 都校署, 掌牲署 등이 있었다.

잘못된 정치를 비판·견제하는 간쟁을 맡았다. 중서문하성의 간관은 감찰기구인 어사대의 대관臺官과 함께 대간臺諫으로 활동하였다. 상서성은 995년(성종 14) 이후 상서도성尚書都省으로 부르기도 하였는데, 상서도성은 6부를 비롯한 중앙 관청과 지방 관청을 총괄하는 행정기구였다. 특히 상서성은 중앙(관청)에서 지방(관청)으로 또는 지방에서 중앙으로 업무를 전달할 때 공문서가 반드시 거치는 관청이었다.

6부는 상서성에 속하여 국가의 주요 일을 맡았던 상위 관청이다. 이부吏部는 문관의 인사행정과 훈봉勳封의 일을 맡았고, 병부兵部는 무관의 인사행정과 군무軍務·의위儀衛·우역郵驛의 일을 맡았으며, 호부戶部는 호구와 토지 조사 및 토지 분급의 일을 맡았고, 형부刑部는 법률과 소송의 일을 맡았으며, 예부禮部는 의례儀禮·제향祭享·조회朝會·교빙交聘·학교學校·과거科擧의 일을 맡았고, 공부工部는 산택山澤·공장工匠·영조營造의 일을 맡았다. 또 이부 밑에는 관리의 근무평가[考課] 업무를 맡았던 고공사考功司가 속사로 있었고, 형부 밑에는 노비 문서와 소송을 맡았던 도관都官이 속사로 있었다.

『고려사』 백관지에는 이부·병부·호부·형부·예부·공부 순으로 6부를 기록하였다. 이부·호부·예부·병부·형부·공부의 순서인 당나라 제도와 다른 것은 고려시기에 인사행정을 담당하였던 이부와 병부를 호부보다 더 중요하게 여겼기 때문이다. 또 고려시기에는 경제 문제를 담당했던 상위 관청으로 호부 외에 삼사가 있었던 것도 그 이유가 되었을 것이다. 6부는 국가의 중요한 행정을 집행하는 기구였지만 상서성에 예속되기보다는 각각 독립적으로 운영되는 독자적인 관부였다. 고려시기에는 6부뿐 아니라 중하위 관청도 관련 상위 관청에 제도적으로 예속되지 않고 독립적인 관청의 지위를 가졌다. 이러한 점에서 고려의 정치제도는 당나라 제도와 달랐다. 또 6부의 장관인 판사의 상당수는 중서문하성의 재신이 겸임하였기 때문에 6부는 상서성보다 오히려 중서문하성의 재신과 연관성이 높았다.

| 중추원과 삼사 | 3성 6부와 달리 중추원中樞院과 삼사三司는 송나라의 제도를 본받아서 설치한 관청이었다. |

991년(성종 10)에 송나라의 제도를 따라서 설치한 중추원은 왕명의 출납과 숙위, 군기의 일을 맡은 관청으로, 중서문하성과 함께 고려시기 최고의 관청이었다. 중추원의 관원은 2품 이상의 추신樞臣과 그 이하의 승선承宣으로 구분되었다. 추신은 중서문하성의 재신과 함께 재추宰樞가 되어 국왕의 자문을 받아 국정을 논의하였고, 승선은 중추원에 부속된 승선방에서 왕명의 출납을 맡았다. 송나라의 삼사가 염철사鹽鐵使, 탁지사度支使, 호부사戶部司라는 경제 관련 일을 맡은 3개의 관청이었던 것과 달리 고려의 삼사는 중앙과 지방의 전곡의 출납과 회계 업무를 총괄하였던 단일 관청이었다. 삼사는 호부와 함께 고려시기 경제 문제를 담당한 상위 관청이었다.

| 어사대 | 감찰기구인 어사대御史臺는 시정時政의 잘잘못을 따지고 풍속을 교정하며 관리들의 잘못된 정치 행위를 규찰하고 탄핵하는 일을 맡았고, 주요 재 |

정관서의 전곡출납도 감찰하였다. 어사대의 대관은 중서문하성의 간관과 함께 대간으로 활동하였는데, 대간은 인사행정과 법제 제정 때 동의하는 서경권署經權을 행사하였다.

| 도병마사와
식목도감 | 임시 관청 중 고려의 국정운영에서 중요한 기능을 하였던 것이 도병마사都兵馬使와 식목도감式目都監이다. 도병마사는 국방과 군사 문제를 맡은 |

회의 기구로서 관료 중 재추에서 소경少卿 이하까지 선발되어 활동하였다. 고려 후기에는 도평의사사로 기능과 권한이 커져서 국정 전반에 관여하는 권력기구로 변하였다. 식목도감은 대내적인 법제와 격식의 문제를 맡

은 회의기구로서 재상에서 5품 이상의 관료가 선발되어 활동하였다.

정치제도 운영의 구조와 특징

고려시기의 국정운영은 국왕과 신료가 함께 이끌어갔지만, 국정운영의 최종 결정권은 국왕에게 있었다. 고려시기에 국정운영이 이루어지는 과정에는 두 가지가 있었다. 하나는 왕명을 중앙과 지방의 관청에 보내어 시행하는 것이고, 다른 하나는 중앙 및 지방 관청에서 올린 상주上奏를 국왕이 결정하여 중앙 및 지방 관청에서 시행하는 과정으로 이루어졌다. 두 과정을 간단히 정리하고 그것의 의미를 정리해 보겠다.

왕명의 종류에는 제서制書, 조서詔書, 교서敎書, 선지宣旨, 왕지王旨, 교지敎旨 등이 있었는데, 그중 제서는 왕명 출납을 맡은 중추원의 승선을 통해서 중서문하성에 전달되어 심의를 거친 후 중앙과 지방 관청에 보내져 시행되었다. 중서문하성은 제서를 심의하여 문제가 있으면 국왕에게 반송할 수 있는 봉박권封駁權을 행사하였다. 신료는 봉박권을 통하여 제서로 반포될 수 있는 국왕의 자의적인 결정을 견제할 수 있었지만 제서의 내용에 대한 최종 판단과 결정은 국왕이 하였다. 또 제서를 제외한 왕명들은 중서문하성의 심의를 거치지 않고 승선을 통하여 직접 반포되었다. 따라서 이러한 것들은 제서보다는 권위가 떨어지는 왕명이었다고 할 수 있다. 왕명은 승선을 통하여 반포되었다. 중앙 관청에는 왕명이 직접 전달되었지만 지방 관청에는 상서도성을 통하여 전달되었다.

국정운영이 중앙 및 지방 관청의 상주, 국왕의 결정, 중앙 및 지방 관청의 시행이라는 과정을 통하여 이루어지는 경우, 고려의 중앙 관청은 상하 관청 사이에 예속관계가 없이 각기 독립적으로 운영되었기 때문에 국왕에 대한 상주도 독립적으로 이루어졌다. 임시 관청인 도감도 국왕에게 직접 상주하였다. 지방 관청의 경우, 양계와 5도가 달랐다. 양계의 병마사

```
                          국왕
        ┌──────────┬───────────┬──────────┬──────────┐
      회의기구    정책논의기구   행정기구    회계기구    감찰기구
    ┌───────┐   ┌───────┬────┐
  도병마사 식목도감 중서문하성 중추원    상서도성      삼사
                    재신     추신
                    간관     승선
                            6부
                          (상위 관청)
                            중위 관청
                             하위 관청
                              지방 관청                   어사대
```

도판5-1 주요 정치기구와 정치제도 운영

兵馬使는 국왕에게 직접 상주하였지만 양계에 속한 주진州鎭은 병마사를 통해서 상주하였다. 반면 5도의 경우, 각 도의 안찰사按察使뿐 아니라 주현主縣도 직접 상주할 수 있었다. 이것은 고려시기 안찰사가 중간 기구의 위상을 제대로 가지지 못했기 때문이었다. 신료의 상주는 국왕의 결정에 따라 시행되었다. 국왕의 결정은 제서나 교서 등 왕명으로 반포되기도 하고 상주문 자체를 간단히 결재하는 형태로 이루어지기도 하였다. 이 과정에서 국왕은 중앙의 신료들의 의견을 수렴하기도 하였다. 이렇게 결정된 내용은 다른 왕명과 마찬가지로 승선을 통해서 중앙과 지방 관청에 보내져 시행되었다.

고려시기 국정운영의 특징은 국정운영의 최종 결정권을 가진 국왕이 국정을 결정하는 과정에서 관료(신료)와 합의를 중요하게 여긴 것이다. 국왕은 혼자 결정하기 어려운 일에 대해서 신료들에게 자문했고 신료들은 국정 논의에 참여하였다. 자문 대상은 중서문하성의 재신이 가장 중요하였고, 재신과 추신을 합한 재추가 그다음이었다. 이 범위를 벗어난 군신^群^臣도 자문 대상이었다. 특히 중서문하성의 재신은 국왕의 요청이 없어도 국정을 논의하고 국왕에게 건의하였다. 고려 중기 이후에는 변방의 군사 문제에 능동적으로 대응하기 위해서 중추원이 추밀원으로 개편되면서 추밀원의 추신이 재신과 함께 재추로서 자문을 하였다. 또 재추의 범위를 벗어난 자문회의도 있었는데, 이 경우 재추를 포함한 참상^{參上} 이상의 관료들이 국왕의 요청에 따라 다양한 범주로 구성되었다. 요즈음의 확대간부회와 비슷한 성격의 자문회의로 보면 될 것 같다. 이 경우 참석자들은 관직의 높낮이에 상관없이 자유롭게 의견을 제시하였고 그를 토대로 국왕이 최종 결정을 내렸다. 이처럼 고려에서는 다양한 국정 회의를 통하여 국정을 논의하였다. 고려시기 회의기구는 최종 결정권을 가진 국왕이 신료와 함께 합의하는 과정을 중요하게 여기는 국정운영의 특징 속에서 발달하였다.

주요 관청의 위치

이 책에서는 『고려도경』의 기록을 토대로 개경의 주요 관청의 위치를 추정해 보았다. 『고려도경』의 기록은 그대로 믿을 수는 없지만 그렇다고 무시할 수도 없다. 개경 안에 있던 고려의 관청을 묘사한 거의 유일한 기록이기 때문이다. 고려시기 최고의 관부였던 3성과 중추원^(추밀원)은 궁궐^(본궐)과 가까운 곳에 있었다. 『고려도경』에는 상서성은 승휴문^{承休門} 안쪽에 있다고 하였다. 승휴문은 상서성 앞에 있는 문으로 보인다. 이어서 『고려도경』에는 상서성의 서쪽, 춘궁의 남쪽 문 안에 3개의 건물이 있는데, 중앙에 중서성, 왼쪽^(동쪽)에 문하성, 오른쪽에 추밀원이 있다고 하였다. 이 기록은 고려시기에 중서성과 문하성이 독립된 관부로 존재하였다는 사실

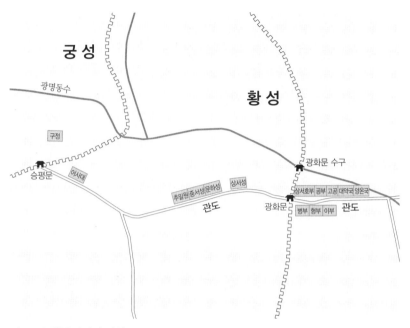

지도5-1 황성 안팎의 관청

을 말하고 있다. 이에 따라 『고려사』 백관지와 『고려도경』의 기록을 절충하여 중서성과 문하성은 독립된 청사를 가졌지만 실제 운영에서는 중서성과 문하성이 중서문하성으로 통합되어 운영되었다고 보는 것이 보통이다. 『고려도경』의 기록을 토대로 3성의 위치를 추론하면 3성은 궁성 동남쪽 밖에 있었을 것으로 보인다. 정리하면 상서성은 황성의 정문인 광화문 서쪽에 있고, 그 서쪽에 문하성, 중서성, 추밀원이 있었는데, 그 위치는 궁성의 동쪽에 있는 춘궁(좌춘궁)의 남쪽이다.(〈지도5-1〉 참고)

　다음으로 중요한 관청이 상서성에 속하여 국가의 주요 일을 맡았던 6부(상서6부)이다. 『고려도경』에 따르면 6부는 대부분 황성의 동문이자 정문인 광화문 동쪽의 관도官道에 있었다. 즉 황성의 정문(동문)인 광화문에서 동쪽으로 난 관도 북쪽에 서쪽에서 동쪽으로 상서호부尙書戶部·공부·고공사·대악국大樂局·양온국良醞局이 차례로 있었고, 관도 남쪽에 병부·형부·이부가 있었다. 이것은 조선시기 주요 관청이 경복궁 남문인 광화문 남쪽에 있는 것과 비교된다. 6부의 위치는 광화문 안 서쪽에 6부의 상위 관청인 상서성이 있었던 것과 자연스럽게 연결된다.

또 상위 관청 중『고려도경』에서 확인되는 것으로 한림원翰林院이 있다. 서긍은 왕명이나 외교문서 등 국가의 공식 문서인 사명詞命을 작성하였던 한림원이 본궐 전각인 건덕전 서쪽에 있었다고 하였다. 한림원이 맡았던 일이 국왕과 밀접하기 때문에 한림원은 궁성 안에 있었다. 한림원과 연관되었던 전각인 청연각淸燕閣·보문각寶文閣·임천각臨川閣 등 학술기구의 위치가 모두 건덕전에서 가까운 곳에 있었던 것도 한림원의 위치와 관계가 있을 것이다. 역사편찬을 담당하였던 사관史館(이후의 춘추관)도 감수국사監修國史를 비롯한 고위 관직을 재신이 겸직한 관청인데,『고려도경』에서는 확인되지 않는다. 고려 후기 한때 사관과 한림원(문한서文翰署)이 예문춘추관藝文春秋館으로 병합된 것으로 보아 고려 전기에 사관은 한림원과 마찬가지로 궁성 안에 있었을 것이다. 또『고려도경』의 관청 기록에서 빠진 상위 관청으로는 재정운영을 담당했던 삼사와 6부 중의 하나인 예부가 있다. 의례·조회·외교를 맡았던 예부는 궁성 안에 있었을 가능성이 높다.

중위 관청 중『고려도경』에서 확인되는 것이 예빈성禮賓省, 어사대, 합문閤門(통례문通禮門), 국자감, 장작감將作監이다. 이 중 예빈성·어사대·합문은 황성 안, 국자감과 장작감은 황성 밖에 있다고 기록하였다.『고려도경』의 묘사를 조금 더 자세하게 보면 외국 사신과 관련된 일을 하였던 예빈성은 본궐 전각인 건덕전 앞에 있다고 하였다. 이 관청이 맡았던 일을 생각하면 예빈성은『고려도경』의 기록대로 궁성 안에 있었을 가능성이 높다. 반면 의례를 담당하였던 합문과 무기 제작을 맡았던 군기감軍器監의 위치에 대해서는 내성, 곧 황성 안이라고만 언급하였다. 한편 감찰기구였던 어사대는 궁성의 남문인 승평문 근처인 좌동덕문左同德門 안에 있다고 하였다. 이 위치는 황성의 정문인 광화문에서 서쪽으로 승평문까지 이어진 관도 끝자락이다. 즉 어사대는 광화문에서 서쪽으로 이어진 관도를 따라 상서성, 중서문하성, 추밀원을 지나서 관도의 끝인 승평문 앞에 있었다.(116쪽 〈지도5-1〉 참고) 또 토목과 영선營繕을 담당하였던 장작감은 관도에서 동남쪽으로 수십 보 떨어진 곳에 있던 주전감鑄錢監보다 조금 북쪽에 있다고 하였지만 그 위치는 확인할 수 없다. 국립학교인 국자감國子監의 위치에 대해서 『고려도경』에서는 처음 회빈문 안에 있다가 서긍이 방문할 당시 예현방禮賢坊으로 옮겼다고 하였다. 당시 국자감이 있던 예현방은 조선 후기 '국자동國子洞'으로 불린 곳으로 추정되는데, 그곳은 현재 개성역 북쪽의 태평동 일대이다. 국자감은 고려 후기 성균관成均館으로 이름이 바뀌었고, 성균관은 1367년(공민왕 16)에 현재 개성 성균관 자리에 중영되었다(제7장 참고). 아울러 『고려도경』에서는 개경의 관청으로 점천대占天臺와 약국藥局에 대해서도 기록하였다. 점천대는 천문을 담당하였던 사천대, 약국은 의약과 치료를 맡았던 태의감太醫監을 가리키는 듯하다. 약국은 보제사普濟寺 동쪽에 있었다고 한 반면, 점천대는 외성 안에 있었다고만 하였다. 사천대는 개성 첨성대가 있는 궁성 가까이 있었을 가능성도 높다.

개경에는 하위 관청도 많았지만 『고려도경』에 기록된 것은 아주 적다. 『고려도경』에서 기록한 하위 관청들의 위치를 간단히 살펴보자. 먼저 앞에서 서술한 관도 북쪽에 상서호부·공부·고공사의 동쪽에 이어서 위치하였다고 한 대악국과 양온국은 음악을 담당하였던 전악서典樂署와 술과 식혜 공급을 맡았던 양온서良醞署이다. 또 관도 동남쪽으로 수십 보 떨어진 곳에 있었다는 주전감은 『고려사』에서는 확인되지 않는다. 이와 유사한 관청으로는 1101년(숙종 6) 금속 화폐를 주조하면서 설치하였던 주전도감鑄錢都監이 있다. 또 왕실의 음식을 담당하였던 상식국尙食局이 내성에 있었다고 하였는데, 상식국을 비롯하여 왕이 타는 말의 사육을 담당하였던 상승국尚乘局, 왕실 행사 때 시설 설치를 담당한 상사국尚舍局, 왕실의 옷을 맡은 상의국尚衣局, 왕실의 의약을 맡은 상약국尚藥局 등 5국이 모두 궁성 안에 있었을 것이다. 또 관도 남쪽에 있는 형부와 마주 보고 있었다고 한 감옥은 전옥서典獄署와 그에 딸린 감옥을 함께 가리키는 것으로 보인다. 아울러 대시사大市司와 경시사京市司가 남대가南大街에 동쪽과 서쪽에 위치하여 시전의 업무를 맡았다고 하였다. 남대가는 개경의 관도 동쪽 끝에서 개경 중앙인 십자가까지의 길을 말하는데, 고려시기에는 이곳에 시전이 설치되어 있었다. 따라서 남대가에 시전의 행정을 맡는 관청이 들어서는 것은 자연스럽다. 다만 『고려사』에서는 시전을 조사하고 감독하는 관청으로 경시서京市署는 확인되지만 대시사는 확인되지 않기 때문에 개경의 치안을 담당하였던 가구소街衢所라는 관청이 경시서와 함께 십자가 근처에 있었다고 보는 의견도 있다.

이외에도 『고려도경』에는 국가의 재정운영과 관련된 창고에 대해서도 기록하였다. 우창右倉은 내성, 곧 황성 안에 있었고, 용문창龍門倉은 선의문 밖에 있었으며, 대의창大義倉은 서문에 있다가 장패문 쪽으로 이동하였고, 해염창海鹽倉과 상평창常平倉은 서로 수백 보 거리에 있었는데, 대의창과 멀지 않은 곳이라 하였다. 또 대영창大盈倉이 내성에 있었다고 하였다. 이 중 대의창은 의창義倉, 대영창은 대영서大盈署로 추정된다. 서긍이 묘사한 기록을 가지고 개경 안에 있던 창고의 위치를 추정하는 것은 어렵다.

또 『고려도경』에는 고려시기 임시 관청으로 보이는 팔관사八關司, 봉선고奉先庫, 관현방管絃坊 등에 대해서도 기록되어 있다. 팔관사는 승평문 동쪽에 있었고 재제齋祭와 관련된 일을 맡았다고 하였는데, 팔관사는 문종 때 설치한 팔관보八關寶와 관련된 관청으로 팔관회 개최를 맡았던 곳으로 보인다. 팔관사가 궁성의 남문인 승평문 근처에 있었던 것은 승평문 안 구정에서 팔관회가 열렸기 때문일 것이다. 또 선왕과 선후의 기일에 필요한 물품을 조달하였던 봉선고가 광화문에서 순천관으로 가는 관도 북쪽에 있었다고 하였다. 봉선고는 1093년(선종 10)에 광인관廣仁館에 설치한 임시 기구였다. 또 외성 안에 관현방·궁전사弓箭司·복두소幞頭所가 있다고 하였다. 관현방은 1076년(문종 30)에 설치된 관청으로 국가행사 때 대악서와 함께 음악과 연회를 담당하였던 관청이다. 복두소는 복두점幞頭店을 가리키는 것으로 보이고 궁전사는 확인되지 않는다. 이외에도 군사기구인 감문위監門衛·천우위千牛衛·금오위金吾衛가 북문 안에 있다고 하였지만 구체적인 위치를 확인할 수는 없다.

지금까지 정리한 개경의 관청의 위치를 정리하면 다음과 같다. 본궐이 있었던 궁성 안에는 왕실 생활 지원을 맡았던 상식국·상승국·상사국·상의국·상약국 등 5국, 왕명 출납과 궁궐 숙위를 맡았던 승선의 집무실인 승선방, 내시의 집무실, 한림원과·사관(춘추관) 등 문한기구, 그와 관련된 청연각·보문각·임천각 등 학술기구, 의례를 맡았던 예빈성과 합문(통례문) 등이 있었다. 궁성의 남문인 승평문과 황성의 동문으로 이어진 관도에 어사대, 중추원, 문하성, 중서성, 상서성이 있었고 사천대와 팔관사도 궁성에서 가까운 곳에 있었다. 또 황성 동문인 광화문 동쪽으로 이어진 관도 북쪽에 상서호부·공부·고공사·대악국(대악서)·양온국(양온서)가 있었고, 관도 남쪽에 병부·형부·이부가 있었으며, 형부 남쪽에 감옥(전옥서)이 있었다. 또 개경의 중심가인 십자가에는 시장을 감독하는 경시서가 있었고, 국자감은 황성 밖 봉은사 남쪽에 있었다.

6

태묘와 사직

▪ 태묘와 사직의 설치와 변화
▪ 태묘의 구성과 운영
▪ 사직단의 구조와 사직 제례

태묘와 사직의 설치와 변화

국가의 상징, 태묘와 사직

태묘太廟, 곧 종묘宗廟는 왕실의 사당이고, 사직社稷은 토지와 곡식의 신에 제사를 지내는 제단이다. 따라서 유교적 정치이념을 바탕으로 운영되던 전근대 왕조국가에서 태묘와 사직은 국가의 상징이었다. 고려시기 태묘와 사직에 대한 제사는 원구圜丘와 방택方澤에 대한 제사와 함께 『고려사』 예지에 길례吉禮 대사大祀에 규정된 국가의 중요한 제사였다. 고려시기에 태묘와 사직이 정비된 것은 6대 성종 때였다. 성종은 즉위 후 최승로崔承老 등 유학자들의 도움을 받아 유교적 정치이념을 바탕으로 국가제도를 정비하였다. 성종은 중국 당나라의 3성 6부를 받아들여 중앙 정치제도를 정비하였고, 건국 이래 제대로 갖추지 못했던 태묘와 사직을 설치하였으며, 유교적 교육기관인 국자감을 설립하였다. 국가의 상징이기도 한 태묘와 사직이 성종 때에 와서 비로소 제 모습을 갖추게 된 것은 개경이라는 도시의 형성과 관련이 있다. 즉 개경은 919년 고려의 도읍이 될 때 도읍으로서 갖추어야 기본 제도와 시설을 한꺼번에 모두 갖춘 것이 아니라 태조, 광종, 성종, 현종을 거치면서 정비되어 갔다. 특히 성종 때 유교적 정치이념이 강조되면서 이를 바탕으로 중앙의 정치제도뿐 아니라 유교적 제사 기구인 태묘와 사직이 정비되고 유교 교육기관인 국자감이 설립되었다.

태묘와 사직의 설치

고려시기에 태묘와 사직에 대한 기록이 처음 보이는 기록은 982년(성종 1) 6월 최승로가 올린 시무28조時務二十八條이다. 최승로는 시무28조의 앞

부분에서 태조의 치적을 평가하면서 "나라를 세운 초기에는 태평한 다스림을 이룬 지가 얼마 되지 않아서 종묘와 사직이 아직 빛나게 존숭되지 않았다"라고 하였고, 그 21조에서는 "우리 조정의 종묘와 사직에 대한 제사는 오히려 법식에 맞지 않은 것이 많고 산악에 대한 제사와 성수星宿의 초제는 번거롭다"라고 하였다. 최승로는 성종 이전에 종묘와 사직이 설치되어 있었지만 그 운영에 유교적 법도에 맞지 않는 것이 많았다고 하였다. 즉 최승로는 성종에게 올린 시무책에서 종묘와 사직의 제도와 운영이 유교적 제사 기구로서의 위상을 갖추지 못하였다고 판단하고 그 위상에 맞는 종묘와 사직의 설치가 필요하다고 주장한 것이다. 성종은 최승로의 시무책을 받아들여 국가제도 정비의 기준으로 삼아서 중앙 정치제도를 개편하였는데, 이와 함께 종묘와 사직의 정비도 바로 추진하였다. 983년(성종 2) 5월에 박사博士 임노성任老成이 송나라에서 「태묘당도太廟堂圖」 1폭[鋪]과 『태묘당기太廟堂記』 1권, 「사직당도社稷堂圖」 1폭과 『사직당기社稷堂記』 1권, 「문선왕묘도文宣王廟圖」 1폭, 「제기도祭器圖」 1권, 『칠십이현찬기七十二賢贊記』 1권을 가지고 돌아와서 성종에게 바친 것은 성종 초에 바로 태묘와 사직의 정비가 추진되었다는 것을 알려준다. 그런데 이때 임노성이 송나라에서 가져온 것에 「문선왕묘도」 1폭, 「제기도」 1권, 『칠십이현찬기』 1권이 포함된 것은 이때 종묘와 사직의 정비뿐 아니라 공자의 사당이 포함된 유교 교육기관, 곧 국자감의 설립도 추진되었기 때문이다.

태묘의 설치와 관련된 일 중 제일 먼저 보이는 자료는 988년(성종 7) 12월 처음으로 5묘五廟를 정한 것이다. 여기서 5묘는 성종 이전의 왕, 곧 태조부터 경종까지 다섯 왕의 사당을 말한다. 이어서 다음 해인 989년(성종 8) 4월 태묘를 짓기 시작하였다. 이때 왕이 백관을 거느리고 태묘에 가서 자재를 날랐다고 한다. 태묘는 짓기 시작한 지 3년 정도가 지난 992년(성종 11) 12월 완성되었다.[23] 이때 소목昭穆의 위차 및 체협의禘祫儀를 논의하여 정하고, 마침내 협례祫禮를 거행하였다. 이때의 태묘는 5묘제로 구성

도판6-1 순화4년명 청자(이화여자대학교박물관 소장)
바닥에 "淳化四年癸巳太廟第一室享器匠崔吉會造"라는 명문이 있
어서 이 청자가 993년(성종 12) 태묘 제1실에서 사용하기 위해
서 만들어졌다는 것을 알 수 있다.

하지 못하고 태조를 불천지주不遷之主, 혜종·정종定宗·광종을 1소昭, 경종을
1목穆으로 하는 3묘 5실이었다. 이어서 다음 해인 994년(성종 13) 4월 성종
이 친히 체제禘祭를 거행하면서 실을 하나 더 만들어 아버지인 대종을 태
묘에 부묘하고 각각 공신을 배향함으로써 성종 때의 태묘 설치는 마무리
되었다. 체제와 협제는 태묘에 모셔진 태조를 비롯한 모든 선왕의 신위,

---

23) 『고려사』 세가. 예지에는 태묘가 완성된 때가 그해 11월로 되어 있어서 세가와 한 달 차이가 난다.

칠사七祀,[24] 배향공신을 아울러 함께 제사하는 성대한 합동 제사였다. 다만 성종 때의 첫 체제와 협제는 태묘에 여러 신주를 모시면서 하였다. 성종 이후 체제는 5년마다 여름 4월, 협제는 3년마다 겨울 10월에 지냈다. 태묘가 설치되기 이전 고려왕실의 제사는 능이나 진전사원에서 이루어졌고, 이러한 관행은 성종 때 태묘 설치 이후에도 왕실 조상 숭배의 한 형태로 이어졌다.

사직단은 태묘가 완성되기 1년 전인 991년(성종 10) 윤2월에 세워졌다. 태묘와 달리 사직단은 언제부터 짓기 시작했는지는 기록이 없다. 태묘의 설치 공사가 시작된 989년(성종 8) 4월과 가까운 시기에 사직 건설도 시작되었을 것으로 생각하지만 확인할 수 없다. 이렇게 유교적 제사기관인 태묘와 사직, 교육기관인 국자감이 성종 10년부터 11년까지 정비된 것은 성종이 즉위 이래 추진한, 유교적 정치이념에 의한 국가운영을 위한 상징기관의 설치가 마무리된 것을 의미한다.

『고려사』 백관지에 따르면 태묘를 지키고 관리하는 일은 태묘서太廟署에서 맡았다. 문종 때 정한 관제에 따르면 태묘서에는 종5품의 영令 1명과 정7품의 승丞 2명이 있었다. 태묘서는 1308년(충선왕 복위)에 침원서寢園署로 이름이 바뀐 이후 몇 차례 이름의 교체가 반복되다가 1372년(공민왕 21) 이후 침원서로 이름이 정해져서 『고려사』 백관지에는 침원서로 기록되었다. 태묘서의 상위 관청으로는 제사와 시호 추증을 맡았던 태상부太常府와 의례와 외교 교육 전반을 맡았던 예부禮部가 있었다. 태묘서에는 간수군으로 산직장상散職將相 24명,[25] 잡직장교雜職將校 2명이 배치되었고, 태묘에는 검점군으로 장교 2명과 군인 10명이 배치되었다. 반면에 고려시기에 사직을 지키고 관리하는 일을 맡았던 관리로는 사직단 직直만 확인된다. 조선 건

24) 사명(司命), 중류(中霤), 국문(國門), 국행(國行), 태려(泰厲), 호(戶), 조(竈)에 대한 제사이다.
25) 태묘서에 파견된 간수군 중 산직장상 24명은 다른 관청에 파견된 산직장상의 수가 2명 혹은 4명인 것으로 보아 『고려사』 기록의 오류로 보인다.

국 직후인 1392년 7월 28일에 문무백관文武百官의 관제를 정할 때에도 사직과 관련해서는 사직단 직 2명만 정해진 것으로 보아 고려시기 사직단을 직접 지키고 관리하는 일은 독립 관청 없이 사직단 직이 맡은 것으로 보인다. 사직단 직은 예부 혹은 태상부의 지휘를 받았을 가능성이 크다. 사직단에는 사직단을 지키는 간수군으로 산직장상 2명이 있었다. 공민왕은 1371년(공민왕 20) 12월 교서에서 태상시太常寺가 태묘서·제릉서·도제고都祭庫·태악서太樂署·검찰檢察을 총괄하게 하여 관련 관청들의 계통을 체계적으로 정비하도록 하였다.

태묘와 사직의 위치

태묘와 사직은 도성 안의 상징적인 제도였기 때문에 태묘와 사직의 위치에 대해서는 오래전부터 정해진 격식이 있었다. 중국 주나라의 관제에 대해 기록한 『주례周禮』에는 "(궁궐을 중심으로) 태묘는 왼쪽에 사직은 오른쪽에 위치해야 한다[左祖右社]"라고 하였는데, 이것은 태묘는 동쪽에 사직은 서쪽에 위치해야 한다는 뜻이다. 서울에 있는 조선시기의 종묘가 동쪽에 있고 사직이 서쪽에 있는 것은 대체로 '좌조우사(좌묘우사)'의 기준에 맞는 위치이다.

그러면 고려시기 개경의 태묘와 사직은 어디에 있었을까? 서울에 있는 조선의 종묘와 사직의 위치를 아는 사람은 개경의 종묘와 사직이 있던 곳도 쉽게 알 수 있을 것으로 생각하지만 실제는 그렇지 않다. 개경에 있던 고려의 태묘와 사직의 위치에 대한 자료는 거의 없고 그에 따라 그 위치를 확실하게 알 수는 없다. 특히 개경의 태묘는 고려가 멸망된 후 사라졌기 때문에 조선 후기의 기록에도 그 위치가 분명하게 기록되어 있지 않다. 사직단의 경우, 조선시기에는 지방 군현에도 사직단이 있었기 때문에 고려시기 개경의 사직단은 조선시기 이후에도 규모가 축소된 채로 유지되었을 가능성이 크다.

먼저 태묘의 위치에 대해서 살펴보자. 현재 고려시기 태묘가 있었던 곳으로 추정되는 곳은 나성의 안과 밖 2곳이다. 조선 중기에 편찬된 『신증동국여지승람』에서는 개성 중심부 동쪽에 있던 화원 동쪽에 태묘가 있었다고 하였다. 이곳은 1271년(원종 12) 강도에서 개경으로 환도한 후 고려 세조·태조의 재궁梓宮과 강화 봉은사奉恩寺에 있던 태조의 소상塑像·9묘九廟의 신주[木主]를 임시로 안치했던 이판동泥板洞으로 추정되는 곳이다. 조선 후기에 편찬된 개성읍지에서는 이곳을 태묘동太廟洞이라고 했다. 또 조선 후기의 개성읍지에서는 나성 밖 부흥산 기슭에도 태묘가 있었던 곳이라는 의미의 태묘동을 소개하고 있다. 조선 후기 개성 주변에 태묘동이 두 곳이 있었던 것은 본래 고려시기 태묘의 위치를 몰랐기 때문일 것이다. 고려시기 태묘의 위치를 추정하는 데 도움이 되는 자료가 조선 태조의 즉위교서 내용이다. 여기에서는 그것(종묘)이 고려왕조에서는 소목昭穆의 순서와 당침堂寢의 제도가 법도에 합하지 아니하고, 또 성 밖에 있다고 하였다. 이때는 아직 개성에 내성이 완성되기 전이기 때문에 여기서 성은 나성으로 볼 수밖에 없고, 이 기록에 따르면 고려시기 태묘는 나성 밖 부흥산 기슭에 있었을 가능성이 크다. 따라서 고려시기 태묘는 나성 밖 부흥산 기슭에 있었고, 강화 천도 시기에 강화로 옮겨졌다가 개경으로 환도하면서 개성 중심부 근처(이판동)에 임시로 세워졌다가 그 후 언제인지는 모르지만 본래 자리로 옮겨졌을 가능성이 크다. 조선 후기 읍지에 성 밖의 태묘동을 원묘가 있었던 곳이라고 한 것은 그 때문이다. 한편 최근 북한의 자료(『고려도읍 개성의 민족유산 – 고려 건국 1100돐에 즈음하여』)에서는 구체적인 자료는 제시하지 않은 채 나성 안 부흥산 서쪽에 태묘의 위치를 표시하고 그곳에서 발굴한 건물터를 소개하였다. 이렇게 되면 현재 고려시기 태묘로 추정되는 곳은 3곳이 된다.

고려시기 개경의 사직이 있었던 곳으로 추정하는 곳은 나성 안 서쪽

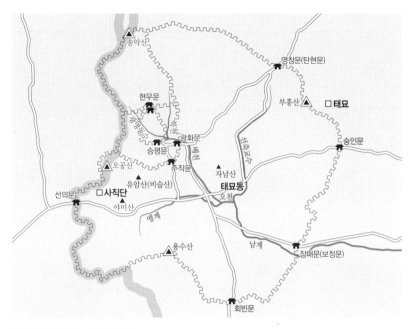

지도6-1 태묘와 사직의 위치

이다. 구체적으로는 서쪽 산인 오공산의 남쪽이자, 서문이었던 선의문의 동쪽이다. 이곳은 일제강점기에 제작된 '개성 특수지형도'(1:25,000, 1918, 국립중앙박물관 소장)에 사직터로 표시된 곳이고, 또 최근 북한의 자료에서 사직의 위치로 표시된 곳이기도 하다. 따라서 고려시기 사직은 이곳에 있었을 가능성이 높다. 다만 『고려사』에 1052년(문종 6) 2월 황성 안 서쪽에 사직단을 새로 쌓았다는 기록이 있어서 논란의 여지가 조금 있다. 문종 때 신축한 사직단의 위치는 성종 때의 사직단과 같다고 보는 것이 보통인데, 여기서 문제가 되는 것은 그 위치를 황성 안 서쪽이라고 기록한 것이다. 현재 사직단터로 추정되는 곳은 고려시기 황성의 바깥이기 때문이다. 이 기록에 보이는 황성의 용례에 대해서는 숙제로 남겨 둔다.

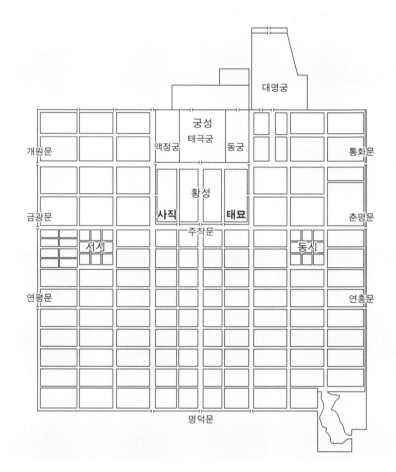

도판6-2 중국 장안성의 태묘와 사직의 위치
중국 고대 도성에서 태묘와 사직은 궁성 앞 좌우에 대칭으로 배치되어 있다.

앞에서 정리한 대로 고려시기 개경에 있던 태묘와 사직의 정확한 위치를 확인할 수는 없지만, 이 책에서는 지금까지 대부분의 연구 결과를 토대로 태묘는 나성 밖 부흥산 남동쪽(129쪽 〈지도6-1〉 참고)에 있었고, 사직은 나성 안 오공산 남쪽에 있었다고 정리하였다. 그 경우 태묘는 나성 밖, 사직은 나성 안에 있게 되어 그 위치가 자연스럽지 않게 보일 수도 있다. 그렇지만 태묘와 사직이 설치되었던 성종 때는 아직 나성이 축조되기 전이라는 것을 생각할 필요가 있다. 물론 사직이 위치했던 곳은 궁궐에서 비교적 가까운 반면, 태묘는 궁궐에서 상당히 먼 곳에 있게 되어 궁궐을 중심으로 좌우 대칭성도 많이 어그러진다. 그렇지만 개경 궁궐의 위치 역시 서쪽의 오공산과 동쪽의 부흥산의 가운데가 아니라 서북쪽에 치우쳐 있었던 것도 태묘와 사직의 위치와 관련이 있을 듯하다. 즉 아직 나성이 축성되기 이전에 동쪽의 부흥산 남쪽에 태묘를 설치하고 서쪽의 오공산 남쪽에 사직을 설치하였는데, 나중에 나성을 축성하면서 결과적으로 사직은 성안에 태묘는 성 밖에 위치하게 된 것으로 보인다. 중국 도성에서 태묘와 사직은 궁성 앞 좌우에 대칭으로 배치되어 있었다.(《도판6-2》 참고) 고려와 조선의 태묘(종묘)와 사직의 위치가 '좌조우사'를 고려하였다고 하여도 중국 도성의 그 위치와는 차이가 크다. 고려시기에는 태묘와 사직을 부흥산(동)과 오공산(서) 남쪽에 두어 '좌조우사'를 융통성 있게 적용하였는데, 이것은 고려의 도성 조성 개념이 중국과 달랐기 때문이다. 이 전통은 조선으로 이어졌다.

태묘와 사직의 변천

성종 때 설치된 태묘와 사직은 그 후 외국 군대의 침입으로 불에 타 파괴되기도 하였고 시설의 전부 혹은 일부가 이전되었다가 다시 복구되기도 하면서 고려 말까지 몇 차례 어려움을 겪었다. 먼저 태묘는 1011년(현종 2) 1월 거란의 2차 침입으로 개경이 함락되었을 때 궁궐 등과 함께 타버렸다. 그래서 그때는 시제時祭를 치를 때마다 각각 본릉本陵에서 제향을 거행하였다. 태묘가 복구된 것은 3년 후인 1014년(현종 5)이었다. 그해 1월 거란의 침입 때 태묘와 함께 불에 탔던 궁궐 복구가 마무리되어 2월에 현종은 새 궁궐에 들었다. 그해 4월 비로소 태묘의 재방齋坊을 수축하고 임시로 신주를 봉안하여 친히 체제를 지냈다. 이때 궁궐 복구와 함께 태묘도 임시로나마 복구가 이루어졌다는 것을 알 수 있다. 같은 해 7월 사직단도 수리되었는데, 이것은 현종 초 거란의 침입 때 사직단도 파괴되었기 때문이다. 태묘에서 현종이 체제를 거행하고 난 10여 년 후인 1027년(현종 18) 태묘를 수리하고 다시 신주를 봉안했다는 기록이 있다. 이것은 1014년(현종 5)의 태묘 수리가 제대로 이루어지지 않았기 때문일 것이다. 또 이때의 태묘 수리는 1020년(현종 11) 8월부터 1023년(현종 14) 8월까지 궁궐이 다시 중건되고 1029년(현종 20)에 나성이 축성되는 등 현종 후반에 이루어진 개경 정비사업과 연관되어 이루어진 것으로 생각한다. 1116년(예종 11) 서경 건원전에서 내린 제서의 내용 가운데 원구·태묘·사직·적전籍田 및 여러 원릉園陵은 나라에서 공경하여 소중히 여기는 장소이니 담당 관원은 제때에 수리하여 훼손되지 않도록 하라는 것에서 태묘와 사직의 관리는 국가의 중요한 관심사였다는 것을 알 수 있다.

고려 전기의 태묘는 몇 차례 바뀌어 의종 때 7묘 9실로 정해졌다. 이때 7묘는 태조(1), 혜종(2), 현종(3), 문종(4), 순종·선종·숙종(5), 예종(6), 인종(7)이고, 형제인 순종·선종·숙종은 실만 나누어 같은 묘에 모셔서 7묘 9실이 되었다. 또 이때 정종定宗·광종·경종·성종·목종·덕종·정종靖宗은 별묘別廟로 옮겼다.

개경의 태묘와 사직은 몽골과 전쟁 중이던 1232년(고종 19) 강도로 천도할 때 강도로 옮겨졌다가 1270년 개경 환도 후 개경으로 다시 돌아왔다. 강화 천도 이전에도 태묘의 신주가 옮겨진 일이 있었다. 1217년(고종 4) 3월 동면도감東面都監 판관判官 이당필李唐必을 파견하여 태묘의 신주를 태상부로 옮겼다가 그해 4월에 (태묘) 9실의 신주를 공부청工部廳으로, 여러 능의 신주를 고공청考功廳으로 옮긴 일이 있다. 이것은 그 전해인 1216년(고종 3)부터 몽골에 쫓긴 거란이 고려 국경을 침입하여 개경을 위협하였기 때문이다. 태상부는 제사와 증시贈諡를 맡았던 관청인데, 이때 태묘의 신주를 태상부로 옮긴 것은 나성 밖에 있는 태묘에 봉안되었던 역대 왕의 신주를 성안의 태상부로 옮긴 것이었다. 이때는 나성 밖 서쪽에 있는 태조의 현릉을 참배하고 태조의 재궁도 성안의 봉은사로 옮겼다.

1232년 수도를 강도로 옮길 때 태묘와 사직을 옮겼다는 기록은 확인되지 않지만, 이때 태묘와 사직을 강도로 옮긴 것은 분명하다. 1255년(고종 42) 8월 태묘를 다시 창건하면서 신주를 제릉서로 옮긴 기록이 있기 때문이다. 이 기록에서 강도로 천도하면서 옮겨 세웠던 태묘를 이때 다시 지은 것을 짐작할 수 있다. 또 1270년(원종 11) 환도 후 이판동에 집을 지어서 세조와 태조의 재궁, 봉은사의 태조 소상, 9묘의 신주[木主]들을 임시로 안치하였다는 기록에서도 강화로 천도할 때 태묘가 이전하였다는 것을 알 수 있다. 강화로 천도할 때 사직을 이전한 기록은 없지만 사직 역시 강도로 이전하였을 것이다. 1290년(충렬왕 16) 12월부터 카다안(합단哈丹)이 침입하여 개경을 위협하자 충렬왕은 잠시 강화도로 피난을 하였다가 1292년(충렬왕 18) 개경으로 돌아오면서 종묘(태묘)와 사직을 모두 개경에 복구하였다는 기록이 있다. 즉 카다안의 침입으로 잠시 강화로 갈 때 종묘와 사직을 이전하였던 것으로 보아 1232년 강화로 천도할 때 사직 역시 태묘와 함께 강도로 옮겼을 것은 분명하다.

1272년(원종 13) 태묘가 준공되어 이판동에 임시로 모셨던 9실의 신주를 봉안하였는데, 이때는 태묘에 22명의 왕의 신주도 함께 모셨다. 다만 이때는 별묘를 따로 만들지 못했던 것으로 보인다. 반원 개혁 후인 1357년(공민왕 6) 8월 공민왕이 소목의 차례를 정하라고 했을 때 이제현李齊賢이 올린 내용에 환도 당시 태묘는 급히 정한 것으로 한 당堂에 5실을 두어서 22릉의 신주가 한 줄로 배열되었다고 한 것에서 환도 후 태묘의 모습을 짐작할 수 있다.

이후 태묘가 정비된 것은 충선왕이 복위한 이후이다. 원 제도의 영향을 많이 받아서 제도 개혁을 추진하였던 충선왕은 태묘도 제후국에 걸맞은 5묘제를 기본으로 하여 정비하였다. 이때 정비된 태묘는 5묘에 협실夾室을 두어 5묘 9실로 정해졌는데, 이것은 고려 전기의 7묘 9실제와 5묘제를 절충한 결과였다.

충선왕 때 정해진 태묘의 5묘 9실제는 1363년(공민왕 12) 5월에 복구되었다. 반원 개혁 후인 1357년(공민왕 6) 8월 종묘제 개편을 추진하였지만, 그 결과는 확인되지 않는다. 1361년(공민왕 10) 10월 홍건적이 침입하자 그해 11월 공민왕은 개경을 떠나 복주로 갔다가 1363년 윤3월 개경으로 돌아왔는데, 그해 5월에 9실의 신주를 태묘에 봉안하고, 공신들도 다시 배향하였다. 공민왕이 복주에 있을 때인 1362년(공민왕 11) 1월 복주의 새 향교에 9묘의 신주를 임시로 봉안하였고, 그해 10월에는 개경에 머물고 있던 재추들이 홍건적의 침입 소식 때문에 태묘의 신주와 선왕들의 진영을 옮길 것을 요청한 적이 있다. 1363년(공민왕 12) 5월에는 홍건적의 침입으로 훼손되었던 신주, 제기, 예복 등 태묘의 시설을 복구하고 9실의 신주를 다시 봉안하였다. 이때 태묘는 7묘 9실로 복구되었다. 그때 정도전은 악기를 만들 때 악기 그림을 그렸다고 한다. 1363년 정해진 태묘제는 고려 말까지 이어졌다.

태묘의 구성과 운영

태묘 구성의 변화와 특징

앞에서 정리한 대로 태묘가 완성된 다음 해인 993년(성종 12) 소목의 위차 및 체협의를 논의하여 정하고, 마침내 협례를 거행하였는데, 이때 태묘는 형제일항兄弟一行, 동세동반同世同班의 원칙에 따라 5실제로 구성되었다. 태묘에서 묘실을 구성하고 소목의 배치를 정할 때에는 세차世次나 위차位次

를 기준으로 하였다. 세차는 혈연적인 관계에 따라서 순서를 정하는 방법이고 위차는 즉위 순서에 따라 차례를 정하는 방법이었다. 고려 초에는 형제 사이에 왕위 계승이 많았기 때문에 993년 처음 정해진 태묘의 구성은 형제일항의 원칙에 따라서 세대가 동일한 형제 관계는 소목을 나누지 않고 동일한 묘로 삼았다(동세동반). 따라서 이때의 태묘는 5묘제로 구성하지 못하고 태조를 불천지주, 혜종·정종定宗·광종을 1소, 경종을 1목으로 하는 3묘 5실로 구성되었다. 그다음 해 성종은 실을 하나 더 만들어 아버지인 대종을 태묘에 부묘하면서 성종 때의 태묘 구성은 1태조(불천지주)/ 2혜종 (1소)·3정종定宗(1소)·4광종(1소)·5대종(1소)/ 6경종(1목), 즉 3묘 6실로 마무리되었다. 형제를 같은 반열에 두되 신주를 기준으로 따로 실을 두는 원칙은 이후에도 적용되었다.

덕종이 즉위한 후 현종을 태묘에 봉안하면서 태묘는 1태조(불천지주)/ 2혜종(1소)·3정종定宗(1소)·4광종(1소)·5대종(1소)/ 6경종 (1목)·7성종(1목)/ 8목종(2소)/ 9현종(2목)으로 구성된 5묘 9실제로 운영되었다. 이렇게 운영되던 태묘는 예종 때 예제 정비 과정에서 혜종을 1소로 하는 5묘 9실로 다시 정비되었다. 인종 즉위 후 예종을 부묘하면서 5묘제를 유지하기 위해서 혜종의 신주를 천묘遷廟했지만 혜종의 개국 초 공로를 인정해야 한다는 의견에 따라 혜종의 신주는 다시 태묘에 부묘되었고 이 과정에서 혜종의 신주는 사실상 불천지주의 지위를 가지게 되었다. 그 결과 의종 때에는 1태조(불천지주)/ 2혜종(1소)/ 3현종(1목)/ 4문종(2소)/ 5순종(2목)·6선종(2목)·7숙종(2목)/ 8예종(3소)/ 9인종(3목)으로 구성된 7묘 9실을 형성하게 되었는데, 그것은 혜종의 신주가 사실상 불천지주가 되면서 나타나는 문제를 해결하기 위한 것이었고, 이에 따라 현종의 신위도 1목으로 혜종과 함께 사실상 불천지주가 되었다. 또 이때 별묘를 만들어 정종定宗, 광종, 경종, 성종, 목종, 덕종, 정종靖宗의 신위를 모셨고, 대종의 신주는 능으로 옮겨졌다.

의종 때 정해진 7묘 9실제가 고려 전기 태묘 구성의 전형이 되었고,

이 틀은 그 이후에도 유지되었다. 다만 희종 때 신종의 신주를 부묘하면서 혜종의 신주와 현종의 신주를 합사하여 7묘 9실을 유지하였다. 혜종과 현종의 합사는 이후 논란이 되었지만 고종 때까지 그대로 유지되었다. 고종은 1215년(고종 2) 9월에 강종을 태묘에 부묘하고 문종의 신주를 경릉에 묻었다. 그리고 10월에 태묘에서 협제를 지냈는데, 이때 태묘는 1태조(불천지주)/ 2혜종(1소)·3현종(1소)/ 4선종(1목)·5숙종(1목)/ 6예종(2소)/ 7인종(2목)/ 8신종(3소)/ 9강종(3목), 곧 7묘 9실이었다. 태묘의 9실은 1254년(고종 41) 10월에 태묘에서 행한 기고문에서 다시 확인된다.

대몽항쟁을 겪은 후 다시 개경으로 환도하여 1272년(원종 13) 3월에 태묘를 완성하고 9실의 신주를 다시 봉안하였다. 그런데 이때는 고려 전기 태묘를 그대로 복구하지 못하고 별묘 없이 태묘에 1당 5실을 마련하여 22신주를 함께 봉안하였다. 1276년(충렬왕 2) 7월에 원종을 부묘하였는데, 이때도 신주를 일렬로 모시는 원종 때의 태묘제를 따랐을 것으로 보인다.

고려 전기 7묘 9실로 운영되던 태묘 구성이 변한 것은 충선왕이 복위한 이후이다. 원나라의 지지를 받고 다시 왕위에 오른 충선왕은 원나라와의 관계를 고려하여 7묘제로 운영되는 고려의 태묘제를 개편하려고 한 것으로 보인다. 1310년(충선왕 2) 충선왕은 좌우에 협실 2개를 만들고, 협실은 묘수에 넣지 않음으로서 5묘 9실로 태묘를 개편하였다. 충선왕 때의 태묘 구성에서는 혜종과 현종은 서협실, 문종과 명종은 동협실에 두고, 협실은 묘수에 넣지 않았다. 즉 충선왕 때 개편된 태묘는 혜종(서협실1)/ 현종(서협실2)/ 1태조(불천지주)/ 2강종(1소)/ 3고종(1목)/ 4원종(2소)/ 5충렬왕(2목)/ 문종(동협실1)/ 명종(동협실2)이었다. 이러한 태묘의 구성은 1330년(충숙왕 17) 6월에서도 확인된다. 충선왕 때 개편되었던 태묘의 구성은 1363년(공민왕 12) 5월에 7묘 9실로 복원되었다. 이때 복원된 태묘는 1태조(불천지주)/ 2혜종(불천지주)/ 3현종(불천지주)/ 4원종(1소)/ 5충렬왕(1목)/ 6충선왕(2소)/ 7충숙왕(2목)/ 8충혜왕(3소)/ 9충목왕(3목)이었다. 이때는 혜종과 현종은 묘수에는

표6-1 성종 때의 태묘 구성

묘	불천지주	1소				1목	3묘
실	1	2	3	4	5	6	6실
신주	태조	혜종	정종	광종	대종	경종	

표6-2 의종 때의 태묘 구성

묘	불천지주	1소	1목	2소	2목			3소	3목	7묘
실	1	2	3	4	5	6	7	8	9	9실
신주	태조	혜종	현종	문종	순종	선종	숙종	예종	인종	

표6-3 1310년(충선왕 2)의 태묘 구성

묘			불천지주	1소	1목	2소	2목			5묘
실	서협실1	서협실2	1	2	3	4	5	동협실1	동협실2	9실
신주	혜종	현종	태조	강종	고종	원종	충렬왕	문종	명종	

표6-4 1363년(공민왕 12)의 태묘 구성

묘	불천지주	불천지주	불천지주	1소	1목	2소	2목	3소	3목	7묘
실	1	2	3	4	5	6	7	8	9	9실
신주	태조	혜종	현종	원종	충렬왕	충선왕	충숙왕	충혜왕	충목왕	

넣지 않았다. 이때 태묘 건물을 새로 건축하지 않았기 때문에 충선왕 때 이후 사용하던 협실이 있는 태묘 건물을 그대로 사용하였을 것으로 보는 의견이 있다.

이어서 고려시기 태묘의 건축 구조에 대해서 간단히 정리하겠다. 이와 관련된 구체적인 문헌자료나 고고학적 자료가 없기 때문에 고려시기 태묘의 모습을 구체적으로 그리는 것은 불가능하다. 다만 현재 서울에 있는 조선시기 태묘가 고려 태묘의 모습을 유추하는 데 도움을 준다. 조선 건국

도판6-3 조선시기 종묘 정전
국보 제227호, 조선 후기 중건한 조선 종묘에서 고려 후기 태묘의 모습을 찾을 수 있다.

후 한양에 태묘가 세워진 것은 1395년(조선 태조 4) 9월 29일인데, 조선 초에 창건한 태묘는 고려시기 태묘의 건축 형식을 계승한 것으로 알려져 있다. 현재 조선시기 태묘는 임진왜란 후인 1608년(광해군 즉위)에 그 이전의 규모로 중건한 것이다. 즉 지금 남아 있는 조선시기의 종묘는 조선 태조 때의 기본 구조를 토대로 필요에 따라 증축한 것이기 때문에 여기에서 고려 후기 태묘의 모습을 찾을 수 있다. 1395년 9월 태묘 준공을 알리는 기록에서 조선 초 태묘의 구조를 살필 수 있다. 그에 따르면 태묘의 대실大室은 7칸[間]이며 당堂은 같게 하고 실室은 따로 하였다[同堂異室]. 안에 석실石室 5칸을 만들고 좌우의 익랑翼廊은 각각 2칸, 공신당功臣堂이 5칸, 신문神門이 3칸, 동문이 3칸, 서문이 1칸이었다. 여기서 주목되는 것이 같은 당에 5개의 석실을 만들고 좌우에 익랑 2칸씩을 만든 구조이다. 좌우에 익랑을 둔 구조는 현재 종묘 정전에서 확인할 수 있는데 이것은 1310년(충선왕 2) 충

도판6-4 조선시기 종묘 정전의 동쪽 익랑
좌우에 익랑을 둔 것은 좌우에 협실을 둔 고려 후기 태묘의 구조에서 온 것으로 보인다.

선왕이 좌우에 협실을 둔 고려 후기 태묘의 구조에서 온 것으로 보인다. 또 조선 종묘의 영녕전도 고려 의종 때 만들어진 별묘와 연관이 있을 수 있다.

　『고려사』 예지에 실린 「체협친향의締祫親享儀」의 진설陳設 내용을 보면 태묘는 당과 묘정廟廷으로 구분되어 있고, 당 위에는 제사 대상인 태조의 신위를 비롯해서 소목의 자리를 배치하였다. 즉 제사 전에 태묘령太廟令이 소속 관원을 거느리고 소목의 자리를 당 위 묘실 밖에〔堂上戶外〕 배치하였는데, 그에 따르면 태조의 신위는 서쪽에서 동향하도록 하고, 혜종·문종·예종을 소로 하여 북쪽에서 남향하도록 하며, 현종·순종·선종·숙종·인종을 목으로 하여 남쪽에서 북향하도록 하였다. 또 등가 악기도 당위에 배치하였다. 묘정에는 배향공신위와 7사위가 동서로 배치되었고, 헌가 악기도 묘정에 배치되었다. 고려시기 체제나 협제를 할 때 신위가 배치된 공간은 조선 종묘의 상월대, 묘정은 하월대와 같은 의미의 공간으로 보인다.

태묘의 제례

태묘의 제사는 사직과 마찬가지로 길례吉禮 대사大祀에 속한다. 『고려
사』 예지 태묘 서문에 따르면 태묘에서 지낸 주요 제향(제사)으로는 날짜
가 정해진 제사로 한식과 납일臘日(동지 뒤 세 번째 술일戌日)의 제사, 4맹월(4계
절의 첫 달인 1월·4월·7월·10월)에 날을 정해서 지내는 사시향四時享, 3년에 한 번
맹동孟冬에 지내는 협제祫祭, 5년에 한 번 맹하孟夏에 지내는 체제가 있었다.
협제와 체제를 지내는 달에는 시향時享을 지내지 않았다. 이외에도 매월
초하루와 보름에 지내는 삭망천신제朔望薦新祭가 있었다. 이때는 새로 난
과일이나 곡식을 제수로 사용하였다. 또 태묘에서는 국가의 큰일이 있으
면 그 내용을 태묘에 알리는 고유제告由祭를 지냈는데, 『고려사』에서 확인
되는 고유제 사례로는 국왕의 즉위, 왕후의 책봉, 군대의 출정과 승전, 왕
명의 개칭, 중국 연호의 사용 등 다양하였다. 아울러 태묘에서는 기우제·
기청제·기설제를 비롯해서 외적의 침입을 막아달라는 제사를 지내기도
하였고, 당면한 나라의 중대사를 결정하기 어려울 때 태묘에서 길흉을 점
쳐서 그 실행을 결정하기도 하였다.

태묘에서의 제사는 왕이 직접 제사를 주관하는 친향 제사와 관련 관
리가 대신하는 섭사攝祀가 있었는데, 태묘에 모셔진 태조를 비롯한 모든
선왕의 신위뿐 아니라 칠사·배향공신을 아울러 치제하는 성대한 합동 제
사인 체제와 협제를 지낼 때 왕이 직접 제례를 주관하였다. 또 전왕의 신
주를 태묘에 새로 모실 때도 체제 혹은 협제를 지냈는데, 체제와 협제를
지낸 후에는 사면을 내리는 경우가 많았다.

도판6-5 서울 사직단
사적 제121호. 각 단의 너비가 2장 5척인 서울의 조선 사직단의 규모는 각 단의 너비가 5장이었던 고려의 사직단보다 작다.

사직단의 구조와 사직 제례

『고려사』예지 길례 대사 사직 서문에는 고려시기 사직단社稷壇의 모습을 설명하고 있다. 그에 따르면 사직단에서 사社는 동쪽에 있고 직稷은 서쪽에 있는데, 각각 너비가 5장이고 높이는 3척 6촌이며, 사방에 계단을 두었으며, 오색의 흙으로 덮었다. 예감瘞坎(제사 지낸 뒤 폐백과 축판祝版을 묻는 구덩이)은 두 단의 북쪽 계단[子陛] 북편에 1개씩 2개를 두었다고 한다. 여기서 주목되는 것이 사단과 직단의 너비가 5장이었다는 것이다. 중국 주나라 제도에 따르면, 천자의 사직은 너비가 5장이며, 제후의 사직은 그 절반인 너비가 2장 5척이어야 했는데, 너비 5장인 고려 사직단은 중국 사직단과 크기가 같았다. 2장 5척인 조선의 사직단 각 단의 너비는 조선 건국 후 중국의 제도를 의식해서 줄인 것이다. 이처럼 고려시기의 제도에는 중국의 제도와 같은 것들이 많았는데, 그런 것들이 고려시기 제도의 특징 중의 하나이다. 사직단의 시설과 관련된 기록으로 1385년(우왕 11) 9월 공민왕에게 내린 시호를 가지고 고려에 온 중국 사신 장부張溥 등이 사직단을 가서 보고는 재려齋廬를 짓지 않았다고 책망하였다는 것이 있다.

사직의 정해진 제사 일은 중춘(2월)과 중추(8월)의 첫 번째 무일戊日, 그리고 납일이었다. 봄에 한 해의 풍작을 기원하고 가을에 풍작에 대해 감사한다는 의미가 담긴 제사일이다. 기본적으로 사직 제사는 농사가 잘 되기를 바라는 농경사회의 제례였다. 이규보가 "8월이면 좋은 절기 되었으니, 상무上戊일 좋은 날에 이 제사 지내노라, 소박한 제전 차려 정성껏 벌여놓고, 큰 풍년 되어지라 우러러 비나이다"라고 남긴 「추례사직제축秋例社稷祭祝」(『동국이상국집東國李相國集』)에서 고려사회에서 사직제를 대하는 마음을 읽을 수 있다.

사직에서는 정해진 제사 말고도 태묘에서와 마찬가지로 기우제·기설제를 비롯해서 출정한 군대가 이기기를 기원하는 특별한 제사를 지내기도 하였다. 사직 제사의 전반적인 제례 절차는 태묘나 기타 제례와 비슷했지만, 왕이 직접 제사를 주관했던 친향은 거의 없었고 전체적으로 태묘의 제사에 비해서는 비중도 적은 편이었다.

7

국자감과 성균관

- 고려 전기 국자감의 설치와 정비
- 고려 후기 국자감의 변화와 유교 교육의 진흥
- 고려 말 성균관의 중영과 구조

고려 전기 국자감의 설치와 정비

국자감의 설치와 운영

　국자감國子監은 개경에 설치된 대표적인 교육기관이다. 국자감은 태묘가 설립된 해인 992년(성종 11) 12월 개경에 설립되었다. 성종은 중국 당나라의 3성 6부를 받아들여 중앙 정치제도를 정비하였고, 건국 이래 제대로 갖추지 못했던 태묘와 사직을 설치하였으며, 유교적 교육기관인 국자감을 설립하였다. 개경에는 국자감 설립 이전에 학교가 있었다. 『고려사』 선거지 서문에 태조가 학교를 세웠다는 기록이 있고, 930년(태조 13) 태조가 서경에 가서 학교를 세웠다는 기록도 그 이전에 개경에 학교가 있었다는 것을 방증한다. 또 성종 초에 성종이 지방 군현에 조詔를 내려 지방 세력의 자제를 뽑아서 개경으로 보내 학업을 익히도록 한 사실 역시 국자감이 설립되기 전에 개경에 학교가 있었기 때문에 가능하였다. 또 989년(성종 8) 4월 교육에 공로가 많은 태학조교太學助敎 송승연宋承演을 포상하여 국자박사國子博士로 삼았던 사실에서도 이때 개경에 학교가 있었던 것을 알 수 있다. 따라서 992년에 개경에 국자감이 설립되었다는 것은 공자의 사당인 문선왕묘文宣王廟를 제대로 갖춘 국립학교가 생겼다는 의미였다. 이렇게 유교적 제사기관인 태묘와 사직, 교육기관인 국자감이 성종 10년부터 11년까지 정비되면서 성종이 즉위한 이후 추진한 유교적 정치이념에 의한 국가운영을 위한 상징기관의 설치가 마무리되었다.

　성종 때 설치된 국자감의 위치를 확인할 수 있는 자료는 없다. 초기 국자감의 위치와 관련한 기록으로는 인종 때 고려를 방문하였던 서긍이 『고려도경』에서 이전의 국자감은 나성 남문인 회빈문 안에 있었는데, 학생들이 많아져서 예현방禮賢坊으로 옮겨서 규모를 넓혔다고 한 것뿐이다. 즉, 서긍이 방문했을 때 국자감이 있었다는 예현방은 국자감의 처음 위치는 아니었다.

국자감은 교육기관이지만 교육만 맡았던 것은 아니다. 공자를 비롯한 유학의 성현들에게 제사를 지내는 일도 국자감의 중요한 일이었다. 또 국자감에서는 과거의 첫 번째 시험인 국자감시國子監試를 주관하였다. 따라서 국자감은 그 기능을 수행할 수 있는 조직, 시설, 관원을 갖추고 있었다. 국자감의 교육 조직으로는 국자학國子學·태학太學·사문학四門學 등의 유학부와 율학律學·서학書學·산학算學 등의 잡학(기술)부가 있었다. 국자학은 문무관 3품 이상, 태학은 5품 이상, 사문학은 7품 이상의 자제들이 입학할 수 있었고, 율학·서학·산학 등의 잡학에는 8품 이하 관원의 자제와 서인이 입학하였다. 국자감의 공자에 대한 정기적인 제사로 2월과 8월의 첫 번째 정일丁日인 상정일上丁日에 치러진 석전제釋奠祭가 있었다. 또 국자감에서는 과거의 예비시험인 국자감시를 주관하였다. 국자감시는 사마시司馬試 또는 진사시進士試라고도 하였다. 국자감시는 개경의 국자감 학생과 사학 12도 학생, 지방의 계수관시에서 선발된 향공鄕貢이 응시할 수 있었다.

국자감의 시설로는 교육공간인 강당과 공자 사당인 문선왕묘를 비롯해서 관리들의 집무실, 학생 기숙사, 도서관 기능을 한 서적포書籍鋪, 제기를 보관하던 제기고, 전곡을 관리하던 창고인 양현고養賢庫 등이 확인된다. 다만 1102년(숙종 7) 3월 순천관에서 진사시험을 치렀다는 기록이 있는 것으로 보아 많은 사람이 시험을 치를 정도의 넓은 시설을 갖추진 못했던 것으로 보인다. 국학國學, 곧 국자감의 시설에 대해서는 지금의 개성 성균관을 중심으로 뒤에 정리하겠다.

국자감의 운영을 맡았던 관원을 문종 때를 기준으로 살펴보면 다음과 같다. 먼저 고위 관원이 겸직하는 관직으로 제거提擧·동제거同提擧·관구管勾 각각 2명과 판사判事 1명이 있었다. 전임직으로 좨주祭酒(종3품) 1명, 사업司業(종4품) 1명, 승丞(종6품) 1명, 국자박사國子博士(정7품) 2명, 대학박사大學博士(종7품) 2명, 주부注簿(종7품) 2명, 사문박사四門博士(정8품) 1명, 학정學正(정9품) 2명, 학록學錄(정9품) 2명, 학유學諭(종9품) 4명, 직학直學(종9품) 2명, 서학박사書學博士

(종9품) 2명, 산학박사算學博士(종9품) 2명이 있었다. 1116년(예종 11)에 판사를 대사성大司成으로 바꾸고 종3품으로 품계를 낮추었다. 이속으로는 문종 때를 기준으로 서사書史 2명과 기관記官 2명이 있었고, 국자감을 지키는 간수 군으로 잡직장교 2명과 산직장상 6명이 배치되었다.

국자감의 이전과 정비

성종 때 설립된 국자감이 1367년(공민왕 16) 성균관으로 새롭게 중영된 것은 잘 알려진 일이다. 그런데 국자감은 그 이전에도 몇 차례 이전과 변화가 있었다. 국자감의 기능이 확대되고 학생 수가 많아지면서 위치를 옮겨서 시설을 확장하였고, 공자의 사당인 문선왕묘를 정비하였으며, 7재七齋를 설치하여 교육제도를 확대 개편하기도 하였고, 서적포와 양현고 등 부속 기구를 설치하였다. 현재 남아 있는 자료를 토대로 국자감이 변화해 간 모습을 따라가 보자.

우선 『고려도경』에 따르면 처음 회빈문 안에 있던 국자감이 예현방으로 확대·이전하였다. 과연 국자감은 언제 예현방으로 옮겼으며, 예현방은 어디쯤일까? 국자감의 이전 시기가 서긍이 고려를 방문한 인종 초 이전인 것은 분명하다. 고려 전기 국자감의 변화와 관련된 기록으로는 1089년(선종 6) 8월 국학을 수리하기 위하여 의장儀仗을 갖추고 문선왕의 위패를 순천관으로 옮겨 봉안하였다는 것이 눈에 띈다. 순천관은 고려 전기 중국 사신의 객관이었다. 인종 때 고려에 온 송나라 사신 서긍 일행도 이곳에서 지냈다. 또 국학을 수리한 2년 후인 1091년(선종 8) 9월에는 송나라 국자감을 모범으로 하여 국학의 벽 위에 72현七十二賢의 초상을 그렸고, 또 10년 후인 1101년(숙종 6) 4월에는 문선왕묘의 좌랑左郎과 우랑右郎에 61자六十一子와 21현二十一賢을 새롭게 그려 넣었다. 또 그해에 국자감에 서적포를 설치하여 비서성秘書省에 있던 책과 판본을 보관하였다. 1089년(선종 6)부터

1101년(숙종 6)까지의 기록들은 국자감의 공자사당인 문선왕묘가 새롭게 꾸며지는 과정으로 여겨진다. 또 1102년(숙종 7) 3월에는 순천관에서 진사 시험을 보았다. 이 기록에서 순천관을 객관으로 사용하지 않을 때는 국자 감에서 활용하였다는 것을 알 수 있다. 이는 1089년(선종 6)에 국학을 수리 할 때 공자의 위패를 순천관에 임시로 모셨던 것과도 통하는 일이다. 또 고려 말에 이 자리에 성균관이 중영된 것을 우연한 일로 볼 수 없다.

이어서 1109년(예종 4) 7월에 국학에 7재를 설치하여 교육기능을 강화 하였다. 이때 설치된 7재는『주역周易』을 공부하는 이택재麗澤齋,『상서尙書』 를 공부하는 대빙재待聘齋,『모시毛詩』를 공부하는 경덕재敬德齋,『주례周禮』 를 공부하는 구인재求仁齋,『대례戴禮』를 공부하는 복응재服膺齋,『춘추春秋』 를 공부하는 양정재養正齋,『무학武學』을 공부하는 강예재講藝齋였다. 이때 시험을 치러 태학의 최민용崔敏庸 등 70명을 선발하여 나누어 배치하였고, 무학은 한자순韓自純 등 8명을 선발하였다. 7재 중 무학재는 1133년(인종 11) 폐지되었다. 1116년(예종 11)에는 국자감에 양현고를 설치하여 재정 확충 을 추진하였다. 이런 것들은 고려 중기 이후 사학이 강화되면서 상대적으 로 위축된 관학, 곧 국학을 활성화하기 위한 것이었다. 이와 관련된 것으 로 1114년(예종 9) 2월에 국자감 학생 장자張仔 등 60명이 궁궐에 나아가 국 학을 세울 것을 요청하였다는 기록이 있다. 당시 국학, 곧 국자감이 있는 상태라는 것을 생각하면 국학을 세우자는 의견은 국학의 위상과 기능을 제대로 세우자는 의미였고, 이 요청이 2년 후인 1116년 양현고 설치로 귀 결되었다고 생각한다.

앞에서 정리한 대로 1089년(선종 6) 8월 국학을 수리하기 위하여 문선 왕의 위패를 순천관으로 옮긴 때부터 1116년(예종 11) 양현고를 설치할 때 까지 20여 년 동안 국자감의 시설을 확충하고 기능을 강화하려는 움직임 이 있었다. 분명한 것은 이 기간 중에 국자감이 이전했다고 보기는 어렵 다. 또 양현고가 설치된 1116년부터 서긍이 개경을 방문한 1123년(인종 1)

사이에 국자감이 이전하였을 가능성도 없다. 따라서 국자감이 예현방으로 이전한 것은 1089년 이전이고, 1089년 이후 국자감과 관련된 기록은 이전 후 국자감의 정비 과정과 관련된 것으로 보는 것이 자연스럽다.

국자감의 위치

그러면 서긍이 방문했을 때 국자감이 있었다는 예현방은 어디일까? 고려시기 국자감이 있었던 곳으로 유력한 곳이 조선시기에 '국자동國子洞'으로 불린 곳이다. 조선 후기의 개성읍지인 『송경광고』에서는 조선시기 태평관 북쪽의 국자동을 국자감의 옛터로 추정하였다. 이곳은 대체로 현재 개성역 북쪽의 태평동 일대이다. 일제강점기에 개성에서 활동하였던 고유섭도 이 의견에 동의하면서 보완 자료로 고려 중기의 홍수 기록을 제시하였다. 고유섭이 인용한 자료는 1132년(인종 10) 홍수가 나서 봉은사 뒷산의 오래된 우물에서 물이 솟구쳐 나와 국학청國學廳으로 쏟아져 들어가 경經·사史·백가百家의 문서가 잠기거나 떠내려갔다는 『고려사』 오행지五行志의 기록이다. 봉은사의 뒷산이 어디였는지는 알 수 없지만, 당시 국자감이 봉은사와 가까운 곳에 있었던 것은 분명하다. 1061년(문종 15) 6월 왕이 봉은사에 갔다가 얼마 후에 국자감에 들러서 공자를 참배한 것도 국자감이 봉은사와 가까운 곳에 있었기 때문에 가능한 일이었다. 따라서 고려시기 국자감은 현재 봉은사가 있던 곳으로 추정되는 곳과 가까운 개성역의 북쪽에 있었을 가능성이 높다. 한편 예현방은 1024년(현종 15)에 정해진 35방에 포함되지 않은 방 이름이다. 예현방이 1024년 이후 새로 생긴 방의 이름인지 아니면 다른 방의 별칭인지는 분명하지 않다.

고려 후기 국자감의 변화와 유교 교육의 진흥

1232년(고종 19) 수도를 강도로 옮길 때 국자감도 당연히 강도로 옮겨 갔지만 옮겼다는 기록은 없다. 강화 천도 시기에 국자감과 관련된 기록은 1251년(고종 38) 8월 공자의 초상을 새로 창건한 화산동花山洞 국자감에 봉안하였다는 것이 유일하다. 천도한 지 20년이 거의 다 된 시기에 국자감을 새로 창건하였다는 것은 천도 직후에 강도에 설치한 국자감이 제 모습을 갖추지 못했기 때문이었을 것이다.

1270년(원종 11) 개경으로 환도하면서 국자감도 개경의 옛 위치로 돌아왔을 것이다. 충렬왕 이후 고려의 정치제도가 원나라와의 관계 속에서 변하게 되는데, 그에 따라 국자감의 명칭도 바뀌었다. 국자감은 1275년(충렬왕 1)에는 국학, 1298년(충선왕 즉위)에는 성균감成均監, 1308년(충선왕 복위)에는 성균관成均館, 1356년(공민왕 5)에는 다시 국자감으로 이름이 바뀌었고, 1362년(공민왕 11) 이후에는 성균관이라는 이름이 계속 사용되었다.

개경 환도 이후 국자감은 궁궐 등 개경의 다른 시설들과 마찬가지로 이전의 경관을 완전히 회복하지 못하였을 가능성이 크다. 개경 환도 후 국자감의 정비와 관련해서 주목되는 두 가지 사실이 있다. 하나는 1304년(충렬왕 30) 6월 4일 대성전을 새로 지은 것이고 다른 하나는 같은 해 5월 28일에 안향安珦이 국학에 섬학전贍學錢 설치를 건의한 것이다. 두 일은 불과 6일 사이의 일로 서로 연관된 것으로 보인다.

먼저 대성전은 1299년(충렬왕 25) 10월 정동행중서성좌승征東行中書省左丞으로 임명되어 고려에 온 야율희일耶律希逸이 1301년 2월 문묘를 참배하고 국학의 건물이 좁고 누추하여 반궁泮宮의 제도를 크게 상실하였다고 왕에게 말한 것이 계기가 되어 새로 짓기 시작하였다. 대성전은 공사를 시작하고 3년 만인 1304년(충렬왕 30) 6월에 완성되었고, 충렬왕은 그다음 날 국학을 방문하여 참배하였다. 한편 안향이 국학에 섬학전 설치를 건의한 것은 대성전이 완성되기 6일 전인 그해 5월 28일이었다. 『고려사』 안향 열전에 따르면 안향은 양현고가 탕진되어 인재 양성이 어렵다고 판단하여 섬학 전이라는 장학재단의 설치를 주도하였다. 섬학전의 재원은 일종의 부가세 인 과렴科斂으로 마련하였다. 즉 6품 이상의 관리는 은 1근씩을 내고, 7품 이하는 포를 내게 하였고, 여기에 왕이 내고의 전곡을 보태어 섬학전의 재 원을 마련하였다. 이렇게 마련된 섬학전은 예종 때 설치되었던 양현고에 서 '존본취식存本取息'으로 운영하였다. '존본취식'은 기금을 백성들에게 빌 려주고 이식利息(이자)을 받아서 재단을 운영하는 방식이었다. 이러한 재단 운영방식은 신라 때부터 사원에서 운영하던 보寶에서 유래한 것으로 원금 은 보존한 채 이식으로만 재단을 운영하는 방식이다. 고려 후기 이후 국가 와 지방 재정이 나빠지면서 중앙 관청과 지방 관청에서 유행하던 재정 확 보 방법이었다. 조선 후기의 환곡還穀의 운영방식 역시 이것과 같다.

안향은 국학의 대성전 준공을 6일 앞두고 섬학전 설치를 주도하였다. 섬학전에 돈 내기를 싫어한 무관도 있었지만, 섬학전 설치가 이루어진 것 은 당시 국학이 가진 문제가 대성전에만 있지 않다는 것을 대부분의 다른 관료들도 공감하였기 때문이었다. 이때 안향은 남은 돈을 박사博士 김문정 金文鼎 등에게 맡겨 중국에 가서 공자와 70제자의 초상화와 제기·악기·6경 經과 제자서諸子書와 사서史書를 구하여 오게 하였다. 또한 밀직부사密直副使 로 치사致仕한 이산李僐과 전법판서典法判書 이진李瑱을 경사교수도감사經史 教授都監使로 추천하여 임명하게 하였다. 그에 따라 금내학관禁內學館·내시內 侍·3도감三都監·5고五庫에서 학문을 배우고 싶은 사람들과 7관七管·12도十二 徒의 학생들 중 경서를 옆에 끼고 다니며 배우는 자들이 수백 명이나 되었 다고 할 정도로 유학을 공부하는 열기가 생겼다.

이렇게 1304년(충렬왕 30)에는 대성전의 개창만 이루어진 것이 아니라 섬학전을 설치하여 국학의 재정을 확보하였고 이를 토대로 유학이 진흥 하는 토대를 갖추게 되었다. 이 공으로 안향은 1319년(충숙왕 6) 문묘에 배

도판7-1 「안향 초상」(국립중앙박물관 소장)
이모본(移模本)으로, 안향 초상 중 국보로 지정
된 것은 소수서원이 소장하고 있다.

향되었고, 이후 중국에서 주자학을 받아들여 고려 후기 주자학을 부흥시
킨 인물로 평가되고 있다. 원 간섭기의 유교 교육에 대한 관심은 이후에도
이어졌다. 1308년 다시 왕위에 오른 충선왕은 양현고에 은 50근을 하사하
고, 예문관藝文館으로 하여금 군현郡縣에서 뛰어난 재주가 있는 자들을 불
러 모아 첩牒을 주어서 훈도訓導를 맡기도록 하였고, 1314년(충숙왕 1) 1월에
충숙왕은 교를 내려서 성균관에서 교육과 제사가 제대로 이루어지지 않
는다고 질책하면서 좨주祭酒는 제사를 지내거나 배알拜謁할 때에 엄숙하고
깨끗하도록 힘쓸 것이며, 생도 중에 참여하지 않는 자에게는 백금白金 1근

을 징수하여 양현고에 충당하도록 하라고 하였다. 이렇게 원 간섭기에는 유학에 대한 관심이 이어졌고, 그것이 이후 성리학 중흥의 기반이 되었다.

고려 말 성균관의 중영과 구조

성균관의 중영 과정과 의미

1356년(공민왕 5) 반원 개혁에 따른 관제 개편으로 전기의 이름을 되찾았던 국자감은 1362년(공민왕 11) 이후에는 성균관이라는 이름을 계속 사용하게 되는데, 성균관이 현재 개성 성균관 자리에 정착한 것은 1367년(공민왕 16)이었다. 이때 성균좨주成均祭酒 임박林樸이 성균관을 다시 건설하자고 요청하자, 공민왕이 국학을 숭문관崇文館 옛터에 다시 지으라고 명하면서 성균관 중영이 시작되었다. 성균관을 중영한 숭문관 옛터는 고려 전기에 대명궁, 곧 순천관이 있던 곳으로 1089년(선종 6)에 국학을 수리할 때 공자의 위패를 임시로 모셨던 곳이기도 하고 1102년(숙종 7) 3월에는 진사를 시험한 곳이기도 하다. 고려 전기 외국 사신의 객관으로 사용되던 순천관은 인종 때 이자겸의 난으로 본궐이 불에 탄 후 인종이 대명궁으로 고쳐서 사용한 적이 있는데, 고려 후기 이후 용례가 없는 것으로 보아 강화 천도 시기를 전후하여 훼손되어 더 이상 사용되지 않은 듯하다.

이곳이 다시 기록에 등장하는 것은 충혜왕이 1343년(충혜왕 후 4) 3월 삼현三峴에 새 궁궐을 짓기 시작하면서이다. 신궁은 그해 10월 완성되었는데, 그다음 해 충혜왕이 폐위되면서 헐리고 말았다. 1344년 충혜왕을 이어 즉위한 충목왕이 신궁을 헐고 그 자리에 숭문관을 짓게 하였다. 따라서 1367년 성균관을 새로 지은 숭문관 옛터는 바로 충혜왕이 신궁을 지은 삼현이고, 이곳은 고려 전기 순천관이 있던 곳이다. 충목왕이 즉위하여 세운 숭문관은 1356년(공민왕 5)까지 사열의 장소로 사용되었던 용례가 보이는 것으로 보아서 적어도 그때까지는 건재하였다. 따라서 숭문관은 1361년 (공민왕 10) 홍건적의 침입으로 개경이 함락되었을 때 훼손되었다가 1367년 (공민왕 16) 그 터에 성균관이 중건되었다.

공민왕은 두 차례에 걸친 홍건적의 침입을 겪은 후인 1363년(공민왕 12) 5월 전쟁을 치르면서 나타난 여러 폐단과 더 어려워진 민생 현실을 해결하기 위해서 여러 항목의 개혁교서를 내렸다. 그중에는 성균관과 12도, 동·서의 학당과 여러 주군의 향교에서는 엄하게 가르치고 깨우쳐서 인재를 양성하라는 내용이 포함되어 있다. 이는 흔들리고 있는 중앙과 지방의 교육제도 기반을 강화해야 한다는 의미로 읽힌다. 또 호강豪强들에게 겸병兼幷당한 성균관의 전민田民을 찾아서 섬학전에 쓰도록 하였다. 이것은 공민왕을 비롯한 당시 정치세력이 교육의 진흥을 해결해야 할 당면 과제 중의 하나로 인식하고 있었기 때문이다. 특히 홍건적의 개경 침입 때 국자감도 피해를 보게 되면서 교육제도의 재건을 서두르게 되었다고 생각한다. 이런 분위기에서 1367년 성균관 중영이 이루어졌고, 더 나아가서 성리학 중흥의 기틀이 마련되었다.

앞에서 정리한 대로 1367년(공민왕 16) 성균관을 다시 짓자는 임박의 상언을 공민왕이 받아들여 숭문관 옛터에 성균관을 지으라고 명하면서 성균관 중영이 시작되었다. 당시 공민왕은 모든 권력을 신돈辛旽에게 위임한 상태였음에도 성균관 중영에 직접 관여한 것은 공민왕이 성균관 중영에 큰 관심이 있었기 때문이다. 공민왕이 성균관 중영을 명하자 신돈은 유탁柳濯·이색李穡과 함께 숭문관에 모여 옛터를 살펴보았는데, 그때 신돈은 관을 벗고 머리를 조아리며 선성先聖에게 맹세하여 말하기를, "마음을 다하여 다시 짓겠습니다"라고 하였다. 좌우에서 옛 제도에서 조금만 줄이면 쉽게 완성할 수 있겠다고 했지만 신돈은 문선왕은 천하 만세의 스승이기 때문에 조금의 비용을 아껴 전대의 규모를 훼손할 수는 없다고 하여 성균관의 규모가 축소되지 않았다.

성균관을 중창하는 일은 염흥방이 맡았는데, 그 경비는 충렬왕 때 안향이 섬학전을 조성할 때와 같이 부가세인 과렴으로 충당하였다. 염흥방은 문신들에게 품계에 따라 포를 내게 하였는데, 전교랑典校郎 윤상발尹商拔이 옷을 팔아 포 50단端을 마련하여 그 비용을 도운 것이 기폭제가 되어 열흘 만에 들어온 포가 1만 단이 되었다고 한다. 당시 성균관을 중영하면서 그 경비를 관리들로부터 포를 거두어 충당할 수밖에 없었던 것은 공민왕비인 노국대장공주가 죽은 후 크게 일어난 영전影殿 공사로 국고 재정이 고갈되었기 때문이었다. 성균관 중영과 관련된 기록으로 1367년 7월 문선왕의 소상塑像을 숭문관으로 옮겼다는 내용이 있는데, 이 소상은 1320년(충숙왕 7) 9월에 왕과 재추가 비용을 내어서 만든 것이다. 다만 공자 소상을 숭문관으로 옮긴 때가 성균관 중창을 시작할 때인지 완성 후인지는 알 수 없다. 공자 소상을 옮긴 곳을 숭문관이라 한 것으로 보아 성균관이 완성되기 전일 가능성이 크다.

1367년 성균관이 중영되었을 때 이색이 판개성부사判開城府事 겸 성균관 대사성으로 성균관의 책임자가 되었고, 경술經術을 공부한 선비인 김구용金九容·정몽주鄭夢周·박상충朴尙衷·박의중朴宜中·이숭인李崇仁 등이 다른 관직을 가진 채 교관敎官을 겸직하였다. 또 이전에 수십 명에 불과하던 학생 수도 이때 대폭 늘어났고, 처음으로 학제를 오경재五經齋와 사서재四書齋로 나누었다. 『고려사』 이색 열전에 따르면 이색이 다시 학식學式을 정하고 매일 명륜당明倫堂에 앉아서 경전을 나누어 수업하였다. 이때 강의를 마치면 함께 논쟁하느라 지루함을 잊을 정도였고, 이에 학자들이 모여들기 시작하였으며 서로 보고 느끼게 되면서 정주성리학程朱性理學이 비로소 일어나게 되었다고 한다.

이때 성균관을 중영하면서 건물을 새로 지었고, 학제를 개편하고 학생 수가 늘었으며, 이색을 비롯한 학식이 높은 인물들이 교관을 맡으면서 신유학인 주자성리학이 일어날 기반이 만들어졌다. 이후 성균관에서 성리학을 공부한 이들은 조선왕조 개창의 주역이 되는 새로운 정치세력으로 성장하였다. 그렇지만 우왕 이후 토지탈점이 심화되고 국가재정이 악화되면서 성균관의 양현고도 고갈되고 학생 수도 줄어드는 등 성균관은 한때 위기를 맞기도 하였다.

1383년(우왕 9) 2월 우왕이 한양에 이어했다가 개경으로 돌아오자 성균관 학생들이 우왕을 영접하면서 가요歌謠를 불렀는데, 우왕이 "학생이 어찌 적은가?"라고 하자 염흥방이 양현고가 고갈되어 학생을 잘 교육할 수 없기 때문이라고 대답한 사례에서 당시 성균관의 운영실태를 짐작할 수 있다.

개성 성균관의 구조와 특징

개경의 성균관은 1392년 조선왕조가 건국되고 이어서 1394년 수도를 한양으로 옮기면서 중앙의 국립학교의 지위를 잃었다. 태종 이후 개경은 조선의 지방도시인 개성부로 재편성되면서 개성의 성균관 역시 향교가 되어야 했지만 개성 성균관은 성균관의 이름을 유지하였다. 성균관의 이름을 둘러싸고 다른 고을과 같이 개성부의 향교로 할 것인지 한때 수도였던 곳이니 이전 이름인 성균관을 계속 사용할 것인지를 놓고 논란이 일었지만 조선 초 개성이 수도였던 곳이라는 것이 인정되어 개성부의 학교는 그대로 성균관으로 부르게 되었다.

고려 말 중영된 성균관은 어떤 모습이었을까? 현재 고려박물관으로 사용되고 있는 개성 성균관의 경관을 중심으로 옛 모습을 재구성해 보자. 개성 성균관은 1592년(조선 선조 25) 임진왜란 때 불에 타서, 1602년(조선 선조 35)부터 8년에 걸쳐서 중건되었다. 따라서 개성 성균관은 임진왜란 후 다시 지은 것이기 때문에 옛 경관을 그대로 간직하고 있지 않다. 현재 개성 성균관에 옛 건물의 기둥 자리로 보이는 주춧돌이 여기저기 남아 있는 것

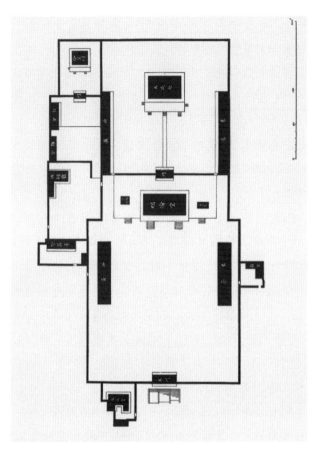

도판7-2 개성 성균관 배치도(1920 『조선고적도보』7)
개성 성균관은 서울에 있는 조선 성균관과 달리 교육공간인 명륜당이 대
성전보다 앞에 있다.

은 임진왜란 후 성균관을 다시 지을 때 이전 모습을 그대로 복원하지 않
았기 때문이다.

　현재 개성 성균관은 크게 교육공간인 명륜당明倫堂 구역과 제사공간인
대성전大成殿 구역으로 나누어진다. 명륜당 앞 좌우에는 학생들의 기숙사

기능을 하였던 동재東齋와 서재西齋가 있다. 또 명륜당 동쪽에는 제사에 필요한 물건을 보관하던 향실享室이 있고, 서쪽에는 서적을 보관하여 도서관 기능을 하던 존경각尊經閣이 있다. 또 존경각 서쪽에는 제사를 준비하던 전사청典祀廳이 있다. 대성전 구역의 중앙에 있는 대성전 앞 좌우에는 동무東廡와 서무西廡가 있다. 대성전이 공자의 사당이라면 동무와 서무는 공자를 제외한 유학의 성현들의 위패를 모신 곳이다. 또 대성전 서북쪽에는 공자·안자顔子·자사子思·증자曾子·맹자孟子 아버지의 신위를 모셨던 사당인 계성사啓聖祠가 있다.

조선 전기 개성 성균관의 모습은 현재와 어떤 차이가 있었을까? 1485년(조선 성종 16) 9월 개성 일대를 유람한 남효온南孝溫이 남긴 「송경록松京錄」(『추강집秋江集』 권6)에서 조선 전기 개성 성균관과 현재 성균관의 차이를 찾아볼 수 있다. 「송경록」에 묘사된 개성 성균관 역시 남쪽에 명륜당과 동재·서재, 북쪽에 대성전과 동무·서무가 배치되어 있다는 점에서 현재의 개성 성균관과 기본 구조는 같다. 그런데 동재와 서재 위에 교관청教官廳이 있다는 「송경록」의 서술은 지금 확인할 수 없는 교관청의 위치를 가늠할 수 있는 중요한 기록이다. 또 동무와 서무 안에는 공자의 70제자 및 한당漢唐 제유諸儒의 신판神板이 있었다는 서술과 대성전의 중앙에는 문선왕의 토상土像이 있었고, 그 곁에 안자·증자·자사·맹자의 토상이 있었다는 서술 역시 초창기 개성 성균관의 모습을 이해하는 데 도움이 된다. 특히 대성전 안에 공자를 비롯해서 안자·증자·자사·맹자의 토상이 있었다는 사실은 조선의 모습이 아니라 고려의 모습이라는 점에서 의미 있는 기록이다. 또 십철十哲의 토상이 있었다는 동서의 종사청從祀廳은 현재의 성균관에서는 확인되지 않는 시설이다. 또 현재 대성전 서북쪽에 계성사에 대해서도 언급하지 않았다. 그것은 당시에는 성균관에 계성사가 없었기 때문으로 보인다. 서울의 조선 성균관에 계성사가 건설된 것이 임진왜란 이후라는 점에서 개성 성균관에 있는 계성사 역시 조선 후기 중건할 때 건설되었을 가능성이 높다. 아울러 남효온은 현재 개성 성균관에 있는 향실, 존경각, 전사청에 대해서도 언급하지 않았다. 개성 성균관은 현재 서울에 있는 조선시기 성균관과 달리 교육공간인 명륜당이 앞에 있고 제사공간인 대성전이 뒤에 있다.

현재 개성 성균관의 건물 중 명륜당, 대성전, 동무, 서무, 계성전 등은 고려박물관 전시실로 사용되고 있다. 성균관은 2013년 유네스코 세계유산으로 등재된 '개성역사유적지구Historic Monuments and Sites in Kaesong'에 포함되어 있다.

8

경제제도 운영과 개경

▪ 경제운영의 특징과 재정관서
▪ 조세제도의 운영과 개경
▪ 구휼제도의 운영과 개경

경제운영의 특징과 재정관서

고려시기의 경제제도 운영은 현물경제에 기반을 두고 이루어졌다. 국가의 주된 재정수입은 백성들로부터 거두는 쌀과 포 등 현물이 중심이었고 재정지출 역시 마찬가지였다. 따라서 고려시기 국가의 경제운영은 주요 재정항목의 출납을 맡은 관청, 곧 재정관서 단위로 이루어졌다. 현물경제로 운영되는 경제제도에서는 현재와 같이 국가가 국세청에서 전국의 조세를 모두 거둔 후 다시 재정 지출을 맡은 관청에게 예산을 배분하는 형식은 비효율적일 뿐 아니라 사실상 불가능하였다. 고려시기 각 재정관서의 구체적인 재정운영은 주로 미곡의 출납에 관여한 좌창·우창 등 창고倉庫와 미곡 외에도 다양한 잡물雜物의 출납에도 관여한 일반 관청들[各司] 사이에 차이가 있었다. 창고는 각 창고에 할당된 수조지[公田]에서 전조田租를 징수하여 녹봉祿俸·국용國用·군자軍資 등 중요한 재정 항목의 운영을 담당하였다. 결과적으로 이들 창고는 국가재정의 대부분을 보관·관리하는 기능도 하였다. 반면에 일반 관청의 경우 각 관청의 고유 업무에 필요한 것 중 미곡류는 우창 등 국용을 담당하였던 창고에서 지원을 받았고, 그 밖의 다양한 잡물들은 공물제도를 통하여 군현으로부터 직접 징수하였다. 이와 같이 고려시기에는 주요한 재정항목을 담당하였던 재정관서가 독자적인 재정단위로 운영되었다.

고려시기 주요 재정항목으로는 공적인 왕실 재정인 공상供上과 국가의 보편적인 경제 운영을 의미하는 국용國用을 비롯해서 관리 급여인 녹봉祿俸, 군사비용인 군자軍資, 빈민 구제비용인 구휼救恤 등이 있었다. 내장택內庄宅·내고內庫와 상승국尙乘局·상사국尙舍局·상의국尙衣局·상약국尙藥局·상식국尙食局 등 5국에서는 왕실재정을, 좌창左倉에서는 녹봉을, 용문창龍門倉에서는 군자를, 의창義倉과 상평창常平倉 등에서는 구휼을, 대부시大府寺와 우창右倉·대창大倉·운흥창雲興倉 등 창고에서는 국용과 구휼을 담당하였다.

고려시기의 재정운영은 재정항목을 맡은 관청 단위로 이루어졌지만, 중앙의 상위 관청인 호부戶部와 삼사三司는 국가의 재정운영 전반을 주관함으로써 구체적인 재정운영이 개별 재정관서 단위로 이루어지는 한계를 어느 정도 보완할 수 있었다. 즉 호부는 국가의 기본 세원인 호구와 토지를 파악하고 관리하는 일을 하였으며, 삼사는 호부가 파악한 세원을 바탕으로 해서 조세를 거두고 쓰는 일, 즉 전곡錢穀 출납出納과 회계 업무를 주관하였다. 아울러 어사대御史臺는 재정운영을 감찰하였다. 특히 어사대 관리는 창고에서 창곡의 출납에 직접 관여하였다. 이러한 것은 체계적이고 합리적인 재정운영을 위한 제도적인 장치였다.

고려시기에는 좌창·우창 등 국가의 핵심 재정기관의 운영에 왕의 영향력이 매우 컸다. 고려 전기에는 좌창·우창의 운영을 맡은 좌창별감左倉別監과 우창별감右倉別監을 왕의 측근인 근시近侍로 임명하였다. 이에 따라 창곡운영을 감찰하였던 어사대의 관리와 왕이 창곡 운용을 둘러싸고 갈등을 보이는 경우가 종종 있었다. 1288년(충렬왕 14) 5월 충렬왕이 왕 주변에서 잡무를 담당하던 내료內僚의 밀린 녹봉을 지급하라고 명령하자, 감찰관인 전중시사殿中侍史 전유田儒와 좌창의 관리를 맡았던 좌창별감 장순張巡이 재정 부족을 이유로 녹봉지급을 거부하였다가 하옥되었다. 1308년 충선왕이 복위하여 좌창과 우창의 이름을 광흥창廣興倉과 풍저창豊儲倉으로 바꾸고 그 책임자인 광흥창사廣興倉使와 풍저창사豊儲倉使를 정식 품관品官으로 임명하여 재정을 합리적으로 운영하려 하였지만, 그 이후에도 여전히 왕이 재정운영에 개입할 여지는 많았다. 따라서 이후에도 왕과 어사대 관리가 창곡 운영을 둘러싸고 갈등을 보이는 사례는 계속 나타났다. 1386년(우왕 12) 6월 광흥창사 나영렬羅英烈, 부사副使 전사리田思理, 분대규정分臺糾正 권간權幹 등이 순군옥에 갇힌 일이 있었다. 이때 우왕이 내시를 시켜서 측근인사들에게 광흥창의 곡식을 나누어주라고 하자, 나영렬 등이 녹봉곡은 아무에게나 함부로 줄 수 없다며 지급을 거부하였기 때문이다. 분대규정권간이 감찰사의 관원이었다. 물론 의종 때 감찰어사監察御史 이현부李玄夫가 운흥창雲興倉의 쌀 17석을 그의 의붓아들과 상인에게 주었다가 처벌을 받은 것처럼 감찰관들은 그 지위를 이용하여 비리를 저지르기도 하였다.

개경은 정치운영의 중심이면서 동시에 경제운영의 중심이기도 하였다. 따라서 개경에는 고려 국가의 경제운영을 주관하는 주요 관청들이 곳곳에 있었다. 고려시기 주요한 재정관서들은 대체로 고려의 정치제도가 마련되는 성종 때를 전후하여 설치되었으며, 목종·현종 때를 거쳐서 문종 때에 완성되었다. 그렇지만 중요한 재정항목을 담당하였던 관청들은 고려 초기부터 존재하였다. 이들 관청은 그 고유 업무에 필요한 재화의 확보를 전제로 하여 설치되었기 때문에, 그 설치시기는 재정운영 체계가 성립되는 시기인 동시에 그 세입 구조인 조세제도의 성립과도 일치한다.

고려시기 주요 재정 항목을 맡았던 재정관서들은 수도인 개경에 있었지만 정확한 위치를 확인할 수는 없다. 고려 전기의 주요 재정관서를 정리한 〈표8-1〉을 토대로 주요 재정관서의 위치를 추정해 보자. 왕실 재정을 맡았던 내장택과 내고는 궁성 안에 있었을 가능성이 크다. 또 왕의 생활과 활동을 지원했던 상승국·상식국·상사국·상의국·상약국 등 5국 역시 궁성 안에 있었을 것이다.

또 국가재정운영에서 큰 비중을 차지하고 있던 좌창과 우창을 비롯한 주요한 창고의 위치 역시 확인할 수 없다. 먼저 대창의 위치는 1208년(희종 4) 7월 대시를 고쳐 지으면서 광화문 안의 대창 남랑南廊과 영휴문迎休門 등 73영楹을 지었다는 기록이 참고된다. 이에 따르면 대창은 광화문 안, 곧 황성 안에 있었다고 할 수 있다. 대창을 제외한 다른 창고의 위치에 대해서는 『고려도경』에서 서술한 내용을 간단히 소개하겠다. 우창은 서긍이 개경을 방문했을 때 내성 안에 있던 유일한 창고라고 하였다. 국용을 담당하였던 우창이 궁궐과 주요 관청 가까이에 있었던 것은 충분히 짐작이 된다. 관리의 녹봉을 담당했던 좌창의 위치에 대한 서술은 없지만 좌창의 위

표8-1 고려 전기의 주요 재정관서

구분	관청 이름
재정운영의 주관 관청	호부, 삼사
공상 (왕실재정)	내장택, 내고 5국: 상승국, 상서국, 상의국, 상약국, 상식국
국용 (국가재정)	우창, 대창, 운흥창, 각사(各司)
녹봉 (관리 급여)	좌창
군자 (군사비용)	용문창
구휼 (빈민 구제비용)	의창, 상평창, 동서대비원, 혜민국

치 역시 개경의 중심부에서 멀리 떨어지지는 않았을 것이다. 조선시기 관리의 녹봉을 담당하였던 광흥창은 한강(서강)에서 멀리 떨어지지 않은 도성 서쪽(지금의 서울특별시 마포구 광흥창역 근처)에 있었다. 또 군자곡을 보관하였던 용문창은 개경 서쪽인 선의문 밖에 있었고, 의창곡이 보관되었던 대의창은 개경의 서문 안에 있다가 화재로 타버리자 나성의 동남문인 장패문(보정문) 근처로 옮겼다고 한다. 이곳은 개경의 물이 모이는 곳으로 화재 대비에 유리하였기 때문이다. 또 해염창海鹽倉과 상평창常平倉에 대해서는 두 창고의 거리가 서로 수백 보 떨어져 있다고만 기록하였다. 이들 창고에는 간수군看守軍과 검점군檢點軍이라는 이름을 가진 군인이 파견되어 도적으로부터 창곡을 지켰다.[26] 국가재정운영에서 중요한 비중을 차지하였던 좌창과 우창에는 간수군과 검점군이 모두 배치되었다.

조세제도의 운영과 개경

조세제도 운영과 개경의 관청

조세제도는 군현을 단위로 하여 중세국가가 필요로 하는 현물과 노동력을 백성으로부터 거두는 제도이다. 고려시기 조세제도는 국가운영에 필요한 재화를 획득·관리하고 처분하는 재정운영 체계와 서로 밀접하게 연결되어 있었다. 또한 재정운영 체계와 조세제도에 대한 이해는 토지제도와 농업기술에 대한 이해 못지않게 당시의 경제구조를 이해하는 데 중요하다.

고려시기의 단위군현은 조세의 수취단위로 운영되었다. 따라서 조세의 수취장부인 세적稅籍과 공적貢籍(공안貢案)도 군현을 단위로 작성되었다. 또한 조세의 감면, 조세 수취를 위한 기초 작업인 양전量田과 양안量案 작성, 호구 조사와 호적 작성, 더 나아가 권농과 구휼도 단위군현을 단위로 이루어졌다. 이때 중앙에서 지방관이 파견된 주군현主郡縣뿐 아니라 지방관이 파견되지 않았던 속군현屬郡縣도 똑같이 하나의 수취 단위가 되었다.

고려시기 조세제도의 핵심은 일반 백성이 토지경작을 전제로 부담하였던 기본세인 조租·포布·역役 3세를 군현을 단위로 하여 전세田稅·공물貢物·요역徭役의 형태로 수취하는 것이었다.

전세는 가장 기본적인 현물세로서 경작하고 있는 토지에서 매년 수확량의 일부를 내는 세였다. 고려시기 중앙정부가 군현을 단위로 징수하였

---

26) 간수군은 미곡을 보관 관리하던 창고, 중요한 물품이 있는 관청에 속한 창고, 관청 등 보호해야 할 시설 등을 지키는 군인이었고, 검점군은 시전·거리·5부·4교 등 개경의 주요 지역과 좌창·우창 등 주요 창고, 송악산 등 산, 4교에 조성한 숲. 태묘를 점검하는 군인이었다. 간수군이 파견된 주요 창고로는 용문창(장교 2명, 산직장상 2명, 군인 15명), 운흥창(장교 2명, 군인 5명), 내장택(장교 2명, 군인 8명), 장흥고(장상 3명, 장교 2명, 군인 5명), 상평창(산직장상 2명, 잡직장교 2명), 좌창(산직장상 2명), 우창(산직장상 2명) 등이 있었고, 검점군이 파견된 주요 창고로는 지창(장교 2명, 군인 2명), 좌창(장교 2명, 군인 15명), 우창(장교 5명, 군인 25명) 등이 있었다.

던 전세는 백성이 내는 전조田租를 바탕으로 구성되었는데 전조는 그 수취 비율, 곧 수조율收租率에 따라서 그 내용과 성격이 달랐다. 기록에서 확인할 수 있는 고려기기의 수조율에는 1/10, 1/4, 1/2이 있다. 논에서는 주로 쌀을, 밭에서는 조·보리·콩 등 잡곡을 거두었는데, 그중에서 가장 중요한 것은 쌀이었다. 쌀의 형태는 껍질을 까지 않은 벼[租]를 비롯하여 도정 정도에 따라서 조미糙米·갱미粳米·백미白米 등이 있었다. 논에서는 주로 미곡의 형태로 징수되었지만, 어떤 때에는 벼로도 징수되었다. 군현 단위 조세는 각 군현의 수령의 책임 아래 향리鄕吏들이 거두어들였다. 군현에서 백성으로부터 전조를 징수하는 과정에서 가장 기초적인 일은 각 촌락의 촌전村典(촌장)이 관여하였지만, 군현의 전세 징수에 관여하고 실질적으로 책임을 겼던 것은 군현의 향리였다. 다만 군현 단위로 정해진 조세를 중앙에 내는 책임은 원칙적으로 수령에게 있었기 때문에 정해진 액수를 채우지 못했을 때 수령이 파직되기도 하였다.

공물은 국가운영에 필요한 현물을 군현으로부터 직접 거두는 세목으로, 공부貢賦·토공土貢·외공外貢·세공歲貢 등으로도 쓰였다. 고려는 국가운영에 필요한 물품 중 곡물을 제외하고는 대개 공물제도를 통하여 군현 단위로 징수하였다. 공물의 품목에서 가장 큰 비중을 차지한 것은 직물류[布類]였다. 공물에는 직물류 외에도 국가에서 필요한 다양한 물품이 포함되어 있었다. 특히 특수 행정구역인 소所에서 생산되는 물품은 군현 공물의 중요한 품목이었다. 소는 국가에서 필요로 하는 물품 중 일반 백성이 생산하기 어려운 특수한 물품을 전문적으로 생산하는 곳이었다. 공물은 평포平布를 비롯한 직물류, 소의 생산물, 민호의 공역貢役을 동원하여 조달한 물품으로 구성되었다. 이 중 직물류의 대부분은 백성이 포로 납부한 것이었다. 따라서 고려기기 공물은 포와 역을 포괄하는 복합적인 세목이었다. 중앙국가에서는 군현에 등록된 호구와 토지의 규모, 군현의 생산물 등을 기준으로 공물 징수 장부인 공안貢案을 작성하였고, 각 군현에서는 공안을 토대로 각 군현에 부과된 공물을 조달하여 정해진 기간까지 중앙 관청에 직접 납부하였다. 공물은 공안에 기록되어 매년 정기적으로 납부하는 공물인 상공常貢과 비정기적인 공물인 별공別貢이 있었으며, 이 외에도 왕실에 특별히 납부하는 물품도 있었다.

요역徭役은 국가가 백성으로부터 아무 대가 없이 노동력을 징발하는 세목이다. 고려 국가는 건국 초기부터 군현 단위로 호적을 작성하고 이를 토대로 요역을 징발하였다. 요역은 그 주체나 징발 범위에 따라서 군현 차원의 요역과 국가 차원의 요역으로 나눌 수 있으며, 그 세부적인 형태에 따라서 축성·사원 영조·궁궐 영조·수리시설 축조 등의 토목공사역[工役]과 현물세의 조달과 운반에 관련된 공역貢役·수역輸役 등으로 나눌 수 있다. 군현 차원의 역 중 중요한 것은 공역과 수역이었고, 국가 차원의 요역 중 가장 전형적인 것은 궁궐과 사원의 영조였다. 국가 차원의 역사에는 재상 지위의 동역관董役官이 파견되어 노동력을 징발하고 부리는 일을 맡았다. 국가 차원의 요역에는 일반 백성과 공장工匠이 징발되었고, 그들은 대부분은 역사役事가 있는 부근의 군현에서 징발되었다. 따라서 개경 주변의 군현, 곧 개성부에 속한 군현들은 다른 지역보다 요역 부담이 많았다. 군현에서 노동력을 징발하고 부리는 일은 수령의 책임 아래 향리층의 주도로 이루어졌다.

지방 군현에서 거둔 조세(현물세)는 개경을 중심으로 편성된 교통로를 통하여 개경으로 운반되었다. 특히 전세는 수운 교통, 곧 조운漕運을 통해서 개경으로 운반되었다. 전세는 무겁고 부피가 컸으며 개경으로 납부하는 시기도 매년 2월에서 5월까지로 정해졌기 때문이다. 따라서 고려 초부터 수운을 이용하여 세곡을 운반하였을 것이다. 고려 초 세곡 운반을 담당하였던 전운사轉運使 역시 수운을 이용하였을 것이다. 992년(성종 11)에는 각 포구에서 개경의 창고까지 세곡을 운반할 때 드는 비용인 수경가輸京價를 정하였고, 정종靖宗 때에는 전국에 13개의 조창을 설치하여 조운제도를 정비하였다. 13조창은 고려 초 각 지방에서 조운의 임무를 담당하던 60여 곳의 포浦가 13조창으로 통폐합된 것이다. 13조창은 경상도에 2곳, 전라도에 6곳, 양광도(지금의 충청남북도와 경기도의 대부분, 강원도의 일부 지역 포함)에 4곳, 서해도에 1곳이 있었다. 13개의 조창 대부분은 해안에 위치하였지만 한강 상류인 충주와 원주에도 2개의 조창이 있었다. 이것은 한강을 통해 조운이 이루어졌음을 보여준다. 특히 경상도 북부지방의 세곡은 죽령이나 하늘재를 넘어 충주의 조창을 통해서 경창京倉으로 운반되었다. 반면 양계 지방에는 조창이 설치되지 않았는데, 이는 양계가 변방지대여서 그 세곡을 해당 지역의 군사비용으로 충당하였기 때문이다.

13조창에서 조운을 통하여 개경으로 운반된 세곡이 도착한 곳은 임진강 하구의 동강과 예성강 하구의 서강이었다. 경상도나 전라도, 양광도, 서해도의 해안에 위치한 조창들에서 개경으로 운송되는 대부분의 세곡은 서강으로 운반되었고 한강 상류의 흥원창과 덕흥창에서 출발한 조운선은 동강에 도착하였다. 동강과 서강의 창고로 운반된 전국 각지의 세곡은 다시 좌창과 우창, 대창 등의 개경의 주요 창고로 운송되어 사용되었다. 고려 말인 우왕 때에는 동강창에서 녹봉을 지급한 사례가 확인되지만 이것은 특별한 경우로 보인다.

전세로 거둔 세곡이 조운을 통하여 개경으로 운송되었다면 군현 단위로 징수된 공물은 대개 육운陸運을 통하여 개경의 관청으로 직접 운송되었다. 각 군현에서는 공안을 토대로 군현에 부과된 공물을 조달하여 정해진 기간까지 중앙 관청에 직접 납부하였다. 1년에 여러 번 다양한 물품을 중앙으로 납부하는 공물 납부의 특성 때문에 공물 납부에는 조운보다 육운이 더 많이 이용되었다. 역로를 이용하는 육운은 한꺼번에 많은 물건을 운반할 때에는 조운보다 불리했지만 해난 사고에서 자유로운 장점도 있었다. 고려 말 조선 초에는 왜구의 침입으로 조운선이 자주 침탈되자 국가에서는 조운을 통한 세곡 운송을 금지하였다. 이때는 조세로 거둔 세곡도 육운을 이용하여 서울(개경, 한양)로 운송되었다.

개경 사람들의 조세 부담

개경은 고려왕조의 수도로서 정치·경제·행정의 중심지였기에 여기에
는 여러 계층의 많은 사람들이 모여 살았다. 1232년(고종 19) 강화도로 천
도할 때의 개경 인구수가 10만 호였다는『고려사』의 기록이 있을 정도로
개경에는 많은 사람들이 살았다. 개경의 많은 인구 중에는 왕족·관료 등
을 비롯하여 각 관청에 소속되었던 서리와 잡류雜類,[27] 군인, 공장, 상인,
농민, 승려, 노비에서 외국인에 이르기까지 실로 다양한 계층의 많은 사람
들이 포함되어 있었다. 이들은 대부분 개경에 계속 거주하는 사람들이었
지만 이들 중에는 기인其人,[28] 군인, 경주인京主人,[29] 외국 상인들처럼 짧은
기간 동안만 개경에 체류하는 사람들도 상당수 있었다. 또한 이들 중에는
왕족, 관료, 상인 등 경제력을 가진 자들과 그렇지 못한 일반 백성들이 뒤

---

27) 고려시기 관청에 소속되거나 고위 관료들에게 분급되어 기능직의 일을 하였던 말단 이속(吏屬)이
다. 잡류직으로는 구사(驅史)·선랑(仙郎)·정리(丁吏)·방자(房子)·전리(電吏)·대장(大丈)·장수
(杖首)·소유(所由)·주선(注膳)·문복(門僕)·막사(幕士)·주의(注衣) 등이 있었는데, 이들의 직역은
대개 세습되었다. 이들의 사로를 잡로(雜路)라고 불렀으며, 자손은 인종 3년까지는 과거 응시를
못하였다. 또 이들은 한품제(限品制)의 제약을 받았다.

28) 고려시기 향리의 자제로서 정해진 기간 동안 서울에 머물면서 각종 역을 담당하던 사람이다. 기인
제도는 고려 초 중앙정부에서 지방세력의 자제를 중앙에 묶어 둠으로써 지방세력을 견제하는 동시
에 기인역을 마친 이들에게 향직 등을 주어서 그들을 회유하기 위해서 만든 제도였다. 처음 기인
들은 기인전 등 경제적 대우를 받으면서 중앙에서 지방을 통치할 때 필요한 자문 등을 담당하였으
며 역을 마친 후에는 향직을 받아서 어느 정도의 지위가 보장되었다. 그렇지만 고려 후기 이후 기
인은 토지개간에 동원되기도 하였고, 각 관청에 예속되어 일정 기간 동안 사령으로 부려졌고 심지
어 단순 노역에 시달리기도 하였다. 결국 기인역은 아주 힘들고 천한 역이 되었기 때문에 도망가
는 경우가 많았다.

29) 지방의 향리로서 서울에 파견되어 중앙과 지방의 연락사무를 맡은 사람이다. 고려시기 경주인이
한 대표적인 일은 지방 군현에서 중앙 관청에 공물을 비롯한 조세를 낼 때 향리들에게 편의를 제
공하는 것이었다. 이 때문에 경주인은 공물 대납에 관여하였다. 경주인은 경저리(京邸吏)·저인(邸
人)·경저인이라고도 하였다.

섞여 있었으며, 개경과 주변 지역에는 농사로 생계를 유지하는 사람들도 상당수 있었다.

일반 백성들의   당시 개경에 살던 다양한 계층의 사람들은 어떤
조·포·역 3세   조세를 부담하였을까? 개경에 살았던 일반 백성
                들은 지방 군현에 살던 사람들과 마찬가지로
조·포·역 3세를 부담하였다고 보는 것이 옳다. 왜냐하면 개경의 경우에도
다른 군현과 마찬가지로 조세를 감면해 준 기록이 있기 때문이다. 그렇기
는 하지만 개경에는 다양한 계층의 수많은 사람들이 살고 있었기 때문에
개경에서는 농민이 주민의 대부분을 차지하였던 지방 군현과 똑같이 조
세를 부담하였다고 보기는 어렵다.

　우선 개경에는 경작 토지가 많지 않았기 때문에 전세의 부담은 다른
부담에 비하여 그리 크지 않았다. 곧 개경 나성 안 평지의 대부분은 궁궐,
관청, 시전, 절 등 공공건물을 비롯하여 개경에 사는 사람들의 주거지로
구성되었으며, 경작지는 개경에서 동남쪽으로 흘러서 임진강에 합류하는
사천 유역에 발달하였고, 그것도 그렇게 큰 면적은 아니었다. 1210년^{(희종}
⁶⁾ 최충헌은 활동闊洞에 저택을 지으면서 민가 100여 채를 헐었으며, 그의
아들 최이는 1229년^(고종 16) 이웃집 100여 채를 빼앗아서 동서 수백 보에
이르는 바둑판처럼 평평한 격구장을 만들었다가 나중에 또 민가를 헐고
격구장을 넓혔다. 당시 최고 집권자였던 최충헌과 최이가 집을 짓고 격구
장을 만들기 위해서는 주변의 주택을 헐어야 할 정도로 당시 개경의 평지
에는 주택이 밀집되어 있었다. 이렇게 개경의 나성 안에는 집들이 들어차
있어서 경작지가 들어설 여지가 많지 않았고, 이에 따라 개경에 사는 사람
들의 전세 부담은 다른 부담에 비하여 적었다.

　개경에 사는 사람들의 가장 큰 부담은 수도 경영을 위해서 징발되는
노동력^(요역)이었다. 개경은 수도였기 때문에 많은 노동력이 필요하였다.

개경에서는 수도 경영에 필요한 각종 크고 작은 공사 즉 궁궐·관청·성곽·절의 신축과 개축이 많았고, 임금과 외국 사신의 행차가 이어졌다. 이때의 부담은 고스란히 개경과 개경 주변 군현에 사는 사람들의 몫이었다. 개경과 개경 주변에서 역사가 있을 때마다 개경에서 멀리 떨어진 지방 군현으로부터 노동력을 징발하기 어려웠기 때문이다. 비록 규정 이상의 역을 부담한 사람에게는 다른 조세를 면제해 주기도 하였지만, 이 지역 사람들의 역 부담이 다른 지역보다 많았던 것은 사실이었다.

개경(5부)에서의 노동력 징발은 호戶에 속한 사람 수의 많고 적음에 따라 구분한 호등제戶等制를 기준으로 이루어졌다. 곧 가족 수가 많은 호는 가족 수가 적은 호보다 더 많은 노동력을 국가에 부담하였다. 고려 전기에는 인정人丁의 많고 적음에 따라 호를 9등급으로 나누고 그것을 기준으로 노동력을 징발하였다. 고려 후기에는 집 칸수 등 재산을 기준으로 개경의 일반 백성과 상인 호를 상중하 3등으로 구분하였으며, 이 3등호는 요역 징발뿐 아니라 군역 징발이나 임시세인 과렴 징수에도 적용되었다.

이때 개경 사람들이 부담하였던 역을 흔히 방리지역坊里之役이라고 했는데, 이것은 개경 5부방리五部坊里에 사는 사람들의 노동력 부담이었다. 따라서 개경의 일반 백성들은 다른 부담보다 역의 부담이 다른 지역보다 많았고 이에 따라 폐단도 많았다. 개경과 주변에 사는 사람들은 음식을 스스로 마련해야 하는 가혹한 조건 속에서 각종 노동력에 징발되었다. 『고려사』에는 1167년(의종 21) 3월 중미정衆美亭을 만들 때 징발된 가난한 역부의 아내가 자신의 머리카락을 잘라 팔아서 남편에게 줄 음식을 마련하여 와서 주위 사람들의 눈시울을 붉히게 했던 일화가 전한다. 또 1051년(문종 5) 대안사大安寺와 대운사大雲寺를 중건할 때에는 징발된 역부에게 음식을 나르는 아내와 자식의 행렬이 길을 이을 정도였다고 한다.

개경에 사는 사람들은 가혹하고 힘든 역을 피하려고 유망하기도 하였고, 다른 지역의 호적에 허위로 등록하여 역을 피하기도 하였다. 요역의 징발은 호적을 토대로 이루어졌기 때문이다. 1134년(인종 12)의 기록에 의하면 개경에 거주하는 관리의 자제들이 요역을 피하려고 본관 친척의 호적에 이름을 올려서 문제가 된 적이 있었다. 이들은 실제 거주하고 있는 개경의 호적에는 이름이 빠져 있으니 요역에 징발될 일이 없고, 지방의 호적에는 이름이 올라 있어도 그곳에 살지 않으니 역시 징발될 염려가 없었던 셈이다.

개경 주변의 많은 역사에 일반 백성들만 동원된 것은 아니었다. 오히려 국가에 큰 역사가 있을 때에는 일반 백성보다 개경과 그 주변에 주둔하던 군인이 우선 징발되었으며, 어떤 때에는 아내가 있는 승려가 동원되기도 하였다. 1170년(의종 24) 연복정延福亭 남쪽을 흐르는 내[川]에 있는 제방이 무너져서 다시 막았는데, 이때 국가에서는 군졸의 힘이 다하여서 제방을 막을 수 없으니 마땅히 방리에서 정丁을 징발하여 제방을 쌓으라고 하였다. 이같이 개경 주변의 큰 역사에 군인이 우선 동원된 것은 군인은 조직된 노동력이었기 때문에 일반 백성보다 동원하기가 쉬웠고 통제하기도 쉬웠기 때문이다. 아울러 잦은 노역 징발에 따른 개경 주민들의 불만을 줄이려는 의도이기도 하였다. 이러한 군인들이 제공한 노동력은 군인 본래의 임무인 군사 업무 외에 추가로 부가되는 것이 대부분이었다. 이로 말미암아 본연의 임무가 소홀히 되거나 그들의 경제기반인 농사를 망치는 일이 많았으며, 이에 따른 군인들의 불만도 적지 않았다.

이 외에도 개경에 사는 사람들의 조세로는 염세鹽稅가 있었다. 염세는 본래 1309년(충선왕 1) 충선왕이 소금전매제를 실시하면서 일반 백성들에게 소금 공급의 대가로 포를 징수하였던 것인데, 점차 소금 공급과 관계없는 하나의 조세가 되었다.

과렴과 품종   고려시기의 기본세인 3세 중 개경의 일반 백성들에게 가장 큰 부담이 요역이었다면 일정 이상의 지위와 재산을 가진 사람들이 부담하였던 것으로 과렴科斂이 있었다. 과렴은 정규 조세가 아니라 급한 재정수요를 충당하기 위해서 부담 능력에 따라 차등 징수하는 일종의 임시세였다. 과렴을 통하여 재정을 보충한 사례는 고려 중기 이후부터 확인할 수 있다. 그렇지만 과렴은 국가의 재정 상태가 악화되고, 몽골과의 관계에 따른 임시 수요가 급증한 원종과 충렬왕 때 가장 빈번하게 이루어졌다. 이때는 고려에 주둔한 몽골 군대의 군량을 확보하거나 고려왕과 태자가 몽골에 갈 때 많은 비용이 필요하였기 때문이다. 또 충선왕은 구휼기관인 유비창有備倉을 설치하면서 일종의 과렴인 연호미법煙戶米法으로 그 재원을 충당하기도 하였다. 과렴을 통하여 징수한 물품은 금·은 등 귀금속, 비단·마포 등 직물, 쌀·콩 등 곡물이 중심이었고, 어떤 때에는 의복, 말의 사료, 군인에게 먹일 술, 중국에 공물로 바칠 말이 포함되기도 하였다.

과렴은 본래 주로 개경에 거주하는 왕족·재상을 비롯한 관료를 대상으로 그 지위에 따라 필요한 물품을 등급[科]에 따라 차등 징수하여 부족한 재정을 확보하는 것이었다. 과렴의 주 대상인 왕족·고위 품관 등 지배층은 대체로 원 간섭기 사회구조에서 경제기반을 갖춘 세력이었다. 따라서 과렴은 원 간섭기 사회구조에서 특혜를 누린 권세가들이 국가체제의 유지를 위해서 치른 대가의 하나였다. 이렇듯 과렴의 주 대상은 왕족과 재상을 비롯한 관료층이었지만, 점차 그 대상이 확대되어서 관청·사원은 물론 일반 백성, 서리·잡류·부자·상인·승려·노비 등 개경에 사는 거의 모든 계층이 과렴의 대상이 되기도 하였고, 그 범위가 지방에까지 확대되기도 하였다. 이러는 가운데 과렴 대상에는 지금까지 국가에 조세를 부담하지 않았던 상인·무당·노비도 포함되기 시작하였다. 과렴 대상의 확대에는 변화하는 경제 현실이 반영된 측면도 있었다.

또 고려시기에는 일반적인 과렴과 달리 국가운영에 필요한 노동력 자체를 품관으로부터 임시로 징발하는 품종品從이 있었다. 즉 이것은 국가에

급한 역사가 있을 때 품관이 보유하고 있는 노비 등의 노동력을 국가에서 징발하는 것이다. 품종도 넓은 의미의 역이지만, 자기 자신의 노동력을 직접 제공하는 일반 백성들의 요역과는 그 의미가 달랐다. 품종 역시 개경에 사는 왕족이나 관료들이 국가운영에 필요한 노동력을 부담하는 과렴의 일종이었다. 품관이 품종을 내지 못할 때에는 노동력 대신 현물로 역가^役^價를 징수하기도 하였으며, 1280년^(충렬왕 6) 3월 궁궐을 수리할 때에는 노비가 없는 양반은 녹봉을 받을 수 있는 증서인 녹패^{祿牌}를 팔아서 역부를 고용하여 부역하기도 하였다.

구휼제도의 운영과 개경

구휼제도와 구휼기관

고려시기에 구휼은 매우 중요한 제도였다. 구휼은 수해·한해 등 자연재해, 전쟁, 낮은 생산력으로 위협받는 농민의 생계뿐 아니라 국가의 경제기반의 유지를 위해서도 중요하였다. 구휼은 개경에 사는 사람들의 경제생활에서도 매우 중요하였다. 구휼은 자연재해, 전쟁, 전염병 등으로 생긴 기근으로부터 개경 사람들이 살아남을 수 있는 최소한의 제도적 장치였기 때문이다. 고려시기의 구휼제도에는 조세 혹은 빚을 면제해 주는 감면제^{減免制}와 곡식 등 현물을 지급하는 진휼^{賑恤}이 있었다. 수해나 한해 등 자연재해가 발생하였을 때, 전염병이 돌았을 때, 왕의 행차가 고을을 지나갔을 때 군현단위로 조세나 빚이 감면되었다. 현물로 진휼하는 방법에는 크게 두 가지가 있었다. 하나는 매년 농사철에 빌려주는 형태로 농민들에게 식량과 종자를 지급하는 방법이다. 이것은 의창을 비롯한 국가의 주요 창고에서 주관하였는데 국가 창고에 보관된 곡식을 새것으로 바꾸는, 곧 개색^{改色}의 의미도 있었다. 고려시기에는 이 경우 원칙적으로 이식^(이자)이 없었다. 또 개경 같은 대도시에서는 많은 사람들이 오가는 교통의 요지나 큰 절에 진제장賑濟場을 설치하여 오가는 사람들에게 죽 같은 음식을 나누어 주는 방식도 있었다.

고려시기의 대표적인 구휼기관이 의창義倉과 상평창常平倉이다. 의창은 대표적인 구휼기관으로 중국 수나라 문제(585) 때에 장손평長孫平이 사창社 倉을 설치하면서 제도화되었다. 그렇지만 그 이전 국가에서도 구휼을 시행하였다. 이미『주례』에서도 곡식을 봄에 나누어주고 가을에 거두어들이 는 제도가 규정되어 있으며, 우리나라의 경우에도 194년에 고구려 고국천 왕이 진대법賑貸法을 시행한 것이『삼국사기』에서 확인된다. 고려시기에는 986년(성종 5) 7월에 성종이 흑창黑倉에 쌀 1만 석을 더하여 개경에 의창을 설치하였다. 흑창은 태조 때부터 있었던 구휼기관이다. 현종 때 지방제도 가 정비되면서 지방 군현에도 의창이 설치되었다. 상평창은 흉년 등으로 곡식 가격이 비쌀 때 비축한 곡식을 풀어서 곡식 가격을 조절하는 구휼기 관으로 중국 한나라 선제 때(기원전 54) 경수창耿壽昌이 건의하여 처음으로 설치하였다. 고려시기에는 993년에 성종이 개경을 비롯해서 서경과 12목 등 주요 도시에 설치하였다. 당시 국가에서는 1,000금(640,000필=128,000석) 의 재원을 마련하여 그 반을 가지고 상평창을 운용하였는데, 그중 개경에 는 5,000석이 배정되었다. 개경 상평창의 곡식은 경시서京市署에서 운용하 되 대부시와 어사대에서 공동으로 출납을 관장하도록 하였다. 고려시기에 의창은 개경을 비롯해서 전국 군현에 설치되었다면 상평창은 개경과 서 경을 비롯해서 지방의 중심도시인 계수관界首官에만 설치되었다. 그렇지만 개경에서의 구휼은 의창과 상평창에서만 이루어지지는 않았고, 개경에 있 는 국가의 주요 창고 대부분에서도 직접·간접으로 구휼에 관여하였다. 특 히 고려 중기 이후 의창이 유명무실해진 이후에는 우창·용문창·신흥창新 興倉 등 창고를 비롯한 여러 국가기관에서 계속 구휼을 시행하였다.

구휼제도 운영의 실태와 한계

고려시기 구휼제도 운영의 실태와 한계를 개경을 중심으로 살펴보자. 농민보다는 여러 계층의 사람들이 모여 사는 대도시였던 개경에서의 구휼의 형태는 농사철인 봄에 농민들에게 식량과 종자로 곡식을 빌려주는 진대賑貸보다는 기근이 들었을 때 굶주린 사람들에게 무상으로 음식을 나누어주는 진제賑濟가 더 많았다. 즉 개경에 기근이 들어 주민들이 굶주리면 창고를 풀어서 방리의 호마다 곡식을 나누어주거나 교통의 중심지에 있는 절 등 공공기관에 진제장을 설치하여 행인들에게 음식물을 제공하는 것이 일반적이었다. 개경은 생산도시가 아니라 소비도시였기 때문에 국가에서는 개경에 사는 다양한 계층의 사람들에게 식량을 원활하게 공급하는 것을 매우 중요하게 생각하였기 때문이다.

개경에서 이루어진 구휼사례를 살펴보자. 1064년(문종 18) 봄에 그 전해의 가뭄과 홍수로 기근이 들자 3월과 4월 두 차례에 걸쳐 문종 임금이 명령을 내려서 백성 구휼을 지시하였고, 3월에는 태복경太僕卿 민창소閔昌素를 시켜 3월부터 5월까지 개경 동남쪽 관문인 개국사 남쪽에서 굶주린 백성들에게 음식을 나누어주도록 하였다. 이것으로 기근이 해소되지 않자 4월에는 5월 15일부터 7월 15일까지는 임진강 나루에 있는 보통원普通院에서 죽과 채소 등을 마련하여 행인들에게 나누어주도록 하였다. 이때 구휼을 위해서 개국사 남쪽과 보통원에 진제장을 설치하였다. 진제장은 위의 개국사와 보통원 외에도 개경의 중심지였던 남대가 부근의 보제사에도 설치된 기록이 있다. 또 『고려도경』에는 "왕성 장랑에 10칸마다 장막을 치고 불상을 설치하고 큰 항아리에 흰쌀로 만든 묽은 죽[白米漿]을 넣어 두고, 바가지를 놓아두어 귀천을 묻지 않고 오가는 사람들이 마음대로 마시게 하였으며 그 일은 승려들이 하였다"(『고려도경』 권22, 잡속2, 시수)라는 기록이 있다. 이것이 당시 개경 도심에 설치된 진제장의 모습으로 생각된다.

이같이 교통의 중심지에 진제장을 설치하여 행인들에게 일시적으로 음식을 나누어주는 구휼 형태가 있는 반면, 의창을 비롯한 구휼기관에서 집집마다 일정한 양의 곡식 등을 나누어주는 방식도 있었다. 이 경우 무상으로 지급하는 경우도 있었지만 대개는 가을에 원곡을 돌려받기로 하고 빌려주는 경우와 시중의 곡식값보다 값을 낮추어 곡식을 포와 바꾸어주는 형태가 많았다. 1360년(공민왕 9) 6월 개경에 기근이 들어 대포大布 1필의 값이 쌀 5되로 쌀값이 치솟자 국가에서 창고의 곡식 2,000석을 내어서 대포 1필을 받고 쌀 1말을 나누어준 것은 후자의 예이다. 구휼을 시행할 때 쌀을 비롯한 곡물류를 나누어주는 것이 대부분이었지만 어떤 때에는 소금이나 간장, 의복 등이 구휼 품목에 포함되기도 하였다.

이제 1348년(충목왕 4)의 사례를 통하여 고려시기 구휼의 절차와 실태 전반에 대해서 좀 더 자세히 살펴보자. 전왕인 충혜왕의 실정으로 정치·경제적으로 매우 어려운 상태에서 어린 나이로 왕위에 오른 충목왕은 자연재해로 큰 어려움에 처하게 되었다. 1348년에는 전해부터 있었던 가뭄·홍수·서리 피해로 개경을 비롯하여 서해도·양광도·충청도에 큰 기근이 들고 전염병이 돌자, 그해 2월 국가에서는 양광도와 서해도에 사신을 파견하여 그 지역의 구휼을 맡기면서 동시에 개경에 지금의 재해대책본부와 같은 임시 기구인 진제도감賑濟都監을 설치하였다. 우선 왕의 경비를 줄여서 재원을 마련하고 개경 유비창의 곡식 500석으로 죽을 쑤어 빈민들에게 나누어주었고, 전라도 창고에 보관된 곡식 12,000석을 내어 구휼을 하도록 하였다. 그렇지만 구휼의 재원이 부족하였기 때문에 재원 마련을 위한 논의가 이어졌다. 먼저 2월 정동행성征東行省에서는 구휼 자금을 확보하기 위해서 일정한 곡식을 받고 관직을 주는 입속보관제도入粟補官制度의 시행을 건의하였으며, 3월에는 재상들이 의논하여 태사부 창고의 쌀 30석과 콩 50석, 의성창義成倉과 덕천창德泉倉의 쌀 100석, 내부內府 소속의 상만고常滿庫에 있는 포 100필을 진제도감에 지급하기를 청하기도 하였다. 이렇게 구휼 재원을 모으는 과정은 부자나 어느 정도 재정을 확보하고 있던 관청으로부터 당장 필요한 구휼 자금을 충당하기 위한 것으로 과렴의 일종으로 볼 수 있다. 특히 입속보관제도는 중국 원나라의 제도를 본받은 것으로 부자들이 품관으로 진출하는 계기가 되기도 하였다. 그런데도 그 해 4월 개경에 다시 큰 기근이 들고 전염병이 돌아 길에 굶주린 사람들이 끊이지 않자 전라도의 쌀 1,400석을 운반하여, 그중 일부인 800석을 개경 5부의 빈민들에게 값을 낮추어 포와 바꾸어주었다.

대개 구휼의 절차는 지방관이나 담당 관청에서 피해 상황을 보고하면서 창고를 열어 구휼할 것을 요청하면 국왕이 최종 결정을 내리게 되어 있었다. 구휼이 필요하다고 판단되면 국왕은 기근의 정도에 따라 의창·상평창 등 창고에서 곡식을 내어 구휼하게 하거나 구제도감·진제도감·구급도감 등 임시 기관을 설치하여 구휼을 담당하게 하였다. 또 경우에 따라서는 동서대비원·혜민국 등에서 굶주리거나 병든 사람들을 모아서 병을 치료해 주거나 음식을 제공하게 하기도 하였다. 그런데 어느 경우를 막론하고 창곡은 왕명에 의해서만 풀 수가 있었다. 이것은 곡식을 국가의 근본으로 생각할 만큼 중시하였기 때문이었다.

이같이 개경에 기근이 들거나 전염병이 돌면 국가 차원에서 구휼을 행하여 개경 사람들의 어려움을 덜어주었지만, 당시 구휼제도의 운영에는 문제점도 적지 않았다. 우선 기근이 들었을 때 국가에서 제공되는 곡식과 음식이 충분하지 않았다. 이것은 당시 구휼에 할당된 재원이 부족하였기 때문이다. 고려 초에는 토지에서 의창조義倉租를 거두어 의창곡을 확보했지만 의창조는 주로 지방 군현의 의창곡을 확보하기 위하여 징수한 것이었으며, 더욱이 계속해서 의창조를 거두었는지도 불확실하다. 또 구휼곡을 많이 확보하였다 하여도 기근이 들 때 일반 백성들에게 곡식이나 음식을 나누어주는 형태로 구휼이 진행되었기 때문에 의창곡을 비롯한 구휼곡은 항상 부족할 수밖에 없었고, 국가의 재정상태가 나빠지게 되면 정상적인 구휼제도의 운영은 어려워질 수밖에 없었다. 또 왕명을 기다려야 하

도판8-1 「홍화문사미도」(1797 『원행을묘정리의궤』 프랑스국립도서관 소장)
정조가 1795년(정조 19)에 어머니 혜경궁의 회갑을 기념하여 창경궁 홍
화문 밖에 나가 가난한 백성들에게 쌀을 나누어주는 장면을 그린 그림이다.
고려시기에는 왕이 백성에게 직접 쌀을 나누어준 사례는 확인되지 않는다.

는 창곡의 분급 절차 때문에 시간을 다투는 구휼 업무가 지연되어 구휼의
효과를 제대로 보지 못하는 경우가 많았다. 이런 경우는 특히 지방 군현의
구휼에서 많이 나타났다. 이러한 절차상의 문제 때문에 생긴 폐단은 고려
시기뿐 아니라 중국 당나라에서도 사례를 찾을 수 있으며 조선시기까지

도 계속 나타났다. 이런 현상은 현재 재해지역에 예산집행이 늦어져서 주민들의 불만을 사는 경우와 비슷하다.

한편 의창곡이 다른 국용곡과 함께 같은 창고에 보관·관리되었기 때문에 다른 용도로 전용될 여지도 있었다. 더욱이 어떤 때는 무이자로 대여해야 하는 의창곡이 1/3의 이자율이 적용되는 곡식으로 둔갑하는 일도 있었다. 이런 이유로 고려 중기인 인종 때에는 구휼에 쓸 곡식은 텅 비어 있는 반면 썩은 곡식을 강제로 빌려주고 이자를 받는 폐단이 나타나기도 하였다.

이렇게 고려시기 구휼제도는 제도적인 한계를 가지고 있었다. 고려 중기 이후 국가재정 상태가 나빠지면서 의창을 비롯한 국가의 구휼기관 운영도 부실해졌고 이에 따라 구휼제도는 원활하게 운영되지 못하였다. 그렇지만 국가의 구휼사업은 그것이 가진 상징성 때문에 중단할 수 없었다. 구휼은 백성의 몰락을 방지하여 국가의 재정기반을 보호하기 위해서도 필요하였지만 동시에 백성의 어버이를 자처하는 임금의 유교적 통치 명분을 충족시키기 위해서도 필요하였기 때문이다. 따라서 고려 중기 이후 구휼 전담기관인 의창·상평창이 제대로 운영되지 못하게 된 이후에도 우창·용문창·신흥창 등 창고를 비롯한 여러 국가기관에서 계속 구휼을 시행하였다. 또 1308년 충선왕이 복위한 후 개경에 유비창을 설치하여 고려 중기 이후 제 기능을 하지 못하고 사라진 구휼기관을 부활시켰고, 충숙왕은 혜민국·제위보·동서대비원 등을 재정비하였으며, 충목왕은 앞의 예에서 보았듯이 진제도감을 설치하여 구휼에 힘썼다. 국가재정이 어려워도 백성 구휼을 포기할 수 없었기 때문이었다.

9

시장

▪ 시장의 설치와 관리
▪ 시장의 종류
▪ 시장의 위치와 형태

시장의 설치와 관리

　많은 사람들이 모여 사는 도시에서 시장은 꼭 필요한 시설일 뿐 아니라 도시의 상징이기도 하다. 인구의 집중과 시장의 발달에서 도시가 발생했다고 보는 견해는 도시사의 고전이론이다. 중국 고대 주나라 때의 도성 제도를 설명하고 있는 『주례』 「고공기」에는 "조정, 곧 관청은 (궁궐) 앞에, 시장은 뒤에 두고, 종묘는 왼쪽(동쪽)에, 사직은 오른쪽(서쪽)에 둔다[面朝後市左祖右社]"라는 유명한 글이 실려 있다. 이 내용은 도성에서 관청, 시장, 종묘(태묘), 사직의 위치를 규정하고 있을 뿐 아니라 시장은 아주 오래전부터 관청(조정), 종묘, 사직과 함께 도성에 꼭 필요한 시설이었다는 것을 알려주고 있다.

　신라 경주의 경우 『삼국사기』에서 490년(소지왕 12) 3월에 처음 시장[市肆]을 열었고, 이어서 509년(지증왕 10)에 동시東市, 695년(효소왕 4)에 서시西市와 남시南市를 두었다는 기록을 확인할 수 있다. 이 시장들은 신라의 국가 체제가 안정되고 왕경王京인 경주가 확대되면서 국가에서 공식적으로 설치한 시전으로 보이지만 신라시기 경주의 시장에 대해서는 구체적인 내용은 알 수 없다.

　신라와 달리 고려는 919년(태조 2) 1월 송악으로 도읍을 옮길 때 궁궐을 짓고 관청을 설치하였는데, 이때 시전도 세웠다. 당시에는 개경에 태묘와 사직도 제대로 설치하기 전인데, 그보다 앞서 시전을 설치한 것이니 이것은 당시 개경에서 시전을 중요하게 여겼기 때문이다. 고려가 건국하기 이전 태봉의 수도 철원에서도 시전이 확인된다. 『삼국사기』 궁예 열전에는 915년에 당나라에서 온 상인 왕창근王昌瑾이 철원 시전에 머물고 있었다는 기록이 있다. 당시 철원의 시전 규모는 알 수 없지만 개경 천도 후 개경에 시전을 건설할 때 영향을 주었을 것이다. 시전은 저잣거리의 가게를 의미하기도 하지만 919년 천도 후에 세웠다는 시전은 국가운영에 필요한 물품을 조달하는 공적인 시장을 의미한다. 광종 때 도살을 금지하면서 왕실에서 쓸 고기[肉膳]를 시전에서 사서 바친 것에서 고려 초 시전의 기능을 엿볼 수 있다. 1296년(충렬왕 22) 5월 홍자번洪子藩이 올린 상서 중에는 대부大府·영송迎送·국신國贐 등의 창고에서 필요한 물건을 경시京市에서 강제로 빼앗듯이 하였다는 기록에서도 시전의 기능을 짐작할 수 있다.

개경의 시전을 관리하는 일을 맡았던 관청이 경시서京市署이다. 『고려사』 백관지에는 경시서가 시전을 조사하고 감독하고 일을 맡았다고 하였지만[京市署掌勾檢市廛], 경시서는 시전의 관리뿐 아니라 물가를 조절하고 상품의 유통질서를 바로잡는 일도 하였다. 대표적인 일이 993년(성종 12) 2월에 상평창이 설치되었을 때 경시서가 개경에서 상평창곡의 조적糶糴을 맡은 것이다. 조적이란 흉년이 들어 시중에 곡식이 부족하여 곡식값이 오르면 곡식을 풀어[糶] 곡식값을 낮추고 풍년이 들어 곡식값이 떨어지면 곡식을 사들여서[糴] 시중의 곡식값을 조절하는 것을 말한다. 1261년(원종 2) 5월 시장의 물가가 뛰어오르자 경시서에서 물가를 낮추어 정하자고 한 것이나, 1282년(충렬왕 8) 6월 도평의사사에서 방문榜文을 붙여서 은병銀瓶 1개와 쌀의 환산 비율을 서울은 1:15~16석, 지방은 1:18~19석으로 발표하면서 그 비율은 경시서에서 그해의 풍흉을 살펴 정할 것이라고 한 것에서 경시서가 물가조절 기능을 하였다는 것을 확인할 수 있다.

또 경시서에서는 도량형과 포화布貨를 공인하여 시장의 유통질서를 바로잡는 일도 하였다. 1181년(명종 11) 7월 재추·대간·중방重房이 경시서에 모여, 두곡斗斛을 검사하고 상인들이 미곡에 모래와 쭉정이를 넣어서 파는 행위를 막을 방안을 논의하였다. 1356년(공민왕 5) 9월 도당都堂에서 화폐에 대해 의논할 때 간관이 그다음 해부터 시중에 유통되는 포자布子에 도장을 찍은 후에 매매를 허용하도록 하되 개경에서는 경시서에서 표인을 관할하도록 하자고 한 것에서도 경시서가 맡은 일을 알 수 있다.

『고려사』 백관지에는 목종 때 경시서령京市署令이 있었고, 문종 때 영令

(정7품)과 승조(정8품) 2명이 있었다고 하였지만, 앞에서 본 대로 이보다 앞선 993년(성종 12)의 상평창 설치 기록에서도 경시서가 확인된다. 1298년 충선왕이 즉위한 후 경시서의 영을 임시 참질[權紮]로 올렸고, 1308년 충선왕이 복위한 후에는 승을 3명으로 늘렸는데, 1356년(공민왕 5)에 승을 종8품으로 내리면서 고려 전기로 돌아갔다.

『고려도경』에는 경시사京市司(경시서)와 대시사大市司가 남대가에 서로 마주 보고 있으면서 시장 관리를 맡았다고 하여 대시사라는 관청을 소개하였다. 대시사는 『고려사』에서 확인되지 않기 때문에 그 존재가 부정되기도 하지만 후술하듯이 남대가의 시전을 다른 곳의 시장과 구별하여 대시라고 한 것으로 보아 남대가의 시전, 곧 대시를 관리하는 관청으로 대시사가 있었을 가능성도 크다. 경시서가 시장 전반에 대한 관리와 물가 조절 등을 맡았고, 대시사는 가장 중요한 시장인 남대가의 대시만을 관리하였을 가능성도 있기 때문이다.

고려 초 국가에서 설치한 시전의 위치와 규모는 확인할 수 없지만 1208년(희종 4) 고쳐 지은 대시의 좌우 장랑이 광화문에서 십자가까지 기둥[楹]이 모두 1,008개였다고 한 기록에서 그 규모를 대략 짐작할 수 있다. 광화문에서 십자가까지의 장랑은 고려 때 개경의 시전 행랑이 있었던 남대가를 말하는데, 1208년의 기록은 이때 개경 시전의 대시 행랑이 광화문 동쪽에서 십자가까지 확대·개편되었다는 것을 말한다. 따라서 고려 초에도 시전은 남대가에 있었을 것이다. 『고려도경』에서 시장의 관리를 맡았던 경시사와 대시사가 남대가에 마주 보고 있었다고 한 것이나 경시사에서 흥국사 다리에 이르는 길에 장랑 수백 칸이 있었다는 기록은 서긍이 개경을 방문했던 12세기 초에 남대가에 시전 행랑이 있었다는 것을 알려주고 있다.

고려 초에 남대가에 설치한 시전 대시 행랑을 1208년(희종 4) 7월 고쳐지었는데, 이때 광화문 안에 대창 남랑과 영휴문 등 73영楹도 지었다. 이

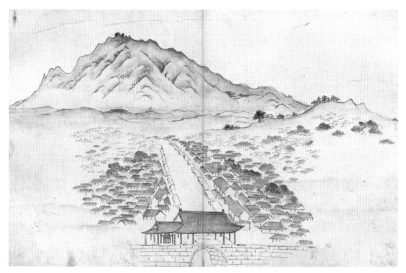

도판9-1 「송도전경」(강세황, 1757 『송도기행첩』 국립중앙박물관 소장)
조선 후기 그림에서도 개성 남대가의 시전 행랑이 보인다.

일은 행랑도감行廊都監이 맡았다. 문종 때 정해진 행랑도감의 관원으로는
3품이 겸하는 사使 1명, 5품이 겸하는 부사 1명, 을과권무乙科權務인 판관
2명이 있었다. 이때는 특별히 재추를 행랑도감의 별감으로 임명하여 일을
추진하였다. 이후 남대가의 시전 장랑은 1307년(충렬왕 33) 6월 전왕인 충선
왕의 주도로 다시 확장되었다. 이때 전왕(충선왕)이 길 양쪽에 장랑 200칸
을 조성하자고 하자 (왕이) 이를 따랐다고 하였는데, 이 기록의 길은 남대
가를 의미한다. 또 고려 말인 1377년(우왕 3) 5월에 시전 동쪽 행랑을 새로
지은 사실에서[新作市廛東廊] 고려 초에 설치한 남대가의 중심 시전(대시)은
고려 말까지 계속 유지되면서 확대되고 있었던 것을 알 수 있다.

시장의 종류

　개경의 시장을 구체적으로 살피기 전에 시전市廛의 용례를 먼저 살펴
보자. 시전에는 크게 두 가지 뜻이 있다. 넓게는 장거리의 가게를 포함하
여 시장 전체를 뜻한다. 좁은 의미의 시전은 국가가 설치해서 국가운영
에 필요한 물품을 공급하는 특별한 시장을 뜻한다. 특히 조선시기의 시전
은 금난전권禁亂廛權을 가진 독점 시장이었다. 919년 개경 천도 후 남대가
에 설치한 시전은 후자의 뜻이 강하다. 그런데 1410년(조선 태종 10) 2월 7일
한양의 시전을 정한 내용을 보면, "시전을 정하였다. 대시大市는 장통방長通
坊 위쪽에 둔다. 미곡·잡물의 경우 동부東部는 연화동구蓮花洞口, 남부南部는
훈도방薰陶坊, 서부西部는 혜정교惠政橋, 북부北部는 안국방安國坊, 중부中部는
광통교廣通橋에 둔다. 우마牛馬는 장통방 아래 천변에 두고, 여항閭巷의 작
은 시장[小市]은 사는 곳의 문 앞[門前]에 둔다"30)라고 하여 시전을 대시, 미
곡·잡물 시장, 우마 시장, 여항소시를 포괄하는 개념으로 쓰고 있다. 그 내
용은 위 기록보다 며칠 전인 1월 28일 사헌부에서 아뢴 시무 8가지 내용
과 연관된 것이다. 그 내용 중에 "구경舊京에 있을 때는 포백布帛·모혁毛革·
기명器皿·관복冠服·혜화鞋靴·편륵鞭勒 등은 대시에 점포가 나뉘어 있었고 우
마를 매매하는 곳도 일정한 장소가 있었으며, 기타 미곡 종류는 각각 사는
곳에서 매매하였다"31)라고 한 것에서 개경의 시장이 대시, 우마시, 여항의
곡물시장으로 구분되어 있었다는 것을 알 수 있다. 이 기록에 더하여 앞
절에서 확인한 1208년(희종 4)의 대시 장랑의 용례와 서긍이 남대가에 있
었다고 기록한 대시사의 존재를 함께 고려한다면 고려시기 남대가에 있

---

30) 『태종실록』권19, 태종 10년 2월 갑진 "定市廛. 大市, 長通坊以上. 米穀雜物, 東部則蓮花洞口, 南
部則薰陶坊, 西部惠政橋, 北部安國坊, 中部廣通橋. 牛馬則長通坊下川邊, 閭巷小市, 各於所居門前"

31) 『태종실록』권19, 태종 10년 1월 을미 司憲府上書陳時務八事 "舊京之時, 布帛毛革器皿冠服鞋靴
鞭勒, 分店大市, 至市牛馬, 亦有常所, 其他米穀之類, 則各於所居"

었던 시전은 다른 시장과 구별하여 대시大市로 불렸던 것을 알 수 있다.

개경의 대표적인 시장은 국가운영에 필요한 물자를 공급하기 위해서 국가에서 설치한 시장인 시전, 곧 대시였다. 개경의 대표 시전인 대시는 광화문에서 십자가에 이르는 남대가에 있었다. 앞에서 본 대로 개경으로 천도하면서 이곳에 시전을 설치하였고, 초기의 시전 행랑은 1208년(희종 4)에 광화문에서 십자가에 이르는 남대가 전체로 확대 설치되었다. 『고려도경』에 '경시사에서 흥국사 다리에 이르는 길에 설치된 장랑'은 바로 서긍이 방문했던 인종 초 개경 남대가의 대시 모습이다. 남대가 시전(대시)의 위치는 고려 본궐의 동남쪽이어서 『주례』의 '면조후시'와는 맞지 않는다. 개경에 시전을 설치할 때 '면조후시'의 원칙은 지켜지지 않았다. 개경의 궁궐은 송악산 기슭에 자리 잡았기 때문에 그 뒤쪽에 시전을 설치하는 것은 사실상 의미가 없었다. 조선 초 한양으로 천도한 후 시전을 설치할 때도 마찬가지 이유로 시전은 경복궁 뒤쪽에 둘 수 없었다. 개경이나 한양과 달리 평지에 만든 당나라 장안성에서도 시전은 궁궐 뒤에 두지 않았다. 장안성의 동시東市와 서시西市는 도성을 동서로 나누는 주작대로의 좌우에 있었다. 이렇듯 중국 고대 도성에서부터 시전의 위치는 『주례』「고공기」의 원칙을 따르지 않았다.

결국 시전은 도성의 지형, 국가운영과 도성에 사는 사람들의 편의에 따라 위치가 정해졌다. 개경의 대표 시전인 대시를 남대가에 설치한 것은 이 길이 개경 중심부인 십자가에서 궁궐과 관청이 집중된 곳으로 뻗은 중심도로였기 때문이다. 사방에서 개경으로 몰려든 많은 물자는 십자가를 지나 이곳 남대가를 거쳐서 궁궐이나 중앙 관청으로 옮겨졌고, 또 어떤 것은 이곳 남대가 대시가 목적지이기도 하였다. 경시서와 함께 대시사가 남대가에 있었던 것은 남대가의 시전, 곧 대시를 관리하기 위해서였다. 개경 대시의 구성(모습)은 앞에서 인용한 조선 태종 때 한양으로 다시 천도한 후 한양의 시전을 정비할 때의 기록으로 짐작할 수 있다.

개경에는 시전 대시 외에도 도성 내 여기저기 있었던 소규모의 시장인 여항소시閭巷小市가 있었다. 개경의 시장 중에서 단연 중요했던 것은 쌀을 비롯한 곡식 시장이었다. 앞에서 인용하였던 1410년(조선 태종 10) 1월 사헌부가 상서한 내용에 의하면 따르면 개경에서 미곡은 각자 사는 곳에서 매매하였다고 하였고, 15세기 초 조선에 왔던 명나라 사신 동월董越은 『조선부朝鮮賦』에서 개성에는 여염집도 많고 곡식 가게도 숱하다[閭閻萬井 禾稼百廛]고 하였다. 이 기록들은 당시 개성에 많은 곡식 시장이 열렸다는 것을 말한다. 물론 이 기록들은 조선 초 개성의 상황을 전하고 있지만, 고려시기 개경에도 사람들이 사는 곳곳에 곡식 시장이 열렸을 것이다. 개경 곳곳의 미곡 시장에서 팔렸던 곡식에는 상인들이 지방에서 가져온 것도 있지만 관리들이 녹봉으로 받은 것도 있었다. 대각국사大覺國師 의천義天이 "청렴한 선비들도 (쌀로 받은 녹봉 외에는) 달리 얻는 것이 없어서 위로 (부모를) 섬기고 아래로 (자식을) 기르는 일을 전적으로 녹봉에 의지하게 되어서, 백미와 갱미를 조미와 바꾸어 (등에) 지고 저자에 들어가는 것이 행상行商과 같다"[32]라고 한 것에서도 개경 곳곳에 있었던 미곡 시장의 실태를 짐작할 수 있다. 이렇듯 개경의 곡식 시장은 개경 곳곳에 열려서 개경 사람들의 식량을 조달하였으니, 곡식 시장이야말로 대표적인 개경의 '여항소시'였다.

개경에서는 먹거리로 채소와 과일도 판매되었다. 명종 때 왕족 소성후邵城侯 왕공王珙은 욕심이 많아서 가노를 시장에 보내어 저잣거리의 물건들을 강제로 빼앗아 오게 하고 값을 치러주지 않았는데, 그중에는 땔나무나 채소, 과일 같은 것까지 포함되었다는 일화가 있다. 또 고려 중기에 과거에 급제하였던 김수자金守雌는 급제 후 금양현위金壤縣尉와 국학학유國學學諭

---

32) 『대각국사문집』 권12, "國家均祿之制 以米爲給 … 至於廉潔端士 他無所獲 仰事俯畜 全仗捧祿 復以白粳米 易田糙 負荷入市 有同行商"

를 역임한 후 벼슬을 버리고 전원田園을 관리하여 채소를 길러 자급하였고 날마다 아이들을 가르치는 것을 즐거움으로 삼았다고 한다. 김수자가 채소를 길러 자급하였다는 것은 채소를 재배하여 그것을 팔아서 생활하였다는 의미이다. 이러한 사례들에서 개경의 시장에서 채소 판매가 이루어졌다는 사실을 알 수 있다. 또 시장이라고 하기는 어렵지만 개경에서 음식을 팔던 상점으로 쌍화점으로 잘 알려진 만두가게, 임춘林椿이 낮잠을 즐겼다는 찻집, 주점 등이 있었다.

또 음식 조리와 난방에 필요한 땔감 역시 판매되었음은 소성후 왕공의 시장 침탈 일화에서도 확인하였다. 궁궐과 관청에서 사용한 시탄은 시탄공柴炭貢이라는 공물로 충당되었지만 개인 집에서 쓸 시탄은 각자 조달해야 했다. 서긍은 『고려도경』에서 고려에는 전문 나무꾼은 없다고 했지만, 도성에 사는 많은 사람들이 각자 사용할 땔감을 조달하는 것은 불가능하였다. 특히 개경 주변의 산은 보호 산림이어서 함부로 나무를 베어 쓸 수 없었기 때문에 개경에서 땔감을 판매하는 시장이 곳곳에 있었을 것이다. 1191년(명종 21) 2월에 실린 백임지白任至의 졸기卒記에 따르면 군인이 되어 개경으로 올라온 백임지가 세를 들어 살면서 땔나무를 팔아 생활하였다는 사례가 있다.

남대가의 대시에 포함되지는 않았지만 동네의 작은 시장(여항소시)과 달리 특정한 장소에서 전문적인 물건을 파는 상점도 있었다. 마시馬市·돈시豚市 같은 가축 시장, 종이 시장인 저시楮市, 기름 시장인 유시油市 등이 대표적이다. 우선 가축 시장으로 마시가 있었다. 마시는 십자가 서쪽 천변의 공터에 있었는데, 고려 말 이색의 시에 따르면 단옷날 이곳에서 석전놀이가 있었다고 한다. 이곳에 있던 다리를 마시교라고 한 것은 이곳에 마시가 있었기 때문이다. 그런데 이 다리를 저시교楮市橋라고 부르기도 했는데 이곳 근처에 저시, 곧 종이 시장도 있었기 때문이다. 또 그곳에서 멀지 않은 곳에 돈시, 곧 돼지 시장도 있었다. 이규보의 글(「왕륜사장육금상영험수습기王

輪寺丈六金像靈驗收拾記」『동국이상국집』권23, 기)에 따르면 왕륜사에 장육금상丈六金
像을 봉안할 때 돈시의 상인들이 도왔다고 한다. 가축 시장이 천변의 공터
에 있었던 것은 가축시장의 특성상 넓은 터와 배설물을 처리할 곳이 필요
했기 때문이다. 개경에서 소 시장의 용례는 확인되지 않지만 앞에서 인용
했던 1410년(조선 태종 10) 1월 사헌부司憲府의 상서에 "개경에는 우마를 매매
하는 일정한 장소가 있었다"라는 내용이 있는 것으로 보아 개경에는 당연
히 말 시장 주변에 소 시장도 있었을 것이다. 한편 시전 동쪽 자남산 기슭
에는 기름을 팔던 유시가 있었다. 이외에도 비단 등 직물 시장, 종이, 먹이
나 벼루 등 문구류를 파는 곳, 화장품, 도자기, 농기구를 비롯한 철제 수공
업품을 파는 시장도 있었다.

시장의 위치와 형태

개경을 대표하는 상업시설은 남대가의 대시였지만 이외에도 개경 곳
곳에는 곡식·채소·땔감 등을 파는 동네의 작은 시장인 여항소시가 있었
다. 대시와 여항소시의 범주에 넣을 수는 없지만 특정한 장소에서 전문적
인 물건을 파는 서적점, 복두점, 대약국, 주점, 식미점 등의 관영 상점도
있었다.

중국 당나라 장안성의 시장인 동시와 서시는 일반 백성의 주거공간
[民居]과 엄격히 구별된 하나의 독립된 방坊에 설치되었다. 개경 시장의 분
포와 형태는 방시제坊市制의 공간적 제약 아래에 있던 당나라 도성의 시장
과는 차이가 컸다. 개경 시장의 위치와 형태에 대해서 대시와 여항소시
로 나누어 간단히 정리하자. 대시는 앞에서 정리한 대로 919년 개경을 건
설할 때부터 개경 중심부인 남대가에 있었고 고려 중기 이후 십자가에서
광화문 앞까지 확장되었다. 『고려도경』에서 행랑이 십자가에서 광화문까

지 이어졌다고 했지만 광화문 동쪽에는 주요 관청이 늘어선 관도官道가 있었기 때문에 실제 대시 행랑은 관도 끝에서 십자가에 이르는 남대가의 좌우에 있었고, 그 모습은 긴 행랑(장랑) 형태였다. 즉 대시 점포의 기본 형태는 칸[間]을 기본 단위로 하는 행랑구조를 갖춘 공간으로 보는 것이 일반적이다. 개경 대시의 경관은 화재 기록을 통해서 엿볼 수 있다. 1177년(명종 7) 10월 시전 38칸에 불이 났다는 기록과 1387년(우왕 13) 12월 시전 행랑 26칸에 불이 났다는 기록에서는 시전(대시)이 칸으로 구분되는 행랑 구조를 갖춘 건물로 구성되었다는 것을 확인할 수 있고, 1112년(예종 7) 9월 경시루京市樓 북루北樓 65칸에 불이 났다는 기록에서는 대시에 누각을 갖춘 건물도 있었다는 것을 짐작할 수 있다. 또 1051년(문종 5) 2월 경시서에서 불이 나서 120호가 연소되었다는 기록, 1144년(인종 22) 12월에 시전에 불이 나서 민호 수십 가가 연소했다는 기록을 통해 경시서와 시전(대시)이 있던 남대가 주변에 민가가 많았다는 것을 알 수 있다. 또 1388년(우왕 14) 6월 "조민수 등 여러 장수를 붙잡아 오는 자에게는 관사官私 노예를 물론하고 크게 관작과 상을 더할 것이다"라는 방榜을 대시에 붙인 것을 보면 대시에는 어느 정도 광장 같은 공간도 있었던 것 같다.

대시의 내부 구조에 대해서는 앞에서 인용한 포백·모혁·기명·관복·혜화·편륵 등의 상점이 대시에 나뉘어 있었다는 1410년(조선 태종 10) 1월 28일의 기록이 참고된다. 또 1394년(조선 태조 3) 1월 경시서에서 각 상점의 이름을 판자에 쓰고, 판매하는 물품을 그 아래에 그려서 각 상점에 걸어 서로 섞이지 않게 하기를 청한 기록[33]을 보면, 고려시기를 포함하여 그 전까지는 대시의 상점에 파는 물건을 표시하는 간판이 없었다는 것을 알수 있다. 즉 고려시기 대시의 상점들은 고유의 판매 물품을 가지고 있었지

---

33) 『태조실록』 권5, 태조 3년 1월 무오 "京市署請板寫各市名, 幷畫販物其下, 掛於各所, 俾不相雜"

만 상점 이름과 간판이 없었다. 또 남대가의 대시 말고도 판매 물품에 따라 개경 곳곳에 전문 시장이 있었는데, 이 경우 시진 점포의 물리적 형태는 모두 장랑을 가진 것은 아니었으며 판매 물건의 종류에 따라 천변이나 넓은 공터가 필요한 곳도 있었다.

고려 중기 임춘이 쓴 「다점에서 낮잠을 자다[茶店晝睡]」(『서하집』 권1)의 "평상에 비스듬히 누워 문득 나를 잊어 버렸네[頹然臥榻便忘形] ⋯ 텅 빈 누각에서 꿈을 깨니 바로 해 질 녘이구나[虛樓夢罷正高春]⋯"라는 시구에서 누각을 갖춘 개경 다점이 떠오른다.

개경 사람들의 주거공간인 집 앞에 있었던 여항소시의 모습에 대해서는 "대개 그 풍속에 거사居肆가 없이 오직 낮에 허虛에 모여서 남녀노소나 관리와 공기工技가 모두 자신들이 가지고 있는 것을 교역한다"[34]라고 한 『고려도경』의 기록이 참고된다. '허'를 개경이 아니라 지방 군현의 시장으로 본 견해도 있지만 그렇게 해석할 경우『고려도경』에는 개경의 시장 거래 모습은 보이지 않고 서긍이 가보지 않은 지방 시장의 거래 모습만 기록된 모순이 생긴다. 따라서『고려도경』에 묘사된 허는 맨땅 위에 상품을 진열하여 판매하던 개경의 여항소시의 모습으로 보는 것이 자연스럽다. 다만 이런 상거래는 개경과 지방 도시 모두에 있었을 가능성이 크다.

---

34) 『고려도경』 권3, 城邑 "蓋其俗無居肆. 惟以日中爲虛, 男女老幼, 官吏工技, 各以其所有, 用以交易"

10

도시문제와
주거

- 주거
- 물
- 화재
- 치안

주거

많은 인구, 빽빽한 집

많은 사람들이 살았던 개경에서 주택 문제는 매우 중요하였다. 고려시기 개경의 인구에 대한 기록으로는 개경에서 강도로 천도할 때 개경의 인구가 10만 호였다는 것이 유일하다.(『고려사』 유승단 열전) 이 기록을 적극적으로 해석하는 연구자들은 1호당 5명으로 계산하여 당시 개경의 인구가 50만 명이었다고 본다. 반면에 당시 개경의 인구를 50만 명으로 보는 것은 무리라고 보는 연구자들은 10만 호를 10만 명으로 보기도 한다. 또 고려 말에 살았던 이색은 10만 가十萬家라는 표현을 쓴 시 2편을 남겼다. 그는 「도성에 들어가다[入京]」라는 시에서 "10만의 집안에 기쁜 기운이 날아오르네[十萬家中喜氣揚]"라 하였고, 또 「중손仲孫이 좌창동左倉洞에 있다가 와서 옛 놀이를 기억하다[仲孫在左倉洞 因其來記舊游]」라는 시에서는 "자리 밑의 뜬 연기는 10만의 집[席下浮煙十萬家]"이라 하였다. 물론 이 자료들을 가지고 고려시기 개경의 인구를 구체적으로 추론할 수는 없지만, 개경에 많은 사람들이 살았던 것은 분명하다.

개경은 사방이 높고 낮은 산으로 둘러싸인 분지형 지형일 뿐 아니라 내부에도 작은 산과 언덕이 많다. 따라서 개경 나성 안에는 평지가 많지 않았고 평지의 상당 부분은 궁궐, 관청, 시전, 절 등 공공건물이 들어차 있어서 개경에 사는 일반인들의 주거지는 부족하였다. 서긍은 『고려도경』에서 일반 백성들의 집은 벌집이나 개미구멍 같았고 대부분 띠로 지붕을 엮어 겨우 비바람을 피할 정도였으며 집 크기는 겨우 서까래 두 개를 세워놓은 정도였다고 하였다.(『고려도경』 민거) 개경 일반인들의 집은 벌집처럼 작은 집이 다닥다닥 붙어 있고, 개미구멍처럼 낮았다는 의미로 보인다.

이렇게 개경 나성 안 평지의 대부분은 공공건물을 비롯하여 개경에 사는 사람들의 작은 집이 빽빽하게 들어차 있어서 집권층들이 커다란 집을 짓기 위해서 수백 호의 민가를 철거하기도 하였다. 무인집정자였던 최충헌은 자신의 저택을 지으면서 민가 100여 채를 헐었고, 그의 아들 최이는 이웃집 100여 채를 빼앗아서 격구장을 만들었다. 이렇게 당시 집권자들이 집을 짓기 위해서 많은 민가를 헐어야 할 정도로 개경의 평지에는 작은 집이 밀집되어 있었다. 따라서 당시 개경의 나성 안에는 경작지가 들어설 여지가 거의 없었다. 하지만 개경 나성 안의 평지는 주거지로서뿐만 아니라 경작지로서도 매우 유리한 조건이었기 때문에 언제든지 경작지로 둔갑할 여지가 있었다. 이와 관련해서는 1392년(공양왕 4) 3월 고려 정부에서 개경의 인구 증가를 위한 주거 대책을 논의한 일이 있었다. 당시 고려 정부의 논의에 따르면 1361년(공민왕 10) 홍건적의 침입 때 개경 민가의 반이 없어져 공터가 되었고 이 틈을 타 권세가들이 그 땅을 빼앗아서 농토로 만들면서 개경의 인구가 더욱 감소하였다고 한다. 정부에서는 개경의 인구 증가를 위해서 성안의 빈터를 조사하여 빈터에 집을 짓지 않는 자와 집을 헐고 밭을 만든 자는 엄중히 처단할 것을 주장하였다. 이같이 고려 정부가 개경의 주거지가 경작지로 바뀌는 현상을 경계한 것은 원활한 수도 경영을 위해서는 많은 인구가 거주할 공간이 필요하였기 때문이다.

개경 주거의 특징: 섞여 살기

개경 주거의 특징 중 하나는 높고 낮은 신분을 가진 사람들이 같은 방坊이나 리里에 섞여 산 것이다. (사회적으로) 불평등한 중세사회에서 사람들의 활동과 생활을 규제하는 것이 신분제였고, 고려사회 역시 신분에 따라 교육의 기회, 과거의 응시 자격, 관직의 진출 등을 규제하던 사회였다. 그런데 개경에서 신분에 따라 주거의 위치를 차별하였다는 규정은 확인되지 않는다. 사례가 많지는 않지만 『고려사』나 묘지명 등에 보이는 개경 사람들의 주거 위치를 분석해 보면 적어도 개경에서는 신분에 따른 주거 위치의 차별이 없었다는 것을 알 수 있다. 동부 홍인방弘仁坊에는 형부상서刑部尙書 노탁유盧卓儒와 일반 백성인 근효勤孝가 살았고,[35] 정당문학政堂文學 김진金禛이 살았던 서부 향천방香川坊에는 일반 민가가 있었다.[36] 또 남부 앵계방에는 해주목사 유자우庾自俁와 상락공上洛公 김방경金方慶이 살았던 기록이 있고, 1324년(충숙왕 11) 3월 앵계리의 민호 100여 가에 화재가 난 기록도 보인다.[37] 더 나아가서 고려 후기 전리판서典理判書를 지냈던 김광재金光載가 살던 동부 영창방靈昌坊의 마을을 효자리로 정표하면서 그곳에 사는 몇몇 호구의 부역을 면제한 기록(『고려사』 김광재 열전)은 영창방 효자리에 고위 관료인 김광재와 일반 백성들이 함께 살았던 사실을 알려준다.

　　고려 때 개경은 5부방리제로 운영되었다. 중국 고대사회에서 시작된 방리제의 한 특징은 도성 주민들의 주거를 담으로 둘러싸인 폐쇄적인 공간인 특정 방리로 제한하는 것이다. 중국 당나라 장안성에서 방에 담장을 쌓아서 다른 방과 구별한 것은 장안성의 치안을 효과적으로 유지하기 위해서였다. 그렇지만 개경의 방리가 폐쇄적인 공간이었다는 자료나 흔적은 찾을 수 없다. 앞에서 확인한 주거 사례에서 보았듯이, 최고 관료 신분의 집과 일반 백성의 집이 같은 방, 같은 리에 있었던 것은 개경에서 실제로 신분에 따라 주거지를 차별하지 않았다는 것을 말한다. 다만 유교가 정치 이념으로 자리 잡으면서 특수 신분층인 무당의 집을 강제로 도성 밖으로 옮기게 한 사례가 있었지만, 이것을 당시 개경의 보편적인 주거 정책으로 볼 수는 없다. 또한 신분이 높은 관리들도 일반인들이 많이 사는 곳에 자신들의 집을 짓는 것을 꺼리지 않았다. 1210년(희종 6) 최충헌이 저택을 지으면서 민가 100여 채를 헌 것이나 그의 아들 최이가 1229년(고종 16) 이웃집 100여 채를 빼앗아서 커다란 격구장을 만든 것도 최고 집권자와 일반

35) 「盧卓儒墓誌銘」과 『고려사』 권53, 오행1, 수, 현종 14년 6월 기록 참고.
36) 「광산김씨 호구단자」와 『고려사』 권53, 오행1, 화, 명종 14년 6월 계유 기록 참고.
37) 「유자유묘지명」 및 「김방경묘지명」과 『고려사』 오행1, 화, 충숙왕 11년 3월 기록 참고.

백성들이 섞여 살았던 것을 보여주는 예이다.

개경 주거의 또 하나의 특징은 관청 주변에도 많은 민가가 들어선 것이다. 개경의 주요 관청은 궁성과 황성 안팎에 몰려 있었다. 그렇지만 몇몇 관청은 하는 일에 따라 개경 곳곳에 퍼져 있었다. 시전을 관리하던 경시서가 십자가에 있었던 것이 대표적인 예이다. 시전과 경시서 근처에는 많은 민가가 밀집해 있었다. 1051년(문종 5) 2월에 경시서에서 불이 나 120호에 옮겨 탔다거나, 1144년(인종 22)에 시전에 불이 나 민호 수십 가에 옮겨 탔다는 기록은 대표적인 예이다. 또 1092년(선종 9)에 제기도감祭器都監과 약점藥店 두 관청의 누문樓門과 거리의 민가 640호가 불에 탔다. 1100년(숙종 5) 8월에 대궐 남쪽 누교樓橋와 동랑東廊 및 사점관四店館, 장생서掌牲署와 사의서司儀署에서 화재가 나서 민가 수백 채가 불에 탔다. 1277년(충렬왕 3)에 대부大府에 화재가 발생하여 민가 800여 호를 태웠다는 기록 역시 관청 주변에 많은 민가가 있었다는 것을 알려주고 있다.

이러한 개경 주거의 특징은 인구는 많고 집을 지을 평지가 부족한 개경에서 자연스럽게 나타난 것이고 이것은 개방적인 중세 도시 개경의 특징이기도 하다. 고려사회는 매우 엄격한 신분제 사회였으나, 적어도 개경의 경우 주민들의 주거 위치 선택은 신분에 따른 규제 없이 개인의 의사와 경제적인 관계에 의해 이루어졌다.

위와 같이 개경에서는 높은 신분의 사람과 낮은 신분의 사람이 같은 방이나 리에 섞여 살았을 뿐 아니라 관청 건물 옆에 민가들이 빽빽하게 들어섰다. 이와 동시에 개경에서는 직업에 따라 같은 직업의 사람들이 많이 모여 사는 곳들이 있었다. 관청 근처에는 관리나 서리들이 많이 살았고, 남대가를 중심으로 한 시장 거리에는 당연히 시전 상인들이 모여 살았을 것이다. 앞에서 시전에서 불이 났을 때 그 근처의 많은 집들이 함께 불에 탔던 것을 확인하였는데, 이 집들의 상당수는 시전과 관계된 사람들의 집이었을 것이다. 또 상인들과 함께 개경 상공업을 이끌던 장인들도 업종에 따라 한 동네를 이루며 사는 경우가 있었다. 고려 후기 이제현이 살았다는 십자가 동남쪽에 있었던 철동鐵洞 혹은 수철동水鐵洞이라는 지명은 철을 재료로 하여 각종 생활 도구들을 생산했던 철 장인들이 모여 살았던 마을에서 유래하였다. 또 개경 동북쪽 오관산 아래 있었다는 면주동綿紬洞은 면주(비단)를 생산하던 사람들이 모여 살던 마을로 여겨진다.

개경 사람들의 집

개경에 살던 사람들이 다양하였듯이 개경의 집들도 각양각색이었다. 벌집이나 개미구멍처럼 작고 낮은 일반 백성들의 집도 많이 있었지만, 민가 100여 채를 헐고 지은 최충헌의 저택이나 동서 수백 보에 이르는 커다란 격구장을 갖춘 최이의 저택도 있었다. 개경에 살던 사람들이 좋아했던 주거지는 어느 곳이었을까? 또 남들이 부러워했던 집은 어떤 모습이었을까? 이규보 같은 문인들이 남긴 글을 중심으로 당시 개경에 살던 사람들의 집에 대한 기록을 정리해 보자. 이들은 주로 어디에 살았고 집을 지으면서 무엇을 중요하게 여겼을까?

권세가들의 집이 제일 많은 곳은 개경 중심부에 있는 자남산 기슭이었다. 이곳은 궁궐과 가깝고 경치도 좋았기 때문이다. 이규보의 「진강후모정기晉康侯茅亭記」에는 "(자남산) 산기슭에 잇달아 지은 천문千門·만호萬戶의 집들은 마치 고기비늘이 겹친 듯 즐비하였다"라고 하였다. 최충헌이 민가 100여 채를 헐고 저택을 지었다는 활동리 역시 자남산 기슭이었다. 최충헌의 집은 길이와 폭이 몇 리가 되어 대궐과 비슷할 정도로 웅장하고 화려하였다. 또 북쪽으로 시전과 마주하는 곳에는 별당을 짓고, 십자각이라고 불렀다. 『송경광고』에는 고려시기에 이름 있는 고위 관리들이 살았다는 내동대문內東大門 안쪽의 정승동政丞洞을 소개하였는데, 이곳도 자남산 근처였다. 『송도지』부록에 소개된 대활동大闊洞도 거의 같은 곳으로 추

도판10-1 자남산
자남산 기슭은 궁궐과 시전에 가깝고 경치가 좋아서 권세가들이 좋아하던 주거지였다.

정되는데, 이곳에 고려 후기의 권신인 염흥방의 옛집이 있었다고 한다. 또 송악산이나 용수산 등 산기슭의 경치 좋은 곳 역시 당시 권세가들이 선호하는 주거지였다. 고려 후기 재상 채홍철은 송악산 기슭인 자하동紫霞洞에 새로 집을 지어 은퇴 관료들과 유유자적한 생활을 즐겼고, 고려 중기 최충은 자하동 남쪽의 구재동九齋洞에 일종의 사립학교인 구재학당九齋學堂을 세웠다. 자하동과 구재동은 고려 궁궐에서 멀리 떨어지지 않은 송악산 남쪽의 풍광이 좋은 곳이었다. 고려 후기 재상을 지냈던 최당崔讜은 나성의 동쪽문인 영창문(탄현문) 근처의 영창리靈昌里에 쌍명재雙明齋를 짓고 해동기로회를 설립하여 활동하였다. 쌍명재의 위치에 대해서 이인로李仁老는 숭문관 남쪽 절벽 위 산봉우리가 보이는 곳(『동문선』 권65, 「쌍명재기雙明齋記」)이라고 하였고, 이제현은 묘련사妙蓮寺 북쪽 수백 보 떨어진 곳(『익재난고』 권6, 「묘련사석지조기妙蓮寺石池竈記」)이라고 하였으며, 일제강점기 개성에서 활동하였던 고유섭은『송도고적』에서 쌍명재를 성균관 남쪽 백운동 서쪽 구릉으로 추정하였다. 현재 정확한 위치를 확인할 수는 없지만 성균관 남쪽의 송악산이 보이는 경치 좋은 곳으로 추측할 수 있다.

또 남산인 용수산과 그 북쪽을 흐르는 앵계 주변도 개경 사람들이 좋아하는 주거지였다. 이규보는 27세 때 앵계 회동檜洞으로 이사하여 살았다. 그는 남산인 용수산과 송악산 곡령이 잘 보이는 이곳 초당에서 조그만 정원을 가꾸면서 전원생활을 즐겼다. 또 이웃에 사는 양梁 각교閣校라는 사람과 자주 왕래하면서 오이도 같이 심고 바둑도 두고 친하게 지냈다.(『동국이상국집』권3「앵계초당우제鸎溪草堂偶題」) 이후 이규보는 성 동쪽의 봉향리로 이사했다가 35세 때인 1202년 성 남쪽의 안신리 색동으로 이사해서 20여 년을 살았다. 이규보가 쓴 「천개동기天開洞記」(『동국이상국집』권24)에는 성 남쪽의 안신리 색동塞洞의 이름을 천개동天開洞으로 바꾼 일화를 소개하고 있다. 이규보 이웃인 수재秀才 백정규白廷珪의 아버지 우승선右承宣 한림학사翰林學士 모씨가 이곳으로 이사한 후 빠르게 승진하자 좋은 관직을 가진 사람들이 몰려와 살게 되었다고 한다. 이곳 역시 개경 사람들이 살기 좋아하던 동네였다.

시장 주변 또한 궁궐 주변 못지않게 개경 사람들이 선호하는 주거지였다. 고려 중기에 활동하였던 함유일咸有一의 묘지명에 따르면 그는 성 동쪽의 궁벽하고 먼 땅에 살며 생산을 일삼지 않았다. 그의 아내와 아들들은 시장과 관청 가까이에 있는 집 사기를 청하였으나 함유일은 허락하지 않았다. 그의 가족이 시장과 관청 가까운 곳으로 이사하고 싶었던 것은 그곳이 집의 경제기반을 세우기에 유리하였기 때문이다. 정부와 시장이 가까운 곳 중의 하나가 자남산 기슭이다. 자남산 서쪽이 바로 시전이 있던 남대가이고 그 서북쪽에 황성과 궁성이 있었다. 최충헌을 비롯한 당시 권세가들이 자남산 기슭에서 살기 원했던 것은 시전에서 생기는 경제적 이익에 관심이 있었기 때문이다. 고려의 권세가들이 시장에서 생기는 이익에 관심을 기울인 것은 고려 후기에도 마찬가지였다. 고려 후기에 활동하였던 이제현은 "(도평의사사에 모인 지금의 관리들은) 때때로 큰 목소리로 떠들며 웃고 안방의 부부 간의 일이나 시정의 쌀과 소금의 이익 등 말하지 않는 것이 없다"(『역옹패설櫟翁稗說』 전집1 합좌)고 비판하였는데, 여기서 당시 권세가들의 관심사를 알 수 있다.

개경에는 지위와 경제력이 서로 다른 사람들이 살고 있었고 이들의 집도 천차만별이었다. 겨우 의식주를 해결할 공간만이 있는 서민의 집도 있었고, 많은 사람들을 초대할 수 있는 누대와 격구장을 갖춘 최고집권자의 저택도 있었다. 개경에서 어느 정도 지위와 경제력을 가졌던 사람들은 어떤 집을 원했을까? 지금 서울 강남의 초고층 아파트에서 살고 싶은 사람도 있고 서울 근교의 전원주택에서 살고 싶은 사람이 있듯이 개경에 사는 사람들도 자신들만이 원하는 집이 있었다. 이규보를 비롯한 여러 문인들의 글에서 당시 개경 사람들이 그들의 집에 어떤 것을 갖추고 살았는지 찾아보자.

먼저 이규보의 「사가재기四可齋記」에서 그의 별장에 대한 소박한 생각을 엿볼 수 있다. 사가재는 이규보의 아버지가 서쪽 성 밖에 마련해 두었던 별장으로 이규보가 이어받아 자주 왕래하면서 별장으로 이용한 집이다. 이규보는 "(이 집에는) 밭이 있어서 농사지어 식량을 마련할 수 있고, 뽕나무가 있어서 누에를 쳐서 옷을 마련할 수 있고, 샘이 있어서 물을 마실 수 있고, 나무가 있어서 땔감을 마련할 수 있다. 내가 원하는 것 네 가지가 있어서 그 집을 '사가四可'라고 이름 지었다"라고 하였다. 이 글은 이규보가 26세 때 지은 것인데, 여기서 욕심 없이 한가롭게 전원생활을 꿈꾸었던 이규보의 심정을 읽을 수 있다.

또 이규보의 「통재기通齋記」와 「태재기泰齋記」를 보면 그가 정원과 우물(샘물)이 있는 집을 좋아했다는 것을 알 수 있다. 「통재기」는 꽃과 나무를 잘 가꾸기로 유명한 통인通人인 양생楊生 응재應才의 정원에 대한 글인데 여기서 이규보는 통인 양생의 정원을 높이 평가하였다. 「태재기」는 지주사知奏事 우공[于承慶]이 궁궐 옆에 마련한 집에 대한 기록인데, 이 집은 동산(정원), 우물, 연못, 정자를 갖춘 훌륭한 집으로 묘사하였다. 이규보는 "(그 집의) 동산은 방화芳華, 우물은 분옥噴玉, 못은 함벽涵碧, 죽헌竹軒은 종옥種玉이라 하고 그 넷을 모두 갖추었다 하여 태재泰齋라 이름"하였다.

이렇게 이규보는 집에 정원과 우물이 있는 것은 기본이고 더 나아가서 우물물로 못을 만들어 연꽃도 키우고 오리도 기르고, 정원에 정자를 지어 풍류를 즐길 수 있는 집을 부러워하였다. 또 이규보는 32세 때인 1199년(신종 2) 때 바퀴 달린 정자인 사륜정四輪亭을 만들 기발한 구상을 하였다. 정자에 바퀴를 달아서 그늘로 정자를 옮겨가면서 풍류를 즐기기 위해서였다. 그해 이규보는 전주목에 출사하면서 사륜정을 만들지는 못하였지만 34세 때 쓴 「사륜정기四輪亭記」에는 이규보의 구상이 정리되어 있다. 이 정자에는 주인을 비롯해서 거문고 타는 사람 1명, 노래하는 사람 1명, 시에 능한 승려 1명, 바둑 두는 사람 2명 등 모두 6명이 앉을 수 있었고, 거문고·책·베개·대자리·술병·바둑판 등을 갖추어놓았다. 사륜정은 지금의 캠핑카가 연상되는 이규보의 기발한 착상이라 하지 않을 수 없다.

고려시기 개경 사람들이 좋아했고 또 많이 살았던 곳은 궁궐과 시전에 가까운 곳, 송악산이나 자남산 기슭, 앵계 근처 등 경치 좋은 곳이었다. 특히 자남산 기슭은 궁궐과 시전에 가깝고 경치가 좋아서 권세가의 집이 밀집해 있었다. 그들은 우물과 연못, 정원과 정자를 갖춘 집을 선망하였고, 텃밭이 있는 집에서 전원생활을 즐기기도 하였다.

물

사람은 물 없이 살 수 없다. 동물과 식물도 마찬가지다. 심지어 땅도

물이 없으면 죽은 땅이 된다. 예로부터 우물을 파서 물을 마시는 것은 농사지어 밥을 먹는 것과 마찬가지로 사람이 살기 위해서 해야 할 가장 기본적인 일이었다. 더구나 물 없이는 농사도 지을 수 없으니 물이야말로 삶에서 가장 중요한 것이라 하지 않을 수 없다. 중국 상고시대 우임금이 황하의 물을 다스렸다는 설화가 중국의 오랜 역사 속에서 지금까지 살아 있는 것은 치수가 가진 중요성 때문일 것이다.

왕건의 선조인 강충이 송악산에 나무를 심고 송악산 남쪽으로 이주하였다는 『편년통록』에 실린 설화는 송악산에서의 식목과 치수의 중요성을 암시한다. 물은 개인 생활에서뿐 아니라 국가운영에서도 소홀히 할 수 없는 문제였다. 국가재정의 기반은 농업생산과 조세에 있었고, 이 모든 것이 물의 확보와 관리 및 이용과 밀접하게 연관되어 있었다. 『고려사』오행지 수水 항목에서 물과 관련된 특이한 현상들을 기록한 것이나 식화지 진휼 항목에서 수해나 한해의 피해를 기록한 것은 모두 물 문제가 국가운영에 매우 중요하였기 때문이다. 가뭄이 들면 국가행사로 기우제를 올렸던 것도 같은 이유였다. 고려시기에는 사재시司宰寺라는 관청에서 어량魚梁·천택川澤에 대한 일을 담당하였다.

생활에 꼭 필요한 물, 생활용수

생활용수 중에서 제일 중요한 것은 식수, 곧 먹는 물이다. 개경과 같이 많은 사람들이 살았던 대도시의 경우 먹는 물의 공급은 매우 중요한 문제였다. 개경에서 식수는 주로 우물을 이용하였고 샘물도 즐겨 사용하였다. 개경의 역사에서 처음 등장하는 우물은 왕건의 할머니인 용녀가 팠다는 개성대정이다. 「고려세계」에 실린 『편년통록』에는 작제건과 혼인하여 송악 지역에 온 용녀가 오자마자 개주의 동북 산록에 가서 은그릇으로 땅을 파서 물을 길어 썼다는 설화가 실려 있다. 이 우물이 개성 서쪽 옛 개성현에 있는 개성대정開城大井이다. 우물 하나로 당시의 물 문제가 해결될 수는 없지만 이 실화는 이전부터 물이 매우 귀하고 중요하였던 이 지역에서 우물이 가지는 의미를 상징한다. 그래서인지 개성대정은 『고려사』 오행지에 가뭄에 제사를 올리는 대상으로 기록되어 있고, 조선 건국 이후 음사淫祠를 규제하는 추세에서도 여전히 신앙 대상으로 남았다. 1477년(조선 성종 8) 이곳을 방문한 유호인은 「유송도록」에서 당시 대정 주변에 여러 칸의 제당이 있었고, 개성대정의 물로 그 아래 수천 경頃의 땅에 물을 댈 수 있었다고 하였다.

개경에는 용녀와 관련된 우물이 하나 더 있다. 개경 궁궐 서북쪽의 광명사廣明寺 우물인데, 이 우물은 한동안 고려왕실에서 어수로 이용하였다. 처음 예성강 하류인 영안성에서 1년 정도 살던 작제건과 용녀는 그곳을 떠나 그 선조인 강충이 살던 송악산 남록에 새 집을 짓고 살았는데, 용녀는 침실 창밖에 우물을 파고 그곳으로 용궁을 드나들었다고 한다. 이 우물이 광명사 우물이다. 결국 서해의 해상세력을 상징하는 용녀는 고려왕실, 더 나아가 이 지역에 식수를 공급해 준 상징적 인물로도 인식된 셈이다.

개경의 우물에 대해서 『신증동국여지승람』에는 앞에서 소개한 용녀가 팠다는 개성대정과 광명사 우물을 비롯하여 이인로의 글에 등장하는 홍도정紅桃井, 어수로도 썼던 달애정炟艾井, 1370년(공민왕 19) 명나라에서 사신을 보내어 제사를 지냈다는 양릉정陽陵井 등 유래가 있는 우물 몇 개가 소개되어 있을 뿐이다. 따라서 이 기록만 가지고는 당시 우물의 형태와 보급 정도에 대해서 알 수가 없다. 다행히 『고려도경』에 당시 우물에 대한 기록이 있어 참고할 수 있다. 그에 따르면 (고려국 사람들은) 대개 내[川] 가까운 데 우물을 파서 물을 긷는데, 위에는 녹로鹿盧를 만들어서 배 모양의 통에 물을 옮긴다고 하였다[鑿井汲水 多近川爲之 上作鹿盧輪水於槽 槽形頗如舟云](『고려도경』 권23, 잡속2, 한탁). 『고려도경』의 묘사만으로 당시 우물의 형태와 그곳에서 물을 긷는 모습을 알 수는 없지만, 녹로는 두레박이나 용두레 같은 것으로 생각된다.

『고려도경』에서는 우물이 내[川] 주변에 많다고 했지만 어느 정도 보급되었는지는 확인할 수 없다. 개경의 중심지인 십자가에서 서남쪽으로 조금 떨어진 곳에 있었던 보제사에는 3개의 못과 9개의 우물이 있었다. 보제사 북쪽에는 서쪽에서 동남쪽으로 흐르는 물줄기 앵계가 있었으니, 보제사의 우물들도 냇가에 있었던 셈이다. 비록 보제사의 우물은 풍수설에 맞추어 팠다고는 하지만 절 주변에 사는 사람들은 다른 곳에 사는 사람보다는 쉽게 이 우물물을 식수로 이용하였을 것이다. 또 우물과 관련된 것으로 1282년(충렬왕 8) 4월 개경 이재泥帖의 불복장리佛腹藏里에서 고아가 된 눈먼 아이가 목이 마르면 개가 아이를 끌고 우물에 가서 물을 먹였다는 일화와 고려 후기 원나라에 보낼 공녀貢女로 정해진 여자들이 비통하여 우물에 몸을 던져 자살하기도 하였다는 이곡李穀의 상소 내용 등이 확인된다. 이를 통하여 당시 개경에는 적지 않은 수의 우물이 있었다는 것을 알 수 있다.

봉이 김선달이 대동강 물을 팔았다는 이야기는 말할 것도 없고, 서울에서 한강 물을 길어다 팔았던 때가 지금부터 100년 정도밖에 안 되었다는 사실을 생각해 보면, 고려시기 개경에서 모든 사람이 우물물을 먹는 혜택을 누리지는 못했을 것이다. 그럼에도 『고려사』 오행지에 우물물이 마르는 것, 색이 변하는 것, 끓어오르는 것, 우물에서 소리가 나는 것 등을 기록한 것은 그만큼 우물이 생활에서 차지하는 비중이 컸기 때문이다.

우물 외에도 샘물이나 계곡의 물도 식수로 이용되었다. 1202년(신종 5) 이규보는 성 동쪽에서 성 남쪽의 안신리安申里로 이사했는데, 그 마을 왼쪽 바위틈에서 찬 샘물이 흘러나왔다고 한다. 물론 이규보는 이 물을 식수로 이용하였을 것이다. 또한 이인로와 이웃 사람들이 모두 시원하게 마셨다는 홍도정 역시 산기슭의 샘물이었다. 이색의 「성거산문수사기聖居山文殊寺記」에 의하면 성거산에서는 겨울에 얼음이 얼면 구멍을 뚫어 물을 길어다

도판10-2 개성 배천가의 우물(1925 『조선』 조선총독부, 서울역사박물관 소장)
우물이 내 근처에 있다고 한 『고려도경』의 내용과 일치한다. 뒤쪽으로 송악산이 보인다.

먹었다고 하는데 그 물은 계곡의 물이었다. 특히 깊은 산중의 샘물이나 계곡의 물은 왕을 비롯한 특권계급들만이 누릴 수 있었을 것이다. 다음 시는 이숭인이 송악산 계곡의 샘물을 정도전에게 선물로 보내면서 쓴 것이다.

송악산 돌 틈에서 작은 샘물 돌아나니	崧山巖罅細泉縈
알겠구려! 솔뿌리 엉킨 데서 솟아남을	知自松根結處生
사모를 눌러쓴 채 한가로운 낮 길거들랑	紗帽籠頭淸晝永
돌주전자 안에서 이는 바람 소리 즐겼으면	好從石銚聽風聲

(이숭인, 「차 한 봉지와 안화사 샘물 한 병을 삼봉에게 드리며」 『도은집陶隱集』)

이렇게 고려 말에는 송악산 기슭의 안화사나 영통사 계곡의 샘물을

도판10-3 「영통동구」(강세황, 1757 『송도기행첩』 국립중앙박물관 소장)
『송도기행첩』은 1757년 강세황이 개성을 유람하고 그린 그림들을 엮은 화첩이다. 「영통동구」는
오관산 남쪽에 있는 영통사 주변의 계곡을 그린 그림이다.

병에 담아 벗에게 선물로 보낸 예가 있다. 이는 그만큼 그 지역의 물이 맑
고 깨끗하여 맛이 좋았기 때문일 것이다. 이런 귀한 물은 술을 담거나 차
를 끓여 마셨을 것이다.

한편 『고려도경』에는 목욕과 세탁에 대한 재미있는 기록도 남기고 있
다. 그 내용을 옮겨보면 다음과 같다.

"고려 사람들은 깨끗한 것을 좋아해서 중국 사람들이 때가 많은 것을
비웃는다. 그들은 새벽에 일어나서 반드시 목욕을 한 후에 집을 나서
며 여름에는 하루에 두 번 목욕을 한다. 대개 (목욕은) 계곡에서 남녀
구별 없이 하는데, 의관을 둑에 벗어놓고 흐르는 물에 속옷을 드러내
도 이상하게 여기지 않는다. 옷을 빨고 옷감을 표백하는 것은 모두 여

도판10-4 영통동 바위
영통사 앞 계곡에서 2005년 11월 21일에 찍었다.

자들이 했는데 비록 밤낮으로 일해도 힘들다고 하지 못한다.”

　목욕과 관련된 『고려도경』의 기록을 있는 그대로 다 믿을 수는 없겠
지만 중국 사람인 서긍이 스스로 중국 사람들은 때가 많다고 인정한 듯한
표현은 재미있다. 또한 고려 후기의 인물 홍자번은 매일 반드시 한두 번은
목욕을 하였다는 『고려사』의 기록 역시 『고려도경』의 내용과 비슷하다는
점에서 흥미롭다. 마실 물도 충분치 않았던 당시의 상황을 고려한다면 위
의 내용은 여름철에나 가능한 예외적인 일이었을 것이다. 고려시기 목욕
과 관련된 것으로는 온천에 대한 기록도 있다. 당시 주요한 온천은 평주平
州와 온수군(지금의 충청남도 온양)에 있었는데, 고려의 왕들은 주로 개경 북쪽
의 평주 온천을 찾았으며, 왕을 제외하고는 몸이 아픈 관리나 관리의 부모

정도가 특별히 온천욕을 할 수 있었다. 빨래 역시 계곡물이나 냇물을 이용하였다.

휴식과 놀이에 이용한 물

물은 개경 사람들의 휴식공간으로도 이용되었다. 당시 지배층들도 풍광 좋은 못과 계곡을 찾아 술을 마시며 시를 지었으며, 학동들은 시원한 계곡에서 여름 수련회[夏課]를 갖기도 하였다. 송악산의 여러 계곡, 개경 동북쪽 물줄기에 위치한 귀법사 근처의 계곡, 동남쪽 개국사 근처의 못, 왕이 친경하는 적전 주변의 못 등은 당시 문인들의 시에 자주 등장하는 곳이다. 특히 귀법사 근처의 계곡은 학동들의 여름 수련회 장소로 자주 이용되었다.

궁궐 동쪽에 있었던 동지東池는 왕을 위한 공간이었다. 동지는 본궐터에서 동쪽으로 약 130미터 떨어진 곳에 있었으며, 이곳에는 귀령각龜齡閣이라는 건물이 있었다. 왕은 여기에서 무사를 사열하고 활쏘기를 구경하기도 하였다. 또 동지에 배를 띄워놓고 왕족이나 관료와 함께 시회·연회를 하고, 주변에 백학白鶴·산양山羊 등 동물을 기르기도 하였다. 이외에도 왕들은 개경 주변의 계곡에서 여러 신하들과 각종 연회를 하였다. 특히 고려 중기 의종은 많은 노동력을 동원하여 곳곳에 둑을 쌓아 물길을 막았으며 그곳에 정자를 만들고 일부 측근 관료들과 각종 연회를 하였으며, 어떤 때는 그곳에 배를 띄워놓고 즐기기도 하였다. 고려 말 우왕은 계곡에서 궁녀들과 어울려 목욕을 하기도 하였으니, 이러한 행위는 휴식의 차원을 넘어서는 것이었다. 더구나 이를 위해 많은 백성들의 노동력을 징발하여 민원을 샀다. 이렇게 개경 주변의 주요 물길에 둑을 쌓고 유희공간을 만드는 것은 그 자체가 개경 근처에 사는 모든 사람이 공유해야 할 물줄기를 왕을 비롯한 일부 지배층이 독점하는 것을 의미했다. 특히 정자가 세워졌던

도판10-5 「단오풍정」(신윤복, 18세기 말 『풍속도 화첩』 간송문화재단 소장)
단오에 여인들이 계곡에서 몸을 씻는 모습은 "계곡에서 남녀 구별 없이 의관을 둑에 벗어놓고 흐르는 물에 속옷을 드러낸다"는 『고려도경』의 묘사를 연상하게 한다.

곳은 대체로 개경의 동북쪽과 동쪽인데, 이곳의 물길을 막는 것은 하류 농업지대의 물줄기를 막는 일이기도 하여서, 백성의 불만이 컸을 것은 자명하다. 의종이 무인정변으로 몰락한 배경 중에는 물을 독점하여 백성의 원성을 샀던 것도 포함되지 않았을까? 앞에서 인용했던 『고려도경』에서 "계곡에서 남녀 구별 없이 의관을 둑에 벗어놓고 흐르는 물에 속옷을 드러내도 이상하게 여기지 않는다"라고 한 풍광은 일반 백성들의 물놀이 모습을 묘사한 것일 수도 있다.

경제활동에 사용한 물

농업과 물   중세시기 경제활동에서 가장 중요한 것이 농업
이었고, 물 없이 농사를 지을 수 없는 것은 예나
지금이나 마찬가지이다. 다만 개경에는 경작지
가 많지 않았다. 곧 개경 나성 안 평지의 대부분은 궁궐·관청·시전·절 등
공공건물을 비롯해 개경에 사는 수많은 사람들의 주거지로 활용되었으며,
경작지는 주로 개경에서 동남쪽으로 흘러서 임진강에 합류하는 사천 유
역에 발달했다. 이 지역에는 적전을 비롯하여 많은 경작지가 있었다.

    또한 나성 동남쪽 개국사 근처의 물가에도 적지 않은 경작지가 발달
했다. 1053년(문종 7) 8월 나성 동남쪽 둑이 무너져 수리하려고 하였지만
조사 결과 둑 주변이 밭으로 변해 있어 수확할 때까지 공사를 기다린 일
이 있다. 이는 개경 동남 지역이 경작지가 발달하기 좋은 조건이었다는 것
을 알려준다. 고려 후기 이후 문인들의 시에도 이 지역의 농경 풍경을 읊
은 것이 많은 것도 우연이 아닐 것이다. 그렇다고 하여 개경의 경작지가
동남 지역에만 있었던 것은 아니었다. 나성 서쪽의 서교에도 비옥한 경작
지가 있었고, 개경 나성 안의 평지는 주거지로서뿐 아니라 경작지로서도
매우 유리한 조건이었다. 또 앵계 등 개경 내부의 물길 근처에는 작은 논
밭이 있었다. 이곳에서는 곡물도 심었겠지만, 과일과 채소를 비롯해서 뽕
나무나 삼 등 옷감 짜는 데 필요한 식물을 심었다. 이규보가 앵계 옆에 살
때에 그의 집 주변에는 뽕과 삼, 복숭아나무가 있었다. 또 이규보의 시에
과일과 채소가 자주 등장하는 것은 이와 무관하지 않을 것이다.

    따라서 원활한 농업경영을 위해서는 당연히 농업용수의 확보가 필요
하였다. 특히 동남쪽의 농업지대에선 그 필요성이 더 컸다. 앞에서 살펴본
대로 이 지역에 둑을 쌓은 것은 농업용수를 확보하고 또 홍수를 조절하
기 위한 것으로 볼 수 있다. 또 이규보는 개국사의 못에서 지은 시를 남겼

도판10-6 개국사돌등

북한 보존유적 제535호. 개성특별시 방직동 고려박물관. 고려 초의 화강암 사각 석등이다. 개국사는 고려 초 개경 동남쪽 물줄기가 모이는 곳에 비보사찰로 세워졌다.

고,[38] 이색은 적전의 연못에 대해서 읊은 시를 남겼는데,[39] 개국사의 못이나 적전의 연못 물은 그 지역의 농업용수로 이용되었을 것이다.

상공업과 물　　　　고려시기 개경에는 다양한 신분의 사람들이 살았고, 당연히 그들이 사는 데는 여러 가지 물건이 필요하였다. 개경에 필요한 다양한 물건들의 상당수는 지방의 군현에서 전세나 공물의 형태로 유입되었지만, 개경 주

---

38) 『동국이상국집』 권3 「開國寺池上作」; 권14 「夏日開國寺尋僧不遇池上作」
39) 『목은시고』 권19 「記南郊舊遊」 "… 晴魚跳日籍田池 …"; 권19 「柳巷携酒食來餉老父云今日出遊籍田別墅」; 권32 「柳巷招遊籍田別墅賞蓮以病辭」

변에서 생산되는 것도 적지 않았다. 그럴 경우 그 생산물품에 따라서 많은 물이 필요하기도 하였다. 일상생활에서 많이 필요한 것이 옷감이다. 특히 당시 대표적인 옷감인 포는 화폐의 기능도 하였기 때문에 도시생활에서 는 필수품이었다. 고려시기 각종 포는 기본 세목의 하나였다. 따라서 개경 에서 유통되는 포의 상당수는 조세로 거둔 것이었겠지만, 그중 일부는 개 경 주변에서 생산되고 가공되었다. 조선 초의 기록인『신증동국여지승람』 에는 개경 동북쪽의 오관산 아래의 영통동靈通洞을 소개하고 있는데, 이곳 에는 인가 수십 호가 대대로 완포浣布, 즉 직물 세탁을 업으로 삼았다고 한 다. 영통동에서는 오관산에서 내려오는 맑은 물을 이용하여 옷감을 세탁 하였다. 이곳은 포백布帛의 생산지였다는 점에서 고려시기에도 역시 물을 이용하여 포를 짜고 세탁하는 일을 하였을 것이다.

이외에도 조선 후기의 기록인『중경지』에는 배천의 풍교楓橋 동쪽의 소활동小闊洞·동화정리冬花井里라는 마을이 있는데, 고려시기 연지를 만들 때 이곳에 있는 연지정臙脂井이라는 우물의 물을 사용했다는 내용이 있다. 또한 개경의 동남쪽 장패문(보정문) 안쪽의 냇가[川邊]에 수철동水鐵洞이라는 곳이 있었다. 이곳은 고려 후기 익재 이제현의 거주지로도 알려져 있는데, 농기구나 각종 철제 생활도구를 생산하는 대장간이 있었던 곳으로 추정 되고 있다. 대장간 역시 많은 물을 필요로 했기 때문에 물을 이용하기 편 리한 장소에 위치하였다고 생각한다.

고려시기 개경에서 물은 농업이나 제조업뿐 아니라 상업에도 이용되 었다. 개경을 관류하여 흐르는 앵계 주변에는 종이류를 취급하는 저시楮市, 가축을 취급하는 마시·저시猪市 등이 있었다. 앵계에 저시교楮市橋, 마시 교馬市橋(수륙교水陸橋), 저교猪橋 등의 이름을 가진 다리가 있는 것은 바로 이 곳에 관련 시장이 있었기 때문일 것이다. 특히 가축 시장이 천변에 위치한 것은 그 배설물의 처리 등과 관련이 있을 것으로 추정하고 있다. 앵계가 저시를 지나면 오천烏川 혹은 흑천黑川으로 불린 것은 이 때문으로 보인다.

여기서 개경 내부의 물줄기는 배수로, 곧 하수도의 기능도 하였음을 짐작할 수 있다.

화재

화재는 불이 나서 생기는 재난이다. 인류가 불을 사용하면서 화재 또한 계속되었다. 화재의 피해는 많은 사람들이 사는 대도시에서 더 컸고 그에 대한 대책 역시 없을 수 없다. 개경에서는 화재를 어떻게 인식했고 어떤 대책을 세웠을까?

고려시기의 화재에 대한 인식은 기본적으로 유교적 재이관災異觀에 바탕을 두고 있었다. 즉 재이가 일어나는 것은 하늘과 사람의 감응에 따른 것으로 보았다. 공자가 『춘추』에서 정리한 재이災異 기록은 사람(왕)의 행동에 대한 하늘의 견책을 정리한 것이라 할 수 있다. 화재에 대한 인식도 마찬가지였다 『고려사』 오행지에는 "불타오르는 것이 불의 본성本性인데, 그 본성을 잃으면 재앙이 된다. 양陽이 절도를 잃으면 넘치는 열기[濫炎]가 제멋대로 일어나 종묘를 불태우고 궁관宮館을 불태운다"라고 하였다.

『고려사』에 화재 관련 기록이 많지는 않지만 그것을 통해서 당시 화재에 대한 인식을 확인할 수 있다. 큰 불이 나는 것은 기본적으로 왕이 근신하지 않았기 때문으로 보았고, 그에 따라 대응도 정해졌다.

고종 때 권경중權敬中이 올린 의론議論에서 가장 전형적인 유교적 재이관을 엿볼 수 있다. 그는 근래에 있었던 추밀원과 대창 등에서 일어났던 화재에 대해서 언급하면서 (명종 때) 추밀원에 불이 난 것은 여자들이 정사를 어지럽게 하여 국가의 기밀이 잘못되는 것을 하늘이 견책한 것이고 대창의 화재는 더 이상 (필요 없는) 사람을 양육하지 말라는 뜻을 나타낸 것이라고 하고, 왕이 된 자가 덕을 베풀고 (바른) 정치를 하여서 인심을 순응시키면 재앙이 사라질 것이라고 하였다. 1090년(선종 7) 3월 밤에 천둥과 번개가 크게 쳐서 신흥창에 불이 나자, 홍원사弘圓寺와 국청사 두 절을 창건하는 역을 중지한 것과 1172년(명종 2) 7월에 궁궐에 화재가 발생하고 벌레가 솔잎을 먹으며 천문天文에 누차 이변이 나타나자 왕이 조서를 내려서 자신을 책망하고 전국에서 참형·교형[斬絞] 이하의 죄수를 사면하도록 한 것도 비슷한 사례들이다. 또 도교 제사나 불교 의례를 하여서 화재를 물리치려고 하기도 하였다. 1056년(문종 10) 9월 수춘궁에서 태일太一에 제사를 지내며 화재를 물리쳐 달라고 빈 것은 도교 제사에 의지한 것이고 충렬왕 때 궁궐에 불이 나자 오윤부가 소재도량消災道場을 설치하자고 한 것은 불교행사를 통하여 화재를 이기려고 한 것이다.

　고려시기에 화재에 대해서 위와 같이 관념적으로만 대응한 것은 아니었다. 불이 나면 해당 지역의 지방관을 벌주기도 하였고 불이 난 날 숙직했던 관리에게 책임을 묻기도 하였다. 1051년(문종 5) 2월에 백령진白翎鎭에서 화재가 나자 진장鎭將과 부장副將 등이 근신하지 않아서 화재가 일어났다고 해서 그들의 관직을 삭제하고 벌을 준 일이 있고, 1061년(문종 15)에는 그 전해 문하성에 숙직하던 날에 화재가 있었다고 해서 참지정사參知政事 김현金顯을 좌복야左僕射로, 우산기상시右散騎常侍 최원준崔爰俊을 판소부감사判小府監事로 좌천한 일도 있다.

　개경의 화재 문제를 전담하는 기구나 관리가 있었을까? 조선 초기인 1426년(조선 세종 8) 2월에 한성부에 금화도감禁火都監을 설치하여 화재 방지 등을 담당하게 하였고, 관원으로 제조提調 7명, 사使 5명, 부사·판관 각각 6명을 두었다. 그 이전에도 한양에서는 화재를 예방하기 위하여 인접한 가옥과 가옥 사이에 방화장防火墻을 쌓고, 요소마다 우물을 파고 방화기기防火器機 등을 설치한 적이 있었다. 조선시기의 화재 방지와 관련된 관청은 『경국대전經國大典』에 수성금화사修城禁火司로 정비되었다. 고려시기의 경우 화재 문제를 전담하였던 관청은 확인되지 않는다. 그렇지만 주요 관청, 국고가 저장된 창고, 서적 등이 보관된 건물 등을 화재로부터 보호하기 위한 제도적인 활동은 없을 수 없었다. 우선 개경의 주요 관청과 시설에는 간수군과 검점군이 파견되었다. 간수군과 검점군은 도적으로부터 관청과 시설을 보호하는 일을 하였지만 화재 예방과 관련된 일도 하였다. 1118년(예종 13)에 "다섯 집 이상이 불타면 점검장교點檢將校에게 죄를 준다"라는 판判은 이들의 임무에 화재 예방도 들어 있었기 때문일 것이다. 간수군과 검점군이 기본적으로 병부에 속한 군인이라는 점에서 병부에서 화재 예방에도 관여하였다고 볼 수 있다. 또 4교에 파견된 세작細作 역시 4교 지역의 화재 예방에도 관여하였을 것으로 보인다.

국가의 전곡을 보관하고 관리하였던 주요 창고에는 검점군이 파견되어 화재 예방을 하였지만 그것만으로 화재를 막을 수 없었기 때문에 창고들을 화재로부터 지키기 위해서 더 많은 관심을 기울였다. 1066년(문종 20) 2월 운흥창에서 불이 나자 왕이 제서制書를 내려 "이 후로는 모든 창름倉廩과 부고府庫에 화재를 방지하는 관리를 별도로 두고, 어사대가 때때로 점검하되 일직日直을 빼먹는 자는 관품의 고하를 논하지 않고 먼저 구금한 뒤에 알리라"라고 하였다. 이렇게 운흥창의 화재 이후 국고를 보관·관리하던 창고에는 검점군 외에 화재 방지를 전담하는 특별 관리를 따로 두게 되었다. 나아가서 1225년(고종 12) 10월에 대창에 20만여 곡斛을 저장할 수 있는 지하창고[地窖]를 축조하여 화재에 대비하게 하였다.[40] 당시 매년 좌창에 녹봉곡으로 들어온 곡식이 모두 139,736석 13두였던 것과 비교한다면 이때 만든 지하창고의 규모는 매우 컸다. 또 이때 이규보가 왕명으로 「대창니고상량문大倉泥庫上梁文」(『동국이상국집』 권18)을 편찬하였을 정도로 이 사업은 매우 중요하였다. 좌·우창 등 국고를 보관 관리하는 창고를 화재

---

40) 고려시기에는 지창에 좌창·우창과 함께 검점군이 파견되었다.

로부터 지키려는 노력은 강화 천도 시기에도 보인다. 1245년(고종 32) 4월에 재추가 좌·우창 및 문적文籍을 보관하는 관청[官廨] 부근의 인가 중 50척 안에 있는 것을 철거하여 화재에 대비하고자 하였다.

『고려사』 형법지刑法志 금령禁令의 무편년 기사에는 고려시기에는 실화자나 방화자, 또 화재를 틈타 재물을 훔친 사람들에 대한 처벌 규정이 있다. 그 내용은 다음과 같이 아주 엄격하였다.

"모든 실화失火자와 2월 1일 이후부터 10월 30일 이전에 들이나 밭[野田]을 태운 자는 태형笞刑 50대에 처하고, 불이 번져 다른 사람의 가옥이나 재물을 태운 자는 장형杖刑 80대에 처하며, (화재를 틈타) 도둑질을 많이 한 자는 좌장坐贓으로 논하되 3등급을 감형한다. 고의로 관청이나 묘사廟社, 개인의 가옥이나 재물에 방화하면, 건물의 크기나 재물의 많고 적음에 관계없이 도형徒刑 3년으로 처벌하며, 훔친 재물이 (그 가치를 베로 환산해서) 5필匹에 달하면 유형流刑 2,000리에 처하고, 10필에 달하면 교형絞刑으로 처벌한다. (불을 질러) 사람을 죽게 하거나 상해를 입힌 자는 고의로 사람을 죽이거나 상해를 입힌 죄로 논한다."

치안

사회질서를 유지하고 나아가 국가 및 사회체제의 안전을 보장하는 것이 치안활동이다. 따라서 치안활동은 예전이나 지금이나 중앙에서나 지방에서나 모두 중요한 가장 기본적인 통치행위이다. 현재 대한민국의 경우 사회질서 유지를 위한 치안은 행정안전부에 속한 경찰이 담당하고, 국가를 지키는 일은 국방부에 속한 군인이 맡고 있으며, 국가 비상사태가 아닌 한 군인이 치안을 담당하지 않는다. 그렇지만 국방과 치안이 거의 구별되지 않았던 중세시대에는 경찰과 군인은 구별되지 않았다. 국왕을 비롯한 주요 지배층이 모여 살고 주요 국가기관이 밀집해 있었던 개경에서의 치안활동은 고려사회를 유지하기 위해서 꼭 필요한 일이었다.

고려시기와 조선시기에는 도성의 안전을 위해서 밤에는 통행을 금지하였다. 조선시기의 경우 『경국대전』에는 저녁 9시(2경)부터 새벽 5시(5경)까지 모든 사람들의 통행을 금지하는 규정이 있다. 고려시기의 경우 자료에서 야간 통행금지 규정을 확인할 수 없지만 고려시기에도 조선시기와 비슷한 시각의 야밤에는 통행을 금지하였을 것이다. 날이 저물면 성문을 닫고 일반인들의 도성 출입을 막았을 뿐만 아니라 도성 내에서의 통행도 금지하였다. 급한 공무나 질병, 출산 등 부득이한 일로 신고를 하고 통행하는 경우를 제외하고는, 한밤중에 돌아다니는 사람은 일단 범죄자로 간주되었다.

고려 초기부터 개경의 치안을 담당하는 기구를 설립하여 운용하였다. 고려시기 개경을 중심으로 활동하였던 치안 기구로는 궁궐을 비롯해서 개경의 주요 지역과 시설을 순찰했던 금오위와 순검군, 십자가 등 개경 중심부의 치안을 맡았던 가구소가 있었다. 이외에도 개경과 주변의 주요 지역·시설·궁궐·관청을 지키거나 점검하기 위해서 활동하였던 간수군·위숙군·검점군도 개경의 치안 기구의 범주에 넣을 수 있다.

금오위

고려시기 중앙의 군사조직인 2군 6위 중 금오위金吾衛가 개경의 치안과 경찰 임무를 맡았다. 고려의 군사제도는 성종 때 당나라의 제도를 참고하여 설치 운영하였는데, 당나라에서도 금오위는 도성인 장안성의 핵심지역인 궁성과 황성의 경비와 치안을 맡았다. 고려시기 금오위의 기능과 관련해서 1131년(인종 9) 6월 음양회의소陰陽會議所에서 승려와 속인俗人, 잡류

雜類들이 함께 모여 만불향도萬佛香徒라 칭하면서 때로는 염불과 독경을 하면서 거짓되고 망령된 짓을 하며, 때로는 서울과 지방의 절[寺社]의 승도들이 술을 팔고 파를 팔기도 하며, 때로는 무기를 지니고 악독한 짓을 하고 날뛰면서 유희를 벌여 법도를 어지럽히며 풍속을 망가뜨리고 있다고 하면서 어사대와 금오위에서 순찰하고 단속하여 금지시키자고 글을 올려서 왕의 허락을 받은 사례가 있다.(『고려사』권85, 형법2. 금령) 이때 금오위가 어사대와 함께 만불향도의 행위를 단속하게 된 것은 금오위가 개경의 치안과 경찰 임무를 맡았기 때문이다. 또 1059년(문종 13) 3월에 기거주起居注 이유적李攸績, 감찰어사監察御史 이병양李秉陽, 금오장군金吾將軍 방현邦賢에게 죄수의 조사를 명령하고, 경범죄자 63명을 석방하게 한 일이 있었는데, 이것은 금오위 장군이 경범죄인 조사에 참여한 예이다.

금오위는 정용군精勇軍 6령領과 역령役領 1령으로 구성되었고, 정3품의 상장군上將軍 1명과 종3품인 대장군大將軍 각 1명이 배치되었다. 1,000명으로 구성된 각 영에는 정4품인 장군 1명을 비롯해서 중랑장中郎將 2명, 낭장郎將·별장別將·산원散員 각 5명, 위尉 20명, 대정隊正 40명의 장교가 배치되었다. 따라서 금오위에는 장군 7명, 중랑장 14명, 낭장·별장·산원 각 35명, 위 140명, 대정 280명의 장교가 배치되었다. 금오위는 충선왕과 공민왕 때 비순위備巡衛로 이름이 바뀐 적이 있다.

이자겸의 난 때 병부에서 무관을 선발하고 있던 척준경拓俊京이 인종의 비밀 명령을 듣고 (병부) 북문을 나와 금오위 다리를 건너 궁궐로 들어갈 때 척준경이 들어간 후 광화문을 닫았다고 한『고려사』이자겸 열전의 내용에서 금오위의 위치를 짐작해 볼 수 있다. 병부는 광화문 동쪽의 관도에 있었고 광화문 북쪽을 흐르던 물길(북천)을 고려하면 당시 금오위는 광화문과 병부 근처를 흐르는 물길 북쪽에 있었을 것으로 보인다. 1157년(의종 11) 8월의 자료에 보이는 금오위 제상리堤上里도 금오위 근처에 물길을 막은 제방이 있었기 때문에 생긴 지명으로 생각할 수 있다. 또『고려사』오행지에 1123년(인종 1) 4월에 금오위 연못이 핏빛으로 변했다거나, 1224년 (고종 11) 2월 연못의 물고기가 죽어서 떠오른 것을 기록한 것 역시 금오위 의 위치를 광화문 북쪽 물길 근처로 추론하는 데 도움을 준다. 『고려도경』 에서는 감문위·천우위·금오위 등 세 곳은 북문 안에 있는데, 금오위가 약 간 더 동쪽에 위치한 이유는 경호[兵衛之禁]를 담당하기 때문이라고 하였다. 이 기록에서 북문이 어떤 문을 가리키는지 알 수 없기 때문에 이 기록만 가지고 금오위의 위치를 추적하기는 어렵다.

순검군

개경의 대표적인 치안기구가 순검군巡檢軍이었다. 순검군은 궁궐을 비 롯해서 개경도성 내를 정기적으로 순찰하여서 범죄를 예방하는 동시에 범죄자를 체포하여 개경의 치안을 지키는 기구였다. 특히 각종 범죄와 정 치적 모반 등은 주로 밤에 발생하였기 때문에 도성 내의 야간 순찰이 순 검군의 가장 중요한 임무였고, 그 핵심은 왕이 거주하는 궁궐을 지키는 것 이었다.

야간 순찰 부대의 설치가 기록으로 확인되는 것은 1167년(의종 21) 1월 에 설치된 내순검內巡檢이다. 『고려사』에 따르면 용력이 있는 사람을 뽑 아서 내순검을 설치하고 양번兩番으로 나누어 항상 자주색 옷을 입고 활 과 검을 가지고 궁궐 주변을 밤부터 새벽까지 순찰하게 하였다. 즉 의종 21년의 내순검은 밤에 궁궐을 특별히 지키기 위해서 설치한 순찰부대였 다. 당연히 이 이전에도 궁궐을 포함하여 개경 전반의 순찰을 담당하였던 순찰부대인 순검군이 있었고, 그 사실은 『고려사』의 기록을 통하여 확인 이 된다. 따라서 내순검은 의종이 정치적 불안이 커지는 가운데 그 이전부 터 있었던 순검군 외에 왕의 경호와 궁궐을 지키기 위해서 특별히 추가로 설치한 기구였다.

그러면 언제 이러한 순검이 설치되었을까? 고려 초 왕에 대한 경호와 개경의 치안 유지를 맡았던 조직은 918년 설치된 내군內軍에서 시작되었다. 내군은 국왕에게 직속된 친위군이자 시위군이었다. 개경이 정비되면서 국왕의 경호와 개경의 치안을 맡았던 내군이 해야 할 일이 늘어나면서 내군이 크게 확대되었다. 특히 강력하게 왕권 강화책을 폈던 광종 때에 내군이 크게 강화되었고, 960년(광종 11)에 내군의 명칭은 장위부掌衛部로 바뀌었다. 이때 광종은 왕권을 위협할 만한 큰 호족들을 숙청하였는데, 내군을 장위부로 이름을 바꾼 것은 이와 관련이 있다고 생각한다.

이렇게 고려 초 내군은 국왕의 경호와 궁궐의 숙위뿐 아니라 도성의 방어, 도성 내의 순찰과 치안 유지까지 담당하면서 기능과 권력이 집중되었다. 성종 즉위 이후 고려 초의 지배세력들은 내군에게 집중된 여러 기능을 분리시키고 국왕의 친위군적 성격을 약화시키는 방향으로 내군을 개편하였다. 성종 즉위 직후 "시위 군졸의 수가 너무 많으니 태조의 법대로 날래고 용감한[驍勇] 자들만을 남겨두고 나머지는 모두 돌려보내라"라는 최승로의 상서는 단지 시위군의 숫자만을 줄이자는 의미가 아니라 내군의 성격 자체를 개편하자는 주장이었다. 성종 즉위 이후 유교적 정치이념에 따라 고려의 정치제도가 정비되었고, 그와 함께 고려의 군사제도도 995년(성종 14)쯤 6위六衛제제로 정비되면서 내군도 장위부에서 위위시衛尉寺로 개편되었다. 위위시는 왕이 행차할 때에 시위하던 군대들이 지니는 의물儀物과 기계器械를 맡았던 관청이라는 점에서 보면 내군이 위위시로 개칭된 것은 단순히 그 이름만이 변경된 것이 아니라 그 기관의 성격도 함께 바뀐 결과였다. 그 결과 내군이 개편되면서 도성의 방어와 국왕의 친위군의 역할은 새롭게 정비된 6위가 담당하게 되었고, 위위시에서는 시위군들의 의물과 기계를 맡았으며, 병기 제작의 기능은 군기시軍器寺가 설치되어서 그곳으로 이관되었다. 앞에서 정리한 대로 6위가 설치되면서 6위 중의 하나인 금오위가 개경의 치안을 맡았는데, 점차 그 기능이 분화되어 도성을 순찰하면서 치안을 유지하는 기능은 순검을 조직하여 담당하게 하고, 금오위는 왕이 행차할 때 왕의 호위와 도로 보수 등을 맡게 되었다. 이때 국왕의 시위와 도성의 치안 유지를 맡았던 내군의 기능이 분화되어 개경의 치안 유지를 위한 순검군이 등장하였다. 이것은 개경의 영역이 확대되고 인구가 많아지면서 전문적인 치안 유지 조직이 필요했기 때문이다. 개경에서 치안 유지 기구로 순검군을 설치·운영한 후에 지방 군현에서도 개경의 순검군을 참작하여 순검군을 배치하여 치안 활동을 하게 되었다. 1167년(의종 21)에 내순검을 설치한 것은 왕의 경호와 궁궐의 경비 강화가 필요하다고 판단하였기 때문이다.

순검군은 고려의 도성인 개경 내에서 가장 중요한 무장력이었다. 이들은 개경의 치안을 유지하고 국왕의 정예 호위군의 역할을 담당하고 있었다. 그렇지만 정치적인 불안이 심화되면서 순검군은 범죄를 예방하고 치안을 확보하는 기능보다 정치적 성격이 강화되었다. 특히 의종이 국왕이 지휘권을 가지고 통솔하는 내순검군을 창설하면서, 이들 순검군은 공적인 체계에 의해 움직이는 군대이면서도 한편으로는 국왕 개인에게 종속되는 사병적인 성격도 강하게 가지게 되었다. 이렇게 내순검군이 설치되면서 순검군이 본래 가졌던 왕과 궁궐의 경호 기능은 약화되었다. 특히 무인정변 이후 무인집정자들이 도방都房이나 야별초夜別抄·삼별초三別抄와 같은 사병적 성격을 가진 군사조직을 설치하면서 순검군의 기능은 위축되었다.

개경으로 환도한 이후 고려 정부는 순검군을 복구하기 위한 노력을 하였지만, 고려의 군권이 사실상 상실되고 개경의 치안이 몽골군에 의해 주도되면서 개경의 치안은 몽골의 제도를 모방하여 설치한 순마소巡馬所가 맡게 되었다. 순군巡軍이라고도 불렸던 순마소는 야간의 순찰 활동 및 도적 체포 활동을 비롯한 치안 유지 활동을 담당하고 이를 통해 최종적으로는 국왕과 궁궐의 안전을 지키는 것이 목적이었다. 아울러 국왕 시위군侍衛軍의 역할도 담당하였다. 따라서 그 기구의 성격은 고려 전기의 순검군과 같은 것이었다. 그렇지만 원 간섭기의 순군은 개경의 치안 유지라는 본기능 말고도 고려 정부와 고려인들을 감시하고 통제하는 기능도 가지게 되었다. 또 순군은 자체의 감옥을 가지고 있었고 재판을 담당하는 사법 기능까지 갖추게 되면서 원 간섭기의 큰 권력기구로 자리 잡게 되었다.

순군(순마소)은 충렬왕 후반에 순군만호부巡軍萬戶府로 확대·개편되었고 고려 국왕이 측근인 내료內僚·폐행嬖幸 등을 통하여 순군을 장악하면서 순군만호부의 기능은 확대되고 그 권력은 더욱 강화되었다. 공민왕 이후 순군에 대한 개혁이 시도되기도 하였으나 국왕을 비롯한 권력 주체들은 당시 가장 확실한 무장력인 순군부에 의존하여 정국 상황에 대처할 수밖에 없었기 때문에 순군부에 대한 개혁은 이루어질 수 없었다. 고려 말 순군부는 도성의 치안 유지라는 본래의 기능보다는 오히려 중요한 정치적 사건을 처리하는 핵심기관이 되었다. 이에 따라 도성에 대한 치안을 담당하는 독립적인 치안기구의 정비는 이후의 과제로 남게 되었다. 1392년 7월 내린 조선 태조 즉위교서의 "고려의 말기에는 형률刑律에 일정한 제도가 없어서, 형조·순군부·가구소가 각기 소견을 고집하여 형벌이 적당하지 못했으니, 지금부터는 형조는 형법·청송聽訟·국힐鞠詰을 관장하고, 순군은 순작巡綽·포도捕盜·금란禁亂을 관장할 것이며, … 가구소는 폐지한다"라는 내용은 순군부의 사법기능을 박탈하고 순군부와 기능이 겹치는 가구소를 혁파하여 순군부를 개경의 치안 유지를 전담하는 기구로 삼겠다는 의미이다.(『태조실록』권1, 태조 1년 7월)

가구소

궁궐을 비롯해서 개경의 주요 지역과 시설을 순찰했던 순검군이 개경 전반의 치안을 맡은 치안기구였다면 가구소街衢所는 십자가 등 개경 중심 거리의 치안을 맡았다. 가구소는 1076년(문종 30)에 설치되었다.(『고려사』백관

2, 제사도감각색) 문종 30년은 고려의 제도가 완비된 때이다. 이때 중앙의 정치제도뿐 아니라 토지제도·녹봉제도 등 경제제도 등 주요 제도의 정비가 마무리되었다. 개경에 가구소가 설치된 것 역시 국가의 주요 제도 정비와 무관하지 않았을 것이다.

가구소는 그 설치에 대한 내용이 『고려사』 백관지 제사도감각색諸司都監各色에 기록된 것으로 보아 임시 기구로 설치된 것으로 보인다. 백관지에는 가구소의 관원을 기록하지 않았지만 『고려사』 정중부 열전에서 가구소 별감別監이 확인된다. 정중부 등이 무인정변을 일으키면서 이고·이의방·이소응 등이 용감하고 날랜 군인들을 뽑아 개경으로 가서 가구소 별감 김수장金守藏 등을 죽였다는 기록에서 가구소 별감이 확인된다. 이 기록에 보이는 별감 김수장이 가구소의 책임자였다. 고려 전기 별감이 주요 기관의 책임자인 예는 국가재정의 핵심이 되는 좌창과 우창의 운영을 좌창별감과 우창별감이 맡았던 것에서도 확인된다. 검점군도 가구소의 운영에 관여하였을 것으로 보인다. 『고려사』 병지 검점군에는 가구감행街衢監行, 즉 '거리를 순찰하는' 검점군으로 장교 2명, 나장螺匠 11명, 도전都典 11명, 군인 40명이 배치되어 있다. 이들이 가구소에 직접 소속된 군인인지는 분명하지 않지만 가구소가 가구, 곧 거리의 치안을 맡았던 관청이라는 점에서 거리를 순찰하는 검점군은 가구소의 활동과 연관이 있었을 것으로 보인다. 특히 이곳의 검점군에는 다른 곳의 검점군에는 없는 형관刑官의 보조역을 맡았던 이속吏屬으로 보이는 나장과 도전이 있고, 군인의 수 역시 다른 곳보다 훨씬 많다는 것도 이 가구감행 검점군과 가구소의 연관성을 높여준다.

가구소는 어디에 있었을까? 가구소의 위치를 분명하게 알려주는 기록은 없다. 다만 가구소가 십자가 등 개경의 중심거리의 치안을 맡았던 기구였다는 점에서 가구소는 십자가 근처에 있었을 가능성이 높다. 1187년(명종 17) 7월 조원정曺元正이 난을 일으켰을 때 기사己巳일 밤에 반란세력 70여

명이 담을 넘어 수창궁에 들어와 많은 사람들을 죽이고 왕을 위협하자 좌승선左承宣 권절평權節平이 (수창궁) 북문으로 나가 가구소에 이르러 군사들을 불러 모아 궁문 밖에 이르니, 도적들이 두려워하여 서문으로 도망쳐 달아났다는 기록도(『고려사절요』권13) 가구소가 수창궁의 동쪽, 곧 십자가 근처에 있었을 가능성을 높여주고 있다. 『고려도경』에는 시전이 있는 남대가 남쪽에 대시사와 경시사가 동서로 마주 보고 있다는 기록이 있는데, 이 기록에 있는 대시사는 『고려사』를 비롯하여 다른 기록에서 확인되지 않기 때문에 대시사가 곧 가구소라는 견해도 있다. 다만 당시 시전이 있던 남대가에는 가구감행 검점군과는 다른 검점군[市裏撿點]이 따로 파견되어 있었다는 점에서 『고려도경』의 대시사가 곧 가구소라고 단정하기는 어렵다. 현재의 자료를 가지고 가구소의 정확한 위치를 확인하는 것은 어렵지만 가구소가 개경의 중심거리인 십자가 근처에 있었던 것은 분명하다.

고려시기 가구소의 기능을 확인할 수 있는 자료는 아주 적은데, 그 자료를 검토해 보면 가구소가 거리를 순찰하여 범죄를 예방하는 활동을 한 사례는 거의 없고 대부분은 법을 어긴 사람들을 가구소의 옥에 가두어 죄를 묻는 사례이다. 실제로 도성을 순행하여 범죄를 예방하고 도적을 체포하는 일은 순검군 등이 맡았고 가구소는 순검군이나 검점군 등이 체포한 사람들을 구금하는 일을 맡았기 때문이다. 따라서 기록에는 가구소와 가구소 옥을 큰 구별 없이 사용한 사례들이 적지 않다. 가구소 옥에 대한 용례는 원 간섭기에도 확인이 되지만 원 간섭기 이후 순군이 설치되고 순군에서 순군옥을 운용하면서 가구소의 옥은 순군옥의 보조적인 역할만 하게 되었다. 고려시기의 개경의 치안기구였던 순검군(순군)과 가구소는 그 기능이 분명하게 구별되지 않았고, 특히 고려 후기 이후 가구소의 위상이 더욱 약해지면서 결국 조선 건국과 함께 가구소는 사라지게 되었다.

간수군·위숙군·검점군

『고려사』 병지에는 개경과 주변의 주요 지역·시설·궁궐·관청을 지키거나 점검하기 위해서 활동하였던 간수군看守軍·위숙군圍宿軍·검점군檢點軍이 정리되어 있다. 이들을 순검군이나 가구소와 같은 개경의 치안기구로 보기는 어렵지만 이들의 활동도 개경의 치안 유지와 관련이 있기 때문에 여기서 간단히 소개한다.

간수군은 미곡을 보관·관리하던 창고, 중요한 물품이 있는 관청에 속한 창고, 보호해야 할 시설 등을 지키는 군인으로 장소에 따라 장교, 잡직장교, 산직장교散職將校, 장상將相, 산직장상, 잡직장상, 감문위군監門衛軍, 군인이 배치되었다.

위숙군은 성곽의 문, 궁궐의 문과 전각, 왕릉, 사원의 진전을 지키는 군인으로 장소에 따라 장교, 산직장상, 감문위군, 잡직장교, 직사장교職事將校, 산직장교, 군인, 대장군, 장군, 중랑장, 장상, 가차장상加差將相, 가차산직장상加差散職將相 등이 배치되었다. 위숙군은 간수군과 달리 장소에 따라서 대장군, 장군, 중랑장이 배치된 것은 특별하다.

검점군은 시전·거리·5부·4교 등 개경의 주요 지역과 좌·우창 등 주요 창고, 송악산 등 산, 4교에 조성한 숲, 태묘를 점검하는 군인으로 장소에 따라 장상 1~2명, 장교 1~2명, 군인 2~45명, 나장 11명, 도전 11명, 산직장상 1~2명이 파견되었다. 간수군과 위숙군이 성문이나 관청 등 한 장소를 지키는 군인이었다면 검점군은 그보다는 넓은 범위의 공간을 점검하는 군인이었다. 몇 가지 특징을 정리해 보자. 먼저 앞에서 본 대로 거리를 순찰하던 검점군은 가구소의 활동과 연관되었기 때문에 가구감행에는 다른 곳에는 없는 나장과 도전이 포함되었다. 또 사직단에는 간수군으로 산직장상 2명이 파견되었는데, 태묘에는 검점군으로 장교 2명, 군인 10명이 파견되었다. 이것은 사직단은 성안에 있었기 때문에 간수군만 파견하였고 태묘는 성 밖에 있었기 때문에 비교적 다수의 군인을 검점군으로 파견한 것으로 보인다. 아울러 좌창과 우창에는 간수군으로 산직장상이 각 2명씩 배치되었는데, 그것 말고도 좌창에는 검점군으로 장교 2명과 군인 15명, 우창에는 검점군으로 장교 5명과 군인 25명이 파견되었다. 좌창과 우창에 간수군과 검점군이 모두 배치된 것은 좌창과 우창이 국가재정운영에서 차지하는 위상이 높았기 때문일 것이다.

11

절

▪ 개경 절의 기능
▪ 개경 절의 창건과 위치
▪ 불교문화재

개경 절의 기능

고려시기 불교는 왕족과 고위 관리에서 일반 백성까지 전 사회계층이 믿은 종교였다. 따라서 고려시기 절은 승려들이 모여서 수행하는 공간인 동시에 신도들이 찾아와 기도하는 곳이었다. 고려시기에는 전국에 많은 절이 있었고, 특히 수도였던 개경에는 국가에서 창건하거나 창건을 지원한 많은 절이 있었다. 조선 중기에 차천로車天輅는 「오산설림초고五山說林草稿」(『대동야승大東野乘』 권5)에서 개성 성내에 유명한 절이 300곳이 있었다고 하였고, 현재 이름을 확인할 수 있는 절도 100개가 넘는다. 개경에는 개경을 불교 도시라고 할 수 있을 만큼 많은 절이 있었고, 이것은 개경 경관의 큰 특징이기도 하였다.

개경의 절은 본질적인 종교적 기능 외에도 연등회燃燈會, 팔관회八關會 등 국가 차원의 불교행사가 거행되는 곳이었고, 이때 사람들이 모여들었기 때문에 자연히 교역과 만남의 장소가 되기도 하였다. 또 개경의 주요 절은 왕실이나 고위 관료의 원당願堂으로 운영되었으며, 몇몇 주요 절에는 역대 왕의 진전眞殿이 설치되었다. 또한 고려의 왕들은 절에 자주 행차하였기 때문에 자연스럽게 절은 왕과 왕실의 임시 거주공간으로 이용되었으며, 더 나아가서 교서를 반포하거나 죄수를 석방하는 등 왕의 정치공간으로 이용되기도 하였다. 이 외에도 개경 절에는 진제장이 설치되어 구휼이 이루어지기도 하였다. 이렇게 개경의 절은 종교적인 기능만을 하는 장소가 아니라 정치·경제·사회·문화 등으로도 중요한 곳이었다.

절은 승려들이 모여서 수행하는 공간인 동시에 신도들이 찾아와 신앙행위를 하는 종교시설이다. 그렇지만 고려시기 개경에 있던 절은 종교적인 기능만을 하는 장소가 아니었다. 고려시기 개경의 절이 했던 다양한 기능을 조금 더 자세하게 살펴보자.

비보사찰

우선 개경의 절은 풍수적으로 개경을 보완하는 기능을 하였다. 고려 태조는 개경으로 천도하면서 개경에 절과 탑을 세워 개경의 풍수를 보완하는 작업을 하였다. 「훈요십조訓要十條」에 따르면 태조가 절을 세운 이유는 부처의 힘으로 국가의 기업을 굳건히 하려는 것이었는데, 절의 위치는 도선이 정한 산수山水의 순역順逆에 따라 정하였다고 하였다. 이런 절을 풍수지리설에 따른 비보사찰裨補寺刹이라 하는데, 태조 때 창건된 절들은 대부분 비보사찰이라 할 수 있다. 그 구체적인 예가 935년(태조 18)에 개경 동남쪽에 창건된 개국사開國寺이다. 이제현의 「개국율사중수기開國律寺重修記」에 의하면 개국사가 세워진 곳은 3겸三鉗의 땅, 곧 세 가지의 꺼리는 땅이어서 이 문제를 해결하기 위해서 개국사를 세웠다고 하였다. 여기서 세 가지 거리낌은 길과 길이 만나는 노겸路鉗, 물과 물이 만나는 수겸水鉗, 산과 산이 만나는 산겸山鉗을 말한다. 결국 개국사가 설치된 곳은 길과 길이 만나는 교통로이며, 개경의 물이 모여드는 수구이며, 산세가 마주치는 곳이었다. 태조가 이곳에 개국사를 창건한 것은 이 세 가지의 거리낌을 비보하기 위한 것이었다.

국가의례 거행

개경의 절에서는 연등회와 팔관회를 비롯한 중요한 국가의례가 거행되었다. 태조가 「훈요십조」에서 부처를 섬기는 연등회와 천신과 명산·대천·용신을 섬기는 팔관회를 국가에서 정기적으로 열 것을 당부하면서 연등회와 팔관회는 고려시기 가장 대표적인 국가의례이자 축제가 되었다. 연등회의 경우 고려 전기에는 2월 15일에 여는 상원연등회上元燃燈會가 상례였다. 연등회에서 가장 중요한 행사 중의 하나는 공식 연등회 전날인 2월 14일 오후에 왕이 봉은사奉恩寺에 가서 태조의 영정에 제사를 지내는 것이었다. 왕이 봉은사에 가 태조 영정에 제사를 지내는 일은 상원연등회만의 특징이었다. 이것은 통일왕조를 이룩한 태조를 기리는 태조 신앙이 연등회의 중요한 행사에 포함된 것을 의미한다. 강화 천도 시기에는 순수한 불교행사로 4월 초파일 연등회가 등장하였다. 원 간섭기에는 태조 신앙을 강조하기 어렵게 되면서 4월 초파일 연등회가 상원연등회를 대신하게 되었고, 이에 따라 국가의례로서의 연등회의 위상도 낮아졌다. 고려 말에 상원연등회가 다시 열렸지만, 4월 초파일 연등회도 대규모로 거행되면서 민간에서는 초파일 연등회를 가장 중요한 불교행사로 생각하게 되었다. 조선 건국 후 상원연등회는 혁파되었지만, 4월 초파일 연등회는 지금까지 계승되어 가장 중요한 불교행사로 자리 잡았다. 고려시기에는 정례적인 연등회 외에도 특별한 날에도 연등회가 열린 적이 있다. 1067년(문종 21) 1월 홍왕사 창건을 축하하는 연등회가 5일 동안 계속된 것이 대표적인 사례이다.

팔관회는 불교의 테두리 안에 토착적인 신앙을 통합한 국가의례로 매년 11월 15일에 여는 것이 관례였다. 전날인 14일에 왕은 궁궐의 가장 높은 문루인 의봉루(인종 16년 이전 이름 신봉루)에서 태조의 영전에 진헌하고 연회에 참석하였다. 왕은 의봉루 행사가 끝나면 궁궐 동북쪽에 있는 법왕사法王寺에 가서 고승을 초빙하여 법회를 열고 불경을 설하는 것이 관례였다. 이와 같이 국가의 대표적인 의례인 연등회와 팔관회가 열릴 때 왕은 봉은사와 법왕사에 행차하여 중요한 의식을 거행하였다.

대개 국가 차원의 불교행사는 회경전 등 본궐 전각에서 여는 것이 보통이었지만 개경의 주요 절에서도 불교와 관련된 다양한 국가행사가 이루어졌다. 보제사普濟寺에서는 담선법회談禪法會를 열었고, 개국사에서는 국가의 전란을 방비하기 위한 백좌회百座會를 열었다. 또 현성사賢聖寺에서는 외적의 침입이 그치기를 기원하는 문두루도량文豆婁道場을 열었다. 고종 때 거란족[牧丹遺種]이 침입하자 현성사에 문두루도량을 열어서 국가의 변란이 없어지기를 빌었으며, 강화 천도 시기에도 고종은 강화도에 현성사를 설치하고 그곳에서 몽골의 침략이 그치기를 기원하였다. 기우제는 궁궐에서 여는 것이 보통이었지만 궁궐에서 기우제를 올릴 때 보제사 등 여러 절에서 비를 기원하기도 하였다. 또 봉은사와 법왕사 등에서는 왕사와 국사를 임명하기도 하였다.

정치공간으로 활용

고려의 왕은 절에 자주 행차하여 한동안 머무는 경우가 많았고, 이런 연유로 개경의 절은 왕의 중요한 정치공간으로 이용되었다. 개경의 절에서 왕은 교서를 반포하기도 하였고, 죄인을 국문하거나 석방하기도 하는 등 다양하게 활용하였다. 개경의 절 중에서 정치공간으로 가장 많이 활용된 곳은 봉은사였다. 태조의 진전사원眞殿寺院이자 태조의 소상이 안치되어 있던 봉은사는 고려시기 태조 신앙의 중심이었다. 왕이 매년 연등회 때 봉은사에 가서 태조 진전에 제를 드린 것 말고도 『고려사』에는 봉은사가 정치공간으로 활용된 다양한 사례들이 있다. 우선 공민왕이 봉은사에서 태조에 존호를 올린 것은 태조의 진전사원인 봉은사의 상징성을 고려한 것으로 보인다. 문종과 예종이 봉은사에서 왕사와 국사를 임명한 것 역시 당시 봉은사의 위상과 관련된 것으로 볼 수 있다. 이외에도 1299년(충렬왕 25) 3월에는 봉은사에서 신년 축하예식의 연습이 거행되기도 하였고, 충선왕이 봉은사에서 측근에 선물을 내린 사례도 있다. 이런 것들은 왕이 봉은사에 자주 행차하면서 나타나는 자연스러운 일이었다. 또 1181년(명종 11) 7월에 재추와 중방, 대간이 봉은사에 모여 시중의 물가를 정하고 두斗와 곡斛을 바로 잡은 일, 1278년(충렬왕 4) 1월에 왕이 봉은사에 가서 흔도忻都·홍차구洪茶丘와 함께 김방경과 그 아들 김흔金忻을 국문한 일, 1289년(충렬왕 15) 8월에 왕이 홍자번과 조인규趙仁規 등에게 명령하여 봉은사에 모여 군사를 모집하게 한 일 등은 모두 봉은사를 정치공간으로 이용한 예라고 할 수 있다.

충렬왕비 제국대장공주의 진전사원이자 왕실의 원찰이었던 민천사旻天寺는 개경 중심부인 십자가 근처에 있었는데, 원 간섭기에는 이곳이 자주 정치공간으로 활용되었다. 1313년(충숙왕 즉위) 6월 상왕인 충선왕은 묘련사妙蓮寺에 가서 제국대장공주의 어진御眞에 참배하고, 민천사에 행차하여 백관을 모아놓고 원나라가 충숙왕을 책봉한 조서를 선포할 정도로 당시 민천사의 위상은 높았다. 이외에도 원 간섭기에는 민천사에서 여러 번 정치적 모임이 있었다. 1322(충숙왕 9) 8월 권한공權漢功 등이 자운사慈雲寺에 백관을 모아서 심왕瀋王 왕고王暠의 옹립을 요청하는 글을 작성하여 원나라 중서성에 올렸는데, 이 사실이 알려지자 1324년(충숙왕 11)년 12월 재상들이 민천사에 모여서 이전 상서가 잘못되었다는 글을 작성하여 원나라 중서성에 올린 일이 있었다. 또 충혜왕이 원에 잡혀가자 이제현을 비롯한 재상과 원로들이 민천사에 모여서 원의 정동행성 재상들에게 충혜왕의 사면을 요청하는 글을 작성하기도 하였고, 권한공 등은 민천사에 모여서 충혜왕의 사면을 반대하기도 하였다.

황성 밖 동남쪽에 있었던 흥국사興國寺는 고려 말에 정치공간으로 이용된 대표적인 절이다. 고려 말 개혁파들은 1388년(우왕 14) 6월과 1389년(공양왕 즉위) 11월에 흥국사에서 중요한 정치적 모임을 하였고, 1379년(우왕 5)에는 최영이 경복흥慶復興·이인임李仁任 등과 함께 흥국사에 모여서 백관과 기로들을 소집하여 정당문학 허완許完 등의 도전에 대처하였다. 또 1375년(우왕 1) 1월에 오부도총도감五部都摠都監이 흥국사에서 각 영領과 방리坊里의 군기軍器를 점검하였다. 이 외에도 1376년(우왕 2) 2월에는 양부兩府·대간·기로耆老들이 흥국사에 모여서 신돈의 종이었던 반야般若가 우왕의 생모인지에 대해서 논의한 적도 있다. 이런 예들은 모두 고려 말의 예이기는 하지만 흥국사가 궁궐과 가까운 곳이었기에 가능하였다. 신종 초 만적萬積이 반란을 모의하면서 흥국사와 보제사를 거사 장소로 정한 것 역시 흥국사의 위치와 관련하여 생각할 수 있다. 또 1160년(의종 14) 1월 왕이 흥국사에서 신년 인사를 받기도 하였다. 위의 사례들은 특정 시기에 한정되기는 하지만 개경 중심부에 있던 절이 궁궐이나 관청의 기능을 대신한 것으로 볼 수 있다.

교통과 만남의 장소

개경에서 밖으로 나가는 길목에 있던 절들은 교통과 만남의 장소였다. 나성 서문인 선의문 밖의 국청사國淸寺, 동남쪽문인 장패문 밖의 개국사와 그 동쪽의 천수사天壽寺, 나성 밖 남서쪽 부소산 남쪽의 경천사敬天寺는 모두 개경에서 밖으로 나가는 길목에 있었다.

개국사는 개경에서 동남쪽으로 나가는 교통의 요지에 위치하였기 때문에 개경과 남부 지방을 연결하는 관문의 역할을 하였다. 이러한 교통로에 있었던 절들은 주요 교통로에 위치하여 여행자들의 편의를 제공했던 불교시설인 원院의 기능도 수행하였다. 장패문 안에 있었던 남계원南溪院은 교통의 요지에 있는 개국사의 기능이 커지면서 개국사에서 세운 원으로 보인다. 1116년(예종 11) 개국사보다 동쪽에 창건된 천수사는 개국사보다 교통의 요지에 있었다. 『파한집』에서 이인로는 강남에서 개경으로 오는 사람은 반드시 천수사에서 쉬었기 때문에 수레바퀴 말굽 소리가 어지럽고 어부와 초동의 피리 소리가 그치지 않았으며, 왕손 공자들이 벗을 영접하고 전송할 때는 천수사 문 앞에서 하였다고 기록하였다. 이곳에는 조선 초에 천수원天壽院이 설치되어 개성과 한양을 잇는 주요 교통로가 되었는데, 그것은 이곳이 고려시기부터 교통의 요지였기 때문이었다. 고려시기 천수사는 개경에서 남쪽으로 내려가는 관리들의 전송이 이루어지는 대표적인 만남의 광장이었다.

국청사는 나성 서문인 선의문 밖 서교西郊에 있었다. 서교는 북쪽 서경에서 내려오는 길과 서쪽 벽란도에서 오는 길이 만나는 교통의 요지였다. 외국서 개경으로 오는 사람과 물자의 대부분은 선의문으로 들어왔다. 따라서 국청사는 개경 서쪽 관문의 보조 역할을 하였다. 1364년(공민왕 13) 2월 서북면도원수西北面都元帥 경천흥慶千興 등이 덕흥군德興君의 침입을 물리치고 개선하자 백관이 국청사의 남쪽 교외에서 연회를 베푼 것은 국청사가 개선하는 길목에 있었기 때문이다. 또 국청사는 충렬왕 즉위년에 충렬왕이 제국대장공주와 함께 귀국하자 고려의 관리들이 맞이한 곳이기도 하다. 아울러 고종 초 거란족이 침입했을 때 중군원수로 임명되었던 정숙첨鄭叔瞻은 군대를 국청사에 주둔한 적도 있다. 또 왕이나 관리들이 왕릉에 행차했다가 국청사에 들러서 머물기도 하였다. 이렇듯 국청사는 동남쪽의 개국사와 마찬가지로 개경 서쪽 교통의 중심지였다.

또한 나성 남쪽의 경천사는 개경에서 강화로 가는 길목에 있었다. 이제현의 『역옹패설』에 의하면 1232년(고종 19) 최이가 수도를 강화로 옮길 때 먼저 자기의 족당을 거느리고 경천사에 가서 유숙하였다. 이것은 당시 경천사가 개경에서 강화로 가는 길목에 있는 중요한 지점이었다는 것과 아울러 당시 경천사에는 최이의 족당을 포함해서 많은 사람들이 머물 수 있을 정도의 규모와 시설이 있었음을 말해 준다. 이들 교통의 요지에 위치한 절들은 교통의 기능을 담당하였을 뿐 아니라, 이곳에는 많은 사람들이 오고 갔기 때문에 활발한 교역도 이루어졌을 것이다. 국청사와 개국사 주변에 군사가 주둔하고 군사훈련을 한 것은 그곳이 교통의 요지여서 군사적으로도 중요하였기 때문이다.

이렇게 개경 주변 교통로에 있던 절은 많은 사람이 오가는 곳이어서 흉년이 들면 이런 절에 진제장을 설치하여 오가는 사람들에게 구휼을 시행하였다. 임진강을 건너는 임진나루에 위치한 임진 보통원普通院에서는 죽과 채소를 행인들에게 제공하였으며, 임진 과교원課橋院(자제사慈濟寺)에는 부교浮橋를 놓아서 교통의 편의를 제공하였다.

한편 현종 이후 나성 밖에 창건된 국청사·흥왕사·천수사·경천사 등은 확대된 개경, 곧 4교 지역의 중심지가 되었다. 이 절들은 왕과 왕실의 시회·연회 장소, 사냥터, 요양소 등으로도 이용되었다.

왕실의 원당, 진전사원

개경의 주요 절들은 대부분 국가와 왕실의 지원으로 창건되었다. 태조 때에 창건된 절이 대체로 개경의 풍수를 보완하는 비보사찰이었다면 그 이후의 주요 절들은 왕실의 지원 아래 왕실의 원당으로 창건되었고, 상당수는 진전사원이 되었다. 진전사원은 선왕의 진영(초상)을 모신 진전眞殿이 있는 절을 말한다. 진전에는 지기[眞殿直]와 위숙군이 파견되었다. 진전 지기는 권무록 7석을 받는 잡권무雜權務가 임명되었다. 인종 때를 기준으로 진전에 파견된 위숙군의 수는 『고려사』 병지에 기록되어 있다. 그에 따르면 안화사安和寺·홍원사弘圓寺·흥왕사興王寺·천수사·대운사大雲寺·중광사重光寺·홍호사弘護寺·현화사玄化寺·국청사·숭교사崇教寺·건원사乾元寺 진전에는 산직장상 각 2명이 배치되었고, 태조의 진전이 있는 봉은사 진전에는 산직장상 4명이 배치되었다. 이외에도 영통사靈通寺·홍국사·개국사·대안사大安寺·불일사佛日寺 등에도 진전이 설치되었다. 이런 절에는 왕들이 자주 행차하였기 때문에 이곳은 자연스럽게 왕과 왕실 사람들의 임시 거주 공간으로 이용되었다. 현종이 부모의 명복을 빌기 위해서 창건한 현화사는 왕실 원당으로서 정치세력·불교세력의 개편과 결집의 구심점이 되었음은 물론 구산사龜山寺·안화사·귀법사歸法寺 등 산록에 위치한 다른 절과 마찬가지로 왕이 사냥하고 연회를 베푸는 왕실의 후원後苑으로도 이용되었다. 또 문종 때 덕수현을 옮기고 지은 흥왕사는 창건 과정에 왕의 관심과 토지를 비롯한 많은 왕실 재정이 지원되었으며, 또한 창건 후 3년이 지

도판11-1 현화사칠층탑

북한 국보유적 제139호. 개성특별시 방직동 고려박물관. 현화사비에 의하면 이 탑은 1020년(현종 11)에 세워졌다. 이 석탑은 단층기단의 생략화 경향, 옥개석 각 변의 곡선에서 전형적인 고려 석탑의 특징을 보여준다.

난 1070년(문종 24) 6월에는 성을 쌓는 등 다른 절보다 훨씬 많은 공을 들였다. 처음부터 이궁의 기능을 염두에 두었던 것으로 보인다. 홍건적의 침입으로 복주로 피난하였던 공민왕이 개경으로 돌아오면서 흥왕사에 묵었던 것에서 고려시기 흥왕사의 성격을 짐작할 수 있다.

이와 같이 개경의 주요 절은 왕의 임시 거주공간, 곧 이궁의 기능을 하기도 하였고 왕이 사냥하거나 격구를 구경하는 왕의 유희공간이 되기도 하였다. 또 궁궐 안이나 궁궐에서 가까운 제석원帝釋院이나 법왕사法王寺 등은 선위禪位하거나 폐위된 왕의 임시 거처로 이용되기도 하였으며 왕태후의 요양 장소가 되기도 하였다. 이러한 예들은 궁궐 주변의 절이 궁궐의 기능을 대신한 경우라 할 수 있다. 이렇듯 고려시기에 절이 궁궐 기능의 일부를 대신할 수 있었던 것은 이들 절들이 궁궐과 가깝다는 지리적 이점, 당시 절의 공간구조가 궁궐과 비교적 비슷하다는 점, 절의 정치적 성격 등과 관계가 있다고 생각한다. 현재 고려시기 절과 궁궐의 공간구조에 대한 체계적인 연구가 없기 때문에 그 구체적인 실상을 파악할 수는 없다. 다만 절과 궁궐의 건물은 모두 목조건축물이라는 점, 중심 전각은 회랑으로 둘러싸여 있어서 외부와 차단되는 구조인 것은 대체로 비슷하였다고 생각한다.

그 밖에도 일월사日月寺·구산사·안화사·귀법사 등 송악산 등 개경 주변의 산기슭에 위치한 절은 관료들의 휴양지로도 이용되었다. 이들 절들은 주로 왕과 관료들의 시회·연회 장소로 많이 이용되었고, 또 여름철 수련회 장소로 이용되기도 하였다. 동북쪽에 있었던 귀법사가 대표적이다.

개경 절의 창건과 위치

태조 때 창건된 절의 위치와 그 특징

개경의 주요 절 중에는 태조 때에 창건된 것이 많았다. 「훈요십조」에 따르면 태조는 부처의 힘으로 국가의 기업을 굳건히 하려고 절을 창건하였다. 이 절들은 풍수지리설에 따른 비보사찰이라 할 수 있다. 이규보의 『동국이상국집』에 실린 「대안사동전방大安寺同前牓」과 「용담사총림회방龍潭寺叢林會牓」에 따르면 이런 절이 태조 때에 전국에 500개가 지어졌다고 한다. 물론 이 절들은 태조 때에 창건된 것도 있지만 이전부터 있던 절들을 국가에서 수렴한 것으로 볼 수 있겠다. 이 중에서도 개경에 창건된 절은 매우 중요하다. 우선 태조 때 개경에 창건된 절과 그 위치를 살펴보자.

태조는 919년(태조 2) 개경으로 천도하면서 도내都內에 10개의 절을 지었다. 이때 도는 919년 천도하면서 설치한 개주開州를 가리키는데, 중심인 송악군과 강음현·송림현·개성군·덕수현·임진현으로 구성되었다. 따라서 919년 창건된 절은 이 범위 안에 있었다. 이때 창건된 10개의 절은 『고려사』에서 확인되는 법왕사와 왕륜사王輪寺를 비롯해서 『삼국유사』의 기록을 통하여 알 수 있는 자운사慈雲寺, 내제석원內帝釋院, 사내사舍那寺, 보제사, 신흥사新興寺, 문수사文殊寺, 영통사, 지장사地藏寺 등이다.[41]

919년에 창건된 10개의 절의 상당수는 위치를 알 수 있거나 짐작할 수 있다.(246쪽 〈표11-1〉 참고) 법왕사는 궁성 밖 동쪽 황성 안에 있었고, 왕륜사는 황성 밖 동북쪽, 송악산 남쪽 기슭에 있었다. 개경 북부 왕륜방王輪坊은 그곳에 왕륜사가 있었기 때문에 붙여졌을 것이다. 보제사는 곧 광통보제사廣通普濟寺로, 고려 후기 이후에는 연복사演福寺로 이름이 바뀌었다. 보제사는 개경 십자가 남서쪽 가까운 곳에 있었는데, 그곳은 창건 당시 황성 밖이었다. 영통사의 위치는 개경 동북쪽 오관산 아래 마하갑인데, 이곳은 고려 태조 선조들의 세거지 중의 하나였다. 영통사는 919년에 창건된 절 중 궁궐에서 가장 먼 곳에 있었다. 내제석원은 궁성 안에 있었다. 1126년 이자겸의 난이 일어났을 때 인종이 내시 백사청白思淸에게 경령전에 있던 선왕들의 영정을 받들어 내제석원에 있는 마른 우물 속에 넣어 두게 한 것으로 보아 내제석원은 경령전과 가까운 궁성 북쪽에 있었을 것이다. 또 자운사와 사내사는 북부의 자운방과 사내방에 있던 절로 황성 북쪽에 있었을 가능성이 크다. 반면에 신흥사와 문수사는 위치를 확인할 수 있는 자료가 없고, 지장사 역시 『신증동국여지승람』에 성 남쪽 3리에 있었다는 기록밖에 없어서 정확한 위치를 알 수 없다. 따라서 10개의 절 중 7개의 위치를 어느 정도 가늠할 수 있는데, 그중 개경 북쪽 오관산 남쪽의 영통

---

41) 영통사의 경우 『삼국유사』에는 '通'으로 기록되어 있다. 이 절의 이름을 원통사(圓通寺)로 보는 견해와 영통사(靈通寺)로 보는 견해가 있다. 필자는 이전 글에서 '通'을 '원통'으로 보았는데, 여기서는 '영통'으로 고친다. 또 『삼국유사』의 판본에 따라 절 이름이 다르게 기록된 것이 있다. 최남선본에 '大禪院(卽普濟)'로 기록된 것이 만송본에는 '天禪院(卽普庸)'으로 기록되어 있는데, 여기서는 최남선본을 따라서 보제사를 919년에 창건된 10개의 절에 포함시켰다.

표11-1 고려시기 개경의 주요 절

번호	절 이름	창건연대	위치	세부 위치	특징 (불교의례/왕실과의 관계/기타)
1	법왕사 (法王寺)	919년(태조 2)	황성 안	북부 법왕방, 만월동	팔관회, 백좌도량
2	자운사 (慈雲寺)	919년(태조 2)	황성 밖 (나성 안)	북부 자운방	
3	왕륜사 (王輪寺)	919년(태조 2)	황성 밖 (나성 안)	북부 왕륜방, 고려동	연등회
4	내제석원 (內帝釋院)	919년(태조 2)	궁성 안		왕실의 불교행사, 제석신앙
5	사나사 (舍那寺)	919년(태조 2)	황성 밖 (나성 안)	북부 사나방	
6	보제사 (普濟寺)	919년(태조 2)	황성 밖 (나성 안)	한천동	담선법회, 나한재, 승과
7	신흥사 (新興寺)	919년(태조 2)	황성 밖		
8	문수사 (文殊寺)	919년(태조 2)	황성 밖 (나성 밖)	성거산	문수보살
9	영통사 (靈通寺)	919년(태조 2)	황성 밖 (나성 밖)	오관산 영통동	왕실원찰, 진전사원 (세조, 태조, 인종)
10	지장사 (地藏寺)	919년(태조 2)	황성 밖 (나성 밖)	성남 3리	
11	대흥사 (大興寺)	921년(태조 4)	황성 밖 (나성 밖)	오관산, 대흥산성	
12	일월사 (日月寺)	922년(태조 5)	황성 밖 (나성 안)	궁성 북쪽, 쌍폭동	소재도량
13	외제석원 (外帝釋院)	924년(태조 7)	황성 밖	송악산 동쪽 기슭	제석신앙
14	흥국사 (興國寺)	924년(태조 7)	황성 밖 (나성 안)	북부 흥국방, 만월동	정치공간
15	신중원 (神衆院)	924년(태조 7)	궁성 밖		
16	묘지사 (妙智寺)	927년(태조 10)	황성 안	궁궐 동쪽	
17	구산사 (龜山寺)	929년(태조 12)	황성 밖 (나성 안)	송악산 남쪽 기슭, 고려동	
18	안화사 (安和寺)	930년(태조 13)	황성 밖 (나성 안)	송악산 남쪽 기슭, 고려동	진전사원 (예종과 비 문경태후 이씨)

번호	절 이름	창건연대	위치	세부 위치	특징 (불교의례/왕실과의 관계/기타)
19	개국사 (開國寺)	935년(태조 18)	황성 밖 (나성 밖)	장패문 밖	교통·구휼
20	내천왕사 (內天王寺)	936년(태조 19)	황성 밖 (나성 안)	북부 내천왕방	
21	현성사 (賢聖寺)	936년(태조 19)	황성 밖 (나성 안)	탄현문 안	문두루도량
22	미륵사 (彌勒寺)	936년(태조 19)	황성 밖 (나성 안)	유암산, 만월동	
23	광흥사 (廣興寺)	936년(태조 19)			
24	광명사 (廣明寺)	태조	황성 밖 (나성 안)	본궐 북쪽	승과, 어수, 태조의 옛집
25	봉은사 (奉恩寺)	951년(광종 2)	황성 밖 (나성 안)	태평동	연등회, 진전사원(태조)
26	불일사 (佛日寺)	951년(광종 2)	황성 밖 (나성 밖)	동교, 영남면 불일동	광종 어머니(신명왕후 유씨) 원당
27	귀법사 (歸法寺)	963년(광종 14)	황성 밖 (나성 밖)	안정문 밖, 영남면	무차수륙회
28	홍화사 (弘化寺)	968년(광종 19)	황성 밖 (나성 안)	북부 홍화리	
29	유암사 (遊巖寺)	968년(광종 19)	황성 밖 (나성 안)	중부 유암방	
30	진관사 (眞觀寺)	999년(목종 2)	황성 밖 (나성 밖)	성남 용수산 남쪽	진전사원 (목종 어머니 헌애왕후 황보씨)
31	숭교사 (崇敎寺)	1000년(목종 3)	황성 밖 (나성 안)	회빈문 안, 남부 환희방	진전사원(목종)
32	중광사 (重光寺)	1012년(현종 3)			진전사원(덕종)
33	현화사 (玄化寺)	1018년(현종 9)	황성 밖 (나성 밖)	영축산 남쪽, 영남면 현화리	진전사원(현종 부모)
34	묘통사 (妙通寺)	현종 말	나성 밖	오공산 서쪽	마리지천도량
35	대안사 (大安寺)	1052년(문종 6)	나성 밖	천마산	
36	흥왕사 (興王寺)	1067년(문종 21)	나성 밖	덕물산 서남쪽, 진봉면	이궁, 진전사원(문종)

번호	절 이름	창건연대	위치	세부 위치	특징 (불교의례/왕실과의 관계/기타)
37	홍호사 (弘護寺)	1093년(선종 10)	나성 밖	성동 숭인문 밖	왕실 진전사원
38	국청사 (國淸寺)	1097년(숙종 2)	나성 밖	서교, 산성면 려릉리	천태종 개창, 진전사원(문종비 인예태후 이씨)
39	경천사 (敬天寺)	1113년(예종 8)	나성 밖	부소산 남쪽	교통, 진전사원 (예종 비 문경태후 이씨)
40	천수사 (天壽寺)	1116년(예종 11)	나성 밖	전제리 원터, 천수산	교통, 진전사원 (숙종과 비 명의왕후 유씨)
41	묘련사 (妙蓮寺)	1284년(충렬왕 10)	나성 안	삼현	왕실 원당, 원나라 왕실의 복을 빌기 위해 설립
42	민천사 (旻天寺)	1309년(충선왕 1)	나성 안	태화동	충렬왕비 제국대장공주 원당

참고) 위치는 나성이 완성된 1029년(현종 20)을 기준으로 하여, 그 이전은 '궁성 안', '황성 안', '황성 밖'으로 표시하였고, 나성 축조 이후는 '궁성 안', '황성 안', '나성 안', '나성 밖'으로 표시하였다. 다만 1029년 이전 황성 밖으로 표시한 경우 참고로 ( )에 '나성 안', '나성 밖'을 추가하였다.

사를 제외하면 나머지 6개의 절은 모두 좁은 의미의 개주, 곧 개경의 범위 안에 있었다.

태조가 개경으로 천도하면서 세운 10개의 절은 개경 절 중에서도 특별한 의미를 가진 절이다. 궁궐 안에 창건된 내제석원은 왕과 밀접한 관계 속에서 궁궐 안의 불교행사를 주관하였고, 황성 안에 있었던 법왕사는 팔관회와 밀접한 관련이 있는 절이어서 팔관회가 열리면 왕은 항상 법왕사에 행차하였다. 선종 사원이었던 보제사(연복사)도 조선 중기까지 중요한 위상을 유지하였다.

태조 때에는 이후에도 많은 절이 세워졌다. 921년(태조 4) 10월에 대흥사大興寺, 922년(태조 5) 4월에 일월사日月寺, 924년(태조 7)에는 외제석원外帝釋院·신중원神衆院·흥국사가 세워졌다. 또 927년(태조 10)에 묘지사妙智寺,[42] 929년(태조 12)에 구산사, 930년(태조 13) 8월에 안화사, 935년(태조 18)에 개국사, 936년(태조 19)에 광흥사廣興寺·내천왕사內天王寺·현성사·미륵사彌勒寺 등이 세워진 것을 확인할 수 있다. 또 태조의 옛집이었다는 광명사廣明寺도 태조 때에 창건되었다.

태조 때에 창건된 절 중 919년(태조 2) 이후에 개경에 세워진 것이 모두 14개인데(246쪽 〈표11-1〉 참고), 이중 외제석원, 신중원, 묘지사, 광흥사를 빼면 그 위치를 알 수 있거나 짐작할 수 있다.(251쪽 〈지도11-1〉 참고) 대흥사는 개성 북쪽에 있는 천마산과 성거산 사이의 골짜기에 세워졌다. 『고려사』에 그때 오관산에 창건하였다고 한 대흥사는 지금 대흥동에 터가 있는 대흥사와 같은 절로 생각한다. 고려 초기의 기록에 천마산의 용례가 없는 것으로 보아서 고려 초에는 대흥사가 있는 대흥동도 오관산의 범위로 인식하였을 가능성이 크다. 그곳 이름이 대흥동인 것은 대흥사의 창건과 관련이 있을 것이다. 대흥사는 태조 때 세워진 절 중 영통사와 함께 개경 중심부에서 가장 먼 곳에 있었다. 일월사는 궁성 북쪽 황성 북문 가깝게 있었고, 그 서쪽에 광명사가 있었다. 궁궐터 서쪽을 광명동廣明洞, 그곳의 물줄기를 광명동수廣明洞水라고 하는 것은 광명사에서 유래하였다. 흥국사는 황성의 정문이자 동문인 광화문 동남쪽 가까운 곳에 있었고, 구산사와 안화사는 919년 송악산 남쪽 기슭에 창건된 왕륜사보다 조금 더 북쪽에 있었다. 개국사의 위치는 개경에서 동남쪽으로 내려가는 길목으로 나성의 장패문 밖이다. 현성사는 개경 동북쪽 성문인 영창문(탄현문) 근처에 있었고, 미륵사는 황성 서남쪽 밖 비슬산(유암산) 근처에 있었다. 내천왕사의 위치를 확인할 수 있는 자료는 없지만 그 이름으로 보아 내천왕사는 궁성 안이나 궁성에서 가까운 곳에 있었을 것으로 추정된다. 북부 내천왕방의 이름은 내천왕사와 관련이 있을 것이다.

---

42) 『三國遺事』 권1, 王曆, 태조. 丁亥년에 妙寺를 창건한 것으로 되어 있다. 묘사를 묘지사로 본 것은 韓基汶, 1998 「高麗太祖時의 寺院創建」『高麗寺院의 構造와 機能』

태조 때 창건된 절의 위치와 관련해서 주목되는 것은 일부를 제외하고는 모두 개경의 중심부라 할 수 있는 궁궐 주변과 송악산 기슭에 위치하였다는 점이다. 즉 대흥사, 나성의 동남문인 장패문 밖에 창건된 개국사, 동북문인 탄현문 안의 현성사, 유암산 기슭의 미륵사 4곳을 제외하고는 모두 궁궐과 송악산 주변에 위치하였다. 또한 이때의 절 이름에는 법왕방法王坊, 자운방慈雲坊, 사내방舍那坊, 왕륜방王輪坊, 내천왕방內天王坊, 흥국방興國坊 등 북부의 방명과 일치하는 것이 많은 것도 주목된다. 이는 나중에 절 주변의 방명을 지을 때 절 이름을 따서 지었기 때문이다. 또 이 사실은 고려 초기 절의 창건이 개경의 도시 구획과 발전과도 관련이 있었다는 것을 말한다.

태조 초기에 창건된 절이 대체로 궁궐 주변에 있었던 것은 태조가 절을 설치한 목적, 곧 당시 절의 기능과 연관된 듯하다. 우선 태조는 이들 절을 팔관회(법왕사), 연등회(왕륜사), 무차대회無遮大會 등 주요 불교행사가 열릴 때 중심 사찰로 삼았고, 내외제석원과 미륵사는 제석신앙과 미륵신앙의 중심으로 삼았다. 곧 태조는 개경 중심부인 궁궐 주변에 절을 설치하고 그곳에서 중요한 불교행사를 주관하게 하였는데, 이 자체가 정치적으로 매우 의미 있는 일이었다. 특히 태조 때에 고려시기 주요한 절의 1/2 이상이 창건된 것은 이때 국가의 사원정책 구도가 일단 확립된 것을 의미한다.

위와 같이 태조 초기에는 대체로 개경의 중심부, 곧 궁궐 주변에 주요 절을 창건하였으며, 점차 창건되는 절 위치가 개경 중심부에서 송악산 높은 곳(구산사, 안화사), 동남쪽(개국사), 동북쪽(현성사), 남쪽(미륵사)으로 옮겨졌다. 그 이유는 우선 후삼국 통일을 전후하여 개경의 도시 구조의 틀이 잡히면서 개경 중심부에는 국가에서 지원을 받는 큰 절이 들어설 자리가 없었기 때문일 것으로 생각한다.

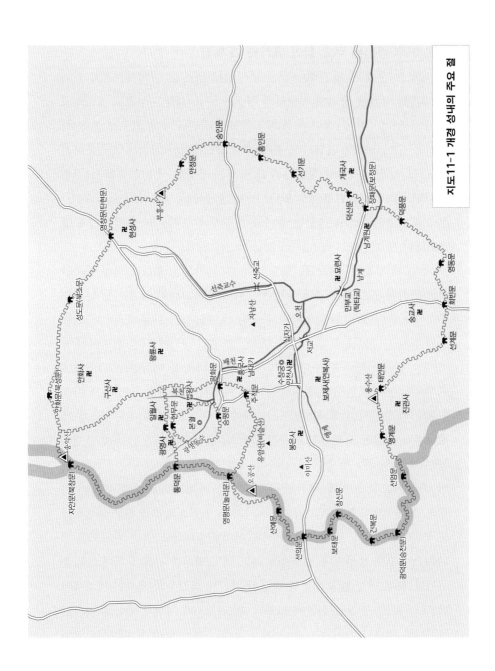

영창문(탄현문)

안정문

숭인문

홍인문

선기문

개국사 **권**

정배문(보정문)

덕산문

남계원문 **권**

부흥사 ▲

권 현성사

성도문(북소문)

선죽교

선죽교수

자남산 ▲

권 묘련사

남계

덕풍문

영동문

안화사 **권**

왕륜사 **권**

구산사 **권**

영통사(북성문)

흥왕사 **권**

배천

광통사

운흥사 **권**

남대가

권 **권**

자남산 ▲

송자가

수창궁 ◎

리천사 **권**

안부교 (탁타교)

남계

회빈문

송교사 **권**

선계문

▲ 송악산

일월사 **권**

오천

현릉 **권**

영빈관 **권**

사현사 **권**

보제사(연복사) **권**

용수산 ▲

태안문

흥국사 **권**

자은문(북소문)

광명사 **권**

평등동수

남훈문 **권**

봉은사

진관사

권 **권**

회계문

통덕문

영평문(놀리문)

▲ 오공산

유암산(비슬산)

아미산 ▲

경계

신암문

청강문

건복문

자안문(북창문)

▲ 송악산

보정문

선의문

선계문

광덕문(숭인문)

태조 이후 창건된 주요 절의 위치와 그 특징

태조 이후에도 개경에는 많은 절이 창건되었다. 여기서는 『고려사』에 기록된 국가나 왕실이 지원하여 창건한 주요 절을 중심으로 정리하였다. 1029년(현종 20) 나성이 축조되기 이전에 창건된 주요 절로는 봉은사·불일사·숭선사崇善寺·귀법사·진관사眞觀寺·숭교사·(혜일)중광사·현화사가 있고, 그 이후에 개경에 창건된 주요 절로는 흥왕사·국청사·홍호사·경천사·천수사·묘련사·민천사가 있다. 이중 흥왕사·국청사·홍호사·경천사·천수사는 고려 중기에 창건된 절이고, 묘련사와 민천사는 원 간섭기에 창건되었다.

광종 때 창건된 봉은사는 황성 남쪽 밖, 불일사·귀법사는 나성 동북쪽 밖에 위치하였고, 목종 때에 창건된 진관사와 숭교사의 위치는 성 남쪽의 용수산 기슭이었다. 현종이 자기 부모의 명복을 빌기 위해서 창건한 현화사의 위치는 개성 동북쪽에 있는 영축산 아래로 궁궐에서 멀리 떨어진 곳이다. 이곳은 현종이 자기 아버지인 안종 욱郁의 능을 이장한 곳 근처이기도 하다. 문종 때 왕실의 절대적인 지원 속에서 덕수현을 옮기고 그 자리에 창건된 흥왕사의 위치는 진봉산의 남쪽이다. 숙종 때 천태종天台宗을 개창하면서 세워진 국청사의 위치는 나성의 서문인 선의문 밖이었고, 경천사는 나성 서남쪽 밖 부소산 남쪽에 세워졌으며, 천수사는 나성 동쪽 밖에 세워졌다. 태조 이후 창건된 주요 절의 위치는 대체로 태조 후반기 이후의 추세와 비슷하다. 즉 개경의 도시 정비가 진전되면서 개경 중심부에는 국가가 지원하는 큰 절이 들어서기 어려웠기 때문에, 봉은사 정도를 제외하고는 모두 궁성이나 황성에서 어느 정도 떨어져 지을 수밖에 없었을 것이다. 특히 나성 완성 이후에 창건된 경천사·국청사·천수사는 개경에서 밖으로 나가는 주요 교통로에 있었다. 원 간섭기에 왕실의 원찰로 지어진 묘련사와 민천사의 위치는 고려 전기 창건된 절과 달리 둘 다 나성 안이다. 묘련사는 1284년(충렬왕 9) 충렬왕과 왕비인 제국대장공주가 왕실의 원

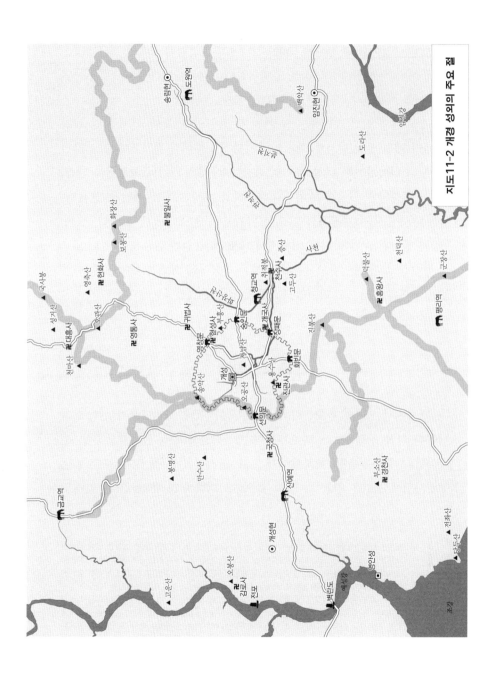

찰로 지은 절이고, 민천사는 1309년(충선왕 1) 충선왕이 모후인 제국대장공주의 추복追福을 위해 수녕궁을 고쳐서 만든 절이다. 따라서 이 두 절은 원간섭기에 매우 중요한 위상을 가졌다.[43]

개경 절의 창건 추이에는 몇 가지 특징이 있다. 첫째, 먼저 창건 시기에 따라 개경 절의 위치가 대체로 개경의 중심부에서 점차 사방으로 퍼졌으며, 더 나아가서는 나성 밖으로 나갔다. 이것은 개경이 황성에서 나성, 4교로 확대되는 과정과 일치한다. 또 나성 완성 이후에 창건된 경천사·국청사·천수사는 개경에서 밖으로 나가는 주요 교통로에 있었다. 둘째, 919년 창건된 10개의 절을 비롯해서 태조 때 창건된 절들은 대체로 개경의 풍수를 보완하는 비보사찰의 성격을 가졌다면 태조 이후에는 주요 절들은 왕실의 원당으로 지어졌고 그중 상당수는 진전사원이 되었다.

불교문화재

개성에서 고려의 불교문화재가 제일 많은 곳은 고려박물관이다. 고려박물관 서쪽 정원에는 남쪽으로부터 개국사돌등(석등), 불일사오층탑, 흥국사탑, 현화사칠층탑, 현화사비가 있고, 전시실 안에 적조사쇠부처(철불), 불일사탑에서 나온 작은 탑 등이 있으며, 그 밖에 고려박물관 담 밖에도

---

43) 968년(광종 19)에 창건된 홍호사와 유암사, 1012년(현종 3) 창건된 중광사, 현종 말에 창건된 묘통사, 1052년(문종 6)에 창건된 대안사, 1093년(선종 10)에 창건된 홍호사의 위치는 확인할 수 없다. 다만 유암사는 개경 중부 유암방과 관련이 있었을 것으로 보인다. 『고려도경』에는 숭인문에서 나와 정동(正東)쪽에 홍호사(洪護寺)가 있다고 하였다. 또 조선 후기에 편찬된 『송도속지』에 홍화사(紅花寺)가 개성부 북쪽 홍화리(紅花里)에 있었다고 하였고 그 후에 편찬된 『중경지』에서는 홍화사를 고려시기의 홍화사(弘化寺)의 잘못이 아닐까 의심하였다. 그 추론이 맞다면 홍화사의 위치 또한 대강 짐작할 수 있다. 또 묘통사의 위치에 대해서는 『송경광고』에서 오공산 서쪽 묘통동을 묘통사의 옛터로 추정하였고, 대안사의 위치에 대해서는 『신증동국여지승람』에 대안사가 천마산에 있었다고 기록하였다.

표11-2 개성의 불교문화재

번호	문화재 명칭	시기	위치	문화재 등록	참고
1	개국사돌등	고려	개성특별시 방직동	보존유적 제535호	고려박물관
2	흥국사탑	1021년	개성특별시 방직동	국보유적 제132호	고려박물관
3	현화사칠층탑	고려	개성특별시 방직동	국보유적 제139호	고려박물관
4	현화사비	1021년	개성특별시 방직동	국보유적 제151호	고려박물관
5	불일사오층탑	951년	개성특별시 방직동	국보유적 제135호	고려박물관
6	적조사쇠부처	고려	개성특별시 방직동	국보유적 제137호	고려박물관
7	영통사	919년	개성특별시 용흥동	국보유적 제192호	오관산 남쪽
8	영통사대각국사비	1125년	개성특별시 용흥동	국보유적 제155호	영통사
9	영통사오층탑	고려	개성특별시 용흥동	국보유적 제133호	영통사
10	영통사동삼층탑	고려	개성특별시 용흥동	보존유적 제541호	영통사
11	영통사서삼층탑	고려	개성특별시 용흥동	보존유적 제542호	영통사
12	영통사당간지주	고려	개성특별시 용흥동	보존유적 제536호	영통사
13	관음사	970년	개성특별시 박연리	국보유적 제125호	대흥산성 안
14	관음사칠층석탑	고려	개성특별시 박연리	보존유적 제540호	관음사
15	관음굴		개성특별시 박연리		관음사 대웅전 옆
16	관음사대리석관음보살상	고려	개성특별시 박연리	국보유적 제154호	관음굴 안
17	연복사종	1346년	개성특별시 북안동	국보유적 제136호	남대문 문루 위
18	광통보제선사비	1377년	개성특별시 해선리	국보유적 제152호	공민왕릉 남쪽

탑동삼층탑, 신성리미륵 등이 있다. 현재 고려 때의 절 중 영통사, 관음사, 안화사가 복원되어 있다. 그중 고려박물관 다음으로 문화재가 많은 곳이 영통사이다. 2005년 복원된 국보유적 제192호 영통사에는 영통사대각국 사비를 비롯해서 영통사오층탑, 영통사동삼층탑, 영통사서삼층탑, 영통사 당간지주가 있다. 또 영통사 경내 경선원에는 대각국사 의천의 것으로 추

표11-3 서울에 있는 개성의 불교문화재

번호	문화재 명칭	시기	위치	문화재 등록	참고
1	개성 남계원지칠층석탑	고려	서울시 용산구 용산동6가	국보 제100호	국립중앙박물관
2	개성 경천사지십층석탑	1345년	서울시 용산구 용산동6가	국보 제86호	국립중앙박물관
3	현화사지석등	1020년	서울시 용산구 용산동6가		국립중앙박물관
4	연복사탑중창비	1394년	서울시 용산구 한강로3가	서울특별시 유형문화재 제348호	철도회관 정원

정되는 승탑이 있다. 개성시 북쪽 대흥산성 안에 있는 관음사에는 관음사 대웅전, 관음사탑, 관음사대리석관음보살상이 있고, 관음사 앞 계곡 근처에 관음사중창비가 있다. 그 밖에 용흥동 오룡사지에 오룡사법경대사부도, 용흥동 화장사에 화장사부도, 장풍군 덕적리에 원통사부도, 개성 남대문 문루 위에 연복사종, 공민왕릉 남쪽에 광통보제선사비가 있다.

　서울에도 개성의 석조문화재가 4개 있다. 그중 개성 남계원지칠층석탑, 개성 경천사지십층석탑, 현화사지석등은 국립중앙박물관에 있고 연복사탑중창비의 귀부와 이수는 용산 철도회관에 있다.

12

왕릉

▪ 고려왕릉의 위치와 구조
▪ 고려왕릉의 관리와 조사
▪ 고려왕릉의 현황

고려왕릉의 위치와 구조

신분제 사회인 왕조 국가에서는 무덤의 주인(묘주)에 따라 무덤의 이름이 달랐다. 조선시기에는 왕과 왕비의 무덤은 능, 세자와 세자 빈嬪, 세손과 세손 빈嬪의 무덤은 원園, 그 이하의 왕실 사람과 관리를 비롯한 일반 사람들의 무덤은 묘墓라고 했다. 고려시기에는 조선시기와 같이 왕실 무덤 이름 규정이 있었는지는 알 수 없다. 고려시기에도 왕과 왕비(왕후)의 무덤을 능이라 하였고, 왕의 제制나 교教에서 원릉園陵, 능묘陵墓라는 표현을 사용했지만, 실제 'ㅇㅇ원'의 용례는 확인되지 않는다. 오히려 왕과 왕비가 아닌 왕족의 무덤도 능을 칭한 경우가 있었다. 1030년(현종 21) 2월 죽은 적경궁주積慶宮主를 평릉平陵에 장사 지낸 사례가 있다. 이것은 왕과 왕비가 아닌 사람의 무덤의 이름이 능이 된 예이다. 평릉에도 고려 중기에 위숙군이 파견되었다.

능호가 확인되는 31개의 고려왕릉 중 현재 위치를 알 수 있는 것이 강화도에 있는 석릉碩陵과 홍릉洪陵을 포함하여 19기에 불과할 정도로 고려왕릉에 대해서는 모르는 것이 많다. 고려왕릉은 조선 건국 후 제대로 관리가 되지 않아서 시간이 지나면서 많이 훼손되었고, 일제강점기를 지나면서 도굴 등으로 본모습을 잃었다. 해방 후 북한에서 고려왕릉을 정비하고 그중 일부는 발굴조사도 하였다. 최근에는 개성에 있는 고려왕릉 일부가 세계유산에 등재되었지만, 여전히 고려왕릉은 우리에게 낯설다. 우리가 고려왕릉의 구조를 제대로 파악할 수 없는 이유는 여러 가지가 있다. 가장 큰 이유는 고려왕릉이 대부분 개성 주변에 있어서 남한의 학자들이 고려왕릉을 직접 조사하지 못하였기 때문이다. 따라서 현재 고려왕릉 연구는 일제강점기의 조사내용과 북한에서 펴낸 자료에 크게 의존하고 있다. 최근 강화도에 있는 고려왕릉이 조사되었고, 남북의 학술교류가 진전되면서 북한의 자료를 토대로 관련 저서가 편찬되는 등 고려왕릉에 대한 자료가 쌓이고 있지만, 현재의 자료만으로는 고려왕릉을 풍부하게 이해하기 어렵다. 고려왕릉의 구조에 대한 체계적인 정리는 앞으로의 연구성과를 기다리기로 하고 여기에서는 지금까지의 연구성과를 토대로 가장 기본적인 내용만 정리하겠다.

지도에서 보듯이 현재 위치를 알 수 있는 고려왕릉은 대부분 도성에서 멀리 떨어지지 않은 곳에 있다.(〈지도12-1〉참고) 이것은 조선왕릉이 서울에서 멀지 않은 곳에 자리 잡은 것과 같은 이치이다. 고려왕릉은 개성 주위의 산기슭 남쪽 전망 좋은 곳에 조성되었다. 왕릉은 사방이 산으로 둘러싸인 곳, 이른바 풍수사상에서 사신사를 갖춘 장풍국의 명당에 자리 잡았다. 이런 전통은 조선왕릉에도 계승되었다. 조선왕릉을 조성할 때 정해진 묘역의 중심에 (인위적으로) 조그만 산(언덕)을 만들고 그 위에 봉분을 만든 것과 달리, 고려에서는 산기슭에 바로 봉분을 만들었다.

고려왕릉의 형식은 신라 후기에 정착한 석실봉토분石室封土墳이다. 기본 구조는 석실을 만들어 관을 모시고, 그 위를 흙으로 덮은 후 봉분 주위에 석물을 배치하는 방식이다. 적석목곽분積石木槨墳이었던 신라왕릉은 신라 후기에 석실봉토분으로 바뀌었다. 그 변화의 정확한 시기는 확인할 수 없지만, 보통 삼국통일 후 왕릉제도가 변했을 것으로 보고 있다. 현재 남아 있는 성덕왕릉聖德王陵·경덕왕릉景德王陵·괘릉掛陵 등에는 병풍석屛風石·지대석地臺石·난간석欄干石을 설치하여 전륜성왕轉輪聖王을 모셨다는 의미를 상징적으로 표현하였고, 중국 당나라의 능묘 제도를 받아들여 능 앞에 석물을 배치하였다. 석물 배치는 능마다 조금씩 다르다. 성덕왕릉과 괘릉은 능 앞에 석물이 배치되었고, 흥덕왕릉興德王陵에는 돌사자가 봉분 사방에 배치되었다. 돌사자를 능 사방에 배치한 것은 불법의 수호자인 왕을 지키는 의미였다.

고려왕릉의 내부는 대체로 단칸 무덤[單室墳]으로 되어 있고 천장이 평평하다. 석실 안 바닥 가운데 관대를 놓고 그 위에 나무로 만든 관을 놓았

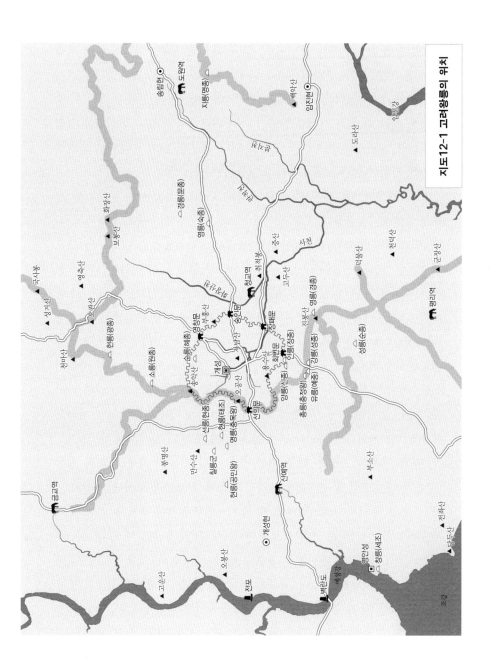

지도 12-1 고려왕릉의 위치

다. 벽과 천장에 벽화가 있는 것도 있다. 태조 현릉^{顯陵} 석실의 사방 벽에는 청룡·백호·현무·주작의 사신도와 매화·참대·소나무·별자리가 그려져 있다. 벽화가 비교적 잘 남아 있는 동벽과 서벽에는 덧칠한 흔적이 있다. 이것은 여러 번 옮겨 다녔던 현릉의 이력 때문으로 보인다. 공민왕릉 석실 벽에는 12지신상과 별자리가 그려져 있다. 공민왕릉 석실 벽화는 고려박물관에 만들어 놓은 모형도에서 확인할 수 있다.

고려왕릉의 외부의 공간 구획과 봉분 주위의 석물은 원 간섭기를 전후로 변하였다. 왕릉의 공간 구획은 고려 전기까지는 태조 현릉과 같이 3단으로 구획으로 되어 있었는데, 개경 환도 후 조성된 능부터는 4단으로 변하였다. 변화된 내용은 제2단 밑에 하나의 공간을 더 만들어 석인 1쌍을 설치하고 제3단에 있었던 제당(정자각)을 제4단으로 옮긴 것이다. 그 변화된 모습은 원종의 능이 포함된 소릉군^{韶陵群}과 충렬왕비인 제국대장공주의 고릉^{高陵}에서 확인된다. 이후 원 간섭기에 조성된 고려왕릉은 4단의 공간구성이 기본이고, 2단과 3단에 석인 1쌍씩 배치하였다. 또 봉분 주위의 석물 배치도 달라져서 고려 전기에 한 종류의 석수를 배치하던 것과 달리 후기에는 호랑이와 양 두 종류가 배치되었다. 또 공민왕릉에서는 처음으로 무인석 2쌍이 등장하였다. 시기를 나누어 조금 더 자세하게 살펴보자.

전기 왕릉의 전형은 태조 현릉이다. 나만 현릉의 경우 태조의 제궁이 옮겨 다니면서 몇 번 고쳐 지었기 때문에 현재까지 조사된 현릉의 구조는 조성 당시와는 조금 다를 수 있다. 현릉은 기본적으로 신라 후기 왕릉제도를 이어받은 석실봉토분이다. 봉분 앞에 석상과 장명등^{長明燈}(석등), 망주석^{望頭石}을 배치하고 봉분 사방에 돌사자 4마리를 두었으며, 봉분 아래에는 제당을 두었다. 현릉의 석물 배치에는 통일신라 왕릉과 조금 차이가 있다. 우선 봉분 앞에 석상과 장명등이 자리를 잡았다. 석상은 통일신라 왕릉 중에는 없는 것도 있었는데, 태조 현릉 이후 고려왕릉에는 석상이 계속 설치되었다. 장명등은 현릉에서 처음 보이는 석물이다. 또 석물

도판12-1 태조 현릉(1920 『조선고적도보』7)
북한 국보유적 제179호. 개성특별시 해선리.

의 모습에서도 통일신라 왕릉과 차이가 있다. 그 하나는 병풍석을 12면으로 만들어 12지신상을 새긴 것이 통일신라 왕릉과 다르다. 통일신라 왕릉에도 병풍석에 12지신상을 새긴 것도 있지만 그 경우 봉분의 규모에 따라 병풍석과 난간석의 수가 달랐다. 또 왕릉의 화표주華表柱 역할을 하였던 돌기둥(석주)이 망주석으로 정형화되었다. 석인이 관모를 쓴 문관의 모습으로 바뀐 것도 이전 시기와 달라진 것이다. 석상과 정자각을 모두 갖춘 것 역시 현릉의 특징인데, 이것은 불교식 제단과 유교식 사묘祠廟를 결합시킨 것이라 할 수 있다. 다만 현릉은 1992년에 개건하였기 때문에 현재 현릉에서는 이전 모습을 확인할 수 없다.

이후 고려왕릉은 강화 천도 시기까지는 대체로 현릉의 제도에 따라 조성되었다. 고려왕릉의 변화된 모습은 충렬왕 이후 조성된 능에서 확인된다. 원종 능이 포함된 소릉군에 속한 5개의 능 중 3개의 능에서 이전과 다른 모습이 보인다. 이전까지 3단으로 구획되었던 왕릉공간이 4단으로 구획된 것이 제일 큰 변화이다. 즉 후기의 능에는 제2단 밑에 하나의 공간을 더 만들어 문인석 1쌍을 더 배치하였다. 또 봉분 사방에 두었던 돌사자 대신 돌호랑이와 돌양을 배치한 것도 이전과 다른 모습이다. 이런 변화는 소릉군 중 일부뿐 아니라 제국대장공주의 고릉, 칠릉군七陵群 중 3릉·4릉, 공민왕릉 등에서 확인된다. 특히 석인을 비롯한 석물 조각이 더 정교해지고 화려해진 것도 후기 왕릉의 특징이다. 태조 유훈에 따라 검소하게 조성되던 고려왕릉이 이때부터 더 화려해졌다. 특히 공민왕릉에는 무인석 2쌍이 처음 등장하는데, 이것은 명나라 능묘 제도의 영향을 받은 것으로 알려져 있다. 공민왕릉에 배치된 석물의 조각은 이전 것보다 화려하고 정교해졌을 뿐 아니라 보존상태도 좋아서 고려 말 왕릉제도를 이해하는 기준이 되고 있다. 그렇지만 공민왕릉은 공민왕이 특별히 공을 들여서 만든 왕릉이고 고려왕조에서 만든 마지막 왕릉이라는 점에서 공민왕릉을 고려 후기 왕릉의 일반적인 모습으로 보기는 어렵다. 공민왕릉의 제도와 형식은 조선왕릉의 기준이 되었다.

고려왕릉의 관리와 조사

고려시기

　고려시기 왕릉의 관리는 제릉서諸陵署에서 맡았다. 『고려사』 백관지에는 제릉서가 산릉을 수호하는 일을 맡았다고 기록되어 있지만 제릉서에서는 왕릉을 지키는 일만 한 것은 아니었다. 제릉서에서는 능에서 이루어지는 왕의 참배 준비를 포함하여 왕릉의 관리 전반을 맡았다. 『고려사』 예지에 실린 '배릉의拜陵儀'를 보면 왕이 왕릉을 참배할 때 담당 관청(제릉서)에서 왕의 뜻[制]을 받들어 내외 관리들에게 맡은 일을 미리 알려주어 직

책에 따라 준비하게 하였을 뿐 아니라 능과 능 내부를 미리 청소하는 일을 하였다. 제릉서가 맡았던 일과 관련해서는 홍건적의 침입으로 왕이 복주에 있을 때인 1362년(공민왕 11) 1월 새로 지은 향교에 9묘의 임시 신주 [假主]를 봉안하고 옛 향교에는 제릉서를 설치하여 봄 제사[春享]를 지낸 일이 있다. 또 강화 천도 시기인 1255년(고종 42)인 8월 태묘를 새로 지을 때 제릉서에 신주를 옮겨 봉안하였던 사실도 확인된다.

이렇게 제릉서는 왕릉을 지키는 일만이 아니라 제사를 포함하여 왕릉 전반에 대한 관리를 맡았다. 제릉서가 설치된 시기는 분명하게 확인할 수는 없지만, 『고려사』 백관지에는 목종 때 제릉서 영令과 승丞이 있었다고 한 것으로 보아 제릉서는 태묘가 설치된 992년(성종 11) 이후 독립된 관청으로 설치되었을 가능성이 크다. 태조가 죽고 현릉이 조성된 이후에 현릉을 보호하고 관리하는 관직이 설치되었다가 이후에 왕릉 전반을 관리하는 관청으로 정비되었을 것이다. 또 고려시기 왕릉에는 능의 중요도에 따라서 위숙군을 파견하여 지켰다. 『고려사』 병지의 왕릉 위숙군 내용은 인종 때의 자료인데, 이에 따르면 왕릉의 중요도에 따라서 왕릉마다 산직장상 2명·4명·6명의 위숙군이 있었다. 병지에는 인종 때에 파견된 위숙군이 기록되어 있지만, 그 이후에도 왕릉에는 위숙군이 파견되었을 것이다.

또 고려시기에는 왕릉을 유지하고 왕릉을 관리하는 경제적 기반으로 능침전陵寢田을 분급하였다. 고려 전기 토지제도의 기록에서는 능침전이 확인되지 않지만 1391년(공양왕 3) 5월 과전법科田法을 설치할 때 옛것을 기준으로 능침전을 정했다고 한 것에서 이전 시기에 능침전이 있었던 것을 알 수 있다.

이렇게 고려시기에는 제릉서가 왕릉의 보호와 관리를 맡았고, 위숙군을 파견하여 왕릉을 지켰다. 그렇지만 고려 중기 이후에는 왕릉이 도굴을 당하거나 훼손되는 등 관리가 제대로 되지 않는 경우가 적지 않았다. 특히 몽골과의 전쟁이 시작되는 고종 때 이후 왕릉이 도굴당한 사례들이 많이 보인다. 또 왕릉의 관리 부실과 직접 관련된 것은 아니지만 태조 현릉의 재궁은 전쟁을 피해서 여러 번 옮기는 수난을 당하기도 하였다. 고려 국왕이 내린 제制나 교教의 내용 중에 왕릉 관리에 대한 것이 포함되기도 하였는데, 그것은 왕릉의 훼손이 심각한 상태였기 때문이었을 것이다. 이와 관련된 것으로 예종은 1116년(예종 11) 4월 서경에서 제를 내려서 담당 관원은 때때로 원릉을 수리하여 훼손되지 않도록 하라고 하였고, 충숙왕은 1325년(충숙왕 12) 10월 교서를 내려서 관청에서 선대의 능묘에서 벌목과 방목을 금지하여 함부로 밟고 다니지 않게 하라고 하였다. 공민왕도 1352년(공민왕 1) 2월 즉위 교서에서 산릉을 지키는 인호人戶 가운데 도망친 자가 있으면 관청에서 이들을 찾아서 다시 왕릉을 지키게 하고 그들의 요역徭役을 면제하라고 하였다. 또 각 능을 지키는 능지기[陵直]들은 직무를 충실히 하여 벌목과 방목을 엄격히 금지하라고 하였다. 이런 왕의 교서 내용에서 고려 중기 이후 왕릉 관리가 제대로 되지 않았고 그것이 국가의 관심사였다는 것을 짐작할 수 있다.

공민왕은 1371년(공민왕 20) 12월 교서에서도 왕릉 관리에 관심을 보였다. 우선 태상시가 태묘서·제릉서·도제고·태악서 등을 총괄하게 하여 관련 관청들의 계통을 정비하도록 하면서 원구圜丘·적전·사직단 지기[直]와 함께 능陵과 전殿의 지기를 선발하라고 하였다. 이렇게 고려 말에는 왕릉을 지킬 능지기도 없어서 새로 선발해야 할 정도였다. 이러한 상황은 이후에도 이어져 우왕 때는 왕릉에서 제사를 대신 주관할 헌관獻官이 부족할 정도였다. 공양왕 때 김자수金自粹는 공양왕이 즉위한 이후 수리하거나 새로 지은 태묘와 능이 없었다고 비판할 정도였다. 결국 국가의 기강이 크게 흔들리고 있던 고려 말에는 왕릉의 유지와 관리가 제대로 이루어지지 않았다.

조선시기 이후

조선 건국 직전 과전법을 설치할 때 왕릉의 관리와 유지를 위하여 능침전을 분급하였지만, 조선 건국 후 고려왕릉은 제대로 관리되지 않았다. 조선 태조 즉위 교서에서 왕우王瑀에게 기내畿內의 마전군麻田郡을 주고 귀의군歸義君으로 봉하여 왕씨王氏의 제사를 받게 하였지만, 태조 때에는 고려왕릉의 관리까지는 관심을 가지지 못하였다.

고려왕릉의 관리에 대한 구체적인 대책이 나온 것은 1401년(조선 태종 1) 1월 문하부門下府 낭사郎舍의 상소에서였다. 그 내용의 중심은 삼한을 통일한 고려 태조의 공을 높이 사서 태조의 능인 현릉에 속호屬戶를 정하여 수호하게 하고, 속호에게 시지柴地를 주고 부역賦役을 면제하여 능역에서 땔나무를 베거나 가축을 풀어놓는 것[樵牧]을 금하게 하는 것이었다. 아울러 나머지 다른 능실에도 다른 사람의 묘가 있으면 모두 다 파내도록 하였다. 이 기록에서 조선 초에는 고려왕릉이 거의 방치되고 있었다는 것을 짐작할 수 있다. 이때 비로소 현릉에 수호인을 두었지만, 그 후에는 현릉마저도 관리가 제대로 되지 않았다. 1432년(조선 세종 14) 2월 예조에서 고려 태조 현릉 위의 잡목雜木들을 뽑아버리게 하고, 매년 한식寒食에 능을 보살피게 하자고 한 것에서 당시 현릉의 관리 상태를 알 수 있다. 또 이때는 태조 현릉 말고도 태조와 함께 숭의전崇義殿에 배향된 현종·문종·충경왕忠敬王(원종)의 능에서도 경작하는 것과 땔나무 베는 것을 금하게 하였다. 이때 4개의 능을 제외하고는 수릉군守陵軍을 해제하고 소재지의 관청에서 고려왕릉을 관리하게 하였다. 능이 있는 지방 관청에서는 왕릉에서 경작하는 것, 땔나무 베는 것, 능의 경역境域에 잡인雜人이 장사葬事하는 것을 금하였다. 즉 세종 때에는 고려왕릉 중 태조·현종·문종·원종의 능에만 수릉군을 두어 관리하게 하고 나머지 왕릉들은 능이 있는 곳의 관청에서 관리하게 하였다.

세종 때 편찬된 『속육전續六典』에 고려왕릉 수호군의 배치 규정이 있다. 그 내용은 태조 능에는 3호의 수호군을 배치하고 문종·현종·원종의 능에는 2호를 배치하는 것이었다. 이 수는 조선 태조 능인 건원릉健元陵 100호, 조선 정종 후릉厚陵 40호, 조선 태조비 신의왕후 제릉齊陵 50호에 비하면 아주 적은 수였다. 1456년(조선 세조 2) 3월 양성지梁誠之가 올린 긴 상소에는 전대前代의 능묘를 수호하는 내용도 포함되어 있다. 양성지는 역대 왕릉이 제대로 관리되지 못하고 있어서 민망하다고 하면서 이전에 도읍이 있었던 개성·강화·경주·평양·공주·부여와 김해·익산 등지의 능묘가 있는 곳을 자세하게 조사하여 그 공덕이 있는 자는 수릉호守陵戶 3호를 두고, 나머지 왕의 능에는 2호, 정비正妃의 능묘에도 역시 1호를 두어 능을 관리하게 하며, 능이 있는 곳의 관청[所在官]이 봄·가을에 제사를 지내게 하자고 상소하여 왕의 허락을 받았다. 여기서 주목되는 것은 이때 태조·현종·문종·원종의 능 말고도 수릉군을 두게 된 것이다.

그렇지만 그 이후에도 고려왕릉은 제대로 관리되지 않았다. 1493년(조선 성종 24) 12월 유호인이 왕에게 한 말에 따르면 태조 현릉의 능침에 잡초가 우거져 덮이고, 사방에서 경작하여 침범하였다고 하였다. 이때 유호인이 왕에게 현릉의 실태에 대해서 말할 수 있었던 것은 1477년 개성을 여행했을 때 현릉의 실태를 직접 보았기 때문이다. 왕이 이런 곳이 얼마나 되느냐고 묻자, 유호인이 자신도 모두 알지 못하다고 대답한 것으로 보아 당시에는 현릉을 제외하고는 실태조차 파악하지 못하고 있다는 것을 알 수 있다. 이때 유호인과 대화를 한 성종은 각 도의 관찰사에게 도내 고을에 있는 고려왕릉의 실태를 조사하라고 하였다.

이렇듯 조선 초 고려왕릉에 대한 관리는 부실하였고, 태조·현종·문종·원종 능을 제외한 다른 왕릉들은 거의 방치되었다고 할 수 있다. 1476년(조선 성종 7)에 완성한 『경국대전』(권3, 예전, 봉심)에 규정된 고려왕릉 관리규정은 "역대 시조 및 고려 태조 이하 4위, 곧 태조·현종·문종·충경왕(원종)의 능침은 소재지의 수령이 매년 돌아보고 또 밭을 일구거나 땔나무 베는 것을 금한다"라는 것이다. 여기에도 4개의 왕릉을 제외한 다른 고려왕릉 관리 규정은 없었다.

『신증동국여지승람』에는 조선 초 고려왕릉의 조사내용이 정리되어 있다. 이 책(권5, 개성부하, 능침)에는 모두 30기의 고려왕릉이 정리되어 있는데, 이 기록은 『동국여지승람』 편찬 당시의 것이다. 그중 추존왕인 세조(창릉)·대종(태릉), 공민왕비(정릉)의 능을 제외한 27기가 왕릉이다. 고려 34명의 왕 중 이 기록에 빠진 왕이 7명인데, 이 중 희종(석릉)과 고종(홍릉)의 능은 강화현(권12)에 기록되어 있고, 숙종(영릉英陵)과 명종(지릉智陵)은 장단도호부(권12)에 기록되어 있으며, 공양왕릉은 고양(권11)에 기록되어 있고, 우왕과 창왕의 능은 빠져 있다. 고려 말의 정치상황을 생각해 보면 우왕과 창왕의 능은 조성되지 않았을 가능성이 크다. 이렇게 『동국여지승람』을 편찬하면서 고려왕릉을 정리하여 기록하였지만, 고려왕릉의 위치를 정확하게 확인하였는지는 분명하지 않다. 각 왕릉의 위치 표시가 성동城東·북교北郊 등으로 표시된 『고려사』의 내용과 거의 같기 때문이다.

조선 초 고려왕릉 조사 결과는 『동국여지승람』에 수록되었고, 왕릉에 대한 관리 규정은 『경국대전』에 반영되었지만 조선 중기 이후 고려왕릉은 제대로 관리되지 않았다. 1534년(조선 중종 29)년 8월 개성유수開城留守 윤탁尹倬이 관리를 보내어 『동국여지승람』의 기록을 토대로 고려왕릉을 살핀 결과 태조의 능은 비석이 있어서 분명히 알 수 있었지만, 현종·충경왕(원종)·문종의 능은 비석도 없고 초목이 무성하였을 뿐 아니라 주변에 오래된 무덤[古塚]이 많아서 분간하기 어렵다고 하였다. 윤탁이 고려왕릉을 조사한 1534년은 『동국여지승람』이 편찬된 1481년(조선 성종 12)부터 50여 년이 지난 때인데, 수릉군 2호를 두었던 현종·문종·원종의 능마저도 주위의 고총古塚과 구별하지 못하였다고 할 정도였으니 다른 왕릉의 상태는 더 나빴을 것이다. 또 1534년은 『신증동국여지승람』이 편찬된 1530년에서 얼마되지 않은 때이니 『동국여지승람』의 보완작업이 진행될 때 이미 『동국여지승람』을 토대로 고려왕릉의 소재를 찾기 어려운 상태였다는 것을 알 수 있다. 이러한 고려왕릉의 실태는 조선 중기 고려왕릉에 대한 관리가 제대로 되지 않았기 때문이기도 하겠지만, 『동국여지승람』 편찬 당시에 고려왕릉의 위치 확인을 비롯한 조사가 제대로 되지 않았고, 『신증동국여지승람』을 편찬할 때 이전의 자료를 보완하지 않고 그대로 두었기 때문일 가능성이 크다.

고려왕릉에 대한 관리는 임진왜란을 겪으면서 더 어려워졌다. 1602년(조선 선조 35) 2월 승정원承政院이 아뢴 내용을 보면 전대의 능묘를 모두 찾지는 못하더라도 『동국여지승람』에 실려 있는 것이라도 찾아서 수리하자고 하였고, 다음 해인 1603년(조선 선조 36) 4월 예조가 개성유수 유희서柳熙緖의 계본啓本을 토대로 아뢴 내용에도 태조 현릉을 제외한 다른 능묘는 분별할 수 없어서 다시 조사해야 한다고 하였다. 앞에서 본 대로 중종 때 이미 현릉을 제외한 고려왕릉을 파악하기 어려운 상태였기 때문에 전쟁을 치른 선조 후반의 고려왕릉의 상태는 매우 나빴을 것이다.

조선 후기 고려왕릉에 대한 조사가 시작된 것은 현종이 즉위한 후였다. 현종은 1660년(조선 현종 1) 숭의전과 현릉 주변에 몰래 쓴 무덤[偸葬]을 조사하였고, 이어서 1662년(조선 현종 3) 3월에는 승지 민정중閔鼎重의 말에 따라 예조의 낭관郎官을 보내어 고려왕릉을 조사하고 나무꾼이나 목동의 출입을 금지하였다. 더 나아가서 이때 3년마다 고려왕릉을 조사하여 몰래 무덤을 쓰는[偸葬] 것 같은 불법행위를 점검하게 하였다. 현종 때 시작된 고려왕릉에 대한 조사는 그 이후에도 이어졌다. 현종부터 숙종까지 이어진 고려왕릉에 대한 조사내용은 『여조왕릉등록麗朝王陵謄錄』(서울대학교 규장각한국학연구원 소장. 奎12886)에서 확인할 수 있다.

『여조왕릉등록』은 무인년(1638년, 조선 인조 16)부터 경인년(1710년, 조선 숙종 36)까지 고려왕조를 비롯한 역대 왕조의 왕릉과 그 사당의 관리에 대한 기록을 정리한 책으로 여기에는 『조선왕조실록』에 없는 기록도 포함되어 있

표12-1 1662년(현종 3)에 조사한 고려왕릉
(『여조왕릉등록(麗朝王陵謄錄)』 서울대학교 규장각한국학연구원 소장. 奎12886)

능주와 능호를 확인한 곳	능주와 능호를 추정한 곳	능주와 능호는 모르지만 왕릉으로 추정되는 곳
태조 현릉		칠릉군(칠릉동)
충정왕 총릉		총릉 서쪽 1릉
정종(定宗) 안릉		경릉 서북쪽 1릉
신종 양릉		명릉동 2·3릉
성종 강릉	충목왕 명릉(명릉동 1릉)	월로동 2릉 중 1기
공민왕 현릉	현종 선릉(월로동 2릉 중 1기)	소릉동 2·3·4·5릉
공민왕비 정릉	원종 소릉(소릉동 1기)	송악산 남쪽 1릉
대종 태릉	광종 헌릉(적유현)	냉정동 3릉
숙종 영릉		탄현문 서쪽 1릉
문종 경릉		만수산 북쪽 3릉
명종 지릉		장단 송남면 마전령 남쪽 1릉
순종 선릉		홍릉동 1릉(풍릉?)

어서 이 책은 조선 후기 고려왕릉의 관리 내용에 매우 중요한 자료이다. 그중 제일 중요한 것이 1662년(조선 현종 3) 6월 예조좌랑禮曹佐郎 이숙달李叔達이 개성부에 있는 고려왕릉 43기를 조사하여 보고한 내용이다. 그에 따르면 이숙달은 6월 6일 저녁 개성부에 도착하여 일을 잘 아는 서리와 노인 4, 5명의 도움을 받고 『동국여지승람』의 기록을 참고하여 고려왕릉 43기를 조사하여 정리하였다.

그때 이숙달이 능주와 능호를 확인한 곳은 태조 현릉顯陵을 포함해서 충정왕 총릉聰陵, 정종定宗 안릉安陵, 신종 양릉陽陵, 성종 강릉康陵, 공민왕 현릉玄陵, 공민왕비 정릉正陵, 대종 태릉泰陵, 숙종 영릉英陵, 문종 경릉景陵, 명종 지릉智陵, 순종 성릉成陵 등 12곳이고(이 중에는 추증한 대종의 태릉과 공민왕비의 정릉이 포함되어 있다) 능주와 능호를 추정한 곳은 충목왕 명릉明陵(명릉동1릉), 현종 선릉宣陵(월로동 2릉 중 1기), 원종 소릉昭陵(소릉동1릉), 광종 헌릉憲陵(적유현) 등 4곳이다. 또 능주와 능호는 모르지만 왕릉으로 추정되는 곳으로 칠릉군(칠릉동), 총릉 서쪽 1릉, 경릉 서북쪽 1릉, 명릉동 2·3릉, 월로동 2릉 중 1기, 소릉동 2·3·4·5릉, 송악산 남쪽 1릉, 냉정동 3릉, 탄현문 서쪽 1릉, 만수산 북쪽 3릉, 장단 송남면 마전령 남쪽 1릉, 홍릉동 1릉(풍릉豊陵?) 등 모두 26기의 능을 조사하였다.(271쪽 〈표12-1〉 참고)[44] 이때는 왕릉의 범위[陵域]도 정했다. 태조 현릉은 200보, 현종·문종·원종릉은 150보, 나머지 능은 100보로 정하고 그 안에서는 경작과 장례를 금지하였다.(『현종실록』 6권, 현종 3년 10월 7일 정미)

1662년(현종 3) 조사된 43기의 고려왕릉은 이후 고려왕릉 관리의 토대가 되었고, 이때 정해진 3년에 한 번씩 고려왕릉에 대한 불법행위 등을 조사하는 일은 이후에도 계속되었으며, 흉년 등으로 중앙관을 파견하여 조사하기 어려울 때는 지방의 관찰사나 수령이 조사하여 보고하게 하였다. 1662년 이후 이루어진 고려왕릉에 대한 조사 중 중요한 내용을 정리하면 다음과 같다.

1690년(조선 숙종 16) 12월에는 개성에 있는 태조 현릉을 비롯한 34릉 경계 안에서 이루어진 투장이나 경작 등 불법행위를 조사하였다. 또 영조 때에는 고려왕릉 경계 안에서 이루어지는 불법행위에 대한 처벌을 강조한 것이 주목된다. 영조는 1765년(조선 영조 41) 9월 고려왕릉을 봉심한 예조 낭관을 불러들여 전조 왕릉의 금표禁標 내에 매장하거나 경작하는 자와 이를 제대로 막지 못한 능관을 엄하게 처벌하도록 하고, 이 내용을 '전조제릉금표수교前朝諸陵禁標受敎'라 하여 능이 있는 지방관에게 보내어 준수하도록 하였다. 이러한 조치는 고려왕릉에 대한 관리가 규정대로 잘 지켜지지 않았기 때문일 것이다. 이때도 고려왕릉에 대한 조사가 이루어졌는데 관련 기록은 확인할 수 없다.

---

44) 이때 조사된 고려왕릉이 모두 43기라고 하였지만, 실제 자료에서 확인되는 능의 수는 모두 42기로 1기의 차이가 난다.

또 1792년(조선 정조 16)년 9월 개성유수 정범조丁範祖가 개성부 안의 고려왕릉 39기를 조사한 결과를 보면 당시 고려왕릉의 관리 상태를 짐작할 수 있다. 그에 따르면 고려 태조 현릉의 병풍석 두 조각이 무너지고 정자각 서까래 두 개가 썩어서 떨어졌으며, 여러 능이 훼손되어 수리가 필요하다고 하였다. 또 1818년(조선 순조 18) 3월 30일 개성유수 조종영趙鐘永이 고려왕릉을 조사하여 보고한 내용도 주목된다. 이때 개성부의 왕릉 41기와 장단·풍덕·강화·고양에 있는 것 16기를 합하여 모두 57기의 고려왕릉을 파악하였다. 41기는 본래 개성부에 있던 것 37기와 1796년(조선 정조 20) 금천군金川郡의 대남면大南面·소남면小南面과 장단부長湍府의 사천면沙川面이 개성부에 이속되면서 장단에 있던 것 2기와 금천에 있던 것 2기를 합한 것이다.

고종은 1867년(조선 고종 4) 6월 3년에 한 번씩 고려왕릉을 살피도록 되어 있는 규정을 지킬 것을 강조하였고, 이어서 그해 9월 19일에는 고려왕릉을 새롭게 고쳤다고 하면서 개성유수가 묘당에 나와서 앞으로의 보수 방도에 대해서 의논하여 정하라고 하였다. 이때 고려왕릉 57기를 정비하여 표석을 세웠는데, 그 경위는 그해 10월에 태조 현릉 정자각 동쪽에 세운 '고려현릉수개기실비高麗顯陵修改紀實碑'에 실려 있다. 기록이 부족해서 그때 비를 세운 57기 왕릉의 이름은 확인할 수 없지만 비를 세운 고려왕릉 57기는 1818년(조선 순조 18)에 조사된 것과 같다고 생각한다.

조선 후기 이후 편찬된 개성읍지인 『송도지』(1648년, 김육), 『송도지』(1782년, 정창순), 『송도속지』(1802년, 김문순), 『중경지』(1824년, 김이재), 『송경광고』(1830년 이후, 임효헌)에도 고려왕릉이 정리되어 있지만, 그 내용은 『동국여지승람』의 기록에서 크게 벗어나지 않는다. 즉 이들 읍지에는 현종 이후 조사된 내용이 포함되어 있지 않다.

1867년(조선 고종 4) 이후 고려왕릉이 다시 조사된 것은 일제강점기인 1916년이었다. 이때 조선총독부에서 고려왕릉을 조사하였는데 그 결과가

도판12-2 고려현릉수개기실비
개성특별시 해선리. 태조 현릉 앞에 있다. 2015년 10월 15일에 찍었다.

『고려제릉묘조사보고서^{高麗諸陵墓調査報告書}』이다. 이 책 1편 개설에는 조사한 왕릉을 위치를 아는 것 30기, 위치를 모르는 것 15기, 이름을 잃은 것 23기로 나누어 정리하고, 이어서 이때 조사한 고려왕릉에서 위치를 모르는 것을 제외한 53기의 능 가운데 개성에 있는 왕릉의 분포도를 첨부하였다. 그 내용을 정리한 것이 〈표12-2〉이다. 위치를 알 수 있는 30기는 태조 현릉^{顯陵}, 혜종 순릉^{順陵}, 정종^{定宗} 안릉^{安陵}, 광종 헌릉^{憲陵}, 경종 영릉^{榮陵}, 성종 강릉^{康陵}, 현종 선릉^{宣陵}, 문종 경릉^{景陵}, 순종 성릉^{成陵}, 숙종 영릉^{英陵}, 예종 유릉^{裕陵}, 명종 지릉^{智陵}, 신종 양릉^{陽陵}, 희종 석릉^{碩陵}(강화), 고종 홍릉^{洪陵}(강화), 원종 소릉^{昭陵}, 충목왕 명릉^{明陵}, 충정왕 총릉^{聰陵}, 공민왕 현릉^{玄陵} 등 고려왕릉 19기, 원창왕후 온혜릉^{溫鞋陵}, 세조 창릉^{昌陵}, 대종 태릉^{泰陵}, 안종 무릉^{武陵} 등 추존왕릉 4기, 태조비 신성왕후 정릉^{貞陵}, 경종비 헌정왕후 원릉^{元陵}, 강종비 원덕태후 곤릉^{坤陵}(강화), 원종비 순경태후 가릉^{嘉陵}(강화), 충

표12-2 1916년에 조사한 고려왕릉
(『고려제릉묘조사보고서(高麗諸陵墓調査報告書)』)

구분	세부구분	왕릉 이름	수
위치를 아는 능	왕릉	태조 현릉 예종 유릉 혜종 순릉 명종 지릉 정종(定宗) 안릉 신종 양릉 광종 헌릉 희종 석릉(강화) 경종 영릉 고종 홍릉(강화) 성종 강릉 원종 소릉 현종 선릉 충목왕 명릉 문종 경릉 충정왕 총릉 순종 성릉 공민왕 현릉 숙종 영릉	19기
	추존왕릉	원창왕후 온혜릉 세조 창릉 대종 태릉 안종 무릉	4기
	왕비릉	태조비 신성왕후 정릉 경종비 헌정왕후 원릉 강종비 원덕태후 곤릉 원종비 순경태후 가릉 제국공주 고릉 노국공주 정릉	6기
	신라왕릉	경순왕릉	1기
이상 30기			
위치를 모르는 왕릉		목종 의릉 외 15기	15기

구분	세부구분	왕릉 이름	수
이름을 모르는 왕릉		선릉군 2·3릉 소릉군 2·3·4·5릉 명릉군 2·3릉 칠릉군 1·2·3·4·5·6·7릉 서구릉 냉정동군 1·2·3릉 동구릉 화곡릉 대월로동 1·2릉	23기
전체 68기			

렬왕비 제국대장공주 고릉高陵, 공민왕비 노국대장공주 정릉正陵 등 왕비릉 6기이다. 또 능주를 모르는 능 23기를 기록하였는데, 그것은 선릉군2·3릉, 소릉군2·3·4·5릉, 명릉군2·3릉, 칠릉군1·2·3·4·5·6·7릉, 서구릉, 냉정동군1·2·3릉, 동구릉, 화곡릉, 대월로동1·2릉이다. 1916년 조선총독부에서 조사한 내용이 이후 고려왕릉 연구의 기초자료가 되었다.

고려왕릉의 현황

현재까지 파악된 고려왕릉의 현황을 정리한 것이 〈표12-3〉이다. 이 표는 조선 중기 『동국여지승람』 편찬 때부터 지금까지 고려왕릉의 조사 추이를 정리한 것이다. 이 표를 보면 1662년(조선 현종 3)에 조사된 내용이 그 이후 고려왕릉을 파악하는 기초가 되었다는 것을 알 수 있다. 이때의 조사와 정리가 1867년(조선 고종 4)과 1916년의 조사를 거쳐 오늘에 이르고 있다. 현재 능호가 확인되는 31개의 왕릉 중 현재 위치를 알 수 있는 것은 강화도에 있는 희종의 석릉과 고종의 홍릉을 포함하여 19기에 불과하다.

표12-3 고려왕릉의 현황

번호	능주	능호	조성연대	『동국여지승람』	1662년 (현종 3)	『중경지』	1916년	현존여부	현재 위치	참고/ 문화재지정
1	태조·신혜	현릉 (顯陵)	943년	○	○	○	○	○	개성특별시 해선리	합장 국보유적제179호
2	혜종	순릉 (順陵)	945년	○		○	○	○	개성특별시 송악동	
3	정종(定宗)	안릉 (安陵)	949년	○	○	○	○	○	개성특별시 고남리	보존유적 제552호
4	광종	헌릉 (憲陵)	975년	○	▲	○	○	○	개성특별시 삼거리	
5	경종	영릉 (榮陵)	981년	○		○	○	○	개성특별시 봉동지역	보존유적 제569호
6	성종	강릉 (康陵)	997년	○		○	○	○	개성특별시 진봉리	보존유적 제567호
7	목종	의릉 (義陵)	1012년	○		○			현재 위치 모름(城東)	
8	현종	선릉 (宣陵)	1031년	○	▲	○	○	○	개성특별시 해선리	보존유적 제547호
9	덕종	숙릉 (肅陵)	1034년	○		○			현재 위치 모름(北郊)	
10	정종(靖宗)	주릉 (周陵)	1046년	○		○			현재 위치 모름(北郊)	
11	문종	경릉 (景陵)	1083년	○	○	○	○	○	황해북도 장풍군 선적리	보존유적 제570호
12	순종·선희	성릉 (成陵)	1083년	○	○	○	○	○	개성특별시 진봉리	합장 보존유적제568호
13	선종·사숙	인릉 (仁陵)	1093년	○		○			현재 위치 모름(城東)	합장
14	현종	은릉 (隱陵)	1095년	○		○			현재 위치 모름(城東)	
15	숙종	영릉 (英陵)	1105년	○	○	○	○	○	황해북도 장풍군 선적리	
16	예종	유릉 (裕陵)	1122년	○		○	○	○	개성특별시 오산리	
17	인종	장릉 (長陵)	1146년	○		○			城南(城西 碧串洞)	

번호	능주	능호	조성연대	『동국여지승람』	1662년(현종 3)	『중경지』	1916년	현존여부	현재 위치	참고/문화재지정
18	의종·장경	희릉(禧陵)	1175년	○		○			현재 위치 모름(城東)	합장
19	명종·의정	지릉(智陵)	1197년	○	○	○	○	○	황해북도 장풍군 항동리	합장
20	신종	양릉(陽陵)	1205년	○	○	○	○	○	개성특별시 고남리	보존유적 제553호
21	희종	석릉(碩陵)	1237년	○		○	○	○	인천광역시 강화군 양도면 길정리	
22	강종	후릉(厚陵)	1213년	○		○			현재 위치 모름	
23	고종	홍릉(洪陵)	1259년	○		○	○	○	인천광역시 강화군 강화읍 국화리	
24	원종	소릉(昭陵)	1274년	○	▲	○	○	○	개성특별시 용흥동	보존유적 제562호
25	충렬왕	경릉(慶陵)	1308년	○		○			현재 위치 모름(府西 十二里)	
26	충선왕	덕릉(德陵)	1313년	○		○			현재 위치 모름(府西 十二里)	
27	충숙왕	의릉(毅陵)	1339년	○		○			현재 위치 모름	
28	충혜왕	영릉(永陵)	1344년	○		○			현재 위치 모름	
29	충목왕	명릉(明陵)	1349년	○	▲	○	○	○	개성특별시 연릉리	
30	충정왕	총릉(聰陵)	1352년	○	○	○	○	○	개성특별시 오산리	
31	공민왕	현릉(玄陵)	1374년	○	○	○	○	○	개성특별시 해선리	국보유적 제123호
32	우왕								관련 기록 없음	
33	창왕								관련 기록 없음	
34	공양왕		1392년			○		○	경기도 고양시 덕양구 원당동 산65-6	사적 제191호

도판12-3 칠릉군(국사편찬위원회, 2018 『개성의 역사와 유적』 88쪽)
북한 보존유적 제528호. 개성특별시 해선리. 제일 서쪽에 있는 것이 제1릉이다.

즉 17기의 왕릉은 개성지역에서 위치가 확인되지만, 나머지 12기의 왕릉의 위치는 알 수 없다. 제34대 왕인 공양왕의 능은 고양과 삼척 두 곳에 있는데, 이 표에서는 사적으로 지정된 고양시에 있는 것을 공양왕릉으로 정리하였다.

세계유산에 등재된 고려왕릉

2013년 6월 23일 개성역사유적지구(공식명칭은 '개성開城의 역사 기념물과 유적, Historic Monuments and Sites in Kaesong')가 세계유산에 등재되었는데, 여기에 고려왕릉으로 현릉(왕건릉), 공민왕릉(현릉과 정릉), 칠릉군, 명릉군이 포함되었다. 태조 왕건과 왕비 신혜왕후 유씨의 합장릉인 현릉은 개성시 서쪽 만

도판12-4 명릉군(국사편찬위원회, 2018 『개성의 역사와 유적』 112-113쪽)
북한 보존유적 제549호. 개성특별시 연릉리. 3개의 능 중에서 서쪽의 제1릉이 충목왕의 명릉으
로 알려져 있다.

수산 남쪽에 있다. 칠릉군은 태조 현릉 북쪽으로 조금 떨어진 곳에 있는
능주가 확인되지 않은 7개의 능이다. 능의 구조와 석물들의 특징으로 보
아 고려 후기 이후의 것으로 보고 있다. 명릉군은 제29대 충목왕의 명릉
과 그 옆에 있는 능주를 모르는 2개의 능을 포함한 3개의 능으로 태조 현
릉 남쪽에 있다. 현릉, 칠릉군, 명릉군은 모두 개성시 서쪽 만수산 남쪽에
있다. 공민왕릉은 공민왕의 능인 현릉과 왕비릉인 정릉 2개의 능을 가리
키는데 만수산 서쪽의 봉명산 남쪽에 있다. 현릉 능역과 칠릉군, 명릉군을
합친 면적 214.6ha가 세계유산으로 등재되었고, 공민왕릉의 등재 면적은
51.6ha이다.

13

고려의 경기, 개성부의 설치와 변화

- 왕도 개경을 지원하는 특별구역, 경기(개성부)
- 919년(태조 2) 개주의 설치와 범위
- 995년(성종 14) 개성부의 설치와 적현·기현
- 1018년(현종 9) 경기의 성립과 특징
- 1062년(문종 16) 지개성부사의 설치
- 1308년(충선왕 복위) 개성부의 개편과 의미
- 경기(개성부) 설치의 명분과 현실

왕도 개경을 지원하는 특별구역, 경기(개성부)

고려는 왕도인 개경을 유지하고 보위하기 위해서 개경 바깥에 특별구역을 설치하였다. 이것이 경기京畿이다. 경기제의 기본 틀은 중국 당나라 때 만들어졌다. 본래 경京은 천자의 도읍, 기畿는 천자가 직접 관할하는 도성 주변의 땅을 의미하였다. 경기의 이념적 기초는 『시경』, 『서경』, 『예기』 등 여러 경전에 이미 나타나 있었다. 이것이 『주례』에서 체계화되었다. 『주례』에 보이는 왕기제, 곧 경기제는 국왕(천자)을 정점으로 하는 신분질서체제에 입각한 영역 등급 논리라고 할 수 있다. 중국의 역대 왕조는 이같은 이념과 명분에 따라 왕기王畿 또는 기내畿內를 특별구역으로 설치하여 권위를 확보하였다. 중국 당나라 때에 이전의 제도를 받아들여서 도성 안 혹은 경사京師가 다스리는 곳을 경현京縣 혹은 적현赤縣, 도성 밖 주변 지역을 기현畿縣으로 구분하여 특별구역으로 통치하였다.

우리 역사에서 수도를 보위하는 특별구역을 제도적으로 처음 설치한 것은 고려 때이다. 995년(성종 14) 개성부를 설치하고, 개성부에 적현 6개와 기현 7개를 소속시켜서 특별구역으로 운영한 것이 그 시작이다. 1018년(현종 9)에는 지방제도 개편에 따라 개성부가 혁파되고 '개성현지역'과 '장단현지역'을 중심으로 특별구역이 재편성되었고, 그를 '경기'라 부르게 되면서 우리 역사에서 경기라는 명칭이 처음 등장하였다. 그렇지만 그 이전 왕조에서도 국도 주변을 기내畿內 또는 기畿, 기정畿停, 왕기王畿, 경기京畿라고 표현한 용례를 확인할 수 있다. 고려시기 이전부터 왕경 주변을 왕조의 근거지나 본거지 또는 왕실의 직할지를 의미하는 왕기로 인식하고 있었던 것이다.

919년(태조 2) 개주의 설치와 범위

995년(성종 14)에 개성부가 설치되면서 고려시기에 개경의 보위지역이 제도적으로 처음 설치되었지만 919년(태조 2) 개경으로 천도하면서 설치한 '개주지역'도 개주開州, 곧 개경을 보위하고 지원하는 지역이었다. 『고려사』와 『고려사절요』에는 태조 2년 송악산 남쪽에 도읍을 정하고 송악군을 올려 개주로 삼았다는 기록이 있고, 『신증동국여지승람』에는 태조 2년 철원에서 송악산 남쪽으로 천도하고 2개의 군 지역을 걸쳐서 개주로 삼았다는 기록이 있다. 『신증동국여지승람』에 보이는 2개의 군은 송악군과 개성군, 더 나아가 신라 후기 이래 송악군과 개성군의 영현이었던 강음현·송림현·덕수현·임진현을 포함한 지역이었다. 따라서 태조 2년 개주는 6개의 단위군현인 송악군·강음현·송림현·개성군·덕수현·임진현으로 구성되었고, 신라 후기의 9주와 같이 송악군이 개주의 중심, 곧 개경이 되고 나머지 5개 군현이 개주의 영현이 되는 구조였다. 따라서 태조 2년 도읍이 된 개주의 지리적 공간 범위는 개경이 되는 송악군의 지리적 공간만을 가리킬 수도 있고, 여기에 5개 군현의 공간까지 포함할 수도 있다. 고려 초기 개주의 지리적 범위를 이렇게 이해할 경우 태조 2년 10개의 절을 설치하였다는 도내都內의 범위 역시 자연스럽게 개주의 중심공간이 된 송악군(개주)과 그 영현이 된 5개 군현의 지리적 범위를 포함한 '개주지역'의 지리적 공간 범위가 된다. 태조 2년 개주가 설치되면서 개주는 왕도(왕경)이자 왕경을 보위하는 특별구역이 되었고 이후 개경과 개경을 보위하는 '경기'의 토대가 되었다.

개주(개경)의 영현이 된 5개의 단위군현들의 위치는 개경을 둘러싼, 개경과 가장 가까운 군현들이다. 태조 2년 설치된 '개주지역'의 지리적 공간 범위는 〈지도13-1〉과 같다. 그 서쪽은 예성강, 남쪽은 조강과 임진강까지이고, 북쪽 경계는 대체로 천마산·성거산·오관산 등의 산악지대였다. 수

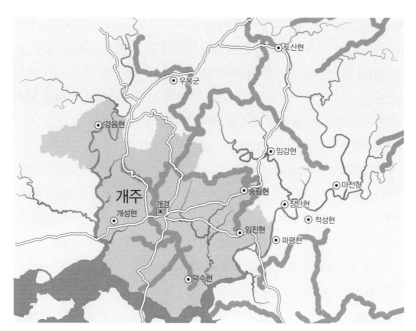

지도13-1 '개주지역'의 지리적 범위

도 개경을 가까이서 둘러싸고 있는 '개주지역'은 북쪽의 산악지대를 제외하면 모두 교통의 요지에 해당한다. 아울러 이 지역은 대체로 고려 태조 선조들의 활동무대이기도 하다.

995년(성종 14) 개성부의 설치와 적현·기현

995년(성종 14) 7월 개주를 개편하여 개성부를 설치하면서 고려시기에 수도 개경을 보위하는 특별구역이 제도적으로 설치되었다. 이때 개성부에 적현 6개와 기현 7개를 소속시키면서 개경을 보위하는 특별구역은 6개의 단위군현으로 구성된 개주에서 13개의 단위군현으로 확대되었다. 적현 6개는 개경과 가까운 단위군현인 개성현·덕수현·임진현·강음현·송림현·정주였다. 즉 적현에는 개주를 구성했던 6개의 단위군현 중 수도 개경이 된 송악군 대신 정주가 포함되었고, 기현 7개는 적현의 바로 바깥에 위치한 장단현·임강현·마전현·적성현·파평현·토산현·우봉군이었다. 수도 개경을 보위하고 지원하는 특별구역으로 편성된 '적현지역'과 '기현지역'에 포함된 13개의 단위군현은 수도 개경(옛 송악. 개경 5부)과는 공간적으로 다른 영역이었다. 이때 적현과 기현으로 형성된 개경의 특별구역은 1018년(현종 9)의 '경기', 1062년(문종 16)의 지개성부사의 형태로 큰 변화 없이 고려 후기까지 이어졌고, 이 지역은 대체로 '경기'로 인식되었다.

성종 때 설치된 개성부가 적현과 기현의 행정뿐 아니라 수도 개경의 행정도 맡았다고 보는 연구도 있지만, 이때의 개성부는 수도 개경을 보위하는 특별 행정구역인 적현과 기현의 행정만 맡았을 가능성이 크다. 개성부라는 명칭도 적현의 하나인 개성현을 토대로 하고 있다. 따라서 개성부의 중심 역시 수도 개경 안이 아니라 개경 서쪽에 있던 개성현에 있었다.

개성부의 관원으로는 개성부윤開城府尹과 참군參軍이 확인된다. 서경과 동경(경주)의 관원 구성을 토대로 유추하면 부윤 아래 소윤少尹·판관判官·사록참군사司錄參軍事·장서기掌書記 등이 더 있었을 것이다. 당시 개성부윤의 지위는 목종 전시과 제5과에 비서감秘書監 등과 함께 같은 녹을 받은 관직으로 규정된 것으로 보아 종3품에서 정4품 정도였다. 따라서 개성부의 지위는 3품 이상이었던 도호부나 서경·동경의 장관보다 낮았다. 개성부는 995년(성종 14)에 파견된 다른 외관과 마찬가지로 지방기구에 불과했지만 왕경을 보위하는 특별지역인 '적현지역'과 '기현지역'의 행정을 맡은 기구였기 때문에 장관을 부윤이라 칭하고 경관으로 삼았다.

995년(성종 14)에 개편된 지방제도에는 개성부 밖에 10도 중의 하나인 관내도關內道가 있었다. 이때의 관내도 역시 수도 개경을 보위하는 지방행

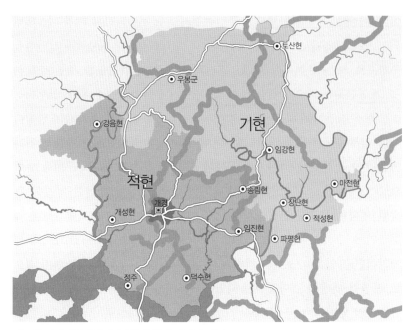

지도13-2 '적현지역'과 '기현지역'의 지리적 범위

정단위로 편성되었다. 즉 995년(성종 14)에는 개경과 가장 가까운 곳에 적현, 적현보다 조금 떨어진 군현을 기현으로 편성하고 적현과 기현 밖에 다시 관내도를 설치하여 왕경을 보위하는 구조를 만들었다. 다만 10도제로 대표되는 995년(성종 14)의 지방제도는 1018년(현종 9) '주현속현제도'로 개편되어 오래 유지하지 못하면서 관내도 역시 없어졌다.

1018년(현종 9) 경기의 성립과 특징

적현과 기현을 토대로 운영되던 개성부가 해체된 것은 1018년(현종 9)

이다. 이때 고려의 지방제도가 주현속현제도로 개편되면서 개성부는 해체되고 수도 개경을 보위하던 '적현지역'과 '기현지역'은 개성현과 장단현을 주현으로 하는 주현속현제도로 개편되었다. 이때 개성현을 주현으로 하는 '개성현지역'과 장단현을 주현으로 하는 '장단현지역'은 모두 상서도성 尙書都省에 직접 예속하고 이를 경기京畿로 부르게 되면서 경기라는 명칭이 우리 역사에서 처음 등장하였다. 이때 개성현과 장단현에 현령을 파견하여 주현으로 삼고, 개성현에는 강음현·덕수현·정주 등 3개의 군현을 속현으로 이속하였고, 장단현에는 송림현·임강현·토산현·마전현·임진현·적성현·파평현 등 7개 군현을 속현으로 이속하였다. 1018년 지방제도를 개편하면서 '주현속현단위'를 설정할 때 중요한 배경 중의 하나였던 지형 등 지리적인 요인은 개성부의 적현과 기현을 '개성현지역'과 '장단현지역'으로 편성할 때에도 그대로 적용되었다. 즉 개성부지역을 종단하는 커다란 산줄기인 임진북예성남정맥을 기준으로 서쪽은 '개성현지역'으로 동쪽은 '장단현지역'으로 편성하였고, 기현 중의 하나였던 우봉군은 지리적으로 개경과 상대적으로 멀었기 때문에 우봉군과 가까운 평주의 속현으로 이속되었다.〈지도13-3〉참고)

995년(성종 14)의 '적현지역'·'기현지역'과 1018년(현종 9)의 경기는 개경을 보위하는 특수지역이라는 성격도 동일하며 그 지리적 범위에서도 우봉군이 평주로 이속된 것 말고는 달라진 것이 없다. 다만 전국적인 지방제도 개편에 따라 편제방식이 바뀌고 이에 따라 운영방식에 차이가 생긴 것일 뿐이다. 즉 이때 개경 주변의 군현을 다른 지역과 마찬가지로 '주현속현단위'로 묶으면서 주현인 개성현과 장단현에는 7품의 현령이 파견되었다. 개성현령의 지위는 성종 때 종3품에서 정4품 정도였던 개성부윤과 비교하면 현저히 낮았다. 그럼에도 이 '개성현지역'과 '장단현지역'을 경기라 하고 중앙의 상서도성에 직접 예속시킨 것은 여전히 이 지역을 개경을 보위하는 특수지역으로 중요하게 여겼기 때문이다.

지도13-3 '개성현지역'과 '장단현지역'의 지리적 범위

1018년(현종 9) 성립된 경기는 전국의 지방제도를 '주현속현제도'로 개편하면서 '적현지역'과 '기현지역'을 '개성현지역'과 '장단현지역'으로 개편하여 편성한 것이다. 1018년 '경기'의 지리적 범위에서 두 가지의 특징을 확인할 수 있다.(287쪽 〈지도13-2〉 참고) 첫 번째 특징은 1018년 경기의 범위는 적현·기현의 범위와 거의 일치한다는 것이다. 즉 기현의 서북쪽 경계에 있던 우봉군만 그 북쪽의 평주로 이속되었고 나머지 12개의 단위군현들은 모두 경기에 포함되었다. 지방제도 편제방식을 바꾸면서도 경기의 범위를 크게 변경하지 않은 것은 경기를 적현과 기현의 성격을 계승하는 특수지역으로 유지하려고 하였기 때문이다.

두 번째 특징은 경기를 구성한 '개성현지역'과 '장단현지역'이 커다란 산줄기에 의해서 좌우로 배치된 것이다. 1018년(현종 9) 경기의 지리적 공간은 적현·기현과 거의 일치할 뿐 아니라 전체가 2개 지역으로 구분되어 있는 것도 같다. 그런데 개경과 가까운 곳이 적현이 되고, 그 외곽이 기현이 되었던 것과 달리 '개성현지역'과 '장단현지역'의 지리적 경계는 '경기영역'을 종단하는 커다란 산줄기인 임진북예성남정맥이다.[45] 이렇게 산줄기라는 지형을 기준으로 '경기영역'을 나눈 것은 1018년 지방제도의 개편에서 일반적으로 확인되는 중요한 특징이다. 아울러 개경 동남쪽을 흐르는 사천 역시 두 지역을 나누는 경계가 되기도 하였다.

1062년(문종 16) 지개성부사의 설치

1018년(현종 9) 이래 개성현령과 장단현령이 이끌던 '경기영역'의 통치방식은 1062년(문종 16) 개성현령이 지개성부사知開城府事로 승격되면서 변하였다. 이때 지개성부사에는 1018년 경기를 구성했던 12개의 군현 중 지개성부사가 된 개성현을 제외한 11개의 단위군현이 속현이 되었고, 거기에 평주의 속현이었던 우봉군이 더해졌다. 이 결과 2개의 '주현속현단위'로 운영되던 성기가 하나의 광역 단위인 지개성부사로 재편되었다. '경기영역'이 좌우 2개 지역으로 나뉘어졌던 1018년 체제를 보완하여 단일 구조로 편성된 것이다. 이는 수도 개경을 둘러싼 지역들이 개발되고 동시에 개경 중심으로 교통로가 정비되면서 개경을 중심으로 하는 생활권이 확대되어 특별구역을 하나로 묶을 수 있게 되었기 때문에 가능하였다.

이로써 지개성부사는 주현主縣이자 광역의 지방행정 단위인 계수관界

---

45) 이 책에서는 '영역'과 '지역'을 구별하여 사용하였다. '지역'은 주현(主縣)과 그 속현(屬縣)을 포함하는 '주현속현단위'의 범위, '영역'은 고려시기 계수관(界首官)이 관할하는 영군현(領郡縣, 주현)과 그 속현을 포함하는 광역의 지리적 범위를 말한다.

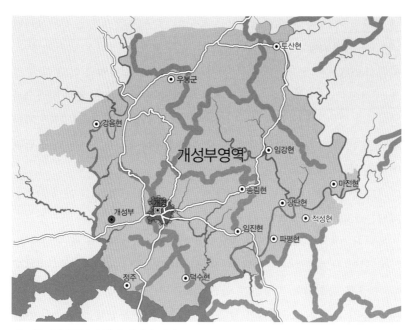

지도13-4 '개성부영역'의 지리적 범위

首官이 되었다. 1062년(문종 16)의 개성부는 1018년(현종 9)의 '주현속현제도'
를 보완한 것으로 995년(성종 14)의 개성부와는 그 관원의 구성과 성격이
달랐다. 즉 경관인 개성부윤이 파견되었던 995년(성종 14)의 개성부와 달리
1062년(문종 16)의 개성부에는 정6품의 원외랑員外郞 정도의 지위인 지개성
부사가 파견되었다. 문종 때 정해졌다는 외관의 녹봉 기록에는 개성부의
관원으로 지개성부사(86석 10두), 부사(40석), 판관(30석), 법조(13석 5두)의 녹봉
액수가 확인된다. 이를 토대로 보면 당시 개성부(지개성부사)의 지위는 다른
주州·부府·군郡과 비슷하다. 다만 개성부에는 다른 곳과 달리 판관이 있었
는데, 이것은 개성부가 계수관 역할을 하였기 때문이다.

　1062년(문종 16) 통합된 '개성부영역'의 지리적 범위는 1018년(현종 9)의

'경기영역'에 평주의 속현이었던 우봉군이 포함된 것으로 그것은 995년(성종 14) 개성부에 속했던 '적현지역'과 '기현지역'이 합해진 범위와 같다. 따라서 1062년(문종 16) 지개성부사가 관할하던 '개성부영역'의 지리적 경계는 서쪽으로는 예성강, 남쪽은 조강, 동쪽은 임진강, 동남쪽은 감악산과 파평산을 잇는 산줄기까지이다. 아울러 '개성부영역'은 '적현지역'·'기현지역'과 마찬가지로 예성강과 임진강 수로를 이용할 수 있는 지리적 범위이기도 하다.

　『고려사』에는 1062년(문종 16)의 지개성부사가 관할하는 '개성부영역' 체제는 1308년(충선왕 복위) 개성부가 개편되기 이전까지 지속되는 것으로 기록되어 있다. 그렇지만 1062년(문종 16) 이후 '개성부영역'의 구성에 변동이 있었을 가능성이 확인된다. 우선 1108년(예종 3) 정주는 지승천부사知昇天府事로 승격되어 지방관이 파견되었고, 장단현령과 우봉현령은 인종 때 녹봉지급 대상에 포함되어 있다. 이런 기록들을 종합해 보면 충선왕 복위 이전에 지승천부사뿐 아니라 장단현령과 우봉현령이 파견되었다는 것을 알 수 있다. 또 1106년(예종 1)에는 토산현, 적성현, 파평현에 감무監務가 파견되었고, 1143년(인종 21)에는 강음현에 감무가 파견되었으며, 송림현과 마전현에도 정확한 연대는 알 수 없지만 감무가 파견되었다. 덕수현·임강현·임진현에는 고려 말인 1389년(공양왕 1)에 감무가 파견되었다. 이렇게 1062년(문종 16) 이후 '개성부영역'에 포함되었던 군현에 지방관이 파견되면서 '개성부영역'의 구성도 일부 변하였을 것이다. 그렇지만 고려 말인 1390년(공양왕 2) 경기를 확대하면서 1062년(문종 16) 개성부영역에 포함된 13개의 단위군현을 그때 추가된 31개 단위군현과 구별하여 '원경기元京畿'라 한 것으로 보아 13개의 단위군현은 고려 말까지 경기영역으로 인식하였다는 것을 알 수 있다. 이러한 인식은 지개성부사가 광역의 지방관인 계수관 기능을 하였던 것과도 연결되었다고 할 수 있다.

1308년(충선왕 복위) 개성부의 개편과 의미

앞에서 언급하였듯이 1308년(충선왕 복위) 개성부가 개편되었다. 『고려사』 지리지 왕경개성부에 따르면 1308년 충선왕이 복위한 후 급전도감^{給田都監}과 5부를 개성부에 병합하여 도성 안을 맡게 하고, 종2품인 판부윤^{判府尹} 1명을 비롯해서 윤^尹(정3품) 2명, 소윤(정4품) 3명, 판관(정5품) 2명, 기실참군(정7품) 2명의 관원을 두었으며, 개성현에 따로 현령을 설치하여 도성 밖을 맡겼다.

이 기록에서 우선 주목되는 것은 이때 개성부가 개편되면서 본격적으로 개성부가 수도 개경을 맡는 관부가 되었다는 점이다. 큰 흐름에서 보면 995년(성종 14) 개성부와 1062년(문종 16) 설치된 개성부(지개성부사)는 개경 5부가 아니라 개경 외곽 군현인 '경기영역'의 행정을 담당하는 관부였다. 1308년(충선왕 복위)에 개성부가 개편되어 '경기영역'뿐 아니라 개경 5부도 아울러 관할하는 기구로 확대 개편되었다는 점은 큰 변화였다. 995년(성종 14)의 개성부가 수도 개경을 보위하고 지원하는 적현 6개와 기현 7개를 관장하는 기구였다면 1308년(충선왕 복위)의 개성부는 개경 5부를 병합하면서 본격적으로 수도 개경의 행정을 맡은 관부였다. 즉 이때 비로소 고려시기 개성부의 중심에 개경 5부가 들어오게 된 것이다. 1308년(충선왕 복위) 개성부 개편 기록에서 개성부는 도성을 관장하고, 개성현에 따로 현령을 두어 도성 밖을 관장하였다고 기록한 것은 이 변화를 의미한다. 이때 개성부는 개성부(장관: 판부윤) 밑에 개경 5부(사)와 개성현(령)을 함께 두는 구조였다. 이때 개성부는 수도인 개경 5부의 행정을 맡았고, 이전에 지개성부사가 관할하였던 '경기영역'은 개성현령이 맡았다. 이전에 '경기영역'의 행정을 맡았던 지개성부사가 이때 개성현령으로 지위가 떨어진 것은 1062년(문종 16) 이후 '경기영역'에 지방관들이 신설되면서 지개성부사가 직접 관할하는 '경기영역'이 축소되었기 때문이라고 생각한다. 앞에서 정리한 대로 정주(지승천부사), 장단현·우봉현에 현령 이상의 지방관이 파견되었고, 1106년(예종 1)에 토산현·적성현·파평현, 1143년(인종 21)에 강음현에 감무가 파견되었다.

1308년(충선왕 복위) 개성부의 개편으로 개성부는 '경기'뿐 아니라 수도 개경의 행정을 맡은 관청이 되었다. 이러한 개성부의 위상은 고려 말까지 이어졌다. 고려 후기 개성부가 맡은 일이 구체적으로 정해진 것은 공양왕 때이다. 1389년(공양왕 1)에는 개성부로 하여금 가사家舍·재물財物·추배追倍(배상을 추징하는 것)의 일을 맡도록 하였다. 또 같은 왕 2년에는 개성부가 효자와 순손順孫을 등용하고, 의부義夫와 절부節婦를 표창하며, 크고 작은 학교를 점검하여 인재를 양성하고, 악역과 간사한 일을 금하여 풍속을 교정하며, 농상農桑·호혼戶婚·전토田土·포흠逋欠(밀린 조세)·숙채宿債(묵은 빚)·목민牧民의 일을 맡게 하였다. 이러한 일들은 중앙과 지방을 막론하고 목민관들이 해야 할 일이었다. 따라서 개성부에서는 이전에도 이러한 일들을 맡았을 것이다.『고려도경』에는 개성부가 백성들의 혼인·토지·사법 행정 등을 맡았다고 하였듯이 고려 중기 경기 13현의 행정을 맡은 개성부의 기능 역시 고려 말 개성부의 일과 거의 같았음을 확인할 수 있다. 다만 고려 말에 경기제가 확대 개편되면서 개성부가 경기와 행정적으로 분리될 때 개성부가 맡은 일이 분명하게 규정되었다.

고려 후기 사례를 통해서 살펴보면 개성부는 개경 5부에 사는 사람들의 생활과 관련된 일들을 하였다. 1311년(충선왕 3) 3월에는 개성부가 동서대비원 녹사綠事로 하여금 유비창의 창곡을 받아서 질병을 치료하도록 하였고, 1372년(공민왕 21) 10월에는 개성참군 김신검金臣儉이 교량 수리를 하지 않아서 처벌되었다. 질병 치료와 교량 수리 등이 개성부의 일이었기 때문일 것이다. 1392년(공양왕 4) 3월에는 개경의 인구 증가에 따른 집터 대책을 개성부에서 맡도록 한 것도 당시 개성부의 기능과 관련된 사례이다. 또한 개성부에서 호구와 토지에 대한 일을 한 사례도 확인할 수 있다.

1325년^(충숙왕 12) 10월에 교를 내려서 개성부의 5부와 외방의 주현은 백성을 양반으로 천인을 양인으로 삼아 호구를 위조하는 자를 법에 따라 벌을 주라고 하였고, 1389년^(창왕 1) 9월 급전도감에서는 개성부에서 과전 지급 대상이 되는 전함前衛의 품계를 정하라고 하였다. 이러한 사례는 기본적으로 개성부에서 호구와 토지에 대한 일을 맡았기 때문에 가능한 일이었다. 한편 개성부는 수도 방어에도 관여하였다. 1377년^(우왕 3) 7월 개성부에서 장을 올려서 수도 방어, 특히 외성을 수리하고 내성을 새로 쌓아야 한다는 의견을 제시하였다.

한편 개경에서 직접 실무를 맡았던 5부가 한 일에 대해서는 개성부와 같이 정리된 기록은 없다. 단편적인 사례를 통하여 보면 5부에 사는 사람들은 노동력 징발이나 과렴 징수, 군사 징발 대상이 되었고, 기우제 등 제사를 지낼 때 동원되기도 한 것으로 보아 5부에서는 요역과 군역 징발, 조세와 과렴 징수, 제사 주관 등의 일을 하였다는 것을 알 수 있다. 이외에도 5부에서는 주민의 호구조사와 주거 대책, 구휼, 치안, 교육 등에 대한 일도 하였다. 결국 크게 보면 5부는 상위 관청인 개성부의 일과 겹치는 호구와 토지문제를 비롯하여 개경의 주거와 조세 문제 등에 직접 관여하였다고 할 수 있다. 이렇게 개성부와 5부는 개경의 행정을 맡은 상하위 관청이라는 점에서 일의 성격이나 내용이 구별되기도 하지만 시기에 따라 일이 중복되기도 하였다.

경기(개성부) 설치의 명분과 현실

1018년^(현종 9) 경기를 구성하였던 '개성현지역'과 '장단현지역'이 1062년^(문종 16)에 개성부^(지개성부사)로 통합되었지만 그 이후에도 이 지역은 경기로 불렸다. 경기라는 특별제도가 만들어진 중국에서부터 경기는 사방의 근본이기 때문에 다른 지역보다 부역을 가볍게 하고 왕의 교화도 먼저 시작해야 하는 곳으로 인식되었다. 그렇지만 실제 경기는 수도 개경을 둘러싸고 있는 곳이어서 오히려 다른 지역보다 요역을 비롯해서 여러 가지 조세 부담이 많은 곳이었다. 고려시기 경기의 실태는 "경기의 주현에는 상공常貢 이외에도 요역이 번거롭고 무거워 백성들이 이를 괴롭게 여겨 날로 점차 도망치고 유망하고 있다"라고 한 1108년(예종 3) 2월의 판判과 "경기 8현은 요역이 매우 번거로운데, 정관正官이 통제하지 않고 관찰사가 다스리지도 않으며, 또 수령이 교화를 펼치는 일도 없기 때문에 과렴이 균등하지 못하고 부역에 법도가 없어 백성들이 의지해 살아가지 못하면서도 호소할 길이 없다"라고 한 1389년(공양왕 1) 12월 대사헌 조준趙浚 등의 상소에서 짐작할 수 있다. 또 국가의 위급한 일이 생기면 경기에서 군역 징발을 먼저 하였고, 경기는 다급한 재정 수요를 해결하기 위해서 임시세인 과렴이 자주 시행된 곳이기도 하였다. 또 고려 말 조준은 경기는 정식 지방관이 제대로 파견되지 않아서 왕의 '교화' 역시 제대로 이루어질 수 없었다고 언급하기도 하였다. 이렇게 경기는 다른 지역보다 부담이 많은 지역이었기 때문에 조세 감면과 구휼이 자주 시행되는 곳이기도 하였다. 경기가 다른 지역보다 국가에 대한 부담이 많은 현실은 조선 초에도 마찬가지였다. 1401년(조선 태종 1) 1월 문하부 낭사가 소를 올려서 경기는 왕의 교화가 먼저 미치는 곳이어서 민생을 편안히 하여야 하지만 오히려 마초馬草·시탄柴炭 등 여러 가지 잡공雜貢이 외방外方의 배나 된다고 한 것은 하나의 예이다.

또 경기는 고려 후기 녹과전祿科田이 설치된 지역이기도 하다. 녹과전은 강화 천도 시기에 관료들에게 토지 분급이 제대로 이루어지지 못한 상태에서 녹봉마저 제대로 지급하지 못하게 되면서 설치한 토지제도이다. '토지를 나누어 녹봉을 대신 하자[分田代祿]'는 논의는 몽골과의 전쟁 중인 1257년(고종 44) 6월 처음 등장하여 급전도감을 설치했지만 실제로 녹과

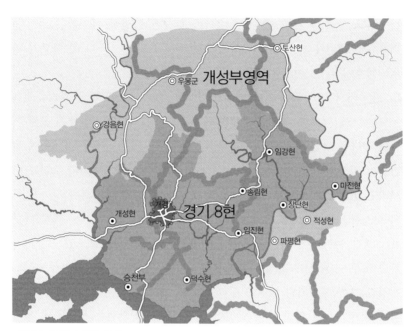

지도13-5 경기 8현 추정도

전이 시행된 것은 개경 환도 이후였다. 1271년(원종 12) 2월 "경기 8현에서 品품에 따라 녹과전을 지급하자"라는 도병마사의 의견이 받아들여지면서 녹과전 설치가 결정되었고, 다음 해인 1272년(원종 13) 1월 녹과전을 지급하였다. 녹과전이 설치된 경기 8현이 어떤 군현이었는지를 확인할 수 있는 자료는 없지만 이 군현들은 개경에서 가까운 경기의 핵심 지역이었던 것만은 분명하다. 필자는 경기 8현이 1062년(문종 16) 지개성부사에 속했던 13개 단위군현 중 개경에서 상대적으로 가까운 곳이었다고 보고, 임진강 남쪽의 파평현과 적성현, 예성강 서쪽의 강음현, 천마산·성거산 북쪽의 우봉군과 토산현을 제외한 개성현·승천부·덕수현·임진현·송림현·장단현·마전현·임강현 등 8현을 녹과전이 설치된 경기 8현으로 보려고 한다.(〈지도13-5〉 참고) 경기 8현에서 제외한 토산현·적성현·파평현은 1106년 (예종 1)에 감무가 파견된 곳이고 강음현 역시 1143년(인종 21)에 감무가 파견되었으며, 우봉군도 인종 때 현령이 파견된 곳이다.

개경에서 가까운 경기의 토지가 녹과전으로 분급된 것은 관리들에게는 큰 혜택이었지만, 농민들에게는 좋을 것이 없었다. 관리들에게 규정 이상의 수탈을 당할 가능성이 커졌기 때문이다. 또 1283년(충렬왕 9) 2월에 원 간섭기 왕실의 시위를 맡았던 홀치[忽赤] 3번番에게 경기 주현의 토지를 하사하고 방목소放牧所라고 불렀는데, 이것 역시 홀치에게 개경과 가까운 곳의 토지를 주려고 하였기 때문일 것이다. 1362년(공민왕 11) 밀직제학 백문보白文寶가 차자箚子에서, "경기 안의 8현의 토지는 녹과전으로만 지급하지 말고 대부大夫와 사士의 제전祭田으로 균등하게 지급하자"라고 한 것에서도 개경과 가까운 경기의 토지에 대한 관심이 컸다는 것을 알 수 있다. 원 간섭기 권세가들에 의한 토지 탈점이 심해지면서 녹과전은 원활하게 운영되지 못하였지만, 경기의 땅은 개경에서 왕실을 보위하는 관리들의 토지로 분급해야 한다는 인식이 자리 잡아갔다. 경기의 토지는 관리들의 과전으로 지급되어야 한다는 인식은 확고하게 자리 잡아갔고, 그것은 고려 말 과전법을 시행할 때 실현되었다.

14

개경의
지리적 범위와
행정체제

▪ 개경의 지리적 범위(경기·4교·개경)
▪ 5부방리제의 시행과 운영
▪ 4교의 범위와 기능

개경의 지리적 범위(경기·4교·개경)

태조는 건국한 다음 해인 919년(태조 2) 수도를 철원에서 송악으로 옮기면서 개주를 설치하였다. 개주는 송악군이 개주의 중심인 개경이 되고 강음현·송림현·개성군·덕수현·임진현 등 5개 군현이 개주의 영현領縣이 되는 구조였다. 이때 송악군이 개주, 곧 개경으로 개편된 것이기에 고려 초 개경의 지리적 범위는 송악군과 거의 같았을 것이다. 다만 당시 송악군의 지리적 범위를 확인할 수 있는 자료가 없어서 천도 직후 개경의 지리적 범위를 정확하게 알 수 없다. 개경의 지리적 범위가 분명해진 것은 1029년(현종 20) 나성을 쌓은 이후이다. 개경을 둘러싸고 있는 산 능선을 따라서 나성, 곧 도성을 쌓으면서 나성은 개경 안팎을 구분하는 경계가 되었다. 천도 직후 개주(개경)의 범위는 분명하지 않지만, 주변의 산세 등을 고려해 볼 때 나중에 나성이 지나는 산 능선이 나성 축성 이전에도 고을 사이의 지리적 경계가 되었을 것이기 때문에 천도 직후 개주, 곧 개경의 지리적 범위와 나성 축성 이후 개경의 지리적 범위는 거의 같았을 것이다.

앞에서 정리한 대로 왕도였던 개경에는 왕도를 유지하고 보위하기 위한 특별구역이 설치되었다. 개성부는 우리 역사에서 수도를 보위하는 특별구역으로 처음 설치되었으며, 1018년(현종 9)에 지방제도 개편에 따라 혁파되고 '개성현지역'과 '장단현지역'으로 재편성되었다. 그것을 '경기'라 하였고, 이후 '경기영역'은 몇 차례 개편이 있었지만 왕도를 유지하고 보위하기 위한 특별구역의 위상은 고려 후기까지 계속 유지되었다.

또 개경도성 밖 사방에는 4교四郊가 있었다. 4교는 도성과 주변 '경기'에 속한 군현의 경계까지의 공간으로 조선시기 한양의 성저십리城底十里와 비슷한 공간이었다. 중국 주나라 제도에서는 도성에서 50리까지를 근교近郊 혹은 교내郊內, 50~100리까지를 원교遠郊라고 하였다. 고려시기에

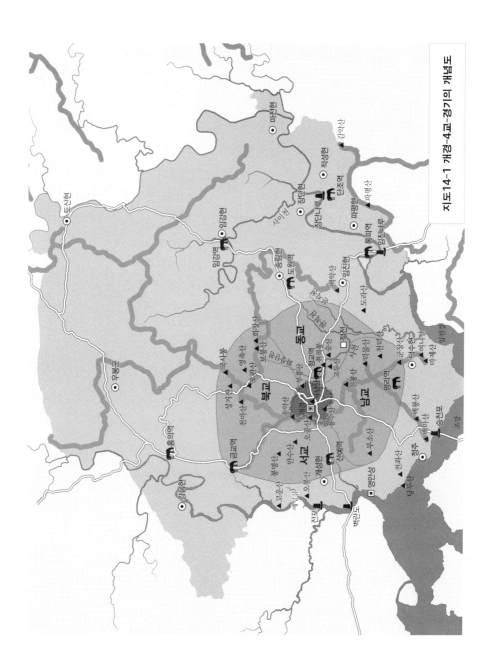

지도14-1 개경-4교-경기의 개념도

4교는 987년(성종 6) 5부방리五部坊里가 개편될 때 설정되었다가 1029년(현종 20) 나성이 완성되면서 그 공간의 범위가 더 구체적으로 정해졌을 것이다. 4교는 성곽으로 둘러싸인 좁은 의미의 도성에 속하지는 않았지만, 도성 안에서 할 수 없는 국가행사를 하였던 곳으로 도성에 못지않은 중요한 공간이었다. 따라서 4교는 도성의 배후지로서 개발과 보호라는 양 측면에서 지속적인 관심이 집중된 곳이었다. 다만 규정이 분명한 조선시기 한양의 성저십리와 달리 고려시기 개경 4교의 공간 범위는 분명하지 않다.

개경 내부는 5부방리로 편제하여 운영하였다. 개경의 방리제는 919년(태조 2) 처음 정해진 후 987년(성종 6) 개정되었고, 1024년(현종 15)에 5부 35방 344리로 개편되었다. 즉 987년(성종 6)에는 성종 초의 정치제도 개편과 986년(성종 5)의 호구조사를 배경으로 5부방리제의 기본 틀을 정하였으며, 1024년(현종 15)에는 나성의 축조가 진행되면서 987년(성종 6) 이후의 변화를 수용하여 5부방리제를 개편하였다.

5부방리제의 시행과 운영

5부방리제의 시행

개경 내부는 5부방리로 편제하여 운영하였다. 5부의 관원으로는 사使(4품 이상), 부사(5품 이상), 녹사錄事(갑과권무甲科權務)가 있었다. 고려 말에는 사와 부사가 종6품의 영令과 부령副令으로 이름이 바뀌고 지위가 낮아졌다. 방坊에는 별감別監, 리里에는 이정里正 혹은 이전里典이 있었다.

개경의 5부방리제는 개경을 방위에 따라 5부로 나누고, 부 아래에 방, 방 아래에 리를 두는 구조였다. 『고려사』 지리지에는 1024년(현종 15)에 정해진 5부 소속 방의 명칭과 리의 수가 기록되어 있다. 그에 따르면 동부東部는 7방 70리, 남부南部는 5방 71리, 서부西部는 5방 81리, 북부北部는 10방

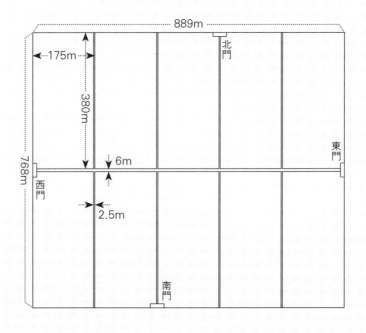

도판14-1 오급고성 배치도
중국 하북성 무안현 오급진에서 발굴. 한나라 때 리의 형태로 추정하고 있다.

47리, 중부中部는 8방 75리로 편성되어서 개경 전체는 방이 35개, 리가 344개였다. 북부에는 다른 부보다 많은 10개의 방이 소속되었지만, 북부에 속한 리의 수는 47개로 다른 부보다 적다. 이를 토대로 북부는 면적은 다른 부보다 넓은 반면 인구는 다른 부보다 적었을 것으로 보기도 한다.

방리제坊里制는 중국 고대 도성에서 도성 사람들을 편제하였던 제도로 이방제里坊制라고도 하였다. 장안성으로 대표되는 중국 고대 도성의 방리는 사각형 모양의 일정 구역을 담으로 쌓은 폐쇄적인 공간이었다. 중국 한나라 때에는 일정 구역을 행정적으로 구획하여 주민들을 보호할 목적으로 사방을 담으로 쌓아 그 공간을 리라고 하였고, 당나라 때에는 도성 내의 행정구역 단위로 리 대신 방을 쓰면서 리는 도성에서 방의 하위 단위로 쓰이거나 지방 군현의 하위 조직으로 주로 사용되었다. 따라서 시기에 따라 도성의 행정조직을 방리제라고도 하고 이방제라고도 한다.

도성을 5부로 나눈 것은 중국 고대 도성에서는 확인할 수 없는 사실이어서 개경 5부의 기원에 대해서는 정설이 없다. 고구려의 5부나 신라의 6부 등 삼국시대에 있었던 부의 전통과 오행사상이 결합하여 개경 5부가 등장하였을 가능성이 있지만 분명하지는 않다.

『고려사』에는 919년(태조 2) 천도할 때 궁궐 창건, 시전 건립, 3성 6부 설치, 6위 설치, 5부방리 설치를 했다고 정리되어 있다. 그렇지만 고려의 중앙 정치제도가 3성 6부를 근간으로 정비되고 군사제도가 6위로 정비된 것은 성종 초이기 때문에 개경으로 천도하면서 5부방리제가 시행되었다고 정리한 『고려사』의 기록을 그대로 받아들이기는 어렵다. 오히려 성종 초의 정치제도 개편과 986년(성종 5)의 호구조사를 배경으로 987년(성종 6)에 개경 5부방리제의 기본 틀이 정해졌다고 보는 것이 더 자연스럽다. 현종 15년 기록에 보이는 방 이름 중에는 법왕방法王坊·홍국방興國坊·왕륜방王輪坊 등 919년 이후 개경에 창건된 절 이름을 딴 것이 포함되어 있고, 경성 송흥방宋興坊(성종 9), 앵계방鸎溪坊(현종 10), 홍인방弘仁坊(현종 14) 등 일부 방 이름들은 1024년(현종 15) 이전의 기록에서 확인되는 것으로 보아 방명의 상당수는 태조 때부터 하나둘씩 등장하였다가 987년(성종 6) 방리제가 개편될 때 제도적으로 고정되었을 가능성이 크다. 1024년(현종 15)에 개경의 방리제가 다시 개편된 것은 궁궐 중건과 나성 축조 등 현종 때 이루어진 개경 정비사업과 연관되어 이루어졌다. 특히 나성의 축조는 이후 나성이 개경의 지리적 공간 범위를 정하는 기준이 되었다는 점에서 개경 내부의 행정조직인 5부방리 개편과 밀접한 연관이 있었다. 또 영창방令昌坊·홍인방弘仁坊·안흥방安興坊·덕산방德山坊·앵계방·오정방五正坊·덕풍방德豊坊·건복방

표14-1 개경의 5부방리(현종 15년)

표14-1 개경의 5부방리(현종 15년)

5부	방의 수	방명	리의 수
동부	7	안정방(安定坊)·봉향방(奉香坊)·영창방(令昌坊)·송령방(松令坊)·양제방(楊提坊)·창령방(倉令坊)·홍인방(弘仁坊)	70
남부	5	덕수방(德水坊)·덕풍방(德豐坊)·안흥방(安興坊)·덕산방(德山坊)·안신방(安申坊)	71
서부	5	삼송방(森松坊)·오정방(伍正坊)·건복방(乾福坊)·진안방(鎭安坊)·향천방(香川坊)	81
북부	10	정원방(正元坊)·법왕방(法王坊)·흥국방(興國坊)·오관방(伍冠坊)·자운방(慈雲坊)·왕륜방(王輪坊)·제상방(堤上坊)·사내방(舍乃坊)·사자암방(師子岩坊)·내천왕방(內天王坊)	47
중부	8	남계방(南溪坊)·흥원방(興元坊)·홍도방(弘道坊)·앵계방(鸎溪坊)·유암방(由岩坊)·변양방(蠻羊坊)·광덕방(廣德坊)·성화방(星化坊)	75

乾福坊 등 8개는 나성 성문과 이름이 같다. 이것은 1024년(현종 15)의 방리제 개편과 1029년(현종 20)에 완성된 나성의 축조가 연관되었다는 사실을 말한다. 기록이 없어서 단정할 수는 없지만 방 이름과 성문 이름이 같은 경우 방 이름이 먼저 정해진 후 그것을 토대로 성문 이름을 정했을 가능성이 더 크다.

5부의 범위와 방의 위치

개경에는 5부가 있고, 5부에는 35개의 방이 소속되었으며, 그 아래 모두 344개의 리가 소속되었다. 5부의 위치와 경계, 부에 소속된 방의 위치를 종합적으로 정리해 놓은 자료는 없다. 여기서는 방의 이름과 그와 관련된 단편적인 자료를 통하여 방의 위치와 5부의 범위를 추적해 보았다. 이 책에서는 고려 초 5부는 나성 안에 편성되었을 것으로 생각하고 정리하였다. 우선 동부·남부·서부·북부·중부 등 5부는 방위에 맞게 위치하였을 것이다. 대체로 5부를 나눈 기준은 개경의 간선도로였을 것이다. 즉 숭인문(동문)과 선의문(서문)을 잇는 동서대로와 광화문 동쪽과 회빈문(남문)을 잇는 남북대로가 만나는 십자가 근처가 중부로 편성되고, 중부의 사방에 4부가 편성되었을 것이다. 또 5부의 편성에는 도로뿐 아니라 개경 안팎의 주요 산과 물줄기 등도 고려된 것으로 보인다.

먼저 중부의 위치와 4부와의 경계를 가늠해 보자. 중부에는 남계방南溪坊·흥원방興元坊·홍도방弘道坊·앵계방鸎溪坊·유암방由岩坊·변양방孿羊坊·광덕방廣德坊·성화방星化坊 등 8개의 방이 있었는데, 그중 중부의 위치를 추정하는 데 참고가 되는 것이 유암방·앵계방·남계방 등이다. 유암방이 유암산(이후의 비슬산) 근처에 있었다고 전제하면 중부의 서북쪽 경계는 유암산까지였다고 볼 수 있다. 또 유암방 남쪽의 앵계방은 개경 서남쪽에서 개경 중심부인 십자가까지 흘렀던 앵계 혹은 나성문의 하나인 앵계문와 연관되었을 것으로 보인다. 따라서 앵계방은 중부의 서남쪽에 위치하여 서부와 남부와 경계에 있었을 것으로 보인다. 또 남계방은 남계에서 이름이왔을 것이다. 남계는 앵계와 배천이 개경 중심부에서 합류한 물줄기로 나성 동남쪽의 장패문 수구까지 흘렀다. 그렇지만 남계 근처가 모두 남계방으로 편성되지는 않았다. 『세종실록』 지리지에 조선 태종의 잠저였던 경덕궁敬德宮이 중부 남계방에 있었다고 기록한 것에서 짐작할 수 있듯이 남계방은 개경 중심인 십자가 남쪽에 있었다. 광덕방에 대해서는 나성의 서남쪽 문인 광덕문과 연결하기도 하고 선죽교 근처의 광덕평과 연관시키기도 하지만 이 책에서는 광덕방을 서남쪽 광덕문과 연관시켜서 위치를 추정하였다. 지금까지의 추론을 토대로 추정한 중부의 범위는 개경 중심부인 십자가를 중심으로 하면서 서북쪽으로는 유암산, 서남쪽으로는 앵계 상류, 남쪽으로는 남계 남쪽의 경덕궁 주변까지라고 할 수 있다. 또 흥국사 근처의 흥국방이 북부에 속한 것으로 보아 중부의 북쪽 경계는 흥국사 남쪽이었을 것이다. 따라서 시전 대시가 있던 남대가 주변도 중부로 편성되었고, 또 개경 중심부에 있는 산인 자남산 주변 역시 중부에 속하였을 것으로 보인다. 따라서 자남산이 중부와 북부·동부의 경계가 되었을 것으로 생각한다.

북부에는 정원방正元坊·법왕방法王坊·흥국방興國坊·오관방五冠坊·자운방慈雲坊·왕륜방王輪坊·제상방堤上坊·사내방舍乃坊·사자암방師子岩坊·내천왕방內天王坊 등 10개의 방이 있었다. 그중 법왕방·흥국방·왕륜방의 위치는 이들 방이 법왕사·흥국사·왕륜사 주변에 있었다는 것을 전제로 하면 대략 그 위치를 알 수 있다. 지도에서 보는 것처럼 황성 동남쪽에 흥국방이 있고, 그 북쪽에 법왕방과 왕륜방이 차례로 있었을 것이다. 또 사자암방도 나성 성문인 영풍문 근처에 있었다는 사자암과 관련이 있을 가능성이 높다.(『고려사』 권55, 오행3. 토) 영풍문의 위치에 대해서는 논란이 있지만, 사자암방이 북부에 소속되었다는 점에서 영풍문은 황성 서북쪽에 비정할 수 있다. 이 외에도 자운방, 사내방, 내천왕방 역시 태조 때 창건된 자운사·사내사·내천왕사와 연관이 있을 것이고, 이들의 위치 역시 황성 북쪽에 있었을 것이지만 정확한 위치는 추정할 수 없다. 또 북부의 방명 중 오관방은 나성 밖 동북쪽에 있는 오관산에서 이름이 온 것은 분명하지만 고려시기 오관산이 송림현에 속한 것으로 보아 오관방은 오관산에서 이름만 가져와서 나성 안 동북쪽 어느 지점의 방명으로 삼은 듯하다. 대체로 북부의 범위는 남대가 서북쪽에 있었던 흥국사 북쪽에서 송악산에 이르는 지역이다. 북부의 지리적 공간 안에 포함된 궁성과 황성이 방리제에 포함되었는지는 확인할 수 없지만, 이 책에서는 궁성과 황성은 방리제 편성에서 제외하였다. 영창문(탄현문)에서 이름이 온 것으로 보이는 영창방이 동부에 속한 것으로 보아 북부와 동부의 경계는 영창문 북쪽이었을 것이고, 북부의 동남

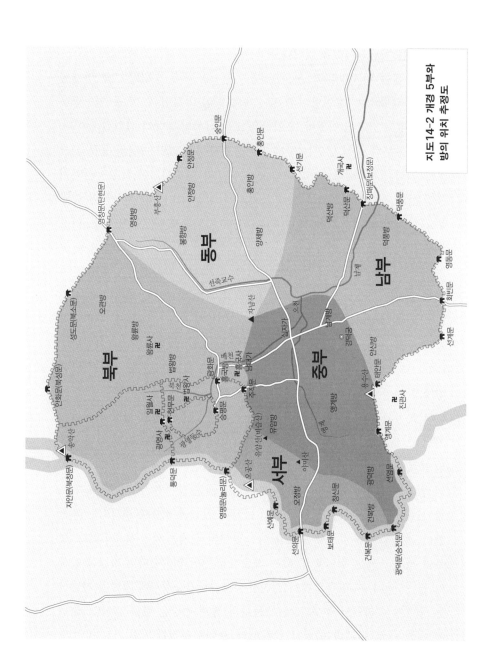

지도14-2 개경 5부와 방의 위치 추정도

쪽 경계는 자남산이었을 것이다.

동부에는 안정방安定坊·봉향방奉香坊·영창방令昌坊·송령방松令坊·양제방楊堤坊·창령방會令坊·홍인방弘仁坊 등 7개의 방이 속하였다. 이 중 영창방을 비롯해서 그 남쪽의 안정방, 홍인방은 모두 나성의 성문과 관련된 것이다. 따라서 동부의 중심 범위는 안정방과 홍인방이 있었던 나성의 동문 근처로 보인다. 『세종실록』 지리지에 조선 태조의 옛집이었던 목청전穆淸殿이 숭인문 안 안정방에 있었다는 기록에서 안정방이 나성의 정동문인 숭인문 근처에 있었다는 것을 알 수 있다. 숭인문 북쪽에 안정문이 있고, 안정문 북쪽에 영창문이 있었으며, 숭인문 남쪽에 홍인문이 있었다는 것을 고려하면 지도에서 보듯이 영창방·안정방·홍인방이 북쪽에서 남쪽으로 차례로 있었을 것으로 보인다. 또 봉향방의 위치는 이규보가 성의 동쪽 봉향리 서쪽에 살았다는 기록(『동국이상국집』 권23, 「지지헌기止止軒記」)을 통하여 짐작할 수 있다. 이규보가 이곳에 살던 시절인 1196년(명종 26) 고향인 황려현(지금의 경기도 여주시)으로 떠날 때 동문을 나서면서 시를 남겼다. 봉향리가 봉향방과 연관된 지명이라고 볼 때 봉향방은 나성 동문인 숭인문 서쪽, 안정방 북쪽에 있었을 것이다. 이러한 추론은 봉향방을 태묘 방향과 연관시켜서 그 위치를 영창방과 안정방 사이에 비정한 연구와도 연결된다. 동부의 북쪽 경계는 영창문 근처인데, 영창문과 안정문이 개경의 동쪽 산(청룡)인 부흥산 북쪽에 있었던 것으로 보아 동부에는 당연히 부흥산 일대가 포함되었을 것이다. 아울러 덕암(덕산) 근처에 있었던 것으로 추정되는 덕산방이 남부에 속한 것으로 보아 동부와 남부의 경계는 덕암 북쪽이었다. 동부의 서쪽 경계는 추론할 수 있는 자료가 없지만 억측한다면 자남산 동쪽이 될 수 있다. 따라서 앞에서 정리한 대로 개경 중심부에 있었던 자남산은 중부에 속하면서 중부와 북부·동부의 경계 기능을 했을 것이다. 중부에 속한 방 중 양제방·송령방·창령방의 위치를 추정할 만한 자료는 없다. 이와 관련해서는 양제방의 위치는 자남산 동쪽 선죽교 근처에 비정한 연구가 있다.

남부에는 덕수방德水坊·덕풍방德豐坊·안흥방安興坊·덕산방德山坊·안신방安
申坊 등 5개의 방이 있었다. 이 중 위치를 추론할 수 있는 것으로는 나성 성
문 이름과 같은 덕산방과 덕풍방이다. 성문의 위치로 추정하면 동부와의
경계에 덕산방이 있고, 그 남쪽에 덕풍방이 있었을 것이다. 또 덕수방은
개경 동남쪽에 있었던 덕수현과 관련이 있을 수도 있다. 이규보가 1202년
(신종 5) 성동의 옛집에서 이사한 성남의 안신리에서 안신방의 위치를 추정
할 수 있다. 이규보가 이사했다는 안신리는(『동국이상국집』 권24,「천개동기天開洞
記」) 안신방과 같거나 연관된 지명으로 보인다. 이규보는 앵계 근처에 살
았고, 이규보가 「기상서퇴식재팔영奇尙書退食齋八詠」(『동국이상국집』 권2)이라는
시 서문[幷引]에서 이규보의 집 근처에 있었던 것으로 추정되는 기상서(기홍
수奇洪壽로 추정)의 퇴식재가 용수령(남산인 용수산) 근처에 있었다고 한 것에서
안신방의 위치를 어느 정도 추정할 수 있다. 즉 중부에 속한 앵계방과 용
수산의 위치를 바탕으로 추정하면 남부 안신방의 위치는 앵계의 남쪽이
자 앵계방 동쪽, 곧 남산인 용수산 근처로 보인다. 남부의 범위는 동남쪽
의 덕산방에서 남문인 회빈문 근처를 포함하고 남산인 용수산에 이르는
지역이었을 것이다. 남산인 용수산 서쪽의 앵계문과 연관된 것으로 보이
는 앵계방이 중부에 속한 것으로 보아 남부는 서쪽으로 용수산까지였다
고 생각한다.

서부에는 삼송방森松坊·오정방五正坊·건복방乾福坊·진안방鎭安坊·향천방
香川坊 등 5개의 방이 소속되었는데, 그중 오정방과 건복방이 성문과 관련
되어 있다. 오정방은 나성의 서문인 오정문(선의문), 건복방은 그 남쪽의 건
복문과 연관된다. 건복문 남쪽 광덕문과 관련된 것으로 보이는 광덕방이
중부에 속한 것으로 보아 서부의 남쪽 경계는 건복문과 광덕문 사이로 볼
수 있다. 중부의 광덕방에 대해서는 앞에서 정리한 대로 광덕방을 광덕문
과 연결시켜 개경 서남쪽에 비정하였다. 서부의 중심은 서문인 오정문과

서산인 오공산 일대로 보인다. 북쪽 경계는 대략 황성의 남벽, 동북쪽 경계는 중부에 속한 유암방과 관련된 유암산, 동남쪽 경계는 앵계 상류, 남쪽 경계는 광덕방 북쪽이었을 것으로 추정하였다.

리의 용례와 그 특징

『고려사』 지리지에 있는 1024년(현종 15)의 개경 방리제의 내용에는 5부에 속한 35방의 이름은 기록되어 있지만, 리의 이름은 없이 각 부에 소속된 리의 수만 기록되어 있다. 고려시기 개경의 리 이름이 종합적으로 정리된 자료가 없어서 개경 행정의 최말단이었던 리가 어떻게 편제되고 운영되었는지 알기가 어렵다.

최근 연구에서 『고려사』를 비롯해서 고려시기의 문집·묘지명·호구자료, 조선시기 지리지 등 다양한 자료에서 개경 혹은 개경으로 추정되는 지역의 리와 동洞의 용례를 조사하였다.(정학수, 2010) 동의 용례를 리와 함께 조사한 것은 동이 골짜기의 의미로 사용한 것도 있지만 리의 속칭이나 아칭雅稱으로도 사용되었기 때문이다. 조사 결과 리의 용례는 모두 66개, 리의 아명이나 별명으로 쓰인 것으로 보이는 동의 용례가 46개인데, 이 중에는 양제리(양제동), 활동리(활동), 안신리(색동·천개동) 등 같은 곳을 나타내는 용례도 포함되어 있어서, 현재 자료에서 확인된 개경의 리는 90여 개 정도로 보고 있다. 또 이들 용례는 고려 초부터 고려 말까지 분포한다. 아래 서술은 이 연구성과의 일부를 토대로 정리하였다.

개경 리의 공식적인 표기는 고려 후기 이후의 호구자료인 준호구准戶口에서 유추할 수 있다. 1237년(고종 24)의 여주이씨 정유년 준호구에는 '북부北部 흥국리興國里'가 보이는데 이것은 '북부 흥국방 흥국리'에서 흥국방이 생략된 표기이다. 방이 표시된 예로는 '영창방靈昌坊 효자리孝子里'(김광재묘지명)가 있다. 또 1381년(우왕 7)의 고려 말 화령부 및 개경 호적문서에는 '중부 상 성화9리^{中部 上 星化九里}'의 용례가 있다. 이 외에도 '안신방 제1리', '동부 상^上 양제7리', '동부 상 봉향1리'⁴⁶⁾ 등과 같이 '몇 리'의 용례가 있다. 따라서 리의 공식 표기는 'ㅇ부 ㅇ방 ㅇ리' 혹은 'ㅇ부 ㅇ방 ㅇ몇리'의 형태였을 것이다.

리의 이름에는 방명과 같은 것이 적지 않다. 동부의 봉향리·영창리·양제리·홍인리, 남부의 안홍리·덕산리, 중부의 홍도리·앵계리·광덕리·성화9리, 서부의 오정리·정원리, 북부의 홍국리·오관산리·자운리·왕륜사남리·제상리 등 17개가 방 이름과 같다. 35개의 방 중 반에 가까운 방 이름이 리의 이름으로도 사용되었다는 의미이다. 여기서 리가 자연 마을^(자연촌)이 아니라 행정적으로 편제된 마을이라는 것을 알 수 있다. 또 리가 방의 하부 행정단위이지만 초기에는 방과 리가 거의 같은 공간을 가리켰을 가능성을 엿볼 수 있다. 점차 인구 증가 등의 이유로 방에 속한 리의 수가 늘어나면서 방 이름과 다른 리도 나타나고 성화9리 같은 이름도 생겼을 것으로 생각한다. 또 영창리^(영창문), 홍인리^(홍인문), 안홍리^(안홍문), 덕산리^(덕산문), 앵계리^(앵계문), 오정리^(오정문)는 나성의 성문과도 이름이 같다. 이 외에도 방 이름과 이름이 같은 성문으로는 덕풍문^(남부), 건복문^(서부)이 있다. 이것은 앞에서도 정리하였듯이 방리제와 나성 축성이 연관되었기 때문이다.

고려시기 방리제의 특징(방명과 형태)

지금까지 몇몇 방의 위치를 추정하고 리의 용례를 살펴서 개경의 5부에 대해서 정리하였지만, 현재 남아 있는 자료를 가지고 고려시기 5부의

---

46) "동부 상(東部上)"은 '동부의' 의미로 보인다.

지리적 범위와 실체를 정확하게 확인할 수는 없다. 그렇지만 지금까지 살펴본 내용을 정리하면 고려시기 방리제의 특징을 어느 정도 이해할 수 있다. 먼저 도성을 5부로 편제한 것은 중국 도성에서는 확인되지 않는 것으로 5부는 고구려·신라 등 삼국시대 이래의 부 전통과 오행사상이 결합하여 나타난 것으로 보았다. 개경 5부를 나눌 때 동서대로·남북대로라는 간선도로와 동서남북에 있는 산천이 어느 정도 기준이 되었을 것으로 보았다. 또 고려시기 방명의 특징 중 첫째는 절 이름에서 온 방 이름이 많다는 점이다. 이것은 안국방安國坊·예성방禮成坊 등 주로 유교적인 덕목으로 방명을 지은 조선시기와 차이가 나는 점이다. 둘째는 성문 이름에서 온 것도 많은데, 이것은 고려 방리제의 완성이 나성 축조와 밀접하게 연관되어 있었기 때문이다. 또 산천 등의 이름을 딴 것이 많은 것도 고려 방명이 가진 특징 중의 하나이다.

　개경의 방은 중국 장안성, 발해 상경성, 신라 왕경과는 다른 모습을 보인다. 중국 당나라 장안성은 관청지역(황성과 궁성)과 민가지역(외성)을 구분하고 방에 담장을 쌓아서 장안성의 치안을 효과적으로 유지하였다. 개경에서는 장안성으로 대표되는 고대 도성의 폐쇄적인 방의 모습은 확인되지 않으며, 그것은 조선의 한양에서도 마찬가지이다. 또 신라 경주에 사는 왕경민은 외방에 사는 사람들과 지위와 신분에 엄격한 구별이 있었지만 고려에서는 그런 점을 찾을 수 없다. 이러한 개경 방리제의 개방적인 모습은 중세도시 개경이 이전의 고대도시와 다른 점이라고 할 수 있다. 그런데 『고려사』에 여문閭門, 이문里門의 용례가 확인되어 흥미롭다. 1179년(명종 9)에 경대승이 권력을 잡자 이의민이 겁이 나서 자기가 사는 마을 골목[里巷]에 대문을 세우고 밤에 경비를 하면서 이 문을 여문이라 했는데, 개경의 방리들이 모두 본받아서 문을 세웠다고 한다. 또 고종 때 활동하였던 김희제金希磾의 열전에도 수덕궁리壽德宮里의 이문이 밤에 닫혀 있었다는 기록이 있다. 이런 사례들은 고려 중후기에 개경의 방이나 리에서 야간 경비를 위해 입구에 문을 세웠다는 것을 알려준다. 다만 이런 모습이 고려 초부터 있었던 개경 방리의 전형적인 모습으로 보기는 어렵다.

1024년(현종 15)에 5부 35방으로 편제된 고려의 방리제의 기본 틀은 고려 말까지 유지되었다고 보는 것이 보통이다. 『고려사』에 방리제 개편 기록이 없을 뿐 아니라 고려 말까지 35방의 명칭이 사료에 계속 보이기 때문이다. 그렇지만 1024년(현종 15) 이후의 방의 용례 중에는 만석방万石坊(윤보처박씨묘지명尹珤妻朴氏墓誌銘), 지장방地藏坊(『고려사』권35), 정좌방政坐坊(『고려사』권35), 예현방禮賢坊(『고려도경』) 등 35방에 포함되지 않는 방 이름도 확인된다. 이러한 방명은 이전 방명의 이칭異稱이나 별칭別稱으로 보는 경우가 보통이지만 현종 때의 5부 35방의 틀이 그대로 고려 말까지 유지되었는지는 현재의 연구성과로는 단정할 수 없다.

4교의 범위와 기능

4교의 개념과 범위

개경 도성 밖 사방에 설정된 4교四郊는 도성과 주변 '경기'에 속한 군현 경계까지의 공간으로 조선시기 한양의 성저십리와 비슷한 공간이었다. 4교는 도성은 아니지만 도성의 배후지로서 역, 절, 왕릉, 제사공간 등 중요한 시설이 설치되어 도성 안에서 할 수 없는 의례를 하는 공간이었다. 또 4교는 왕이 사냥을 하거나 군사가 주둔하고 훈련하는 곳이기도 하였다.

또 '승천부 북교', '서경 북교', '영주永州 남교'(『고려사』권104, 이자성 열전)와 같은 표현에서 수도 개경이 아닌 군현에도 4교의 개념이 있었고, '천수사 남교', '국청사 남교'의 용례는 사원 같은 곳에도 4교의 개념이 있었다는 것을 알 수 있다. 여기서 교라는 용어가 도성의 사방 주변이라는 뜻 외에도 일반 군현의 주변이나 사원 등 특정 시설의 주변을 가리키는 보통명사로 사용되기도 하였다는 것을 알 수 있다.

고려시기 개경의 4교는 방리제의 시행과 연관되어 설정되었을 것으로 여겨진다. 즉 고려는 919년 송악(개경)으로 천도하면서 막연하게나마 4교의 공간을 의식하였고, 987년(성종 6)과 1024년(현종 15) 개경의 5부방리제가 개편되는 추이에 따라 4교의 공간 범위도 정해졌을 것이다. 특히 개경 5부의 공간 범위가 나성 축조와 밀접하게 연관되어 정해졌듯이 4교의 공간 범위도 1029년(현종 20) 나성이 완성되면서 그 공간의 범위가 구체적으로 정해졌을 것이다. 그렇지만 규정이 비교적 분명한 조선시기 한양의 성저십리와 달리 관련 기록이 없어서 개경 4교의 지리적 범위를 분명하게 확인할 수 없다.

개경 4교의 범위를 추정할 수 있는 자료들을 살펴보자. 먼저 동교東郊, 곧 청교靑郊의 범위에 대해서 『신증동국여지승람』에서는 숭인문·보정문·청교역·적전 등이 있는 곳이라고 하였다. 이것은 청교의 범위를 나성의 동쪽 문인 숭인문과 동남쪽 문인 보정문 바깥지역으로 보면서 동교에 있던 대표적인 시설이 청교역과 적전이었다고 보는 것이다. 또 951년(광종 2) 동교에 불일사를 창건하였다는 기록과 1362년(공민왕 11) 안우 등이 홍건적에게 점령된 개경을 수복하기 위해서 동교 천수사 앞에 주둔하였다는 기록도 고려시기 동교의 범위를 알려준다. 현재 청교역·적전·불일사·천수사의 위치를 어느 정도 알 수 있기 때문에 동교의 지리적인 범위도 짐작할 수 있다. 〈지도14-3〉에서 보는 것처럼 나성에서 상당히 멀리 떨어진 동북쪽의 불일사와 동남쪽의 적전까지 동교로 인식했다는 것을 알 수 있다. 또 고려 말 이제현의 자손들이 재를 설치했다는 법당사法幢寺가 청교 동쪽 사천 북쪽에 있었다는 기록 또한 동교의 범위를 추정하는 데 도움이 된다. 따라서 동교의 범위는 동북쪽으로는 불일사, 동남쪽으로는 적전까지 포함하였다. 동교의 범위는 나성 동쪽에서 송림현, 임진현의 경계에 이르는 지역이다. 이 공간에는 동북쪽의 불일사와 그 남쪽의 문종 경릉과 숙종 영릉, 동남쪽의 적전과 그 서쪽의 청교역이 포함되었고, 아울러 이 범위에 포함되는 고두산이나 사천 일부도 동교로 인식되었다.

『신증동국여지승람』에서는 나성 서문인 오정문 밖의 황교黃橋 등을 서교西郊의 범위에 포함시켰다. 또 선의문(오정문) 밖 5리 정도에 있었던 서교정西郊亭과 그 서쪽 3리에 있었던 국청사도 서교의 범위에 포함되었다. 또 『송경광고』에서는 두문동杜門洞과 서보통원西普通院도 서교에 있는 것으로 보았다. 서교는 나성 서쪽에서 개성현의 경계에 이르는 지역으로, 이 공간에는 서교정과 국청사를 포함하여 산예역狻猊驛, 태조 현릉과 공민왕릉을 비롯한 왕릉이 자리 잡은 만수산·봉명산 등의 산이 포함되었다.

북교北郊의 범위와 관련해서는 덕종 숙릉과 정종靖宗 주릉이 북교에 있었다는 기록이 있다. 그 외에도 원종 소릉과 귀법사가 있었던 곳도 북교의 범위에 포함시킬 수 있다. 또 강음현 동남쪽에 있었던 금교역 주변도 북교의 범위였다. 따라서 북교의 범위는 서북쪽으로는 금교역 주변, 북쪽으로는 송악산 북쪽, 동북쪽으로는 귀법사를 포함하여 그 동북쪽의 불일사까지로 볼 수 있다. 불일사가 동교에 있었으므로 불일사 서쪽이 북교와 동교의 경계였을 것이다.

남교南郊의 범위를 유추할 수 있는 직접적인 자료는 없다. 남교의 용례에서는 남교가 제사공간, 군사 주둔 공간, 군사 훈련 장소, 왕의 사냥터, 의례공간이었다는 것만 확인할 수 있고 구체적인 위치를 확인할 수는 없다. 다만 서교나 동교의 범위를 토대로 남교의 범위를 추정하면, 남교는 나성 남쪽에서 정주와 덕수현의 경계에 이르는 지역으로, 이 공간에는 경천사·홍왕사 등의 절, 신종 양릉·예종 유릉·성종 강릉 등 왕릉, 진봉산·덕물산·부소산 등의 산을 포함시킬 수 있다.

4교의 경관과 기능

개경 4교의 대표적인 자연경관은 산과 숲이다. 송악산을 비롯한 개경 도성을 둘러싼 네 산과 그 외곽의 높고 낮은 산, 그리고 그 산에 조성된 숲이 개경 4교의 대표적인 자연경관이다. 개경 주변의 산에서는 벌목을 금지하면서 숲을 보호하였다. 『고려도경』(권23, 잡속2)에는 "대개 성 부근의 산은 음양설에서 꺼리는 것이 있어 나무하는 것을 허용하지 않는다. 따라서 그 산속에는 아름드리 큰 나무가 많아 푸른 그늘이 아주 좋다"라는 기록이 있다. 특히 송악산에는 두 곳에 나무꾼[樵人]을 감시하는 군인[檢點軍]을 파견하여 산림을 보호하였다. 이것은 조선시기의 금표禁標나 지금의 산림보호를 위한 입산 금지와 비슷한 정책이었다. 4교에서는 산의 나무를 보호하였을 뿐 아니라 숲을 조성하기도 하였다. 『고려사』 병지에는 동교의 탄현炭峴·독산禿山·적유현狄踰峴·소재미小梓尾 등에 조성된 숲[生木立]에 장교 각 1명, 산직장상 각 1명, 군인 각 6명을 파견하였고, 서교의 약사원藥師院, 우지암亏知岩, 웅천熊川, 대현大峴, 서보통정西普通亭 골짜기, 마천馬川, 고사高寺 등에 조성된 숲[生木立]에 장교 각 1명, 산직장상 각 2명, 군인 각 6명을 파견하였다고 하였다. 동교의 탄현을 제외하고는 숲을 조성한 곳의 위치를 확인할 수는 없지만 동교와 서교에 숲을 조성하고 군인을 파견하여 관리하였다는 사실은 의미가 크다. 교에 숲을 조성하는 것이 풍수에서 말하는 비보裨補의 의미일 수도 있기 때문이다. 이와 비슷한 사례로 1041년(정종靖宗 7) 2월 상서공부尙書工部에서 "송악의 동쪽과 서쪽 기슭에 소나무를 심어 궁궐의 기운을 왕성하게 하자"라고 한 것이 있다. 4교의 산이나 숲은 왕의 사냥터나 유흥장소로 이용되곤 하였다.

또 4교에는 개경에서 사방으로 나가는 교통로이기도 하여서 청교역(동남), 산예역(서), 금교역(서북) 등 주요 역이 설치되어 있었고, 외국의 사신을 맞이하거나 군대가 출정하고 개선하는 곳이기도 하였다. 이와 관련하여 4교에서는 군사가 주둔하고 훈련하기도 하였는데, 도성에서는 확보하지

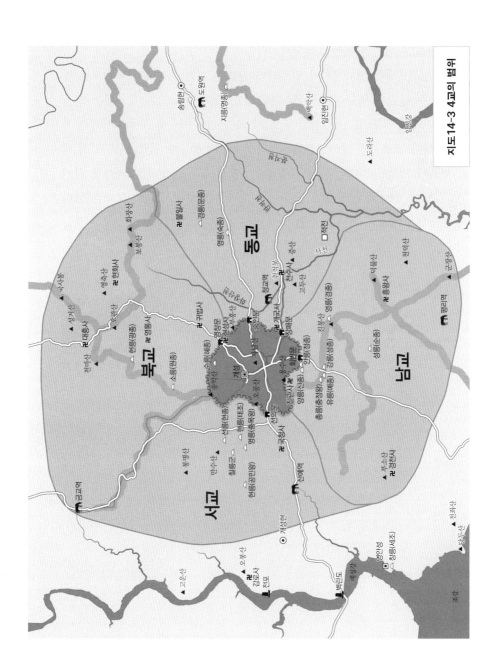

못한 넓은 평지가 있었기 때문이다.

　또 4교에는 제사시설이 배치되어 있었다. 기록을 통하여 확인되는 것으로는 동교와 북교에서 풍사風師에 제사 지낸 일이 있고, 북교에서 기우제를 드린 일도 있다. 관련된 글로 이규보가 쓴「기우북교祈雨北郊」라는 시가 있다. 대표적인 제사공간인 태묘는 나성 밖 동교에 있었다. 또 고려 때 하늘에 제사를 지내던 원구단圜丘壇의 위치를 확인할 수 있는 자료는 없지만, 중국 원나라 이후의 천단이 북경 남쪽에 있었던 것으로 보아 개경의 원구단도 남교에 있었을 것이다. 조선 중기에 편찬된『신증동국여지승람』에 원구圜丘가 회빈문 밖에 있었다고 한 것도 이를 뒷받침한다. 또 동남쪽에 있었던 적전 역시 의례시설에 속한다. 이외 송악산 정상과 박연 근처에 있던 신사, 개경 주변에 분포한 왕릉과 절이 위치한 곳 역시 4교의 범위에 포함된다.

　4교를 어떤 관청 혹은 관리가 어떻게 관리하였는지는 확인할 수 없다.『고려사』병지에 4교 세작이 파견된 곳[四郊細作立]에 감시하는 군인인 검점군으로 장상 각 2명, 장교 각 1명, 군인 각 7명이 파견되었다는 기록만 보인다. 이외에는 앞서 서술한 대로 송악산에 나무꾼을 감시하는 군인이 파견된 것과 동교와 서교에 조성된 숲을 감시하는 군인이 파견된 정도이다.

15

강화 천도와
개경

- 강화 천도 논의와 천도 과정
- 강화 천도 시기의 개경
- 개경 환도 과정과 환도 후의 개경

강화 천도 논의와 천도 과정

고려는 몽골과 전쟁 중이던 1232년(고종 19) 7월 강화(강도江都)로 천도하였다가 1270년(원종 11) 5월 개경으로 돌아왔다. 919년 고려의 수도가 된 개경은 오랜 시간에 걸쳐 도성·궁궐·관청 등 국가운영에 필요한 시설을 설치하면서 수도의 위상에 맞는 모습을 갖추어 갔다. 강도로 천도하기 전까지는 외적의 침입과 정변 등으로 궁궐 등 주요 시설이 훼손되기도 하였지만, 수도 개경의 위상은 크게 흔들리지 않았다. 그렇지만 1232년 수도를 강도로 옮기면서 개경은 수도의 지위를 내어주는 위기를 맞게 되었다.

먼저 천도 과정에 대해서 간단히 살펴보겠다. 1231년(고종 18) 8월 살리타이(살례탑撒禮塔)가 이끄는 몽골군이 함신진咸新鎭(의주義州)을 통하여 고려 영토에 들어오면서 몽골의 공격이 시작되었다. 이것이 몽골의 1차 침입이다. 이때 몽골군은 개경을 거쳐 충주까지 왔으며, 다음 해 1월 강화가 성립되자 몽골군은 개경에서 회군하였다. 고려에서는 몽골군이 회군한 직후인 2월에 천도 논의가 시작되었다. 1232년 2월 재추가 전목사典牧司에 모여 도읍 옮기는 것을 논의하였고, 5월 재추가 선경전에서 몽골 방어책을 논의한 데 이어, 5월 23일에는 4품 이상의 관리가 모여서 회의를 하였다. 이때 회의에 참석한 사람 대부분은 성을 지키면서 몽골군과 맞서자고 했지만, 재추 정무鄭畝와 대집성大集成 등은 도읍을 옮겨서 난을 피하자고 하였다.

그해 6월 어느 날 최이는 자기 집에 재추를 모아서 다시 천도를 논의하였다. 이때 유승단兪升旦은 몽골과 화의를 주장하였고, 야별초 지휘指揮 김세충金世冲은 개경에서 힘을 합하여 사직을 보존하자고 하였지만, 집권자 최이는 어사대부御史大夫 대집성과 응양군鷹揚軍 상장군 김현보金鉉甫의 주장대로 김세충을 죽여서 천도 반대 여론을 누르고 강화 천도를 결정하였다. 최이가 그 전해 12월 강화도가 피난지로 적합한지를 알아본 것을 보면 그는 그 전해부터 강화도로 천도하여 몽골과 전쟁을 계속할 뜻이 있었던 것 같다. 또 5월 몽골 하서원수河西元帥의 선물을 거절한 것에서도 그의 의중을 읽을 수 있다. 1232년 6월 최이가 강화 천도 결정을 내릴 때 대집성, 정무, 김현보 말고도 당시 재상이었던 최종준崔宗峻도 중요한 역할을 하였다. 그의 열전에 따르면 그는 강화 천도에 큰 공을 세웠다고 되어 있다. 그 때문인지 최종준은 강화 천도 6년 후인 1238년(고종 25)에 최고관직인 문하시중門下侍中에 올랐다.

강화 천도를 결정한 최이는 바로 천도를 결행하였다. 이와 관련하여 『고려사절요』에는 (최이가 강화 천도를 결정한 날) 왕에게 강화도로 갈 것을 청하였으나 왕이 망설이고 결정하지 못하였다고 하였고, 『고려사』 세가에는 6월 16일 최이가 왕을 협박하여 강화로 천도하였다고 기록되어 있다. 이 기록들은 6월 16일 강화로 천도한 것처럼 기록되어 있지만, 고종이 7월 6일에 개경을 출발해 승천부에서 하루 머물렀다가 다음 날인 7월 7일에 강화 객관客館에 들어간 것으로 보아 6월 16일은 실제로 강화로 천도한 날이 아니라 강화 천도가 공식적으로 정해진 날로 보는 것이 자연스럽다. 7월 7일 고종이 강화 객관에 들어가고 세조와 태조의 관을 강화로 옮기면서 강화 천도가 이루어졌다.

강화 천도를 결정한 다음 날인 6월 17일 최이는 2령領의 군대를 동원하여 강화에 궁궐을 짓기 시작하면서 천도 준비를 시작하였지만, 왕이 7월 6일 개경을 출발해서 다음 날 강화 객관에 들어갔으니 거의 준비 없이 천도를 결행한 셈이다. 그때 천도와 관련해서 개경과 지방 군현에서 한 준비는 거의 없었다. 천도가 결정된 후 고려 정부가 개경에 대해서 한 조치로는 최이가 담당관청[有司]으로 하여금 날짜를 정하여 개경 5부의 인호人戶를 보내게 하고, 성안에 방을 붙여 이르기를, "지체하여 기한 내에 길을 떠나지 않는 자는 군법으로 논한다"라고 한 것과 7월 1일 지문하성사知門下省事 김중구金仲龜와 지추밀원사知樞密院事 김인경金仁鏡을 왕경유수王京留守

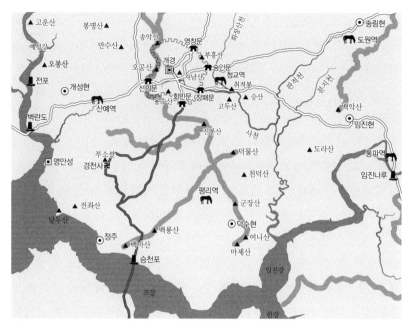

지도15-1 강화 천도 경로
천도 당시 개경에서 강화도까지 이용한 길을 짙은 색으로 표시했다.

와 병마사兵馬使로 임명하여 8령의 군대를 거느리고 (개경에) 주둔하여 지키게 한 것뿐이다.

　이렇게 큰 준비 없이 강압적으로 천도를 단행하였기 때문에 혼란은 불가피하였다. 천도 직후 고종도 강화 객관에 들었고 고위 관리였던 이규보의 가족은 강도 북쪽 하음현의 객사 서쪽 행랑을 빌려서 살았다. 이것으로 미루어보면 일반 백성들의 사정은 이보다 훨씬 더 어려웠을 것이다. 더욱이 왕이 개경에서 강화로 갈 때인 7월 초에는 장마가 열흘이나 계속되어 흙탕물이 정강이까지 차고, 사람과 말이 엎어지고 넘어졌다고 한다. 고위 관리[達官]와 양가의 부녀자들 중에는 심지어 맨발로 가는 사람까지 있었고, 의지할 곳 없이 울부짖는 환과고독鰥寡孤獨은 이루 헤아릴 수 없었다고 한다. 그때 최이는 녹전거祿轉車 100여 대를 빼앗아 집안의 재물을 강화도로 옮겼고, 자기 자신은 먼저 자기의 족당을 거느리고 개경 남쪽에 있는 경천사에 가서 유숙하고 강화로 들어갔다.(이제현,『역용패설』전집2)

그때 개경에서 강화현으로 이동했던 교통로는 고종과 최이의 행적을 통해서 짐작할 수 있다. 고종은 개경을 출발해 승천부에서 하루 머물고 강화현으로 이동하였다고 하니 고종 일행은 개경 나성 남문인 회빈문을 나와서 바로 남쪽으로 내려와서 승천부에 도착하여 다음 날 승천부의 포구인 승천포에서 배를 타고 강화도 북쪽 포구인 승천포로 건너왔을 것이다. 고종 일행이 도착한 곳은 지금 강화도 고려천도공원으로 조성된 곳이다. 한편 최이 일행은 개경 남문을 나와 서남쪽에 있는 경천사로 갔다가 다시 승천포로 이동하여 고종과 같은 길로 강화도로 들어왔을 것으로 생각한다. 개경 - 승천포 - 강도를 잇는 이 길은 강화 천도 시기에 매우 중요한 교통로였다. 몽골 사신이 드나들었던 곳도 이 길이고 고려의 관리와 군사들도 이 길로 강도와 개경을 왕래하였다. 또 전국의 많은 물자들도 개경을 거쳐 이 길로 강화로 들어왔다.

강화 천도 시기의 개경

고려가 급히 강화로 천도하면서 개경은 수도의 지위를 잃었고 1270년(원종 11) 환도할 때까지 38년 동안 개경은 제대로 관리되지 않았다. 고종이 개경에서 강화로 떠나기 직전인 7월 1일 지문하성사 김중구와 지추밀원사 김인경을 왕경유수와 병마사로 임명하여 8령領의 군대를 거느리고 (개경에) 주둔하여 개경을 지키게 하였지만, 이것은 오래가지 않았다. 왕이 개경을 떠난 직후 어사대의 조예皂隷 이통李通이 경기의 초적草賊과 성안의 노예들을 불러 모아 반역하고 유수와 병마사를 쫓아내었기 때문이다. 그

때 이통이 일으킨 반란의 세력은 아주 컸다. 『고려사절요』에 따르면 이통은 삼군三軍을 만들었으며 여러 절에 첩문을 보내어 승도僧徒를 불러 모았고, 공·사의 전곡錢穀을 약탈하였다. 이에 왕이 추밀원부사樞密院副使 조염경趙廉卿을 중군진주中軍陣主로, 상장군 최근崔瑾을 우군진주右軍陣主로, 상장군 이자성李子晟을 후군진주後軍陣主로 삼아 토벌하였다. 강도 정부가 파견한 삼군이 승천부의 동교에서 이통 세력을 격파하고 이어서 개경까지 함락함으로써 이통의 반란은 진압되었다. 이때 강도 정부가 삼군을 편성하여 이통의 반란을 진압한 것은 개경에서 일어난 반란 세력이 매우 컸기 때문일 것이다.

이통의 반란을 진압한 후 개경에 유수와 병마사를 다시 둔 기록은 없다. 이통의 반란을 진압한 다음 해인 1233년(고종 20) 4월 상장군 이자성을 중군병마사中軍兵馬使로 임명하여 개경 근처인 용문창의 도적을 토벌하게 한 것으로 보아 이통의 반란 때 개경에서 철수한 왕경유수 같은 관리는 그 이후 상설적으로 두지 않은 것으로 보인다. 그렇지만 이후에도 개경에 대한 관리는 계속되었다. 1248년(고종 35) 10월 서해도안찰사西海道按察使가 북방 오랑캐[狄人] 40기騎가 수달을 잡는다는 핑계로 청천강을 건너 서해도 경내로 들어왔다고 보고하자, 송도(개경)에 교대로 나가[出排] 송도를 지켰던 양반들을 모두 강화로 돌아오게 하였다는 기록에서 당시 관리들이 교대로 개경에 파견되어 지켰다는 것을 알 수 있다. 또 개경의 시설 방어와 관련된 기록도 확인된다. 1259년(원종 즉위) 12월에 몽골 병사가 송도에 들어와 강안전을 약탈하자 지키던 별장 대금취가 추격하여 포로를 빼앗아 돌아왔다는 기록이 있다. 다만 이때는 공식적으로는 몽골과 전쟁이 끝난 이후이기 때문에 그 이전에도 강안전 등 개경의 중요시설에 수비군이 파견되었는지는 알 수 없다.

강화 천도 후 이통의 난 등 천도 초기의 반란으로 궁궐을 비롯한 개경의 시설들은 많이 파괴되었다. 특히 새로운 수도 강도를 만들기 위해 개경의 주요 시설과 재물을 강도로 옮기면서 개경의 주요 시설들은 훼손될 수밖에 없었다. 1234년(고종 21) 1월에는 각 도에서 민정을 징발하여 강도에 궁궐과 관아들을 지었고, 다음 달에는 죽은 참정參政 차척車佩의 집을 봉은사로 삼고 민가를 철거하여 임금이 거둥하는 길[輦路]을 넓혔다. 이때는 비록 천도한 초창기이지만 구정과 궁전, 절[寺社] 등의 이름은 모두 개경의 것을 따랐고, 팔관회, 연등회, 행향도량行香道場도 모두 옛 법식대로 하였다고 한다. 이때 궁궐과 관청, 절 등 국가운영에 필요한 시설들을 강도에 새로 지으면서 개경의 시설 중 주요한 문서나 재물 등 핵심적인 것은 강도로 가져왔기 때문에 강도 시기 개경의 궁궐이나 관청 등 주요한 시설들은 제 모습을 유지할 수 없었다. 천도하면서 세조와 태조의 능에서 관을 강도로 옮겨온 것은 그 대표적인 사례이다. 또 1253년(고종 40) 이후 개경 주변의 능이 도굴된 기록들이 보인다. 1253년 12월에는 도둑이 후릉과 예릉을 파헤쳤고, 1255년(고종 42) 3월에는 몽골군이 파괴한 지릉을 수축하게 하였으며, 1256년(고종 43) 9월에는 후릉이, 1259년(고종 46) 12월에는 다시 후릉과 예릉이 도굴되었다.

그렇지만 강도 시기에도 개경은 여전히 국가운영에서 매우 중요한 곳이었다. 고려시기의 교통로는 개경을 중심으로 편성되었고, 그를 통하여 조세가 개경으로 운반되었는데, 강도 시기에도 개경을 중심으로 편성된 교통로는 어느 정도 유지되었기 때문이다. 특히 몽골과 연결된 개경 북쪽의 교통로는 특정한 시기를 제외하고는 열려 있었고 이 길을 통해서 관리를 파견하고 조세를 운반하였다. 1234년(고종 21) 최이가 강화에 저택을 지으며 주요 재목을 개경에서 실어 온 것이나 1238년 이규보가 「붉은 오얏을 처음 먹으면서[初食朱李]」라는 시에서 "모든 물건을 옛 서울에 의지하니[凡物仰舊京], 옛 서울을 갑자기 버리기는 어렵다[舊京難遽棄]"라고 할 정도로 강도 시절에도 개경은 여전히 국가운영에서 중요한 곳이었다.

강도 시기 개경의 주요 시설들이 어떤 상태였는지 알 수 있는 자료들은 거의 없다. 그렇지만 천도 이전의 경관을 그대로 유지하지는 못하였을 것이다. 다행히 궁궐에 대한 몇 개의 기록이 있어서 당시 개경 궁궐의 모습을 짐작할 수 있다. 앞에서 정리한 대로 강화로 천도하기 전까지 개경의 궁궐로는 선경전(이전의 회경전), 대관전(이전의 건덕전), 강안전(이전의 중광전) 등으로 구성된 본궐과 수창궁·연경궁 등의 이궁이 있었다. 그런데 강화 천도 이후 본궐의 대표적인 전각이었던 선경전과 대관전의 사용례는『고려사』등에서 더 이상 확인되지 않는다. 이 두 전각은 몽골과의 전쟁 중에 완전히 파괴되거나 사용하지 못할 정도로 훼손된 것으로 보인다. 고려 전기 본궐의 대표적인 전각인 선경전은 1232년(고종 19) 이후 용례가 확인되지 않는 것으로 보아 몽골과의 전쟁으로 완전히 파괴된 것으로 보인다. 그 서쪽에 있던 대관전의 경우 1264년(원종 5) 이후 확인되는 용례는 1339년(충숙왕 후 8) 6월에 "대관전의 은행나무가 저절로 넘어졌다"라는 오행지의 기록뿐이다. 1264년 이후 대관전의 용례가 이것뿐인 것으로 보아 대관전도 궁궐로 사용할 상태는 아니었다고 생각한다.

반면에 개경의 궁궐 중 본궐에 있던 강안전과 이궁인 수창궁은 어느 정도 보존되고 관리되었다. 1235년(고종 22) 2월에 왕이 조서를 내려 왕의 옷을 3월부터 5월까지는 남경 궁궐에, 7월부터 10월까지는 구경舊京 강안전에 안치하도록 한 기록에서 강안전의 존재가 확인된다. 또 앞에서 인용한 1259년(원종 즉위) 12월에 몽골 병사가 송도(개경)에 들어와 강안전을 약탈하자 지키던 별장 대금취가 추격하여 포로를 빼앗아 돌아왔다는 기록이 있다. 당시 본궐의 전각인 강안전이 건재하였을 뿐 아니라 강안전을 지키는 군사가 있었다는 것을 알 수 있다. 아울러 천도 초기 기록이기는 하지만 1232년(고종 19) 11월 태조의 초상을 이궁인 개경 수창궁에 두었다는 기록도 확인된다. 이렇듯 강화 천도 시기에도 개경 본궐 안의 강안전과 대표적인 이궁인 수창궁은 어느 정도 유지하고 있었다. 환도 이후 충렬왕과 충선왕이 고려 전기 대부분의 왕들과 마찬가지로 강안전에서 즉위한 것은 강화 천도 시기를 거치면서도 강안전이 괜찮은 상태로 유지되었기 때문일 것이다.

개경 환도 과정과 환도 후의 개경

개경 환도 과정

고려가 강화로 도읍을 옮긴 이후 몽골의 침입은 이어졌다. 몽골은 인질 보내기[納質], 군대 파견하기[助軍], 군량 보내기[輸糧], 역 설치하기[設驛], 호적 조사하여 보내기[供戶數籍], 다루가치 두기[置達魯花赤] 등 여섯 가지 일[六事]를 비롯해서 국왕의 친조親朝와 개경 환도를 강화 조건으로 내걸었고, 특히 친조와 환도는 가장 중요한 강화 조건이었다. 1250년(고종 37) 1월에 대장군大將軍 이세재李世材와 장군將軍 신집평愼執平 등을 보내어 승천부의 임해원臨海院 옛터에 궁궐을 짓기 시작하였는데, 이것은 몽골의 사신을 육지에서 맞음으로써 몽골에 환도의 의지를 보이기 위해서였다. 그렇지만 그때 고려 정부는 개경으로 환도할 생각이 없었다. 이후 몽골은 계속해서 사신을 보내어 국왕의 친조와 함께 개경 환도를 압박하였다. 1251년(고종 38) 10월에 고종이 강도 북쪽에 있는 제포梯浦에 나가 새로 몽골의 황제가 된 몽케(원 헌종)가 보낸 사신을 맞이하였는데, 사신이 가져온 조서의 내용은 고려 국왕이 친조하고 개경으로 돌아가라는 것이었다.

고려에서 국왕의 친조와 함께 개경 환도 논의가 시작된 것은 1258년(고종 45) 3월에 대사성大司成 유경柳璥과 별장 김준金俊 등이 최의崔竩를 죽이고 정권을 왕에게로 되돌린 이후였다. 그다음 달인 4월에 고종은 문무백관을 승천부로 나가게 하고 시장[市肆]을 옮겼으며 궁궐과 관료들의 집을 수리하게 하였는데, 이것은 왕이 차라대車羅大가 사신을 보내와 (강화에서) 육지로 나오는 상황을 살펴보려 한다는 말을 들었기 때문이었다. 이후 이와 관련된 몽골의 압박은 이어졌다. 6월에 국왕이 제포관梯浦館에 행차하여 만난 파호지波乎只는 국왕과 태자가 서경으로 나와 항복한다면 곧바로 군대를 철수할 것이라는 몽골의 뜻을 전했고, 그해 8월에 제포궁에서 만난 몽골 사신도 태자가 육지로 나오면 군대를 철수할 수 있다고 하였지만, 그때마다 고종은 자신은 늙고 병들어서 먼 길을 갈 수 없고 태자는 병이 나서 나갈 수 없다고 하면서 시간을 끌었다.

다음 해인 1259년(고종 46) 3월 별장 박천식朴天植이 차라대의 사신 온양가대溫陽加大 등 9명과 함께 돌아와서 아뢴 내용에 태자의 친조 날짜를 4월 초로 했으면 좋겠다는 몽골의 뜻이 포함되어 있었다. 그때 박희실朴希實과 조문주趙文柱가 차라대의 주둔지에 도착하여 말하기를, 우리나라는 단지 권신의 손아귀에 있었기 때문에 황제의 명령을 어긴 지 여러 해가 되었지만, 이제 최의를 죽였으니 장차 옛 서울로 갈 것이며, 태자를 보내 친견할 것이라고 하자, 차라대 등이 "만약 태자가 온다면 4월 초 길일[初吉]에 맞추는 것이 좋겠다"라고 하였다고 한다. 그 이후에도 태자의 입조 시기를 늦추려는 국왕과 온양가대 사이에 약간의 논란이 있었지만 결국 태자의 입조 날짜를 4월 27일로 정하였고, 1259년 4월 21일 태자 전佛은 화친을 청하는 표문을 가지고 몽골로 출발하였다. 몽골이 강화 조건으로 내건 두 개의 조건 중 친조가 이루어지면서 몽골과 강화가 성립되었다. 이때 참지정사參知政事 이세재와 추밀원부사樞密院副使 김보정金寶鼎 등 40명이 따라갔으며, 백관이 도성 밖[郊]에서 태자를 전별하였다. 문무 4품 이상 관료는 각각 은 1근을 내고 5품 이하는 포를 차등 있게 내어 경비에 충당하였다. 국가의 예물[國贐]을 말 300여 필에 실었는데 말이 부족하여 길에 다니는 사람들의 말을 강제로 샀으므로 양반兩班 중에 말을 타는 사람이 적었다고 한다.

이렇게 태자가 친조하면서 몽골과 강화가 성립되었고, 몽골은 태자 친조에 이어서 개경 환도도 추진하였지만, 개경 환도는 이때 이루어지지 않았다. 우선 몽골은 그해 6월 강도의 내성과 외성을 헐어서 개경 환도의 분위기를 만들었다. 이때 도성 사람들은 내성과 외성이 모두 헐리는 것을 보고 다투어 배를 사는 바람에 배 값[船價]이 폭등하였다고 할 정도였다. 다음 해인 1260년(원종 1) 2월에는 모든 관리와 백성, 승려와 도사들에게 각자 옛 서울에 집을 짓게 하였고, 다음 달인 3월 태손太孫은 옛 수도로 환도하려고 대장군 김방경과 장군 김승준金承俊, 급사중給事中 조문주, 중승中丞 김홍취金洪就를 출배별감出排別監으로 임명하고, 창고의 쌀 6,420곡斛을 제왕諸王과 백관百官에게 1명당 1곡씩 나누어주어 가옥 신축의 비용에 보태게 하였다. 이어서 태자 신분으로 몽골에 갔던 원종과 함께 개경에 도착한 속리대束里大가 개경 환도를 압박하자 원종은 양부兩府를 불러 의논하고, 문무양반 및 여러 영領과 부府를 3번番으로 나누어 개경을 왕래하여 천도의 의사를 보였고, 다음 달(4월)에는 상장군 신사전申思佺 등을 보내어 초번初番인 문무양반과 16령領 사졸을 거느리고 먼저 개경으로 가게 하였다.

그렇지만 이때 개경 환도는 이루어지지 않았다. 1260년 4월 21일 강안전에서 즉위한 원종은 29일 몽골에 진정표陳情表를 올려서 30년 비워둔 개경이 황폐한 상태로 짧은 시간에 쉽게 복구하기 어렵다는 말로 당장 환도하기 어렵다는 뜻을 전했다. 그해 6월과 8월 원종과 함께 고려에 왔던 속리대가 환도를 독촉한 것을 제외하고는 한동안 몽골에서 개경 환도를 압박하지 않았다. 몽골에서는 1260년 4월 쿠빌라이(원 세조)가 칸에 오른 후 1264년 8월까지 동생인 아리크부카와 내전을 벌였는데, 이러한 몽골의 정치상황 때문에 몽골에서는 고려의 개경 환도를 적극적으로 추진하지 않은 것으로 보인다.

개경 환도의 움직임은 1268년(원종 9) 3월에 개경에 출배도감出排都監을 설치하면서 다시 시작되었다. 이어서 도착한 몽골 사신이 전한 조서에는 개경 환도의 약속을 지키지 않고 있는 고려를 질책하면서 무인집정자인 김준 부자 및 그 동생 김충金冲을 몽골 서울인 연경으로 오라고 하였다. 이에 대하여 고려에서는 4월에 시중侍中 이장용李藏用을 몽골에 보내서 이미 옛 수도에 거처할 곳을 짓고 있다고 하였다. 이후 개경 환도가 실제로 이루어진 것은 개경에 출배도감이 설치된 지 2년이 지난 1270년(원종 11) 5월이다. 이때 개경 환도가 이루어진 것은 몽골의 압박뿐 아니라 국내의 급격한 정세변화와도 관련이 있다. 1268년 12월 김준을 죽이고 권력을 잡은 임연林衍은 1269년(원종 10) 6월 원종을 폐위하고 그 동생 왕창王淐을 왕으로 세웠다. 그해 11월 몽골의 도움으로 왕위에 다시 오른 원종은 1270년 2월 몽골에 갔다가 5월 몽골의 두련가頭輦哥 국왕과 조趙 평장平章이 이끄는 몽골군과 함께 귀국하기에 앞서 상장군 정자여鄭子璵와 대장군 이분희李汾禧를 먼저 고려에 보내, 나라 안의 신료들에게 개경으로 환도할 것을 통보하면서 개경 환도가 확정되었다. 이때 원종은 문무양반으로부터 마을의 백성에 이르기까지 모두 부인과 아이들을 데리고 나와야 하고, 또 신흥창의 미곡 1만 석을 운반하여 군량과 육지로 나오는 비용에 충당하라고 하였다. 이때 임연을 이어서 집권한 임연의 아들 임유무林惟茂는 이에 따르지 않고 수로방호사水路防護使와 산성별감山城別監을 각지로 보내 백성들을 모아 방어하면서 명령을 거역하였지만, 곧 임유무가 제거되자 재추가 옛 서울로 수도를 옮길 것을 결정하고 환도 날짜를 게시하면서 개경 환도가 결정되었다. 이때 삼별초가 다른 마음을 품고 따르지 않으면서 함부로 부고府庫를 개방하자. 5월 25일에 정자여를 강화로 보내 삼별초를 설득하게 하였다.

원종은 1270년 5월 27일에 개경으로 돌아와 사판궁沙坂宮에 거처를 정하였는데, 비빈妃嬪도 강화에서 돌아와 도착하였다. 이에 앞서 그 전날인 26일에는 원외랑員外郎 이인성李仁成을 강화에 보내어 태조의 초상화를 개경으로 옮겼다. 이어서 29일에 장군 김지저金之氐를 강화로 보내 삼별초를 혁파하였지만, 삼별초는 이를 거부하고 반란을 일으켰다. 삼별초는 왕온王溫을 왕으로 세우고 진도로 내려가 새 정부를 세웠다. 8월 두련가 국왕이 강화성江華城 안의 민가를 불태우면서 40년 가까이 고려의 수도였던 강도는 폐허가 되었다.

환도 직후의 개경

1270년(원종 11) 5월 개경 환도 당시 고려는 개경을 옛 모습대로 복구할 여력이 없었다. 고려는 오랜 전쟁으로 많은 토지와 호구가 유실되었고, 그것을 기반으로 운영되던 토지제도와 조세제도 등 경제제도도 거의 제 기능을 하지 못하는 상황이었으며, 국가의 재정상태도 매우 나빴다. 설상가상으로 환도 직후 일어난 삼별초의 항쟁과 몽골의 일본 정벌 추진으로 고려의 국정은 정상적으로 운영되기 어려웠다. 1270년 6월 개경 환도를 반대하면서 강도에서 봉기한 삼별초는 진도와 제주를 중심으로 1273년(원종 14) 4월까지 항쟁하면서 남쪽 조운로를 장악하여 국가의 재정을 아주 어렵게 하였다. 개경 환도 후 추진된 몽골의 일본 원정 준비 역시 그 부담이 고스란히 고려에 전가되면서 고려의 재정은 더욱 어렵게 되었다. 그에 따라 개경은 옛 경관을 완전하게 회복하지 못하였고, 국가행사나 의례 역시 예전대로 진행하지 못하였다. 환도 후 4달이 지난 9월에 본궐에서 장경도량을 열었는데, 이때 비로소 왕이 법가法駕를 갖추어 타고 갔으나 시종하는 사람이 매우 적었고 악관樂官도 갖추지 못하였으며 문무 관료도 걸어가는 사람이 많았다고 할 정도였다.

환도 후 개경의 복구 상황을 간단히 정리해 보자. 원종이 1270년(원종 11) 5월 27일 환도해서 이궁인 사판궁을 거처로 정했다가 다음 해 3월 남산궁으로 거처를 옮긴 것으로 보아 본궐은 왕이 생활할 만큼 수리되지는 않은 것 같다. 그렇지만 환도한 지 4개월 후에 본궐에서 장경도량을 연 이후 매년 본궐에서 백좌도량百座道場, 소재도량을 열었고, 삼계三界·태일太一·십일요十一曜에 초제를 지냈다. 이런 의례를 했던 본궐의 전각은 강도 시기

도판15-1 진도 용장성
사적 제126호. 전라남도 진도군 군내면 용장리. 1270년 5월 개경 환도에 반대하여 봉기한 삼별초 정부가 1271년 5월까지 궁궐로 사용한 곳이다.

에도 개경에 있었던 강안전으로 보인다. 강안전은 고려 전기에 본궐에 있었던 주요 전각 중 이때 남아 있었던 거의 유일한 전각으로 여기에서 충렬왕과 충선왕이 즉위하였다. 그렇지만 충선왕이 강안전을 중수하려고 한 것으로 보아 강안전도 완전한 모습을 유지하지는 못한 듯하다. 또 1273년 ^(원종 14) 12월 새로 다루가치가 오자, 왕이 선의문 밖까지 나가서 맞이하였다는 기록으로 보아 외성인 나성은 강도 시기 크게 파괴되지 않았거나 최소한 이때까지는 복구되었다고 볼 수 있다.

　환도 후 태묘의 복구도 단계적으로 이루어졌다. 환도한 1270년^(원종 11) 이판동에 집을 지어서 세조·태조의 재궁과 봉은사의 태조 소상, 9묘의 신주들을 임시로 안치하였다가, 2년 후인 1272년^(원종 13) 3월에 태묘를 준공하여 9실의 신주를 봉안하였다. 또 1276년^(충렬왕 2) 9월에 세조의 재궁을 창릉에, 태조의 재궁을 현릉에 복장하였다. 아울러 1273년 2월에 사원조성별감寺院造成別監을 설치하여 개경 절의 복구를 추진하였다.

16

고려 말
조선 초
개경의 위상

- 고려 말 천도의 추진과 의미
- 고려 말 경기의 확대
- 조선 건국과 개경 위상의 변화

고려 말 천도의 추진과 의미

1270년(원종 11) 5월 강도에서 개경으로 환도한 이후 잠잠하던 천도 논의가 다시 등장한 것은 공민왕 이후였다. 고려 전기에는 정종定宗이 서경 (평양) 천도를 추진하였고, 문종과 숙종 때에는 남경(한양)을 건설하였으며, 인종 때에는 묘청妙淸이 중심이 되어서 서경 천도를 추진하였다. 또 개경으로 환도한 이후에는 1290년(충렬왕 16) 원나라의 반란 세력인 카다안이 침입했을 때 충렬왕이 잠시 강화도로 피신한 것을 제외하고는 별다른 천도 논의는 없었다.

공민왕이 즉위한 이후 남경 천도 논의가 등장한 것은 1356년(공민왕 5) 6월이었다. 공민왕이 기철奇轍 등 부원세력을 제거하는 등 반원 개혁을 단행한 직후 왕사 보우는 정국을 쇄신할 목적에서 남경으로 천도하면 36국이 조공할 것이라며 남경 천도를 주장했고, 공민왕은 판서운관사判書雲觀事 진영서陳永緖를 시켜 남경의 지세를 살펴보게 하였다. 12월 남경의 궁궐을 보수하였고 이어서 다음 해 1월 남경 궁궐을 짓기 위해 그해 양광도의 둔전屯田을 면제하여 주었으며, 2월에는 이제현을 시켜 한양의 지세를 살펴 궁궐을 건축하게 하였다. 이때의 남경 천도 추진은 1359년(공민왕 8) 말부터 홍건적이 침입하면서 중단되었다. 1360년(공민왕 9) 1월 태묘에서 도읍을 옮기는 일을 점친 결과 불길하다고 나오자 남경 천도 추진은 중지되었다. 그렇지만 공민왕은 남경 천도를 포기한 지 얼마 되지 않은 그해 7월 백악白岳(지금의 경기도 연천군 백학산)에 궁궐을 경영하였고, 이어서 11월에는 백악에 이어하였다가 다음 해인 1361년(공민왕 10) 3월까지 머물렀다. 또 그해 10월 홍건적의 2차 침입으로 공민왕은 11월 19일에 개경을 떠나서 12월 15일 복주에 도착했다. 다음 해인 1362년(공민왕 11) 1월 개경이 수복되자, 공민왕은 2월 복주를 출발하여 상주와 청주를 거쳐 개경으로 올 때 논산 개태사의 태조 진전에 가서 강화 천도에 대해서 점을 치기도 하였다. 그 이후에도 공민왕은 평양에 행차하거나 충주에 이어하는 것에 관심을 나타내기도 하였다. 즉 1367년(공민왕 16) 4월에는 신돈에게 평양의 집터(궁궐터)를 살피게 하였고, 1369년(공민왕 18) 7월에는 "평양에 행차하고, 금강산을 돌아본 뒤, 충주에 가서 머무르려고 한다"라고 하였다. 이처럼 공민왕은 불안정한 정국을 해소하려고 천도 혹은 신궁 건설에 관심을 가졌지만, 적극적으로 추진하지는 않았다. 다만 1356년(공민왕 5) 6월 남경 천도를 추진하면서 남경에 실제 궁궐을 건설하였고, 이것이 이후 남경 천도 추진에 영향을 주었다.

천도 논의는 우왕 즉위 후 더 자주 나타났다. 우왕 즉위 후에는 왜구의 침입이 더욱 거세지면서 공민왕 후반 이후의 국내외의 불안한 정세는 오히려 더 커졌다. 이런 불안한 국내외 정세가 우왕 즉위 후의 천도 논의로 이어졌다. 우왕 즉위 후 천도 논의가 처음 등장한 것은 1375년(우왕 1) 8월이었다. 이때 서운관書雲觀에서 왕이 거처를 옮겨 재난을 피해야 한다고 하여 천도를 의논하였지만, 판삼사사 최영 등이 반대하여 논의가 중단되었다. 또 1377년(우왕 3) 5월과 7월에는 내륙지역인 철원과 연주漣州(지금의 경기도 연천군)를 천도 대상지로 생각하고 땅을 살피기도 하였지만 실제로 추진되지는 않았다. 왜구의 침입에 대비하여 내륙으로 천도하자는 논의는 계속 이어졌다. 다음 해인 1378년(우왕 4) 11월 우왕이 도선의 글을 토대로 천도 대상지를 의논하게 한 결과 북소北蘇 기달산箕達山이 추천되어 북소조성도감北蘇造成都監을 설치하였지만 얼마 후 북소는 산골짜기에 치우쳐 있어 조운선들이 드나들 수 없다고 하여 추진을 중단하였다. 또 1379년(우왕 5) 10월에는 도선이 말한 좌소左蘇가 회암檜巖이라고 하여 그곳의 지세를 살피고 오기도 하였다. 이러한 우왕 때의 천도 논의는 개경의 지리적 위치 등을 명분으로 내세웠지만, 그 밑에는 그때의 불안한 정국을 해결하려는 정치적인 배경이 깔려 있었다.

1381년(우왕 7) 8월 서운관의 의견에 따라 도읍을 한양으로 옮기는 것을 의논한 데 이어서, 다음 해 2월 판서운관사 장보지張補之와 부정副正 오사충吳思忠 등이 변괴가 자주 나타나니 수도를 옮겨서 재앙을 피하자는 글을 올리자 우왕이 그 글을 도당에 내려 의논하게 하였다. 이에 이인임이 반대하여 천도 추진은 중지되었다. 그런데 1375년(우왕 1)과 1377년(우왕 3)에 천도 논의가 있을 때마다 천도를 반대하였던 최영은 이때에는 천도를 찬성하였다. 이것에 고무되었는지 우왕은 배주의 수령 홍순洪順 등의 반대에도 불구하고 천도를 단행하여 1382년(우왕 8) 9월에 한양에 도착하여 다음 해 2월까지 한양에 머물렀고, 그 해 12월 조민수曹敏修에게 명령하여 송경(개경)을 지키게 하였다.

우왕 때에는 왜구의 잦은 침입이나 불안정한 정국을 해소하기 위해서 천도 논의가 계속되었고 1382년(우왕 8) 9월부터 다음 해 2월까지 우왕은 한양에 이어하였다. 우왕과 집권세력들이 당시의 정국운영이나 정치적 이해관계 속에서 천도 문제를 다루었음은 최영이 천도를 반대하고 찬성하는 논리에 일관성이 보이지 않는 것에서 확인할 수 있다. 이것은 1380년(우왕 6) 이후 이인임과 최영이 정치적 지향을 달리하면서 나타난 것으로 보인다.

천도를 통해서 정국을 전환하려는 시도는 공양왕 때에도 계속되었다. 1390년(공양왕 2) 7월 서운관의 천도 건의에 따라 공양왕은 그해 9월 한양으로 천도하였다. 공양왕은 1390년(공양왕 2) 5월 윤이尹彝·이초李初의 난으로 자신의 기반이었던 이색·우현보禹玄寶·권중화權仲和 등이 먼 곳에 유배되고 이성계 세력이 커지자 한양 천도를 통하여 정국의 변화를 도모하려 하였다. 서운관의 천도 건의에 대해서 그해 7월에 좌헌납左獻納 이실李室이 참위설讖緯說을 믿고 한양으로 천도하는 것은 불가한 데다, 가을걷이가 아직 끝나지도 않아서 (지금 천도를 한다면) 백성들의 원망을 불러일으킬 것이라고 반대했지만 공양왕은 '진실로 옮기지 않으면 군신君臣이 폐한다'는 『비록秘錄』을 언급하며 한양으로 천도하였다가 그다음 해 2월 개경으로 돌아왔다. 훗날 조선 태조는 공양왕이 한양에 있을 때 위기감을 가지기도 하였다고 술회하였다.

　지금까지 서술한 고려 말에 등장하였던 천도와 관련된 내용은 다음과 같이 정리할 수 있다. 고려 말에 대두된 천도론에는 개경의 지리적 위치가 외적의 침입에 위험하기 때문에 내륙으로 수도를 옮겨야 한다는 논리가 보이기도 하지만 천도론은 대체로 이전 시기와 마찬가지로 개경의 지덕이 쇠했다는 '지기쇠왕설地氣衰旺說'을 바탕으로 하고 있고, 이와 연관되어 3소三蘇나 3경三京이 강조되기도 하였다. 아울러 천도론이 등장하는 배경에는 불안정한 정국의 변화를 꾀하려는 정치적 의도가 기본적으로 깔려 있었다. 이때 천도 대상지로 나타난 곳으로는 철원, 연주, 강화, 충주, 북소 기달산, 회암 등 다양했지만 실제 왕이 움직인 것은 남경, 곧 한양과 백악 뿐이었고, 그것도 천도라기보다는 몇 달 정도 왕이 거처를 옮긴 이어였다.

　당시 천도를 주장하고 추진하는 배경에는 어려움에 빠진 정국 운영을 바꿔보려는 의도가 있었듯이 그를 반대하는 주장에도 당연히 정치적인 이해관계가 작용하였다. 당시 천도를 반대하는 논리로는 도참설이 가지는 비합리적인 요소를 강조하기도 하고 천도 대상지의 위치가 조운이 불가능한 곳이라는 지리적인 면을 강조하기도 하였다. 그중에서도 고려 말의 천도 반대론은 그 이전과 달리 도참이나 풍수설을 근본적으로 부정하는 주장을 펴고 있는 것이 주목된다. 대표적으로 윤소종尹紹宗은 "국가의 운조가 연장되는 것은 임금이 덕과 인을 쌓고 나라의 근본을 배양하는 데 있을 뿐이지, 어찌 도성 지세의 왕기에 의지하겠습니까"라고 하였다. 이 주장에서는 성리학적인 입장에서 천도론의 불합리한 점을 강조하고 있다. 또 12월 형조판서刑曹判書 안원安瑗 등은 개경으로 돌아가자는 상서에서 나라를 다스리는 근본은 인심을 얻는 데 있으며, 인심을 얻는 요체는 그 사정을 살피는 데 있으니, 이것이 왕정이 마땅히 우선시해야 할 것이라고 하였다. 이 역시 도참설에 따른 천도의 효과를 부정하는 입장이다. 또 공양

도판16-1 남산에서 본 서울
고려 숙종 때 남경이 된 서울은 고려 말 중요한 천도 대상지로 떠올랐고, 1394년 조선의 도읍이
되었다. 남산 잠두봉 포토아일랜드에서 찍었다.

왕 때 이조판서吏曹判書였던 강회백姜淮伯도 도참에 따른 천도론을 비판하면
서 "신우辛禑(우왕)가 도참을 믿고 남경으로 수도를 옮겼지만, 어떤 나라도
한강에 와서 조공한 일이 없었다"라고 하였다. 이러한 흐름은 성리학적인
정치이념을 가진 정치세력의 성장을 토대로 한 것이다.

앞에서 정리하였듯이 고려 말 다양한 배경 속에서 여러 번 천도가 논
의되었지만, 대부분은 논의에 그쳤고 실제 왕이 움직인 것은 남경, 곧 한
양과 백악뿐이었다. 따라서 당시 천도론은 수도 개경의 위상을 부정하면
서 등장한 것이 아니라 정국의 전환을 원하는 정치적 의도에서 등장하였
다고 할 수 있다. 고려 말 천도 논의가 빈번하면서도 내성을 쌓는 등 개경
의 방어에 노력하였던 사실에서도 천도 논의가 개경의 위상을 흔들지 않
았다는 것을 알 수 있다.

고려 말 이후 등장한 다양한 천도론 속에서 남경, 곧 한양이 개경을 대신할 수 있는 곳으로 떠오르게 되었다. 그것은 한양이 개경보다는 내륙에 위치하여 방어에 유리하였고, 이전의 도시시설을 갖추고 있으며, 조운 등 교통이 편리한 곳이었기 때문일 것이다. 아울러 이러한 논의가 조선 건국 이후의 천도론에도 영향을 주었음은 말할 필요가 없을 것이다.

고려 말 경기의 확대

1308년(충선왕 복위) 개성부의 개편으로 개성부는 개경 5부와 경기의 행정을 맡아왔다. 이 틀은 1390년(공양왕 2) 경기를 좌도左道와 우도右道로 나누고 좌우도에 여러 개의 군현을 포함하여 경기의 영역을 확대하면서 변하게 되었다.『고려사』지리지에 따르면 1390년(공양왕 2)에 경기를 좌도와 우도로 나누어, 장단長湍·임강臨江·토산兎山·임진臨津·송림松林·마전麻田·적성積城·파평坡平을 좌도로 삼고, 개성開城·강음江陰·해풍海豊·덕수德水·우봉牛峯을 우도로 삼았다. 또한 문종구제文宗舊制(문종 때 정했던 옛 제도)에 의거해서 양광도의 한양漢陽·남양南陽·인주仁州·안산安山·교하交河·양천陽川·금주衿州·과주果州·포주抱州·서원瑞原·고봉高峯과[47] 교주도交州道(지금의 강원도 영서지역)의 철원鐵原·영평永平·이천伊川·안협安峽·연주漣州·삭녕朔寧을 좌도에 속하게 하고, 양광도의 부평富平·강화江華·교동喬桐·김포金浦·통진通津과 서해도의 연안延安·평주平州·배주白州·곡주谷州·수안遂安·재령載寧·서흥瑞興·신은新恩·협계俠溪를 우도에 속하게 하였다. 즉 이때 '경기영역'이 이전부터 경기에 속했던 13개 군현(원경기)에 31개의 군현(신경기)이 합해져서 44개의 군현으로

47) 이 기록에는 이때 경기좌도에 포함된 군현에 견주(見州)가 빠져 있지만 견주의 연혁과 위치로 보아 견주가 빠진 것은 이 기록의 오류로 보고 〈지도16-1〉에는 포함시켰다. 이럴 경우 이때 경기는 45개의 군현으로 확대된 것이 된다.

표16-1 1390년(공양왕 2)의 경기

경기좌도		원경기	장단(長湍), 임강(臨江), 토산(兎山), 임진(臨津), 송림(松林), 마전(麻田), 적성(積城), 파평(坡平)	8
	신경기	양광도	한양(漢陽), 남양(南陽/당성唐城), 인주(仁州/경원군慶源郡), 안산(安山), 교하(交河), 양천(陽川/공암현孔巖縣), 금주(衿州), 과주(果州), 포주(抱州), 서원(瑞原/봉성현峯城縣), 고봉(高峯/행주幸州)	11
		교주도	철원(鐵原/동주東州), 영평(永平/영흥永興), 이천(伊川), 안협(安峽), 연주(漣州/장주漳州), 삭녕(朔寧)	6
경기좌도 합			25	
경기우도		원경기	개성(開城), 강음(江陰), 해풍(海豊/정주貞州), 덕수(德水), 우봉(牛峯)	5
	신경기	양광도	부평(富平/수주樹州), 강화(江華), 교동(喬桐), 김포(金浦), 통진(通津)	5
		서해도	연안(延安/염주鹽州), 평주(平州), 배주(白州), 곡주(谷州), 수안(遂安), 재령(載寧/안주安州), 서흥(瑞興/동주洞州), 신은(新恩), 협계(俠溪)	9
경기우도 합			19	
총계			44	

참고) 괄호 안 ‘ / ’ 뒤의 지명은 고려 초 지명이다.

확대되고 좌우도로 분리되었다.

그런데 위 기록 중 ‘문종구제’의 세주細注에 1069년(문종 23) 1월 양광도의 한양漢陽·사천沙川·교하交河·고봉高峯·풍양豊壤·심악深岳·행주幸州·해주海州·견주見州·포주抱州·봉성峯城·김포金浦·양천陽川·부평富平·동성童城·석천石泉·황조荒調·황어黃魚·부원富原·과주果州·인주仁州·안산安山·금주衿州·남양南陽·수안守安과 교주도의 영흥永興·토산兎山·안협安峽·승령僧嶺·삭령朔嶺·철원鐵原, 서해도의 연안延安·배주白州·평주平州·협주俠州·신은新恩·우봉牛峯·통진通津·안주安州·봉주鳳州·서흥瑞興 등의 주현州縣을 경기에 소속시켰다는 내용이 있다. 1069년(문종 23)에 원경기 13현에 41개의 군현을 더 경기에 속하게 하였다는 내용이다(실제는 토산과 우봉이 원경기 군현이기 때문에 39개의 군현이 더해지는 것이다). 이 세주의 내용이 가지는 의미는 고려 중기인 문종 23년에 이미 경기영역이 확대되었다는 것이다.

그렇지만 소위 문종 23년의 '대경기제'에 대해서는 일찍부터 부정적으로 보았다. 1062년(문종 16) 개성부 개편 이후 고려 말까지 경기영역이 크게 변했다고 보기 어렵기 때문이다. 아울러 세주 기록 자체가 가지고 있는 오류도 세주 내용을 의심하게 한다. 문종 23년 세주 기록에 경기에 소속된 41개의 군현에 원경기에 속한 토산과 우봉이 포함되어 있는 것은 이 자료가 정밀한 자료가 아니라는 것을 말한다. 더 중요한 것은 문종 23년에 경기에 편입되었다는 군현의 명칭이 문종 때의 명칭이 아니라 고려 말의 명칭인 점이다. 즉 세주에 기록된 한양(남경), 부평(수주), 양천(공암), 남양(당성), 철원(동주東州), 영흥(동음), 연안(염주), 서흥(동주洞州)은 모두 고려 말의 지명이다. 따라서 이 세주에 보이는 문종 23년의 경기 확대 기록을 그대로 받아들이기는 어렵다. 오히려 이 기록은 고려 말 집권세력들이 과전법을 시행할 때 과전을 경기에 설치하기 위해 경기를 확대하면서 그 명분을 문종 때의 제도에서 찾으려는 의도에서 등장한 것으로 보는 것이 좋을 것 같다. 1391년(공양왕 3) 5월 확정된 과전법의 납세 규정에 원경기와 신경기가 구별되어 있는 것에서도 이때에 비로소 원경기에 신경기가 추가되어 경기가 확대되었다는 사실을 유추할 수 있다. 과전법에서는 능침전陵寢田·창고전倉庫田·궁사전宮司田·공해전公廨田·공신전功臣田을 제외한 모든 토지에서는 1결結에 2두斗의 세를 원경기는 요물고料物庫에 납부하고, 신경기 및 지방은 풍저창豊儲倉과 광흥창廣興倉에 나누어 납부하도록 하였다.

1390년(공양왕 2) 경기가 좌도와 우도로 나뉘고, 각각 도관찰출척사都觀察黜陟使가 설치되면서 개성부와 경기영역은 제도적으로 분리되어 개성부는 개경(5부)의 행정을 맡는 기구가 되었다. 다만 후술하듯이 개성부의 관

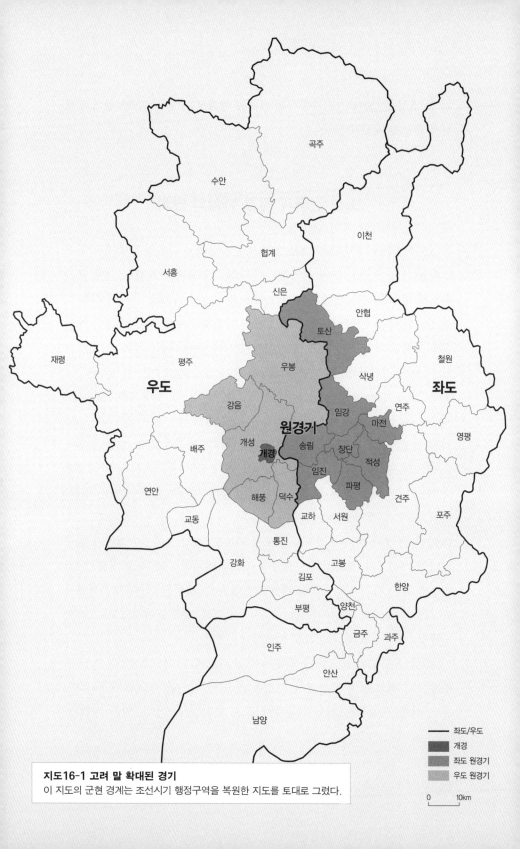

곡주

수안

이천

서흥

협계

신은

안협

재령

평주

토산

우도

우봉

삭녕

철원

강음

임강

연주

마전

영평

원경기

개성

송림

배주

개경

장단

적성

해풍

덕수

임진

파평

견주

포주

연안

교하

서원

교동

통진

고봉

한양

강화

김포

부평

양천

금주

과주

인주

안산

남양

지도16-1 고려 말 확대된 경기
이 지도의 군현 경계는 조선시기 행정구역을 복원한 지도를 토대로 그렸다.

좌도/우도
개경
좌도 원경기
우도 원경기

0   10km

원 중 개성윤 1명이 경기관찰사를 겸하는 형태로 개성부는 경기영역의 행정에 계속 관여하였다.

조선 건국과 개경 위상의 변화

1392년 7월 17일 조선 태조가 개경 수창궁에서 즉위하면서 조선이 건국하였다. 조선 건국 후에도 개경은 수도의 지위를 유지하였고, 그에 따라 수도의 행정을 맡은 개성부 역시 고려 말의 위상을 그대로 유지하였다. 조선 건국 직후인 1392년 7월 28일에 내린 즉위교서에서 "나라 이름은 예전대로 고려로 하고, 의장과 법제는 모두 고려의 것에 의한다"라고 선언하였고, 이어서 같은 날 문무백관의 제도를 정하면서 개성부는 경기의 토지·호구·농상·학교·사송 등의 일을 맡도록 하였으며, 그 관원으로 판사 2명(정2품), 윤 2명(종2품), 소윤 2명(정4품), 판관 2명(정5품), 참군 2명(정7품), 영사令史 6명(8품)을 두었다. 개성부는 고려 말과 마찬가지로 조선 건국 후에도 수도의 행정뿐 아니라 경기의 행정도 맡게 되었다. 개성유수(종2품) 2명 중 1명이 경기관찰사를 겸하여 경기의 행정에 관여하게 되어 있는 『경국대전』 규정의 겸직 관행은 고려 말 이후부터 이어져 왔다고 생각한다. 즉 1390년(공양왕 2) 경기가 좌도와 우도로 나뉘고, 각각 도관찰출척사가 설치되면서 개성부와 경기영역은 제도적으로 분리되어 개성부는 개경(5부)의 행정을 맡는 기구가 되었지만 개성부의 관원 중 개성윤 1명이 경기관찰사를 겸하는 형태로 개성부는 경기영역의 행정에 계속 관여하였고, 그러한 관행이 『경국대전』의 규정으로 이어졌다.

건국 직후부터 천도를 추진하던 조선 태조가 1394년(조선 태조 3) 10월 한양으로 천도를 단행하면서 개경은 수도의 지위를 내려놓게 되었다. 천도 직후 개성부는 신도인 한양에서 토지를 나누어주는 일을 하였다.

1394년 12월에는 각 관청에 관청의 터를 나누어주었고, 다음 해 1월에는 각 품 관리로부터 서인에 이르기까지 집터를 나누어주었다. 이 사실은 이때까지 개성부가 수도에 대한 행정을 맡고 있었기 때문이다. 그렇지만 개성부가 한양 천도 후 수도의 일을 맡은 것은 이 일 이외에는 확인이 되지 않는다. 천도한 다음 해인 1395년(조선 태조 4) 6월에 한양부漢陽府를 한성부漢城府로 개편한 데 이어 개성부를 개성유후사開城留後司로 개편하여서 수도인 신도의 행정은 한성부에서 맡고 개성유후사는 옛 수도의 행정을 맡게 되었다. 이때 개성유후사를 설치하면서 그 관원으로 유후留後·부유후副留後·단사관斷事官·경력經歷·도사都事를 두었다. 이때 설치된 개성유후사의 관원은 이전 개성부의 관원과는 많은 차이를 보인다. 반면에 이때 설치된 한성부의 관원은 이전 개성부의 직임을 이어받았을 것으로 생각한다. 유후라는 관청의 명칭은 중국 주나라 무왕武王이 호경鎬京으로 천도한 후 그 뒤를 이은 성왕成王이 주공周公에게 명하여 뒤에 머물러 낙양洛陽을 다스리게 한 것에서 유래한 것이다. 조선 태조가 수도를 한양으로 옮기면서 개성에 개성부 대신 개성유후사를 둔 것은 옛 수도[舊都]의 위상을 어느 정도 인정하였기 때문이다.

1399년(조선 정종 1) 2월에 정종이 수도를 개성으로 옮기면서 개성유후사의 위상은 높아졌다. 그렇지만 정종이 개성으로 환도한 후에도 개성은 수도의 지위를 완전하게 회복하지 못한 채 여전히 유후사체제를 유지하였다. 정종이 수도를 개성으로 다시 옮겼다고는 하지만 신도 한양은 수도의 지위를 완전히 박탈당하지 않았다. 부왕인 태조가 공을 들여 한양으로 천도한 것을 아는 정종으로서는 한양의 위상을 무시할 수 없었다. '일국양경一國兩京'을 언급한 것은 이러한 상황에서 나온 것으로 여겨진다. 정종이 개경으로 환도하면서 개경은 다시 수도의 위상을 되찾았지만, 그것은 제한적이고 일시적인 것이었다. 정종의 재위기간이 아주 짧았을 뿐 아니라 권력 또한 약했기 때문이다. 짧은 정종의 재위기간이 끝나고, 태종이 즉위 후 한양으로 재천도하려는 뜻을 가졌기 때문에 개성유후사 체제 아래에서 개성의 수도로서의 위상은 제한적일 수밖에 없었다. 이 기간 동안 개성유후사는 당연히 수도 개성에 대한 행정을 담당하였다. 그렇지만 결국 1405년(조선 태종 5) 10월 한양으로 다시 천도하면서 개성의 위상은 임시적이고 제한적이었던 양경兩京의 지위마저 내려놓게 되었고, 이후 개성유후사의 위상은 자연스럽게 낮아졌다. 1421년(조선 세종 3) 3월에는 개성부의 순작군巡綽軍을 12패에서 11패로 축소하였고, 1424년(조선 세종 6) 12월에는 유후사의 유후를 임명하면서 정2품이면 유후, 종2품이면 부유후로 칭하게 하였다. 이것은 개성유후사에는 유후와 부유후 중 1명만 임명하는 것으로 정해진 것을 의미한다. 이러한 흐름 속에서 결국 1438년(조선 세종 20) 10월에 개성유후부가 개성부로 개편되고, 유후·부유후 대신 유수留守·부유수副留守가 설치되면서 개성부의 지위는 수도 한성부를 보필하는 지방도시 유수부留守府로 정착되었다. 유수부는 고려 때에도 이전 왕조의 수도였던 서경(고구려)·동경(신라)·남경(백제)에 설치했던 지방관부였다. 개성유후사가 개성유수부가 되면서 개성은 수도 한양과는 엄밀하게 구별되는 지방도시가 되었다. 이어서 1466년(조선 세조 12) 개성부 내부를 5부에서 4부로 축소 개편하였다. 『신증동국여지승람』에 따르면 이때 개성은 외관이므로 옛 제도를 그대로 따를 수 없다고 하여 4부 4방으로 줄였다.

유수부 설치 이후에도 개성은 수도 한양과 대등하다는 말들이 자주 등장하기는 하지만 그것은 실질적인 의미가 없거나 제한된 의미에서 언급되었을 뿐이었고, 그 이후 개성부의 위상은 한성부와 분명히 구별되는 조치들이 이어졌다. 그중에서도 개성부로 개편된 다음 해인 1439년(조선 세종 21) 6월에 개성부 사람들은 서울에서 취재取才를 하지 못하게 한 것이 눈에 띈다. 이때 이전에 개성에 사는 사람들도 한양에 와서 과거에 응시하던 관행을 금지하고, 경기관찰사와 개성부유수가 인재를 선발하여 이조에 보고하게 하였는데, 이것은 이때부터 개성 사람과 한양 사람을 구별하기 시작하였다는 사실을 의미한다. 또 이후 개성은 명나라 사신을 영접하는 도시의 하나라는 위상이 강조되어 1439년 11월에는 조칙詔勅을 영접하는 의례가 규정되었고, 1443년(조선 세종 25) 4월에는 개성부 영빈관에 노비 4명을 소속시켜 지키게 하였다.

또 1438년 개성유수부가 설치된 이후에도 개성부에는 경관京官이 파견되었지만, 세조 때에는 개성부가 외관이 된 적도 있다. 1469년(조선 예종 1) 6월 다시 경관직으로 개성부유수가 설치되면서 조선 초기 개성부의 위상이 정해졌고, 그것이 성종 때 편찬된『경국대전』에 수록되었다.『경국대전』에 규정된 개성부의 위상은 경관직 종2품 아문衙門으로 정2품 아문인 한성부보다 한 단계 낮다.『경국대전』에 규정된 개성부의 관원은 유수 2명(종2품), 경력 1명(종4품), 도사 1명(종5품), 교수敎授 1명(종6품)인데, 유수 1명은 경기관찰사를 겸하였다. 이것은 개성유후사의 관원과 거의 같다. 개성유후사에는 유후, 부유후, 단사관, 경력, 도사가 있었는데, 이들 중 유후와 부유후가 2품직이라는 것만 확인될 뿐 나머지 관원들의 관품은 기록된 것이 없다. 경력과 도사는『경국대전』에 규정된 개성부의 경력·도사와 거의 같았을 것으로 생각한다. 반면에『경국대전』에 규정된 한성부 관원은 판윤 1명(정2품), 좌윤左尹·우윤右尹 각 1명(종2품), 서윤庶尹 1명(종4품), 판관 2명(종5품), 참군 3명(정7품)이며, 판관 이상 관원 중 1명은 구임으로 하고, 참군 중 1명은 통례원通禮院 인의引儀가 겸하였다. 고려 후기부터『경국대전』까지 개성부 관원을 정리한〈표16-2〉를 보면『경국대전』에 규정된 한성부의 관원은 대체로 조선 건국 직후 개성부 직제를 이어받았다는 것을 알 수 있다. 다만『경국대전』때는 개성부윤 중 1명이 경기관찰사를 겸하게 되면서 한성부와 한성부 관원들은 오로지 수도 한성부의 행정만 맡게 되었다.

이 사실이 가지는 의미는 작지 않다. 고려 성종 때 적현·기현의 설치에서부터 비롯한 고려시기 '경기영역'이 수도 개경을 보위하는 특별한 행

표16-2 개성부 관원의 변천

품계	개성부 (1308년)	개성부 (1392년)	개성부 (『경국대전』)	한성부 (『경국대전』)
정2품		판사(判事) 2명		판윤(判尹) 1명
종2품	판부윤(判府尹) 1명	윤 2명	유수(留守) 2명48)	좌윤(左尹), 우윤(右尹) 1명
정3품	윤(尹) 2명			
정4품	소윤(少尹) 3명	소윤 2명		
종4품			경력(經歷) 1명	서윤(庶尹) 1명
정5품	판관(判官) 2명	판관 2명		
종5품			도사(都事) 1명	판관 2명
종6품			교수(敎授) 1명	
정7품	기실참군(記室參軍) 2명	참군(參軍) 7명		참군 3명49)
8품		영사(令史) 6명		

정구역이라는 위상을 가졌다면 조선 초기 이후 경기는 통치조직에서는 다른 도道와 거의 차이가 없는 지방행정구역이 된 것과도 연관된다. 즉 조선시기 경기는 관료들의 과전이 지급되는 지역으로 설정되었고, 그 명칭도 다른 도와 달리 '경기'였지만 지방통치조직이라는 점에서는 수도에 가까운 8도 중의 하나였다. 따라서 경기관찰사를 한성부윤이 아니라 개성유수가 겸하게 된 것은 경기가 수도 한양과는 분명히 구별되는 지역이라는 사실을 확인시켜 주는 동시에 개성부는 수도인 한양과는 근본적으로 다

48) 유수 2명 중 1명은 경기관찰사가 겸하였다.
49) 참군 3명 중 1명은 통례원(通禮院)의 인의(引儀)가 겸하였다.

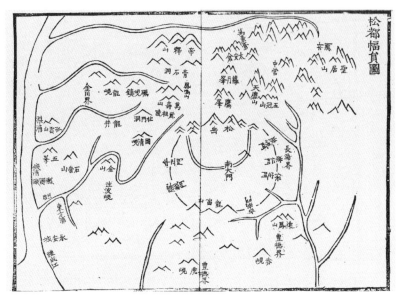

도판16-2 「송도폭원도」(정창순, 1782 『송도지』 서울대학교 규장각한국학연구원 소장)
『송경광고』에 실린 「송경폭원도」와 같다.

른 경기의 중심도시가 되었다는 사실을 의미한다.

　이렇게 조선의 수도가 한양으로 정착되고, 개성에는 유수가 설치되면서 개성은 수도 한양과는 근본적으로 다른 지방도시가 되었다. 그 이후 개성은 수도 한양을 보좌하는 중요한 배후도시의 위상을 유지하였다. 조선시기 개성은 상업도시로서, 수도의 뒤를 지키는 군사도시로서, 사신 왕래가 빈번한 교통의 요지로서 그 위상을 지켜나갔다.

　조선 건국 후 개경이 개성유후사를 거쳐 개성부로 정착하면서 개성부의 지리적 영역도 변하였다. 1394년(조선 태조 3) 10월 조선왕조의 수도가 한양으로 옮길 때 개경은 개성유후사가 되었는데, 이후인 1398년(조선 태조 7) 개경 서쪽의 개성현이 혁파되어 개성유후사에 병합되면서 조선시기 개성부의 기본 영역이 확정되었다. 개성부 남쪽의 해풍군은 1413년(조선 태

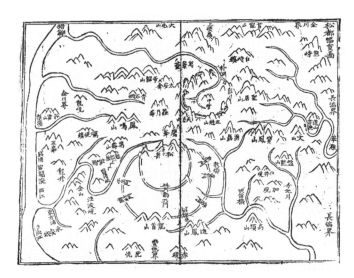

도판16-3「송도폭원도」(김문순, 1802 『송도속지』 서울대학교 규장각한국학연구원 소장)
『송경광고』에 실린 「송경폭원도병진이후」와 범위가 같다. 1796년 확대된 개성부
의 영역을 표시하였다.

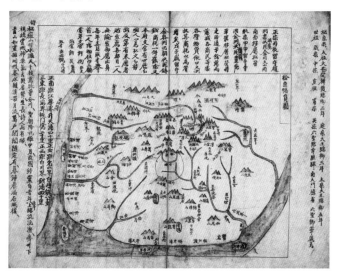

도판16-4「송경폭원도」(이찬, 1991『한국의 고지도』)
『중경지』에 실린 「중경폭원도」와『송경광고』에 실린 「송경폭원도계미이후」와 범
위가 같다. 1823년 확대된 개성부의 영역을 표시하였다.

종 13) 개성유후사에 병합되었다가 1418년(조선 태종 18)에 해풍군으로 복구되었으며, 1442년(조선 세종 24) 해풍군은 덕수현과 병합하여 풍덕군豊德郡이 되었다. 1418년(조선 태종 18) 2월 22일의 기록에 해풍군이 복구된 1442년보다 앞선 시기에 해풍·개성·송림·덕수가 모두 유후사에 속하였다는 내용이 있지만, 송림현과 덕수현이 개성유후사에 병합된 시기는 확인되지 않는다. 이후 변화가 없던 개성부의 영역은 1796년(조선 정조 20) 금천군의 대남면과 소남면, 장단부의 사천면이 개성부로 이속되면서 북쪽과 동남쪽이 확대되었고, 1823년(조선 순조 23)에는 남쪽의 풍덕군이 개성부에 병합되면서 개성부의 영역이 조강까지 확대되었다. 풍덕군은 1866년(조선 고종 3) 다시 독립하였다.

17

개경의 특징과 위상

- 개경의 조영 과정과 그 특징
- 개경의 특징과 위상

개경의 조영 과정과 그 특징

919년(태조 2) 1월 천도할 당시 개경은 완성된 도성의 모습을 갖추지 못하였다. 개경의 전형적인 모습은 개경으로 천도한 지 110년이 지난 1029년(현종 20)에 나성이 완성되면서 만들어졌다. 또 그 기간 동안 일관된 계획이나 방향 없이 형성된 것도 개경 조영이 가지는 큰 특징이다. 시기별로 주요한 시설(경관)들이 조영되는 과정과 그 특징을 살펴보겠다.

『고려사』에 따르면 919년 1월 송악의 남쪽에 도읍을 정하고, 궁궐, 3성·6부·9시 등 관청, 시전, 5부방리, 6위를 두었으며, 그해 3월에는 도내都內에 10개의 절을 창건하였다. 고려의 정치제도와 군사제도 등이 성종 때에 정비되었기 때문에 『고려사』의 위 기록을 그대로 받아들이기는 어렵다. 그렇지만 919년 개경은 수도가 되면서 성곽·궁궐·관청·시전·방리제·군사제도 등 국가운영에 필요한 기초 시설과 제도를 갖추게 되었고, 이때 개경의 기본 틀이 마련되었다. 특히 송악산 남쪽에 자리 잡은 궁궐(본궐)의 위치를 포함하여 관청·시전 등 핵심 시설의 위치는 이후에도 태조 때의 자리에서 크게 벗어나지 않았다. 개경으로 천도하면서 짧은 시간에 개경의 핵심시설을 갖출 수 있었던 것은 이곳에 있던 궁예 때의 시설을 이용할 수 있었기 때문이었다.

또 태조 때에는 개경 안팎에 많은 절을 세웠다. 천도 직후에 도내, 곧 '개주영역'에 법왕사·왕륜사 등 10개의 절이 창건되었고, 그 이후에도 많은 절이 세워졌다. 태조 때 개경에 창건된 절들은 대개 개경의 풍수를 보완하기 위한 비보사찰裨補寺刹로 평가된다. 태조가 개경에 많은 절을 세운 것은 개경을 부처가 지켜주는 도시로 만들려고 하였기 때문이었다. 국가에서 지원하는 큰 절의 창건은 태조 이후에도 이어졌다.

서경 천도를 추진하다 죽은 정종定宗을 이어 즉위한 광종은 부모의 원찰로 봉은사와 불일사를 창건하여 왕위 계승의 정통성을 강조하는 동시에 태조 때의 절 창건의 흐름을 이어갔다. 재위 전반기의 개혁책으로 왕권강화에 성공한 광종은 960년(광종 11) 서경을 서도西都로, 개경을 황도皇都로 이름을 바꾸었다. 이는 정종定宗 때의 서경 천도 추진에 대한 반작용으로 개경의 위상을 크고 위대한 도읍, 곧 황도로 높이는 것이었다. 다음 해 광종은 수영궁궐도감을 설치하여 2년 동안 궁궐을 대대적으로 중수하였다. 최승로가 "궁실은 반드시 제도를 뛰어 넘었다[宮室必踰於制度]"라고 비판한 것으로 보아 이때 궁궐이 크고 화려하게 고쳐졌을 것이다.

유교적 정치이념을 바탕으로 정치개혁을 추진하였던 성종은 중국 당나라의 3성 6부를 토대로 중앙 정치제도를 정비하는 한편 건국 이래 제대로 갖추지 못했던 태묘와 사직을 설치하였고, 유교적 교육기관인 국자감을 설립하였다. 이때 성종은 『주례』「고공기」의 '좌조우사'와 '면조후시'의 원칙을 고려하여 개경의 공간을 유교적으로 재정비하였다.

현종 때는 도성인 나성이 완성되어 개경의 공간 범위가 정해졌을 뿐 아니라 도성의 핵심공간인 궁궐제도의 전형이 형성되었다는 점에서 개경의 조영과정에서 매우 중요한 시기였다. 현종 때에는 이전 시기부터 있었던 궁궐(서부건축군)의 동쪽에 회경전 등의 전각(중심건축군)이 축조되었을 뿐 아니라 회경전 동쪽에 동궁(동부건축군)도 창건 혹은 확장되면서 고려 전기 본궐의 기본 틀이 완성되었다. 또 현종은 1029년(현종 20) 개경을 둘러싼 산 능선에 나성을 쌓았다. 이때는 개경으로 천도한 지 110년이 지난 후이다. 개경을 둘러싼 산 능선을 따라 나성을 쌓으면서 개경은 비로소 온전한 도성의 모습을 갖추게 되었을 뿐 아니라 개경의 공간 범위도 나성을 기준으로 정해졌다.

지금까지 살펴본 대로 개경은 919년(태조 2) 수도가 된 지 110년이 지난 1029년(현종 20) 완전한 도성의 모습을 갖추게 되었다. 개경의 조영 과정의 특징은 두 개로 정리할 수 있다. 하나는 천도 직후 개경의 핵심시설을 창건할 때 궁예 때에 만들어진 시설을 이용한 것이다. 따라서 아주 짧은 시간에 국가운영에 필요한 핵심시설을 갖출 수 있었다. 이 사실은 궁예와 왕건 모두 송악산 남쪽을 개경(송악군)에서 지리적으로 가장 좋은 곳으로 인식하였다는 증거이기도 하다. 또 하나는 개경은 천도 직후부터 일관된 계획이나 방향을 가지고 짧은 시간에 완성된 도시가 아니라는 점이다. 919년 고려의 도읍이 된 후 개경은 태조·광종·성종·현종 때를 거치면서 주요 시설이 창건되고 보완되었다. 그러는 가운데 개경의 공간은 확대되었고 경관도 계속 변하였으며, 110년이 지난 1029년 실질적인 도성인 나성이 축성되면서 개경은 완전한 모습을 갖추게 되었다. 이러한 과정은 조선 건국 후 천도하면서 비교적 짧은 시간에 성곽과 궁궐을 비롯해서 주요한 시설들을 갖춘 조선시기 한양과 다른 점이다.

개경의 특징과 위상

개경의 특징

1029년(현종 20) 나성이 완성되면서 개경은 비로소 온전한 도성의 모습을 갖추게 되었다. 그 특징을 정리하면 다음과 같다. 첫째, 나성은 개경을 사방에서 둘러싸고 있는 송악산(북)·부흥산(동)·용수산(남)·오공산(서)의 능선을 따라 쌓아서 그 형태가 원형에 가깝다. 사방의 산 능선을 따라 도성을 쌓는 방식은 평지에 직사각형 모양으로 쌓은 장안성으로 대표되는 중국 고대의 전형적인 성곽과 다르다. 이러한 도성 축조 방식은 신라 후기부터 유행한 풍수지리에 영향을 받은 것으로 조선의 한양도성으로 이어졌다. 나성은 일부 구간을 빼고는 토성인데, 이것은 모두 돌로 쌓은 한양도성과 다르다. 나성의 성벽 둘레는 23km로 18km 정도인 한양도성보다 길다. 또 나성에는 모두 25개의 성문이 있었는데, 이 역시 8개인 한양도성보다 많다.

둘째, 『주례』 「고공기」에 있는 중국 고대 도성의 조영 원리가 개경에 서는 어떻게 적용되었는지 살펴보자. 중국 고대 주나라 때의 도성 제도를 설명하고 있다는 『주례』 「고공기」에는 "종묘(태묘)는 왼쪽(동쪽)에, 사직은 오른쪽(서쪽)에 두고, 조정, 곧 관청은 (궁궐) 앞에, 시장은 뒤에 둔다[左祖右 社面朝後市]"라는 유명한 글이 실려 있다. 이 내용은 도성에서 관청, 시장, 종 묘(태묘), 사직의 위치를 규정하고 있을 뿐 아니라 이 시설들이 아주 오래 전부터 도성에 꼭 필요한 존재였다는 것을 알려주고 있다. 주요 관청이 황 성 안팎에 배치된 것에서 개경에서 '면조'의 원칙이 지켜졌다고 할 수 있 다. 궁성 남쪽에 황성이 배치된 중국 장안성과 광화문 남쪽에 관도가 배치 된 조선 한양의 도성에서도 '면조'의 원칙은 대체로 지켜졌다. 반면에 개 경의 시전은 광화문 동쪽에서 십자가에 이르는 남대가에 있었기 때문에 '후시'는 지켜지지 않았다. 장안성의 동시와 서시가 궁성 남쪽 주작대로 좌우에 설치된 것이나 한양도성의 시전이 현재 종로 일대와 종각에서 남 대문으로 이어진 길에 설치된 것도 마찬가지이다. 시전은 국가운영에 필 요한 물품만이 아니라 도성에 사는 사람들의 생활과도 관련이 되는 시설 이었기 때문에 시전을 궁궐 뒤에 두는 것은 합리적이지 않았다. 특히 북쪽 의 주산 아래 궁궐이 자리 잡은 개경과 한양도성의 경우 궁궐 뒤에는 시 장이 들어설 자리가 없었다.

고려시기 개경에 있던 태묘와 사직의 정확한 위치를 확인할 수는 없 지만, 필자는 선행연구의 결과를 토대로 태묘는 나성 밖 부흥산 남동쪽에 있었고, 사직은 나성 안 오공산 남쪽에 있었다고 생각한다. 따라서 성종 때 태묘와 사직을 설치할 때 '좌조우사'의 원칙은 지키려고 하였다. 다만 나성을 기준으로 보면 태묘는 나성 밖, 사직은 나성 안에 있게 되어 그 위 치가 자연스럽지 않게 보일 수도 있다. 그렇지만 태묘와 사직이 설치되었 던 성종 때는 아직 나성이 축조되기 전이었기 때문에 당시 태묘와 사직의 위치는 모두 도성인 황성 밖이었다. 물론 사직은 궁궐에서 비교적 가까운 곳에, 태묘는 궁궐에서 상당히 먼 곳에 있게 되어 궁궐을 중심으로 좌우 대칭성이 많이 어그러진다. 그렇지만 개경 궁궐의 위치 역시 서쪽의 오공산과 동쪽의 부흥산의 중심이 아니라 서북쪽에 치우쳐 있었다. 즉 아직 나성이 축성되기 이전에 동쪽의 부흥산 남쪽에 태묘를 설치하고 서쪽의 오공산 남쪽에 사직을 설치하였는데, 나중에 나성이 축성되면서 결과적으로 사직은 성안에 태묘는 성 밖에 위치하게 되었다. 중국의 도성에서 태묘와 사직은 궁성 앞 좌우에 대칭으로 배치되어 있다. 따라서 개경과 한양의 태묘(종묘)와 사직의 위치는 '좌조우사'가 적용되었다고 하여도 중국 도성의 위치와는 차이가 크다.

셋째, 개경은 불교도시라고 할 만큼 절이 많은 도시였다. 천도 직후 10개의 절이 창건된 이후 개경 안팎에는 국가와 왕실이 지원하는 큰 절이 계속 들어섰다. 당시 개경에는 수많은 절이 있었는데, 조선 중기의 한 기록에는 유명한 절이 성내에 300곳이 있었다고 하였으며, 현재 절 이름을 확인할 수 있는 것도 100개가 넘는다. 이렇게 절이 많은 개경의 경관은 매우 독특하다. 개경의 절은 종교적인 기능만을 하는 장소가 아니라 정치·경제·사회·문화 등으로도 중요한 곳이었다. 개경 중심부에 위치하였던 절들은 국가차원의 주요 불교행사를 주관하였을 뿐 아니라 궁궐과 관청 기능을 대행하기도 했으며, 정치공간으로 이용되기도 하였다. 또 개경에서 밖으로 나가는 길목에 자리 잡은 절들은 개경의 안팎을 연결하는 교통의 중심이 되었고, 나성 밖의 절은 왕이 성 밖에 행차할 때 이궁으로 기능하기도 하였다.

넷째, 개경에서는 방리제를 운영하였지만 중국 장안성이나 장안성의 영향을 받은 발해 상경성, 일본 도성에서 보이는 고대의 폐쇄적인 방리제의 흔적이 보이지 않는다. 또 이와 연관된 것으로 개경에서는 높고 낮은 신분을 가진 사람들이 같은 방이나 리에 섞여 살았다. 개경의 개방적인 방리제 운영의 큰 틀은 조선시기 한양으로 이어졌다. 다만 개경의 방 이름에 절 이름이나 자연지명이 많이 들어간 것과 달리 한양의 방 이름에는 유교 이념이 들어 있다.

다섯째, 개경의 경관에는 풍수지리적 요소가 반영되어 있다. 개경을 둘러싼 사방의 산에 도성인 나성을 쌓은 것이 그 대표적인 예이다. 다만 개경에서 풍수지리의 영향을 살필 때에는 천도 직후인 태조 때와 그 이후를 구별하여 생각할 필요가 있다. 즉 태조 때의 기록이나 「고려세계」에서 유추할 수 있는 개경 천도 전후 시기의 개경에 대한 풍수관념은 송악산 남쪽을 명당으로 인식하고 개경에 절을 창건하여 개경을 풍수적으로 비보하는 정도였다. 『고려사』에서는 현재 개성의 사신사로 거론되는 산 중 송악산을 제외한 산들의 용례는 아주 적고, 그것도 대부분 고려 후기 이후의 것이다. 따라서 사신사를 강조하여 개경을 '장풍국'의 명당으로 인식하는 것은 후대의 인식일 수 있다. 앞에서 서술한 대로 풍수지리는 천도 이후 수도 개경의 지위를 정당화하는 과정에서 강조되었다. 즉 고려가 개경에 정착한 이후에 개경은 풍수지리적 명당이라는 논리가 더 정교해졌다고 보는 것이 맞을 것이다. 사신사에 해당하는 산 능선을 따라 성을 쌓아 도성을 조영한 것은 조선시기 한양으로 이어졌다.

개경의 위상

919년(태조 2) 고려 태조가 송악으로 천도하면서 개경은 고려왕조의 수도가 되었고, 1232년부터 1270년까지 강도로 수도를 옮겼던 30여 년을 제외하고 400년이 넘는 동안 고려왕조 수도의 지위를 유지하였다. 그동안 개경은 고려 국가운영의 중심, 곧 고려시기 정치·경제·사회·문화 등의 중심이었다. 또 개경 천도 후 얼마 되지 않은 시기에 고려가 후삼국을 통일하면서 고려의 영토는 남쪽으로 지금의 경상도·전라도 지역까지 확대되었고 고려 초기 이후 북방 진출에 따라 북쪽 영토가 확대되면서 수도 개경은 대체로 고려 국토의 중심지에 위치하게 되었다. 이에 따라 이전 왕조 때보다 국가를 더 효율적으로 운영할 수 있게 되었고, 이러한 개경의 위상은 조선 건국 후 한양으로 이어졌다. 또 산 능선에 쌓은 도성의 형태, 궁궐·관청·시장의 위치, 중국 고대 도성과는 다른 개방적인 방리제 운영 등은 큰 틀에서 조선의 한양에 영향을 주었다.

1392년 7월 조선 태조가 개경 수창궁에서 즉위하면서 조선이 건국하였다. 조선 건국 후에도 개경은 수도의 지위를 유지하였고, 그에 따라 수도의 행정을 맡은 개성부 역시 고려 말의 위상을 그대로 유지하였다. 건국 직후부터 천도를 추진하던 조선 태조가 1394년(조선 태조 3) 10월 한양으로 천도를 단행하면서 개경은 수도의 지위를 내려놓게 되었다. 천도한 다음 해인 1395년(조선 태조 4) 6월 개성부를 개성유후사로 개편하여서 옛 수도의 행정을 맡게 하였다. 조선 초에는 유후라는 관청의 명칭을 중국 주나라 무왕이 호경으로 천도한 후 성왕이 주공에게 명하여 뒤에 머물러 낙양을 다스리게 한 것에서 유래한 것으로 이해하였는데, 조선 태조가 수도를 한양으로 옮기면서 개성에 개성부 대신 개성유후사를 둔 것은 옛 수도의 위상을 어느 정도 인정하였기 때문이라고 생각한다.

1399년(조선 정종 1) 2월에 정종이 수도를 개성으로 옮기면서 개성은 다시 수도의 위상을 되찾았지만, 그것은 제한적이고 일시적인 것일 뿐이었다. 1405년(조선 태종 5) 10월 한양으로 다시 천도하면서 개성은 임시적이고 제한적이었던 양경兩京의 지위마저 내려놓게 되었고, 이후 개성유후사의 위상은 자연스럽게 낮아졌다. 1438년(조선 세종 20) 10월 개성유후부가 개성부로 개편되면서 개성부의 지위는 수도 한성부를 보필하는 지방도시 유수부로 정착되었다. 이어서 1466년(조선 세조 12) 개성부 내부를 5부에서 4부로 축소 개편하였다. 『경국대전』에 규정된 개성부의 위상은 경관직 종2품 아문으로 정2품 아문인 한성부보다 한 단계 낮았다. 이때 유수 1명이 경기관찰사를 겸하게 된 것은 경기가 수도 한양과는 분명히 구별되는 지역이라는 사실을 확인시켜 주는 동시에 개성부는 수도인 한양과는 근본적으로 다른 경기의 중심도시가 되었다는 사실을 의미한다.

이렇게 조선의 수도가 한양으로 정착되고, 개성에는 유수가 설치되면서 개성은 수도 한양과는 근본적으로 다른 지방도시가 되었다. 조선시기 개성은 수도 한양을 보좌하는 중요한 배후도시의 위상을 유지하였다. 조선시기 개성은 상업도시로서, 수도의 뒤를 지키는 군사도시로서, 사신 왕래가 빈번한 교통의 요지로서 그 위상을 지켜나갔다. 그리고 남북이 분단된 지금 개성은 남북교류의 상징이기도 하다. 개경(개성)은 고려시기 이후에도 우리 역사에서 중요한 위상을 지켜왔다.

▎개성 관련 주요 자료

읍지

『開城郡面誌』山崎駿二·川口卯橘 編, 1926, 開城圖書館(1999 영인, 경인문화사).

『開城誌』林鳳植, 1934, 開城誌編纂所(『韓國地理風俗叢書』46, 1989, 경인문화사).

『開豊郡誌』개풍군지편찬위원회, 1984.

『高麗古都徵』韓在濂, 1840, 서울대학교 규장각한국학연구원.

『松京廣攷』林孝憲, 1830 이후, 서울대학교 규장각한국학연구원.

『松都續志』金文淳, 1802, 서울대학교 규장각한국학연구원.

『松都志』金堉, 1648, 서울대학교 규장각한국학연구원.

『松都志』鄭昌順, 1782, 서울대학교 규장각한국학연구원.

『中京志』徐憙淳, 1830, 서울대학교 규장각한국학연구원.

지도

• 그림 지도 •

「開城」『朝鮮地圖』 서울대학교 규장각한국학연구원.

「開城古地圖」 개성 고려박물관.

「開城府」『廣輿圖』 서울대학교 규장각한국학연구원.

「開城全圖」『1872 조선후기 지방지도』 서울대학교 규장각한국학연구원.

「松都」『海東地圖』 서울대학교 규장각한국학연구원.

「松都」『輿地圖』 서울대학교 규장각한국학연구원.

• 목판 지도 •

「文廟公墓圖」 서울역사박물관.

「松京城內圖」 林孝憲, 1830 이후, 『松京廣攷』 서울대학교 규장각한국학연구원.

「松京幅圓圖」 서울역사박물관.

「松京幅圓圖」 林孝憲, 1830 이후, 『松京廣攷』 서울대학교 규장각한국학연구원.

「松京幅圓圖癸未以後」 林孝憲, 1830 이후, 『松京廣攷』 서울대학교 규장각한국학연구원.

「松京幅圓圖丙辰以後」 林孝憲, 1830 이후, 『松京廣攷』 서울대학교 규장각한국학연구원.

「松都城內圖」 鄭昌順, 1782 『松都志』 서울대학교 규장각한국학연구원.

「松都幅圓圖」 鄭昌順, 1782 『松都志』 서울대학교 규장각한국학연구원.

「松都幅圓圖」 金文淳, 1802 『松都續志』 서울대학교 규장각한국학연구원.

「中京城內圖」 徐憙淳, 1830 『中京誌』 서울대학교 규장각한국학연구원.

「中京幅員圖」 徐憙淳, 1830 『中京誌』 서울대학교 규장각한국학연구원.

• 근 · 현대지도 •

「開城」5만분의 1, 1918, 朝鮮總督府 陸地測量部 編, 국립중앙박물관.

「開城」2만 5천분의 1, 1977, 미국 국방성 지도제작청 해상 및 육상측지본부.

「開城①」특수지형도, 2만 5천분의 1, 1918, 朝鮮總督府(경인문화사 영인).

「開城②」특수지형도, 1만분의 1, 1918, 朝鮮總督府(경인문화사 영인).

「開城地形圖」5만분의 1, 1911, 일본 陸地測量部 編(軍用秘圖), 일본국회도서관.

「開城地形圖」5만분의 1, 1913, 일본 陸地測量部 編.

「開城地形圖」1만분의 1, 1918, 朝鮮總督府 陸地測量部 編, 한국학중앙연구원 장서각.

「開城地形圖」5만분의 1, 1924, 朝鮮總督府 陸地測量部 編, 한국학중앙연구원 장서각.

「開城地形圖」5만분의 1, 1930, 朝鮮總督府 陸地測量部 編, 한국학중앙연구원 장서각.

「開城地形圖」5만분의 1, 1931, 朝鮮總督府 陸地測量部 編, 한국학중앙연구원 장서각.

「開城略圖」納富由三, 1912, 株式會社日本電報通信社東京支局.

「開城 光德·大聖·興敎·臨漢·中面地圖」5만분의 1, 1926『開城郡面誌』開城圖書館.

「開城 北·中西·西·南面地圖」5만분의 1, 1926『開城郡面誌』開城圖書館.

「開城 上道·進鳳·靑郊·東面地圖」5만분의 1, 1926『開城郡面誌』開城圖書館.

「開城 松都面地圖」1만분의 1, 1926『開城郡面誌』開城圖書館.

「開城 嶺南·嶺北面地圖」5만분의 1, 1926『開城郡面誌』開城圖書館.

「松都古蹟圖」1926『開城郡面誌』開城圖書館(경인문화사 영인).

「開城 高麗王陵地圖」5만분의 1, 1926『開城郡面誌』開城圖書館.

「開城府市街圖」, 1934『朝鮮旅行案內記』朝鮮總督府鐵道局.

「開城市街實測圖 略寫」金基浩, 1971『開城舊京』대한공론사.

「開城市全圖 略寫」金基浩, 1971『開城舊京』대한공론사.

「京畿道開豊郡管內圖 略寫」金基浩, 1971『開城舊京』대한공론사.

「松都古蹟圖」高裕燮, 1946『松都古蹟』(1977, 悅話堂; 2007 우현 고유섭전집).

「개성일대 문화유적 위치도(광복 이전 지형도 1/50,000)」(국립문화재연구소, 2013
　　　　『개성일대 문화유적 연혁 자료집』).

「高麗王陵分布圖」今西龍, 1916「高麗諸王陵墓 調査報告書」『朝鮮總督府
　　　　古蹟調査報告書』.

그림

「耆老世聯稧圖」金弘道, 시기 미상, 개인 소장.

「朴生淵」鄭敾, 시기 미상, 간송문화재단.

「朴淵瀑」鄭敾, 시기 미상, 개인 소장.

「朴淵圖」작자 미상, 시기 미상, 개인 소장.

「朴淵泛槎亭」林得明, 시기 미상『西行一千里長卷』, 개인 소장.

「朴淵瀑布」尹濟弘, 1812『鶴山墨戱帖』, 개인 소장.

『四壯元松都同僚契會圖』, 작자 미상, 1612, 국립중앙박물관.

『松都紀行帖』, 姜世晃, 1757, 국립중앙박물관.

『松都四壯元契會圖六幅屛風』, 작자 미상, 1772, 국립중앙박물관.

「松都龍頭會圖」 작자 미상, 1772, 고려대학교박물관.

「松都留守到任時」 金弘道, 1781, 『慕堂平生圖八曲屛』 국립중앙박물관.

「華臧秋色」 林得明, 1813, 『西行一千里長卷』 개인 소장.

도록

강화고려역사재단, 2015 『두 개의 수도, 하나의 마음 : 개성과 강화, 과거와 현재를 넘어
　　　미래를 보다』.

경기문화재단 경기문화재연구원, 2021 『개성한옥』.

국립문화재연구소, 2013 『개성의 문화유적』.

국립중앙박물관, 2006 『북녘의 문화유산』.

국립춘천박물관, 2008 『우리 땅, 우리의 진경』.

국사편찬위원회, 2018 『개성의 역사와 유적 : 고려건국 천백 주년기념』.

김성복·한효렬, 2004 『고려의 옛 수도 개성』 조선중앙사진선전사.

남북역사학자협의회 편, 2018 『(고려건국 1100년) 고려황궁 개성 만월대 : 남북공동발굴
　　　평창특별전』.

동아일보사, 1991 『사진으로 보는 한국백년 : 1978-』.

문화재관리국 문화재연구소, 1993 『北韓文化財圖錄』.

외국문출판사, 2018 『고려도읍 개성의 민족유산-고려 건국 1100돐에 즈음하여』.

조대일, 2010 『조선의 유적유물』 외국문출판사.

조선유적유물도감 편찬위원회, 1992 『조선 유적유물도감(10) 고려편(1)』
　　　외국문종합출판사.

조선유적유물도감 편찬위원회, 1992 『조선 유적유물도감(11) 고려편(2)』
　　　외국문종합출판사.

조선유적유물도감 편찬위원회, 1992 『조선 유적유물도감(20) 색인』 외국문종합출판사.

조선유적유물도감 편찬위원회, 2002 『북한의 문화재와 문화유적 3』 서울대학교출판부.

조선유적유물도감 편찬위원회, 2002 『북한의 문화재와 문화유적 4』 서울대학교출판부.

조선민주주의인민공화국 문화보존지도국사진집편집실, 1977 『개성역사박물관 개성의
　　　역사유적』.

조선중앙사진선전사, 2005 『고려박물관』.

한국안보교육협회, 1991 『북한문화재대관』.

AA.VV., 1980 『Les Reliques Historiques de la Coree』 Editions Partrimoine Culturel.

The Cultural Relics Publishing House, 1989 『Historical Relics in Kaesong』 The Cultural
　　　Relics Publishing House.

보고서(발굴조사보고서) 및 자료집

• 보고서 •

국립문화재연구소, 2008 『개성 고려궁성 시굴조사보고서』.

국립문화재연구소, 2009 『개성 고려궁성』.

국립문화재연구소, 2012 『개성 고려궁성 남북공동 발굴조사보고서 Ⅰ』.

국립문화재연구소, 2015 『개성 고려궁성 남북공동 발굴조사보고서 Ⅱ』.

국립문화재연구소, 2020 『개성 고려궁성 남북공동 발굴조사보고서 Ⅲ』.

김영진, 2009 『고려의 유물』: 『조선고고학전서』48권, 사회과학원 고고학연구소(진인진, 2013).

김인철, 2002 『고려 무덤 발굴보고』 사회과학출판사(2003, 백산자료원).

김인철, 2009 『고려왕릉연구』 조선사회과학학술집 50(고고학편) 사회과학출판사.

김인철, 2009 『고려의 무덤』: 『조선고고학전서』47권, 사회과학원 고고학연구소(진인진, 2013).

남북역사학자협의회, 2010 『개성 만월대 남북공동발굴조사』.

리병선, 1963 「황해남도 고려자기 가마터 발굴보고」 『고고학자료집:각지유적정리보고』3,
　　　평양 과학원출판사.

리창언, 2002 『조선 사회과학 학술집26(고고학편) 고려 유적 연구』
　　　사회과학출판사(백산자료원, 2003).

리창언, 2009 『고려의 성곽』 조선고고학전서 45권, 사회과학원 고고학연구소(진인진, 2013).

리창언, 2009 『고려 유적연구』 조선사회과학학술집 26 고고학편(53), 평양 사회과학출판사

리창언·리창진, 2009 『고려의 건축』 조선고고학전서 46권, 사회과학원
　　　고고학연구소(진인진, 2013).

문화재관리국 문화재연구소, 1991 『북한문화유적 발굴개보(북한문화재조사서 제3책)』.

사회과학원 고고학연구소, 2009 『고구려와 고려 및 리조도자기 가마터와 유물』
　　　조선고고학전서 49권, 사회과학원 고고학연구소(진인진, 2013).

사회과학원 고고학연구소·일본 다이쇼대학, 2004 『령통사 유적발굴보고』.

朝鮮總督府, 1918 『朝鮮古蹟圖譜』6(고려편1).

朝鮮總督府, 1920 『朝鮮古蹟圖譜』7(고려편2).

朝鮮總督府, 1928 『朝鮮古蹟圖譜』8(고려편3).

한국토지공사 토지박물관, 2005 『개성공업지구1단계문화유적남·북공동조사보고서』.

한국토지공사 토지박물관·사회과학원고고학연구소, 2008 『개성공업지구 2단계 남북공동
　　　문화유적지표조사 보고서』.

大正大学综合仏教研究所編, 2005 『靈通寺跡-開城市所在』研究編·図版編, 大正大学出版会.

今西龍, 1916 『高麗諸陵墓調査報告』朝鮮總督府.

今西龍, 1917 「京畿道廣州郡·利川郡·驪州郡·楊州郡·高陽郡·加平郡·楊平郡·長湍郡·開城郡
　　　·江華郡·黃海道平山郡遺蹟遺物調査報告書」 『大正五年度古蹟調査報告書』朝鮮總督府.

• 자료집 •

이코모스 한국위원회, 2004 『開城-북한문화유산 관련 자료집1, 개성역사지구』.
이코모스 한국위원회, 2004 『역사도시 개성의 문화유산적 가치』.
경기문화재단, 2012 『2012년 개성 한옥 보존사업과 성과보고서』 경기도.
국립문화재연구소, 2013 『고려도성 기초학술연구』 I.
국립문화재연구소, 2016 『개성일대 문화유적 연혁 자료집』.
국립문화재연구소, 2016 『북한 정기간행물 고고학 문헌 목록』.
국립문화재연구소, 2017 『조선고고연구 해제집 1(1986~2000)』.
국립문화재연구소, 2017 『조선고고연구 해제집 2(2001~2016)』.
국립문화재연구소, 2019 『북한 고고학 정기간행물 해제 II -력사제문제 · 문화유산 ·
          문화유물 · 고고민속』.
국립문화재연구소, 2019 『북한문화재해설집 I -석조물편』.
국립문화재연구소, 2019 『북한문화재해설집 II - 사찰건축편』.
국립문화재연구소, 2019 『북한문화재해설집 III- 일반건축편』.
국립문화재연구소 · 남북한역사학자협의회, 2019 『고려 도성 개경 궁성 만월대』
          개성만월대 남북공동 조사성과 학술회의 자료집.
국립문화재연구소 · 남북역사학자협의회 · 고려사학회, 2019 『고려도성 개경 궁성 만월대』.
남북역사학자협의회, 2015 『2015 남북공동학술회의 개성만월대 남북공동발굴조사 9년의
          성과와 전망』.
문화성 물질문화유물보존사업소, 1963 『우리나라 주요 유적』 군중문화출판사.
문화성 물질문화유물보존사업소, 1996 『북한의 주요 유적(해외 우리 어문학 연구총서
          148)』 한국문화사.
문화재관리국 문화재연구소, 1990 『북한문화재 관계문헌 휘보(북한문화재 조사서 제2책)』.
문화재관리국 문화재연구소, 1991 『북한문화유적발굴개보, 북한문화재조사서 3』.
문화재관리국 문화재연구소, 1992 『북한문화재자료목록』.
문화재관리국 문화재연구소, 1994 『小川敬吉(Geikichi OGAWA) 조사문화재자료-
          해외소재문화재조사서 제5책』.
조선불교연맹 · 천태종, 2005 『개성 영통사 복원기념 학술토론회자료집』.

• 기타 단행본(저서, 답사기 등) •

開城府 編, 1948 『開城府勢一班(4281年度) 開城府總務室.
開城府立博物館, 1936 『開城府立博物館案內』 開城府立博物館.
高裕燮, 1946 『松都古蹟』(1977 『松都의 古蹟』 悅話堂; 2007 우현 고유섭전집).
高裕燮, 1958 『餞別의 瓶』 通文館.
金基浩, 1972 『開城舊京』 大韓公論社.
대한불교진흥원, 2009 『북한의 사찰』.

文光善, 2009『開城 : 高麗 千年の都』梨の木舍(2018『세계유산 개성』역사인).

송경록, 2000『북한 향토사학자가 쓴 개성 이야기』푸른숲.

旅遊宣傳通報社, 1991『開城』.

우만형, 1970『開城』예술춘추사.

원형두, 1978『두고 온 산하: 망향 30년』경인문화사.

李丙燾, 1947『高麗時代의 研究』(1980『改訂版 高麗時代의 研究』아세아문화사).

전룡철·김진석, 2002『개성의 옛 자취를 더듬어』문학예술출판사.

조대일, 2010『조선의 유적유물』외국문출판사.

주성철, 2008『개성의 역사와 문화』사회과학원 역사연구소.

최창조, 1998『최창조의 북한 문화유적 답사기』중앙M&B.

한국문원편집실 엮음, 1995『분단50년 북한을 가다 3 (개성·해주)』한국문원.

韓國佛教研究院, 1978『北韓의 寺刹』일지사.

川口卯橘 編, 1911『開城案內記』開城新報社(1999 경인문화사 영인).

川口卯橘, 1927『高麗王陵誌』開城圖書館.

朝鮮地方行政學會, 1937『京畿地方의 名勝史蹟』朝鮮地方行政學會.

• 전자자료 •

국사편찬위원회 한국사데이터베이스 개경기초자료
(http://db.history.go.kr/KOREA/item/gkIdxList.do).

국사편찬위원회 한국사데이터베이스 고려개경지리정보
(http://db.history.go.kr/hgis/kor_g1/main.do).

국립문화재연구소 문화유산 연구지식포털 – 개성의 문화유적 유적목록
(https://portal.nrich.go.kr/kor/gaesongList.do?menuIdx=701).

대한민국과 세계의 문화재 – 북한문화재
(http://roks821.egloos.com/).

박종진의 개성답사기 1~4(2006.04.09.~2006.09.10.)
(http://www.koreanhistory.org/1848, http://www.koreanhistory.org/1850,
http://www.koreanhistory.org/1852, http://www.koreanhistory.org/1854).

즐거운 壽石 취미, 끝없는 高麗皇都 開城 松都이야기
(http://blog.naver.com/PostView.nhn?blogId=songmisinsun&logNo).

개성 만월대 – 남북공동발굴 디지털기록관
(http://www.manwoldae.org/front/story/excavation.do).

참고문헌

공통

• 저서, 박사학위논문 •

高裕燮, 1946 『松都古蹟』(1977 『松都의 古蹟』 열화당).

경기문화재단, 2018 『고려와 고려도경』.

김창현, 2002 『고려 개경의 구조와 그 이념』 신서원.

김창현, 2011 『고려 개경의 편제와 궁궐』 경인문화사.

김창현, 2011 『고려의 불교와 상도 개경』 신서원.

김창현, 2017 『고려 도읍과 동아시아 도읍의 비교연구』 새문사.

朴龍雲, 1996 『고려시대 開京 연구』 일지사.

사회과학원 력사연구소, 1994 『조선기술발전사 3 고려편』(1994, 백산자료원).

禹成勳, 2006 『高麗の都城開京に關する都市史的研究』 도쿄대학 건축학 전공
　　　　　박사학위논문.

李丙燾, 1946 『高麗時代의 研究』(1980, 을유문화사).

정은정, 2018 『고려 開京·京畿 연구』 혜안.

조선유적유물도감편찬위원회, 1991 『조선유적유물도감』 10.

한국역사연구회 개경사연구반, 2002 『고려의 황도 개경』 창비.

한국역사연구회 개경사연구반, 2007 『고려 500년 서울 개경의 생활사』 휴머니스트.

한국역사연구회 개경사연구반, 2021 『역주 조선시대 개성유람기』 혜안.

• 학술논문 •

김창현, 2003 「고려의 운수관과 도읍경영」 『韓國史學報』 15.

김창현, 2006 「고려시대 國王巡御와 도읍경영」 『한국중세사연구』 21.

金昌賢, 2008 「신라 왕경과 고려 도성」 『新羅文化祭學術論文集』 29.

김창현, 2020 「고려 개경의 도성 구조와 궁성-도성 구조의 완성 과정을 중심으로」
　　　　　『韓國史學報』 79.

박종진, 1999 「고려시기 개경사 연구동향」 『역사와 현실』 34.

박종진, 2019 「고려시기 개경사 연구동향2(2000-2009)」 『역사와 현실』 75.

박종진, 2009 「고려왕조의 수도 개경의 경관」 『사회적 네트워크와 공간』 태학사.

徐聖鎬, 1994 「韓國中世의 都市와 社會-高麗時代 開京의 경우」 『東洋 都市史 속의 서울』
　　　　　서울시정개발연구원.

신안식, 2018 「고려 국도 개경 연구의 기초자료 현황과 전망」 『역사와 현실』 109.

신안식, 2019 「고려 개경의 築城과 도시 영역의 변화」 『한국중세사연구』 59.

안병우, 2011「고려의 수도로서 개경의 위상」『고려수도 개경과 동아시아의 도성문화』 국립문화재연구소.

안병우, 2019「고려의 수도 개경의 역사적 위상」『한국중세사연구』59.

우성훈, 2011「고려시대 수도 개경의 도시 상황과 경중지배의 변화」『고려수도 개경과 동아시아의 도성문화』국립문화재연구소.

우성훈, 2013「고려 성종대 개경의 변화와 도성구조에 관한 검토」 『대한건축학회논문집』29(5).

이병희, 2012「고려시기 벽란도의 '해양도시'적 성격」『島嶼文化』39.

이승민, 2019「송 사신단의 개경 遊觀과 고려의 외교 공간 활용」『한국문화』88.

이익주, 2015「고려 전기 '상경(上京)'을 통해 본 개경의 위상」『서울학연구』60.

이정호, 2015「여말선초시기 개경과 한양의 별서(別墅)에 대한 고찰」『서울학연구』58.

장지연, 2000「개경과 한양의 도성구성 비교」『서울학연구』15.

장지연, 2014「고지도에 투영된 역사도시 開城의 발견」『한국고지도연구』6(1).

장지연, 2016「조선 전기 개성과 한성의 관계 (1) - 점으로 보기」『서울학연구』63.

장지연, 2018「조선 전기 개성과 한성의 관계 (2) - 선과 면으로 보기」『서울학연구』73.

전경숙, 2019「고려초 수도 개경의 도시 공간 구성과 변화」『한국중세사연구』59.

정은정, 2001「고려전기 개경의 도시기능과 그 변화」『한국중세사연구』11.

최종현, 2016「개경과 남경 사이」『서울학연구』63.

홍영의, 1998「고려 수도 개경의 위상」『역사비평』45.

홍영의, 2007「천년의 역사도시 고려 수도 개경의 위상」『고고학』6(1).

홍영의, 2011「조선후기 회화와 지도에 기록된 개성의 유적과 경관」『역사와 현실』79.

장별

1. 개성의 자연

金基德, 2001「高麗時代 開京의 風水地理的 考察」『韓國思想史學』18.

김기덕, 2002「개경의 풍수」『고려의 황도 개경』창비.

김기덕, 2004「高麗時代 開京과 西京의 風水地理와 遷都論」『한국사연구』127.

박종진, 2003「고려시기 개경의 물과 생활」『인문과학』12, 서울시립대학교.

박종진, 2013「조선후기 개성읍지에 기록된 '개성'의 산」『한국문화』62.

楊普景, 1997,「조선시대의 '백두대간' 개념의 형성」『진단학보』83.

2. 고려 건국과 개경 천도

金基德, 2001「高麗時代 開京의 風水地理的 考察」『韓國思想史學』18.

김기덕, 2004「高麗時代 開京과 西京의 風水地理와 遷都論」『한국사연구』127.

박종진, 2017 『고려시기 지방제도 연구』 서울대학교출판문화원.

박종진, 2019 「고려 건국의 기반과 개경 천도의 배경」 『한국중세사연구』 59.

李丙燾, 1980 『(개정판)高麗時代의 研究』 아세아문화사.

장지연, 2015 『고려·조선 국도풍수론과 정치이념』 신구문화사.

전룡철, 1980 「고려의 수도 개성성에 대한 연구(1)」 『력사과학』.

鄭淸柱, 1996 『新羅末高麗初 豪族研究』 一潮閣.

崔根泳, 1990 『統一新羅時代의 地方勢力研究』 新書院.

崔元碩, 1998 「羅末麗初의 裨補寺塔 研究」 『九山論集』 2.

崔昌祚, 1984 『韓國의 風水思想』 민음사.

한정수, 2019 「고려 태조 왕건(王建)과 풍수도참(風水圖讖)의 활용」 『韓國思想史學』 63.

3. 성곽

김창현, 2002 「고려 개경의 羅城門과 皇城門」 『歷史學報』 173.

김창현, 2002 「고려시대 개경 황성의 구조」 『史學研究』 67.

김희윤, 2014 「고려 현종대 羅城 축조 과정에 대한 연구」 『韓國史學報』 55.

노영구, 2006 「조선후기 開城府 일대 關防體制의 정비와 財政의 추이」 『한국문화』 38.

朴龍雲, 1996 「開京 定都와 시설」 『고려시대 開京 연구』 일지사.

신안식, 2000 「고려전기의 축성(築城)과 개경의 황성」 『역사와 현실』 38.

신안식, 2002 「개경을 에워싼 성곽」 『고려의 황도 개경』 창비.

신안식, 2019 「고려 개경의 築城과 도시 영역의 변화」 『한국중세사연구』 59.

우성훈, 2006 「高麗の都城開京に關する都市史的研究」 도쿄대학 건축학전공 박사학위 논문.

우성훈, 2013 「개경 나성 축성의 도시사적 의의에 관한 검토」 『대한건축학회논문집』 29(2).

윤경진, 2018 「고려 현종대 開京 羅城 축조에 대한 재검토」 『한국문화』 84.

윤용출, 2018 「조선후기 벽돌성의 축조」 『지역과 역사』 42.

윤용출, 2018 「조선후기 번벽축성(燔甓築城) 논의와 기술 도입」 『한국민족문화』 67.

전룡철, 1979 「개성의 대흥산성」 『력사과학』.

전룡철, 1980 「고려의 수도 개성성에 대한 연구(1)」 『력사과학』.

전룡철, 1980 「고려의 수도 개성성에 대한 연구(2)」 『력사과학』.

정요근, 2006 「고려중·후기 '임진도로(臨津度路)'의 부상(浮上)과 그 영향」 『역사와
현실』 59.

정요근, 2002 「모든 길은 개경으로」 『고려의 황도 개경』 창비.

정요근, 2008 『高麗·朝鮮初의 驛路網과 驛制 研究』 서울대학교 박사학위논문.

조선민주주의인민공화국 민족유산보호지도국, 프랑스국립극동연구원, 2014 『조선-프랑스
개성성공동조사발굴전시회』.

한정훈, 2013 『고려시대 교통운수사연구』 혜안.

細野涉, 1998 「高麗時代の開城 -羅城城門の比定を中心とする復元試案-」 『朝鮮學報』 166.

4. 궁궐

개성발굴조, 1986「개성 만월대의 못과 지하하수도시설물에 대한 조사발굴보고」
　　　　『조선고고연구』3.
김동욱, 1987「11,12세기 高麗 正宮의 건물구성과 배치」『건축역사연구』6(3),
　　　　한국건축역사학회.
김창현, 2020「고려 개경의 도성 구조와 궁성-도성 구조의 완성 과정을 중심으로」
　　　　『韓國史學報』79.
김철웅, 2009「고려 경령전의 설치와 운영」『한국학』32(1).
나용재, 2017「고려 東宮의 殿閣名과 구조에 대한 試論的 검토」『史學志』55.
남창근, 2012『高麗 本闕 景靈殿 一郭의 성격과 建築遺構를 통한 復原』청주대학교
　　　　박사학위논문.
남창근, 2020「고려 본궐 만월대 주요전각 위치와 배치체계」『중앙고고연구』32.
남창근·김태영, 2009「고려 본궐 경령전터 일곽에 관한 고찰」『産業科學研究』26(2),
　　　　청주대학교출판부.
남창근·김태영, 2011「고려 본궐 경령전 일곽 내 18호 건물지의 복원적 연구」
　　　　『대한건축학회연합논문집』13(4).
남창근·김태영, 2011「고려 본궐 경령전 일곽의 성격과 배치특성에 관한 연구」
　　　　『대한건축학회연합논문집』13(3).
리창언, 1999「만월대의 동지에 대하여」『조선고고연구』 112.
박성진, 2010「고려궁성 '서부건축군'의 건물군 배치 검토」『한국건축역사학회
　　　　추계학술발표대회논문집』.
박성진, 2011「고려궁성의 형성과 변화에 대한 고고학적 검토」『고려수도 개경과
　　　　동아시아의 도성문화』국립문화재연구소.
박성진, 2012「고려宮城 正殿 배치관계 연구-제2정전 건덕전과 주변 전각(殿閣)의
　　　　배치관계를 중심으로-」『先史와 古代』37.
박성진, 2016「개성 고려궁성 남북공동발굴조사의 최신 조사성과」『서울학연구』63.
박지영, 2020「고려궁성(만월대) 출토 청자로 본 건물지군의 성격」『韓國史學報』79.
안병우, 2019「고려 궁궐의 형성과 활용」『신라 왕경에서 고려 개경으로-월성과 만월대』.
국립경주문화재연구소·신라왕경핵심유적복원정비사업추진단·경주시·한국고고학회·남
　　　　북역사학자협의회.
梁正錫, 2006「高麗 宮闕 正殿廊의 構造와 意味 - 安鶴宮 南宮 正殿廊과의 比較를
　　　　중심으로 -」『釜大史學』30.
우성훈·이상해, 2006「고려정궁 내부 배치의 복원연구」『건축역사연구』15(3).
우성훈, 2018「혜음원지와 고려 정궁지 건축유구의 특성에 대한 고찰」『건축역사연구』 27(6).
유부현, 2020「개성 만월대 출토 금속활자의 가치」『韓國史學報』79.
이상준, 2009「개성 고려궁성(만월대)의 발굴성과와 과제」『한국 중세사 연구의 새로운

방법론 모색-74회 연구발표회 자료집-』한국중세사학회.

이상준, 2019 「개성 고려궁성(만월대) 남북공동발굴조사의 성과와 과제」 국립경주문화
    재연구소·신라왕경핵심유적복원정비사업추진단·경주시·한국고고학회·남북역
    사학자협의회.

장동익, 2009 「고려시대의 景靈殿」『역사교육논집』43.

장상렬, 1986 「만월대 장화전 건축군의 배치와 거기에 쓴 자에 대하여」『조선고고연구』.

장상렬, 1988 「고려왕궁 – 만월대 건축에 쓴 측도 기준」『고고민속론문집』11.

장상렬, 1989 「만월대 회경전 건축군에 쓴 자에 대하여」『조선고고연구』.

장지연, 2002 「정치와 행정의 중심지, 궁궐과 관청」『고려의 황도 개경』 창비.

장지연, 2006 「고려후기 개경 궁궐 건설 및 운용방식」『역사와 현실』60.

정은정, 2010 「元 수도권정비의 영향과 고려궁궐의 변화」『역사와 경계』76.

정은정, 2017 「14세기 元明교체기의 胡·漢共存과 개경의 望闕禮 공간」
    『한국중세사연구』49.

정찬영, 1989 「만월대 유적에 대하여 (1)」『조선고고연구』 1989-1호.

홍영의, 2010 「고려시기 개경의 도시 건설과 궁궐 조영과 운영」『한국중세사연구』28.

홍영의, 2012 「고려 궁궐내 景靈殿의 구조와 운용」『한국학논총』37.

前間恭作, 1963 「開京宮殿簿」『朝鮮學報』26.

5. 정치제도의 운영과 개경의 관청

박용운, 2008 『고려시대사』 일지사.

朴龍雲, 2009 『『高麗史』百官志 譯註』 신서원.

박재우, 2017 「중앙 정치의 구조와 운영-왕과 관료에 의한 정치」『고려시대사1』 푸른역사.

邊太燮, 1971 『高麗政治制度史研究』一潮閣.

장지연, 2002 「정치와 행정의 중심지, 궁궐과 관청」『고려의 황도 개경』 창비.

6. 태묘와 사직

김아네스, 2019 「고려 전기 태묘의 禘祫 親享과 그 의미」『진단학보』132.

김아네스, 2019 「왕실 조상 숭배의례와 태묘」『고려의 국가제사와 왕실의례』 경인문화사.

金澈雄, 2005 「고려시대 太廟와 原廟의 운영」『國史館論叢』106.

배종도, 2000 「不遷之主 惠宗考-그에 대한 평가 변화를 중심으로-」『韓國史의 構造와
    展開』 혜안.

李康漢, 2010 「14세기 高麗 太廟의 혁신과 변천」『震檀學報』109.

李美智, 2019 「북한『로동신문』에 보도된 고려시대 관련 기사의 현황과 주요 내용」
    『역사와 실학』70.

장지연, 2002 「국가의 상징, 태묘와 사직」『고려의 황도 개경』 창비.

정기철, 2001 「고려시대 宗廟의 건축형식 연구」『대한건축학회논문집』17(11).

崔順權, 1998「高麗前期 五廟制의 運營」『歷史教育』66.

趙旭鎭, 2021「高麗前期 太廟의 구성과 廟制의 변화」고려대학교 한국사학과
　　　　석사학위논문.

한정수, 2006「고려시대 개경의 사전(祀典) 정비와 제사 공간」『역사와 현실』60.

黃乙順, 1988「高麗에서의 昭穆問題와 崇左思想」『考古歷史學志』4.

홍영의, 2012「고려 궁궐내 景靈殿의 구조와 운용」『한국학논총』37.

7. 국자감과 성균관

高裕燮「奉恩寺와 國子監」(1977『松都의 古蹟』悅話堂).

南孝溫「松京錄」(한국역사연구회 개경사연구반, 2021『역주 조선시대 개성유람기』).

도현철, 2002「인재 양성과 관료 충원의 중심지」『고려의 황도 개경』창비.

문화보존연구소, 1983『우리나라 역사유적』과학, 백과사전출판사(1995, 도서출판
　　　　민족문화).

박재우, 2020「고려 성균관의 성립과 운용」『史林』74.

8. 경제제도 운영과 개경

박종진, 1986「高麗前期 義倉制度의 構造와 性格」『高麗史의 諸問題』삼영사.

박종진, 2000『고려시기 재정운영과 조세제도』서울대학교출판부.

박종진, 2002「누구에게나 부담스러웠던 조세」『고려의 황도 개경』창비.

박종진, 2002「허울뿐인 구휼제도의 실상」『고려의 황도 개경』창비.

9. 시장

김창석, 2004「고려 전기 '허시(虛市)'의 성립과 그 성격」『역사와 현실』53.

박평식, 2002「高麗時期의 開京市廛」『韓國史의 構造와 展開』하현강교수정년기념논총.

서성호, 2000「고려시기 개경의 시장과 주거」『역사와 현실』38.

서성호, 2000「15세기 서울 都城의 상업」『서울상업사』태학사.

서성호, 2002「개경의 시장」『고려의 황도 개경』창비.

우성훈, 2005「고려의 수도 개경의 도시 상업시설에 관한 기초적 검토」『일본건축학회
　　　　계획계논문집』596.

우성훈, 2005「개경의 도시상업시설의 건축 형식과 역할」『일본건축학회
　　　　계획계논문집』598.

우성훈, 2010「고려시대 개경 시장의 도시사적 위치에 관한 연구」
　　　　『대한건축학회논문집』26(5).

北村秀人, 1990「高麗時代の京市の基礎的考察 −位置・形態を中心に−」『人文研究』42(4),
　　　　大坂市立大.

北村秀人, 1993「高麗時代の京市の機能について」『朝鮮史研究會論文集』31.

10. 도시문제와 주거

김용선, 2013 『생활인 이규보』 일조각.

김용선, 2013 『이규보 연보』 일조각.

김형중, 2011 「高麗前期 金吾衛의 조직과 기능에 관한 연구」 『한국경찰연구』 10(3).

박종진, 2003 「고려시기 개경의 물과 생활」 『인문과학』 12, 서울시립대학교.

박진훈, 2002 「고려시대 개경 치안기구의 기능과 변천」 『한국사론』 33.

박진훈, 2003 「고려시대 감옥(監獄)의 설치와 운영체계」 『역사와현실』 47.

서성호, 2000 「고려시기 개경의 시장과 주거」 『역사와 현실』 38.

서성호, 2002 「개경의 주거」 『고려의 황도 개경』 창비.

전경숙, 2010 「고려시기 개경 군사시설과 방위구역」 『한국중세사연구』 28.

최재영, 2010 「唐 前期 長安城의 構造와 治安組織」 『震檀學報』 109.

11. 절

강호선, 2002 「개경의 절」 『고려의 황도 개경』 창비.

강호선, 2002 「개경의 축제, 연등회와 팔관회」 『고려의 황도 개경』 창비.

金龍善, 1981 「光宗의 改革과 歸法寺」 『高麗光宗研究』 一潮閣.

金炯佑, 1993 『高麗時代 國家的 佛教行事에 대한 研究』 동국대학교 박사학위논문.

박종진, 2000, 「고려시기 개경 절의 위치와 기능」 『역사와 현실』 38.

박종진, 2001, 「개성의 문화재」 『역사비평』 54.

邊東明, 1999, 「高麗 忠烈王의 妙蓮寺 창건과 法華信仰」 『韓國史研究』 104.

안지원, 2005, 『고려의 국가 불교의례와 문화 - 연등·팔관회와 제석도량을 중심으로』 서울대학교출판부.

이기운, 2006 「고려 개경 사찰 설립 의의와 신행」 『국제고려학회 서울지회 논문집』 8.

전경숙, 2018 「고려시대 국왕의 개경 절 行幸과 도성의 공간 활용」 『역사와 담론』 85.

정병삼, 2020 『한국불교사』 푸른역사.

蔡尚植, 1991 「妙蓮寺의 創建과 그 性格」 『高麗後期佛教史研究』 일조각.

崔柄憲, 1981 「高麗中期 玄化寺의 創建과 法相宗의 隆盛」 『韓㳓劤博士停年紀念史學論叢』 지식산업사.

韓基汶, 1998 「高麗太祖時의 寺院創建」 『高麗寺院의 構造와 機能』 민족사.

韓基汶, 1998 『高麗寺院의 構造와 機能』 민족사.

韓基汶, 2001 「高麗時代 開京 現聖寺의 創建과 神印宗」 『歷史敎育論集』 26.

한기문, 2008 「高麗時代 開京 奉恩寺의 創建과 太祖眞殿」 『韓國史學報』 33.

한기문, 2019 「고려전기 수도 개경 사원의 성립과 기능」 『한국중세사연구』 59.

許興植, 1986 『高麗佛敎史研究』 一潮閣.

許興植, 1986 「開京寺院의 機能과 所屬宗派」 『高麗佛敎史研究』 一潮閣.

허흥식, 2000 「고려의 왕릉과 사원과의 관계」 『고려시대연구1』 한국정신문화연구원.

許興植, 2003 「開京 山川壇廟의 神靈과 八仙宮」『민족문화논총』27.

홍영의, 2013 「고려시대 개경의 사찰과 남겨진 유물」『북한의 문화유산』
　　　　동북아불교미술연구소.

黃壽永, 1959 「高麗 興王寺址 調査」『白性郁博士頌壽紀念佛敎學論文集』동국대학교.

황인규, 2016 「고려 후기 조선 초 화엄종계와 고승」『韓國佛敎學』77.

水谷昌義, 1984 「高麗仏日寺의 調査·硏究 - 近年의 共和国의 硏究報告から -」
　　　　『朝鮮學報』113.

12. 왕릉

김인철, 2002 『고려무덤발굴보고』사회과학출판사(2003, 백산자료원).

리창언, 2002 『고려 유적연구』사회과학출판사(2003, 백산자료원).

박종진, 2001 「개성의 문화재」『역사비평』54.

이상준, 2012 「고려왕릉의 구조 및 능주(陵主) 검토」『문화재』45(2).

장경희, 2008 『고려왕릉』예맥.

장호수, 2000 「개성지역 고려왕릉」『韓國史의 構造와 展開』혜안.

정해득, 2013 『조선 왕릉제도 연구』신구문화사.

홍영의, 2019 「조선시대 고려 왕릉의 현황과 보존 관리 실태-『여조왕릉등록』을 중심으로-」
　　　　『한국중세고고학』5.

13. 고려의 경기, 개성부의 설치와 변화

朴龍雲, 1996 「開京과 開城府」『고려시대 開京 연구』일지사.

朴龍雲, 1996 『고려시대 開京 연구』일지사.

박종기, 2003 「고려시대 남경지역의 개발과 京畿制」『연구논문집』1, 서울역사박물관.

빅종진, 2012 「고려전기 開城府의 변천과 지리적 범위」『동방학지』157.

박종진, 2015 「고려말·조선초 개성부의 위상」『동방학지』170.

邊太燮, 1971 「高麗時代 京畿의 統治制」『高麗政治制度史硏究』一潮閣.

신안식, 2003 「고려시대 '京畿'의 위상과 역할」『인문과학연구논총』25.

우성훈, 2016 「고려시대 개경의 지역 단위에 대한 기초적 검토」『대한건축학회
　　　　논문집』32(1).

윤경진, 2008 「『고려사』지리지 '대경기' 기사의 비판적 검토 - 공민왕 18년 경기
　　　　탁전(度田)으로의 재해석」『역사와 현실』69.

윤경진, 2009 「고려전기 京畿의 편성과 운영」『역사문화연구』33.

尹武炳, 1956 「所謂 '赤縣'에 대하여」『李丙燾博士華甲記念論叢』.

李基成, 1994 『高麗時代 五部坊里의 構造와 運營』국민대학교 국사학과 석사학위논문.

정은정, 2004 「고려전기 京畿의 형성과 大京畿制」『한국중세사연구』17.

정은정, 2005 「고려중기 경기지역의 공한지 개발」『지역과 역사』16.

정은정, 2008 「12·13세기 개경의 영역 확대와 郊外 편제」『역사와 경계』67.

정은정, 2015 「13·14세기 개경 都內의 변화 - 侍奉·侍衛機構의 배치를 중심으로 - 」
　　　　『한국중세사연구』41.

정은정, 2018 「14·15세기 초 京畿의 分道와 운용」『역사와 담론』88.

鄭學洙, 2008 『高麗前期 京畿制 硏究』건국대학교 박사학위논문.

최은규, 2017 「고려 문종 16년 京畿 개편의 성격과 開府府의 위상」『한국중세사연구』51.

한희숙, 2011 「조선 초기 개성의 위상과 기능」『역사와 현실』79.

홍영의, 2000 「고려전기 개경의 오부방리(五部坊里) 구획과 영역」『역사와 현실』38.

홍영의·정학수, 2002 「5부방리·4교·경기」『고려의 황도 개경』창비.

末松保和, 1938 「高麗開城府考」『稲葉還暦記念満鮮史論叢』.

14. 개경의 지리적 범위와 행정체제

박용운, 1996 「고려시대 開京의 部坊里制」『고려시대 開京 연구』일지사.

신안식, 2003 「고려전기 개경의 영역정비」『한국의 도성』서울시립대 서울학연구소.

신안식, 2004 「高麗 開京의 '都內와 郊'」『역사민속학』18.

신안식, 2004 「고려시대 開京의 '四郊'와 그 기능」『명지사론』14·15.

신안식, 2010 「고려시기 개경 都城의 범위와 이용」『한국중세사연구』28.

우성훈, 2016 「고려시대 개경의 지역 단위에 대한 기초적 검토」
　　　　『대한건축학회논문집』32(1).

李基成, 1994 『高麗時代 五部坊理의 構造와 運營』국민대학교 석사학위논문.

정학수, 2006 「고려 개경의 범위와 공간구조」『역사와 현실』59.

정학수, 2010 「고려시기 개경 행정구획과 '里'의 양상」『한국중세사연구』28.

홍영의, 2000 「고려전기 개경의 오부방리(五部坊里) 구획과 영역」『역사와 현실』38.

홍영의·정학수, 2002 「5부방리·4교·경기」『고려의 황도 개경』창비.

15. 강화 천도와 개경

김창현, 2004 「고려 개경과 강도의 도성 비교고찰」『한국사연구』127.

박종진, 2002 「강화천도 시기 고려국가의 지방지배」『한국중세사연구』13.

尹龍爀, 1991 『高麗對蒙抗爭史硏究』일지사.

장지연, 2006 「고려후기 개경 궁궐 건설 및 운용방식」『역사와 현실』60.

16. 고려 말 조선 초 개경의 위상

金基德, 2006 「韓國 中世社會에 있어 風水·圖讖思想의 전개과정 - 高麗初期에서
　　　　朝鮮初期까지 遷都論議를 중심으로-」『한국중세사연구』21.

김창현, 2015 「고려 개경과 조선 한경의 구조 비교」『서울학연구』58.

김창현, 2017 「고려 개성부 조선초 한성부 직제와 영역」『서울과 역사』95.

박종진, 2012 「고려전기 개성부의 변천과 지리적 범위」『동방학지』157.

박종진, 2015 「고려말·조선초 개성부의 위상」『동방학지』170.

邊太燮, 1971 「高麗時代 京畿의 統治制」『高麗政治制度史硏究』一潮閣.

李炳熙, 2018 「高麗時期 遷都論의 提起와 生態環境」『歷史敎育』148.

장지연, 2000 「麗末鮮初 遷都論議에 대하여」『韓國史論』43.

장지연, 2002 「개경의 변천과 미래의 개성」『고려의 황도 개경』창비.

장지연, 2016 「조선 전기 개성과 한성의 관계 (1) - 점으로 보기」『서울학연구』63.

장지연, 2018 「조선 전기 개성과 한성의 관계 (2) - 선과 면으로 보기」『서울학연구』73.

한희숙, 2011 「조선 초기 개성의 위상과 기능」『역사와 현실』79.

한희숙, 2012 「조선 초기 개성의 경관 변화」『朝鮮時代史學報』62.

홍영의, 2011 「려말선초 개성부의 위상과 판사(유후)의 역할」『한국학논총』35.

17. 개경의 특징과 위상

金昌賢, 2008 「신라 왕경과 고려 도성」『新羅文化祭學術論文集』29.

박종진, 2009 「고려왕조의 수도 개경의 경관」『사회적 네트워크와 공간』태학사.

박종진, 2019 「고려 건국의 기반과 개경 천도의 배경」『한국중세사연구』59.

박종진, 2021 「고려왕조의 수도 개경의 특징과 위상」『서울학연구』83.

신안식, 2019 「고려 개경의 築城과 도시 영역의 변화」『한국중세사연구』59.

안병우, 2019 「고려 궁궐의 형성과 활용」『신라 왕경에서 고려 개경으로-월성과 만월대』
        국립경주문화재연구소·신라왕경핵심유적복원정비사업추진단·경주시·한국고
        고학회·남북역사학자협의회.

안병우, 2019 「고려의 수도 개경의 역사적 위상」『한국중세사연구』59.

이익주, 2015 「고려 전기 '상경(上京)'을 통해 본 개경의 위상」『서울학연구』60.

장시연, 2006 「고려후기 개경 궁궐 건설 및 운용방식」『역사와 현실』60.

전경숙, 2019 「고려초 수도 개경의 도시 공간구성과 변화」『한국중세사연구』59.

전룡철, 1980 「고려의 수도 개성성에 대한 연구(1,2)」『력사과학』.

홍영의, 1998 「고려 수도 개경의 위상」『역사비평』45.

홍영의, 2007 「천년의 역사도시 고려 수도 개경의 위상」『고고학』6(1).

연표로 읽는 개성의 역사

고구려	부소갑扶蘇岬.
694년(신라 효소왕 3)	성을 쌓음.
757년(신라 경덕왕 16)	송악군松岳郡.
896년(신라 진성왕 10)	왕건王建(태조)의 아버지 왕륭王隆(세조)이 송악군을 궁예弓裔에게 바침.
	왕건이 발어참성勃禦塹城을 쌓고 성주가 됨.
898년(신라 효공왕 2) 2월	송악성 수리. 7월 궁예가 송악을 수도로 삼음.
905년	궁예가 철원鐵圓으로 수도를 옮김.

고려시기

918년 6월	철원에서 고려 건국.
919년(태조 2) 1월	송악으로 천도. 개주開州 설치. 궁궐·시전市廛 등 설치.
919년 3월	도내都內에 법왕사法王寺 등 10개의 절 창건.
924년(태조 7)	흥국사興國寺 창건.
930년(태조 13)	안화사安和寺 창건.
935년(태조 18)	개국사開國寺 창건.
943년(태조 26) 6월	태조, 현릉顯陵에 묻힘.
951년(광종 2)	봉은사奉恩寺·불일사佛日寺 창건.
960년(광종 11) 3월	개경을 황도皇都, 서경을 서도西都로 바꿈.
961년(광종 12)	수영궁궐도감修營宮闕都監 설치하여 궁궐 수리. 광종은 왕육王育의
	집으로 이어하였다가, 963년 6월에 환궁.
963년(광종 14) 7월	귀법사歸法寺 창건.
986년(성종 5) 7월	의창義倉 설치.
987년(성종 6)	5부방리五部坊里 개편.
991년(성종 10) 윤2월	사직단社稷壇 건립.
992년(성종 11) 12월	태묘太廟(종묘) 완성.
992년 12월	국자감 설립.
993년(성종 12) 2월	개경, 서경, 12목牧에 상평창常平倉 설치.
995년(성종 14) 7월	개성부開城府 설치. 적현赤縣 6개와 기현畿縣 7개를 관할.
1011년(현종 2) 1월	거란의 2차 침입. 태묘와 궁궐 등 주요 시설 파괴.
1011년 1월	현종 나주羅州까지 피난. 2월 개경에 돌아와 수창궁壽昌宮에 들어감.
1011년 10월	현종 1차 궁궐 수리 시작.

1014년(현종 5) 1월	1차 궁궐 수리 끝남.
1014년 4월	태묘 수리. 재방齋坊을 수축하고 임시로 신주를 봉안하여 친히 체제禘祭를 거행함.
1014년 7월	사직단 수리.
1018년(현종 9)	개성부 혁파. 적현과 기현을 '개성현開城縣지역'과 '장단현長湍縣지역'으로 개편하고 경기京畿라 함. 상서도성尙書都省에 직접 소속.
1018년 6월	현화사玄化寺 창건.
1020년(현종 11) 8월	2차 궁궐 수리 시작. 현종 수창궁으로 옮김.
1021년(현종 12) 1월	궁궐 전각 이름 고침. 자신전紫宸殿을 경덕전景德殿으로, 토양궁土陽宮을 정양궁正陽宮으로, 좌우조천문左右朝天門을 조종문朝宗門으로, 유원문柔遠門을 숭복문崇福門으로 이름 고침.
1021년 3월	문공전文功殿을 문덕전文德殿으로 이름 고침.
1021년 7월	명경전明慶殿을 선정전宣政殿으로, 영은전靈恩殿을 명경전明慶殿으로, 경덕전景德殿을 연영전延英殿으로 이름 고침.
1022년(현종 13) 6월	동궁東宮 관속 배치.
1023년(현종 14) 8월	2차 궁궐 수리 끝남.
1024년(현종 15)	방리제도를 5부部 35방坊 344리里로 개편.
1027년(현종 18) 2월	태묘 수리.
1029년(현종 20) 4월	회경전會慶殿에서 장경도량藏經道場 열림.
1029년 8월	나성羅城 완성.
1052년(문종 6) 2월	사직단 신축.
1055년(문종 9) 7월	최충崔沖 문헌공도文憲公徒 세움.
1062년(문종 16)	지개성부사知開城府事 실치. '개성현지역'과 '장단현지역' 혁파.
1067년(문종 21) 1월	흥왕사興王寺 낙성.
1076년(문종 30)	가구소街衢所 설치.
1089년(선종 6) 8월	국자감(국학) 수리. 문선왕文宣王(공자)의 위패를 순천관順天館으로 옮겨 봉안.
1096년(숙종 1) 8월	김위제金謂磾 남경南京 천도 건의.
1097년(숙종 2) 2월	국청사國淸寺 창건.
1104년(숙종 9) 5월	남경 궁궐 완성.
1106년(예종 1)	토산현兎山縣·적성현積城縣·파평현坡平縣에 감무監務 파견.
1108년(예종 3)	정주貞州를 지승천부사知昇天府事로 승격.
1113년(예종 8)	경천사敬天寺 창건.
1116년(예종 11) 3월	천수사天壽寺 창건.
1119년(예종 14) 7월	국자감에 양현고養賢庫 설치.

1123년(인종 1) 6월	송나라 사신 서긍徐兢 고려 방문.
1126년(인종 4) 2월	이자겸李資謙의 난. 본궐 불에 탐.
1138년(인종 16) 5월	궁궐의 모든 전각과 문 이름 고침.
1138년 10월	궁궐 복구. 왕이 새 궁궐로 돌아옴.
1143년(인종 21)	강음현江陰縣 등에 감무 파견.
1167년(의종 21) 1월	내순검 설치.
1171년(명종 1) 10월	궁궐 화재.
1174년(명종 4) 5월	연기궁궐조성관延基宮闕造成官 설치. 좌소左蘇 백악산白岳山, 우소右蘇 백마산白馬山, 북소北蘇 기달산箕達山에 이궁離宮 건설 추진.
1179년(명종 9) 3월	궁궐 수리 시작.
1208년(희종 4) 7월	대시大市 좌우 장랑長廊을 광화문에서 십자가까지 확대.
1225년(고종 12) 10월	대창大倉에 지하창고[地庫] 만듦.
1232년(고종 19) 2월	재추宰樞가 전목사典牧司에서 천도 논의.
1232년 6월	강화江華 천도 결정.
1232년 7월	강화로 천도. 개경에 왕경유수王京留守와 병마사 설치.
1232년 7월	개경에서 어사대御史臺 조예皂隸 이통李通 반란.
1232년 11월	수창궁에 태조 초상을 둠.
1234년(고종 21) 1월	강도江都(강화)에 관아와 궁궐 등 건설.
1259년(원종 즉위) 12월	몽골 병사가 강안전康安殿 약탈.
1268년(원종 9) 3월	개경에 출배도감出排都監 설치.
1270년(원종 11) 5월	개경으로 환도. 사판궁沙坂宮을 거처로 정함.
1270년	세조와 태조의 재궁梓宮, 태조의 소상塑像, 9묘九廟의 신주를 이판동泥板洞에 임시 봉안奉安.
1272년(원종 13) 3월	태묘 낙성. 이판동에 임시로 모셨던 9실室의 신주神主를 봉안.
1275년(충렬왕 1) 8월	제상궁堤上宮 철거.
1276년(충렬왕 2) 9월	태조를 현릉에 다시 모심.
1280년(충렬왕 6) 6월	신궁 완성. 신궁의 이름을 응경궁膺慶宮, 누樓는 한벽루寒碧樓, 문은 태통문泰通門이라 함.
1284년(충렬왕 10)	묘련사妙蓮寺 창건.
1290년(충렬왕 16) 12월	카아단(합단哈丹) 침입. 충렬왕 강화로 피신. 태묘와 사직 이전.
1304년(충렬왕 30) 3월	이현梨峴 신궁 완성.
1304년 5월	안향安珦 국학에 섬학전瞻學錢 설치 건의.
1304년 6월	국학 대성전大成殿 신축.
1307년(충렬왕 33) 6월	전왕인 충선왕 주도로 시전市廛 장랑 200칸 만듦.
1308년(충선왕 복위)	개성부 개편. 개성부에 5부와 급전도감給田都監 병합.
1308년	유비창有備倉 설치.

1309년(충선왕 1) 9월	민천사旻天寺 창건.
1309년 3월	연경궁延慶宮 중수.
1314년(충숙왕 1)	강안전 중수.
1343년(충혜왕 후 4) 10월	삼현三峴 신궁 완성.
1344년(충혜왕 후 5) 8월	충목왕이 신궁을 헐고 숭문관崇文館 세움.
1356년(공민왕 5) 6월	남경에 궁궐 건설.
1360년(공민왕 9) 7월	백악白岳에 궁궐 경영.
1361년(공민왕 10) 11월	홍건적 2차 침입으로 개경 함락. 공민왕 복주福州로 피난.
1362년(공민왕 11) 1월	개경 회복.
1363년(공민왕 12) 윤3월	흥왕사의 난 진압.
1363년 윤3월	개경으로 돌아옴. 5월 태묘에 9실의 신주 봉안.
1367년(공민왕 16)	성균관 중영.
1373년(공민왕 22) 6월	화원花園에 2층 팔각전八角殿 건립.
1377년(우왕 3) 5월	시전 동쪽 행랑 신축.
1382년(우왕 8) 9월	한양 천도. 1383년 2월에 개경으로 돌아옴.
1384년(우왕 10) 윤9월	수창궁 낙성.
1389년(공양왕 1)	개성부가 가사家舍·재물財物·추배追倍의 일을 맡도록 함.
1389년	덕수현德水縣·임강현臨江縣·임진현臨津縣에 감무 파견.
1390년(공양왕 2)	경기 확대하고 좌도와 우도로 개편. 도관찰출척사都觀察黜陟使 파견.
1390년	중국 명明의 응천부應天府가 직접 중서성中書省에 보고하는 사례에 의거하여, 개성부도 도평의사都評議司에 직접 보고하게 함. 또 개성부 업무를 규정하여 호구와 토지에 대한 일 등을 담당하게 함.
1390년 9월	한양 천도. 1391년 2월 개경으로 돌아옴.

조선시기

1392년(태조 1) 7월	개경에서 조선 건국. 조선 태조 수창궁에서 즉위.
1393년(태조 2)	내성內城 완성.
1394년(태조 3) 10월	한양漢陽으로 천도.
1395년(태조 4)	한양부漢陽府를 한성부漢城府로 개편.
1395년 6월	개성부를 개성유후사開城留後司로 개편.
1395년 9월	한양에 조선 태묘 건설.
1398년(태조 7) 윤5월	개성현을 혁파하여 개성유후사에 병합.
1399년(정종 1) 2월	수도를 개성으로 옮김.
1405년(태종 5) 10월	수도를 다시 한양으로 옮김.

1413년(태종 13)	정주를 개성유후사에 병합. 1418년에 해풍군海豊郡으로 복구.
1419년(세종 1) 8월	계명전啓命殿에 조선 태조 어진 봉안. 1422년 목청전穆淸殿으로 개칭.
1438년(세종 20) 10월	개성유후사가 개성부로 개편.
1442년(세종 24) 6월	해풍군은 덕수현과 병합하여 풍덕군豊德郡이 됨.
1477년(성종 8) 3월	채수蔡壽 등 개성 유람.「유송도록遊松都錄」남김.
1477년 4월~5월	유호인俞好仁 등 개성 유람.「유송도록遊松都錄」남김.
1485년(성종 16) 9월	남효온南孝溫 등 개성 유람.「송경록松京錄」남김.
1573년(선조 6)	남응운南應雲이 정몽주鄭夢周 옛집에 문충당文忠堂 세움. 1575년 사액賜額을 받아 숭양서원崇陽書院이 됨.
1602년(선조 35)	개성 성균관 복원공사 시작. 8년 걸림.
1648년(인조 26)	김육金堉『송도지松都誌』편찬.
1662년(현종 3)	고려왕릉 43기 조사.
1676년(숙종 2) 4월	대흥산성大興山城 쌓음.
1693년(숙종 19) 8월	숙종 개성 행차. 신의왕후 한씨 제릉齊陵과 정종 후릉厚陵 참배. 과거 시행.
1740년(영조 16) 8월	영조 개성 행차. 선죽교 옆에 표충비 세움.
1782년(정조 6)	정창순鄭昌順『송도지松都誌』편찬.
1796년(정조 20)	금천군의 대남면大南面과 소남면小南面, 장단부의 사천면沙川面 개성부에 병합. 개성부 영역 확대.
1802년(순조 2)	김문순金文淳『송도속지松都續誌』편찬.
1823년(순조 23)	풍덕군 개성부에 병합. 개성부 영역이 조강祖江(한강)까지 확대.
1830년(순조 30)	서희순徐喜淳『중경지中京誌』간행. 이후 임효헌林孝憲『송경광고松京廣攷』편찬. 1825년 임효헌『송경광고』서문 작성.
1867년(고종 4)	고려왕릉 조사하고 57기에 표석 세움.
1872년(고종 9) 3월	고종 개성 행차. 제릉과 후릉 참배. 표충비 세움.

근대 이후

1894년(고종 32)	개성군開城郡으로 개편.
1896년(고종 34)	개성관찰부開城觀察府로 개편되었다가 곧 개성부로 환원.
1906년(고종 43)	다시 개성군으로 개편.
1914년	개성군에 풍덕군이 통합. 개성의 중심부는 송도면松都面으로 편성.
1916년	조선총독부『고려제릉묘조사보고서高麗諸陵墓調査報告書』편찬. 53기 왕릉분포도 첨부.
1930년	개성부(송도면의 중심부)와 개풍군開豊郡으로 개편.

1945년 8월 15일	해방. 개성부는 개성시로 개편. 한국전쟁 후 북한에 소속.
1955년 1월	황해북도 개풍군과 판문군板門郡이 개성시에 속함.
1957년 6월	개성지구가 직할시로 승격. 개성직할시는 개성시, 개풍군, 판문군으로 구성.
1960년 3월	황해북도 장풍군長豊郡이 개성시에 편입.
2000년 6월	6·15남북공동선언.
2000년 8월	현대아산과 북한이 남북의 화해 협력과 동질성 회복을 위해서 개성공단 설치를 합의. 2004년 가동되어 2016년 2월까지 운영.
2002년 11월	판문군 폐지.
2003년	개성직할시를 황해북도에 편입, 개성특급시로 변경. 개풍군과 장풍군 분리. 개성특급시 일부와 옛 판문군 일부를 합쳐 개성공업지구 신설.
2005년 7월	현대아산과 북한이 개성관광 합의.
2005년 8월	개성 시범관광 실시.
2005년 9월	개풍군을 폐지하고 개성특급시에 편입.
2007년 12월 5일	개성 관광 시작(2008년 11월 29일 중단).
2007년 5월	만월대 남북공동발굴조사 시작(2018년 10월까지 8차례 진행).
2013년	개성역사유적지구 세계문화유산에 등재.
2019년 10월	개성특급시를 황해북도에서 분리하여 개성특별시로 승격.
2020년	옛 개풍군 지역과 판문군 지역을 개풍구역과 판문구역으로 복구(고려시기 개경과 경기 일대는 현재 개성특별시(개풍구역과 판문구역 포함)와 황해북도 장풍군으로 구성).